政府会计制度

实务操作应用指南

条文解读 + 实操要点 + 案例解析

（修订版）

政府会计制度编审委员会　编著

人 民 邮 电 出 版 社

北京

图书在版编目（CIP）数据

　　政府会计制度实务操作应用指南：条文解读+实操要
点+案例解析：修订版 / 政府会计制度编审委员会编著
. -- 2版. -- 北京：人民邮电出版社，2022.2
　　ISBN 978-7-115-58080-1

　　Ⅰ. ①政… Ⅱ. ①政… Ⅲ. ①单位预算会计－会计制
度－中国－指南 Ⅳ. ①F810.6-62

　　中国版本图书馆CIP数据核字(2021)第248278号

内 容 提 要

　　本书在政府会计改革的背景下，以《政府会计准则》《政府会计制度》《行政事业单位内部控制规范（试行）》为依据，以作者多年的实务经验和实践调研资料为基础，全面、系统地阐述了政府会计的基本理论与实务操作。

　　本书结构清晰，语言严谨，充分考虑了政府会计制度"一笔业务，两种分录"的新业务模式，在进行相关的内容讲解和案例分析时，始终坚持"财务会计与预算会计"两条主线并行的方式，帮助读者从以前一种会计核算模式的思维转变为新的会计核算模式的思维。

　　本书有助于会计工作者迅速、准确、全面掌握政府会计制度，提升实务操作能力，也可以作为会计相关专业的教师、学生学习政府会计制度的辅导用书。

　◆　编　　著　政府会计制度编审委员会
　　　责任编辑　李士振
　　　责任印制　彭志环
　◆　人民邮电出版社出版发行　　北京市丰台区成寿寺路 11 号
　　　邮编　100164　电子邮件　315@ptpress.com.cn
　　　网址　https://www.ptpress.com.cn
　　　北京九州迅驰传媒文化有限公司印刷
　◆　开本：700×1000　1/16
　　　印张：24.25　　　　　　　　　2022 年 2 月第 2 版
　　　字数：448 千字　　　　　　　2025 年 1 月北京第 2 次印刷

定价：99.80 元

读者服务热线：(010)81055296　印装质量热线：(010)81055316
反盗版热线：(010)81055315
广告经营许可证：京东市监广登字 20170147 号

前言
PREFACE

2017 年 10 月 24 日，财政部印发了《政府会计制度——行政事业单位会计科目和报表》（财会〔2017〕25 号，以下简称《政府会计制度》），自 2019 年 1 月 1 日起施行，各类行政事业单位应该严格按照政府会计准则和政府会计制度的规定进行会计核算。

《政府会计制度》吸收了多年来我国行政事业单位会计改革的有益经验，反映了当前政府会计改革发展的内在需要和发展方向，相对于旧制度主要有以下重大变化与创新。

1. 构建了"财务会计和预算会计适度分离并相互衔接"的会计核算模式，对纳入部门预算管理的现金收支进行"平行记账"，财务会计报表与预算会计报表之间存在勾稽关系。

2. 统一了现行各项单位会计制度。通过对会计制度的统一，大大提高了政府各部门、各单位会计信息的可比性，为合并单位、部门财务报表和逐级汇总编制部门决算奠定了坚实的制度基础。

3. 强化了财务会计的功能。在财务会计中全面引入了权责发生制，增加了应收款项和应付款项的核算内容，对于科学编制权责发生制政府财务报告、准确反映单位财务状况和运行成本等情况具有重要的意义。

4. 改进了预算会计功能。调整完善后的预算会计，能够更好地贯彻落实《中华人民共和国预算法》（以下简称《预算法》）的相关规定，更加准确地反映部门和单位预算收支情况，更好地满足部门、单位预算和决算管理的需要。

5. 完善了报表体系和结构。调整完善后的报表体系，对于全面反映单位财务信息和预算执行信息，提高部门、单位会计信息的透明度和决策有效性具有重要的意义。

本书既可以作为学习《政府会计制度》的辅导用书，也可以作为提升实操能力的实务用书。编写本书的主要目的在于帮助读者学好、用好《政府会计制度》，总体来讲，本书具有以下显著特点。

1.与时俱进，体现制度的新变化。本书的内容严格依据新的《政府会计制度》编写，对其进行细致、深入的解读，展现政府会计改革的重点，使读者能够获取政府会计中财务会计与预算会计新的核算方法，进而为读者提升业务实操能力提供帮助。

2.全面体现了政府会计制度的系统性。政府会计制度是一个严密的体系，包括政府会计基本准则、政府会计具体准则、政府会计准则解释等。本书对政府会计制度的解读注重整体性，对特定问题的论述、《政府会计制度》的要求与规范，均给予全景式的讲解，以确保读者对特定问题的理解与认识的全面性和准确性。

3.体现内容的实务性。本书在阐述政府财务会计、预算会计核算的内容和方法上，为基本核算原理都配上了相应的例题，具有非常强的综合性，可以帮助读者强化和提高自主学习和实际业务操作的能力。

本书在编写过程中参考了相关的教材和资料，借鉴了相关专家的观点，在此谨向这些作者致以诚挚的谢意！

由于编者水平有限，书中难免存在疏漏之处，恳请读者批评指正。

编者

目录
CONTENTS

第 1 章　政府会计概述

1.1　政府会计的概念和组成体系..1

　　1.1.1　政府会计的概念...1

　　1.1.2　政府会计的组成体系...2

1.2　政府会计新模式...4

　　1.2.1　政府会计模式概述...4

　　1.2.2　政府会计二元新模式...4

1.3　政府会计目标、基本假设和基础...6

　　1.3.1　政府会计目标...6

　　1.3.2　政府会计基本假设...10

　　1.3.3　政府会计基础...12

1.4　政府会计信息质量要求...12

1.5　政府会计要素及其确认和计量原则...15

　　1.5.1　政府财务会计要素及其确认和计量原则.........................15

　　1.5.2　政府预算会计要素及其确认和计量原则.........................17

1.6　政府决算报告和财务报告...18

　　1.6.1　政府决算报告...18

　　1.6.2　政府财务报告...18

第 2 章　资产类会计核算

2.1　资产概述...20

　　2.1.1　资产的分类...20

　　2.1.2　资产的管理...22

2.2　货币资金...23

　　2.2.1　货币资金的概述...23

　　2.2.2　库存现金...23

　　2.2.3　银行存款...26

　　　2.2.4　零余额账户用款额度 28

　　　2.2.5　其他货币资金 31

　2.3　应收及预付款项 32

　　　2.3.1　应收及预付款项的概述 32

　　　2.3.2　财政应返还额度 33

　　　2.3.3　应收票据 36

　　　2.3.4　应收账款 38

　　　2.3.5　预付账款 40

　　　2.3.6　应收股利 42

　　　2.3.7　应收利息 43

　　　2.3.8　其他应收款 44

　　　2.3.9　坏账准备 47

　2.4　存货 49

　　　2.4.1　存货的概述 49

　　　2.4.2　在途物品 50

　　　2.4.3　库存物品 51

　　　2.4.4　加工物品 55

　　　2.4.5　存货的计价方法 58

　2.5　投资 59

　　　2.5.1　投资的概述 59

　　　2.5.2　短期投资 59

　　　2.5.3　长期股权投资 61

　　　2.5.4　长期债券投资 67

　2.6　固定资产 69

　　　2.6.1　固定资产的概述 69

　　　2.6.2　固定资产的核算 70

　2.7　在建工程 78

　　　2.7.1　在建工程的概述 78

　　　2.7.2　在建工程的核算 79

　　　2.7.3　在建工程核算举例 81

　2.8　无形资产 84

　　　2.8.1　无形资产的概述 84

　　　2.8.2　无形资产的核算 85

2.9 经管资产 93

    2.9.1 公共基础设施 93

    2.9.2 政府储备物资 101

    2.9.3 文物文化资产 106

    2.9.4 保障性住房 108

    2.9.5 受托代理资产 111

第 3 章 负债类会计核算

3.1 负债概述 114

3.2 流动负债 115

    3.2.1 短期借款 116

    3.2.2 应交增值税 117

    3.2.3 其他应交税费 126

    3.2.4 应缴财政款 128

    3.2.5 应付职工薪酬 130

    3.2.6 应付票据 133

    3.2.7 应付账款 135

    3.2.8 应付政府补贴款 137

    3.2.9 应付利息 138

    3.2.10 预收账款 139

    3.2.11 其他应付款 140

    3.2.12 预提费用 142

3.3 非流动负债 143

    3.3.1 长期借款 144

    3.3.2 长期应付款 146

    3.3.3 预计负债 147

3.4 受托代理负债 148

    3.4.1 受托代理负债的概述 148

    3.4.2 受托代理负债的核算 149

第 4 章 收入类会计核算

4.1 收入概述 151

4.2 财政拨款收入 152

    4.2.1 财政拨款收入的概述 152

    4.2.2　财政拨款收入的核算 153

4.3　事业收入 156
    4.3.1　事业收入的概述 156
    4.3.2　事业收入的核算 159

4.4　上级补助收入 163
    4.4.1　上级补助收入的概述 163
    4.4.2　上级补助收入的核算 164

4.5　附属单位上缴收入 165
    4.5.1　附属单位上缴收入的概述 165
    4.5.2　附属单位上缴收入的核算 165

4.6　经营收入 167
    4.6.1　经营收入的概述 167
    4.6.2　经营收入的核算 167

4.7　非同级财政拨款收入 168
    4.7.1　非同级财政拨款收入的概述 168
    4.7.2　非同级财政拨款收入的核算 168

4.8　投资收益 170

4.9　捐赠收入、利息收入、租金收入和其他收入 172
    4.9.1　捐赠收入 172
    4.9.2　利息收入 173
    4.9.3　租金收入 173
    4.9.4　其他收入 175

第 5 章　费用类会计核算

5.1　费用概述 178

5.2　业务活动费用 179
    5.2.1　业务活动费用的概述 179
    5.2.2　业务活动费用的核算 180

5.3　单位管理费用 185
    5.3.1　单位管理费用的概述 185
    5.3.2　单位管理费用的核算 185

5.4　经营费用 189
    5.4.1　经营费用的概述 189
    5.4.2　经营费用的核算 189

5.5　资产处置费用 192

 5.5.1　资产处置费用的概述 192

 5.5.2　资产处置费用的核算 193

5.6　上缴上级费用 195

 5.6.1　上缴上级费用的概述 195

 5.6.2　上缴上级费用的核算 196

5.7　对附属单位补助费用 197

 5.7.1　对附属单位补助费用的概述 197

 5.7.2　对附属单位补助费用的核算 197

5.8　所得税费用 198

5.9　其他费用 199

 5.9.1　其他费用的概述 199

 5.9.2　其他费用的核算 199

第 6 章　净资产类会计核算

6.1　净资产概述 202

6.2　盈余及分配 203

 6.2.1　以前年度盈余调整 203

 6.2.2　本期盈余 205

 6.2.3　本年盈余分配 207

 6.2.4　累计盈余 209

6.3　专用基金和无偿调拨净资产 212

 6.3.1　专用基金 212

 6.3.2　无偿调拨净资产 214

6.4　权益法调整 216

 6.4.1　权益法调整的概述 216

 6.4.2　权益法调整的核算 217

第 7 章　预算收入类会计核算

7.1　预算收入概述 219

 7.1.1　预算收入的要素 219

 7.1.2　预算收入的科目设置 220

7.2　财政拨款预算收入 220

 7.2.1　财政拨款预算收入的概述 220

7.2.2　财政拨款预算收入的科目设置 ·· 221

7.2.3　财政拨款预算收入的核算 ·· 222

7.3　事业预算收入 ···226

7.3.1　事业预算收入的概述 ·· 226

7.3.2　事业预算收入的核算 ·· 227

7.4　经营预算收入 ···230

7.4.1　经营预算收入的概述 ·· 230

7.4.2　经营预算收入的核算 ·· 231

7.5　其他预算收入 ···233

7.5.1　其他预算收入的概述 ·· 233

7.5.2　其他预算收入的核算 ·· 234

第 8 章　预算支出类会计核算

8.1　预算支出概述 ···237

8.2　行政支出 ···238

8.2.1　行政支出的概述 ·· 238

8.2.2　行政支出的分类 ·· 239

8.2.3　行政支出核算的科目设置 ·· 242

8.2.4　行政支出的核算 ·· 243

8.3　事业支出 ···246

8.3.1　事业支出的概述 ·· 246

8.3.2　事业支出核算的科目设置 ·· 247

8.3.3　事业支出的核算 ·· 248

8.4　经营支出 ···255

8.4.1　经营支出的概述 ·· 255

8.4.2　经营支出的核算 ·· 256

8.5　其他支出 ···258

8.5.1　其他支出的概述 ·· 258

8.5.2　其他支出的核算 ·· 258

第 9 章　预算结余类会计核算

9.1　预算结余概述 ···261

9.2 资金结存 262
　　9.2.1 资金结存的概述 262
　　9.2.2 资金结存的核算 263
9.3 财政拨款结转、结余 269
　　9.3.1 财政拨款结转 269
　　9.3.2 财政拨款结余 275
9.4 非财政拨款结转、结余 278
　　9.4.1 非财政拨款结转与结余的区别 278
　　9.4.2 非财政拨款结转 279
　　9.4.3 非财政拨款结余 281
9.5 非财政拨款结余分配 284
　　9.5.1 经营结余 284
　　9.5.2 其他结余 285
　　9.5.3 专用结余 288
　　9.5.4 非财政拨款结余分配 289

第 10 章　行政事业单位会计报表

10.1 财务会计报表 291
　　10.1.1 财务会计报表的概述 291
　　10.1.2 资产负债表 293
　　10.1.3 收入费用表 302
　　10.1.4 净资产变动表 306
　　10.1.5 现金流量表 310
　　10.1.6 附注和会计报表重要项目说明 316
10.2 预算会计报表 329
　　10.2.1 预算会计报表的概述 329
　　10.2.2 预算收入支出表 331
　　10.2.3 预算结转结余变动表 337
　　10.2.4 财政拨款预算收入支出表 341

第 11 章　政府会计调整

11.1 总则的要求 344
　　11.1.1 会计调整准则制定依据及相关概念 344
　　11.1.2 对政府会计主体会计调整的要求 345

11.2　会计政策及其变更 **345**
　　11.2.1　会计政策变更的条件 346
　　11.2.2　会计政策变更的处理方法 346
　　11.2.3　会计政策的定义 347
　　11.2.4　会计政策的特点 348
　　11.2.5　会计政策变更的定义及条件 349
　　11.2.6　追溯调整法 350
　　11.2.7　未来适用法 355

11.3　会计估计变更 **356**
　　11.3.1　会计估计变更的定义 357
　　11.3.2　会计估计变更的特点 357
　　11.3.3　会计估计变更的会计处理 358
　　11.3.4　会计政策变更与会计估计变更的区分 358

11.4　会计差错更正 **359**
　　11.4.1　前期差错及更正的内容 360
　　11.4.2　前期差错及更正的分类 361
　　11.4.3　以前年度盈余调整 361

11.5　报告日后事项 **370**
　　11.5.1　报告日后事项的定义和期间 370
　　11.5.2　调整事项 371
　　11.5.3　非调整事项 371
　　11.5.4　调整事项的处理原则 371
　　11.5.5　报告日后调整事项与会计政策变更在会计处理上的区别 373

11.6　披露 **374**
11.7　附则 **374**

1.1 政府会计的概念和组成体系

1.1.1 政府会计的概念

一、政府会计概述

会计是以货币为主要计量单位,运用专门的方法,对企事业、机关单位或其他经济组织的经济活动进行连续、系统、全面地反映和监督的一项经济管理活动。社会组织按照是否以营利为目的划分,可以分成营利性组织和非营利性组织两大类。营利性组织运行的目的是取得利润并使利润最大化,例如为社会提供私人产品期望获取投资收益的企业或公司。非营利性组织不以营利为目的,不求经济回报地为社会提供公共物品或准公共物品,包括政府和非营利组织两类。由此,我国的会计就被划分为企业会计、政府会计和民间非营利组织会计。

具体地,政府会计,也称“公共部门会计”,是会计学的一般原理在政府及政府单位中的运用,是一项以货币作为主要计量单位对政府及政府单位的经济活动或会计事项进行记录、核算、反映和监督的管理活动。政府及政府单位包括但不限于各级政府、与政府财政部门直接或间接发生预算拨款关系的国家机关、军队、政党组织、社会团体、事业单位和其他单位。

二、政府会计的特征

相对于企业会计来说,政府会计的主要特征为会计核算方法与预算管理要紧密结合。政府的财务资源主要来源于税收、行政事业性收费等非交换性交易,政府向社会公众提供的服务通常是免费或象征性收费的,即政府服务的接受者和政府之间的交易也属于非交换性交易。因此,政府在取得和运用财务资源时需要受到纳税人、社会公众等财务资源提供者和其他利益相关者的约束。这种约束主要表现为政府需要编制预算，编制的预算需要经过人民代表大会的批准。政府需要严格遵照执行经批准后的预算。政府会计需要如实反映经批准的预算的执行情况，以满足纳税人、社会公众及其代表等政府会计信息使用者对会计信息的需求。

另外，政府会计还需要核算组织的收入和费用以及资产和负债等情况，以如实反映政府的运行成本、盈亏情况和财务状况。由于政府预算是以收付实现制为基础编制的，所以政府会计需要采用预算会计方法核算预算的执行情况，即以收付实现制为基础核算预算收支的执行情况。又由于政府的运行成本和财务状况需要以权责发生制为基础进行反映，所以政府会计还需要采用财务会计方法核算政府组织的财务运行情况和结果。同时使用预算会计核算预算收支执行情况以及使用财务会计核算运行成本和财务状况，即政府会计由政府预算会计和政府财务会计构成，是政府会计区别于企业会计的一个显著特征。在政府会计中，资产减去负债后的余额为净资产。政府没有明确的所有者权益或出资人权益。

1.1.2　政府会计的组成体系

政府会计可以由财政总预算会计和行政事业单位会计组成。其中，按独立法人单位区分，行政事业单位会计可以分为行政单位会计和事业单位会计。在我国，财政总预算会计、行政事业单位会计分别执行相应的会计制度，成为单独的会计种类。财政总预算会计和行政事业单位会计还执行统一的政府会计准则，形成政府会计种类。预算会计制度体系如图 1-1 所示。

```
                    ┌─────────────────────┐
                    │   预算会计制度体系    │
                    └──────────┬──────────┘
        ┌──────────────────────┼──────────────────────┐
        ▼                      ▼                      ▼
┌──────────────┐   ┌──────────────┐   ┌──────────────────────────┐
│ 财政总预算会计 │   │ 行政单位财务会计│   │   事业单位财务会计制度体系   │
│   制度体系    │   │   制度体系    │   │                          │
└──────┬───────┘   └──────┬───────┘   └────────────┬─────────────┘
       ▼                  ▼                        ▼
```

第一层次：《预算法》、《会计法》；第二层次：《财政总预算会计制度》（2016 年 1 月 1 日执行）《预算外资金财政专户会计制度》（1999 年 1 月 1 日执行）

1.行政单位财务制度体系
第一层次：《预算法》
第二层次：《行政单位财务规则》（2013 年 1 月 1 日施行）；
第三层次：单位内部财务管理规定
2.行政单位会计制度体系
第一层次：《会计法》
第二层次：《行政单位会计制度》（2014 年 1 月 1 日执行）
第三层次：单位内部会计管理规定

1.事业单位财务制度体系
第一层次：《预算法》
第二层次：通用财务规则：《事业单位财务规则》（2012 年 4 月 1 日施行）
第三层次：特殊行业财务规则：目前为止一共出台了 10 个行业制度，具体包括：《医院财务制度》《基层医疗卫生机构财务制度》《高等学校财务制度》《中小学校财务制度》《科学事业单位财务制度》《文化事业单位财务制度》《广播电视事业单位财务制度》《体育事业单位财务制度》《文物事业单位财务制度》《人口和计划生育事业单位财务制度》
第四层次：单位内部财务管理规定
2.事业单位会计制度体系
第一层次：《会计法》
第二层次：会计准则：《事业单位会计准则》
第三层次：会计制度：
（1）通用会计制度：《事业单位会计制度》（2013 年 1 月 1 日施行）
（2）特殊行业会计制度：《医院会计制度》（2012 年 1 月 1 日全国施行）《基层医疗卫生机构会计制度》（2011 年 7 月 1 日起施行）《高等学校会计制度》等

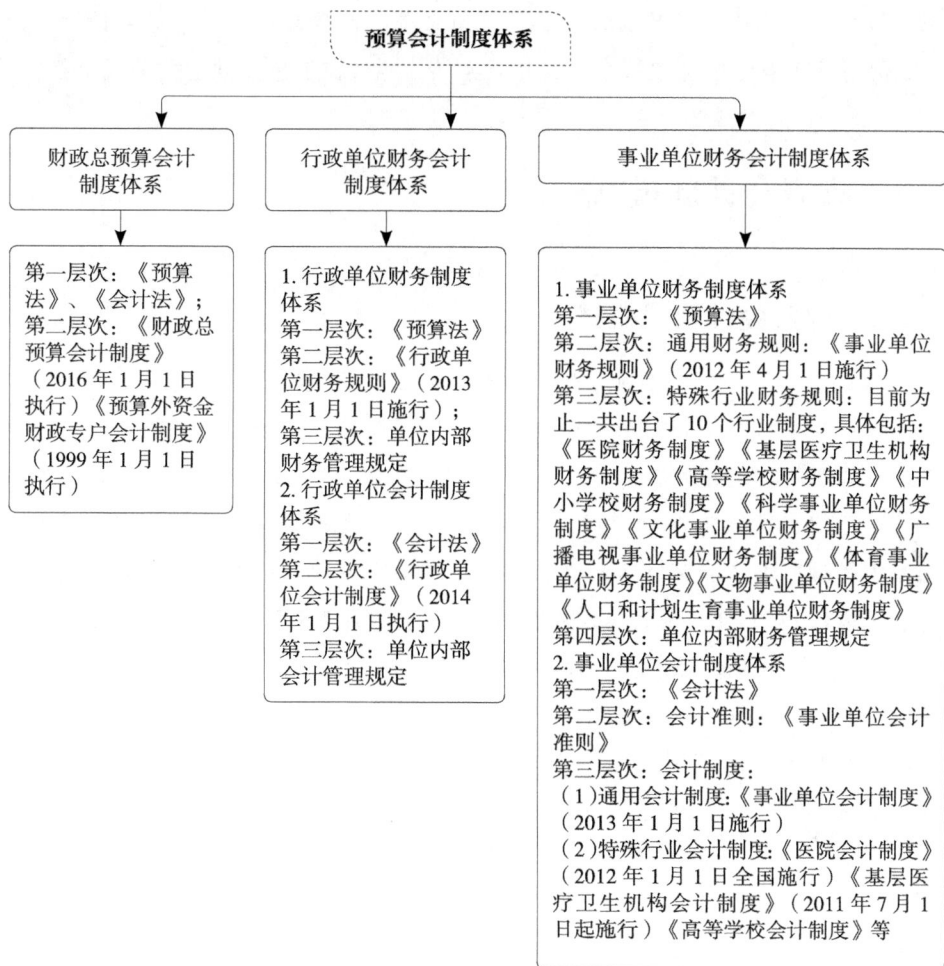

图 1-1　预算会计制度体系

按照我国《政府会计准则——基本准则》的规定，政府会计由预算会计和财务会计构成。由此，在政府会计的组成体系中，还可以按照政府会计的特定功能将其分为政府预算会计和政府财务会计。其中，政府预算会计具体可以分为政府财政总预算会计和行政事业单位预算会计。政府财务会计主要是指行政事业单位财务会计。这样，行政事业单位会计具体还可以分为行政事业单位财务会计和行政事业单位预算会计。

在政府会计各组成部分中，财政总预算会计和行政事业单位预算会计之间存在密切的关系。例如，财政部门向行政事业单位拨款时，财政总预算会计形成预算支出，行政事业单位会计形成预算收入。财政总预算会计、行政事业单位预算会计共同构筑了政府预算会计信息系统。行政事业单位财务会计相对独立，但与行政事业单位预算会计又相互衔接，两者在信息反映上需要调节相符。

1.2 政府会计新模式

1.2.1 政府会计模式概述

模式是指某种事物的标准形式或可以依照的标准样式，具有目标导向性。政府会计模式是由相互联系的要素组成并用以反映政府会计活动的基本特征及其内在本质的有机整体。

政府会计模式的法定形式大体分为三种：一是准则模式，如美国、英国、加拿大等国家的政府会计模式，主要由会计准则构成，没有制定会计制度；二是制度模式，如法国、德国、波兰等国家的政府会计模式，主要由会计制度构成，没有制定会计准则；三是政府会计和企业会计适用同一会计准则，如澳大利亚、新西兰等国家的政府会计模式。

我国原先采用"制度规范模式"对预算会计事务进行管理，随着我国政府会计准则的颁布与实施，开始采用"准则规范模式"。目前，我国政府会计正在向"二元模式"转变，转变后的政府会计由政府财务会计和政府预算会计构成，并分别编制财务报告和决算报告。参考《财政部关于全面推进管理会计体系建设的指导意见》（财会〔2014〕27号），以后的方向是建立"多元模式"，包括研究推行政府成本会计、政府管理会计、政府财务报告分析应用体系等。

1.2.2 政府会计二元新模式

在政府会计模式中，预算会计和财务会计是两个既相互联系又相互区别的子体系，有各自的核算要素与报表体系，应当"适度分离"，从而能够适度分离政府预算会计和财务会计功能、决算报告和财务报告功能；同时，通过"平行记账"的相互衔接与互相关联，决算报告和财务报告相互补充，共同反映政府会计主体的预算执行信息和财务信息。这种"双轨制"的核算模式是我国政府会计改革的主要特色、重大变化和创新发展所在。

一、适度分离的典型表现

（一）建立核算"双体系"

政府会计由预算会计和财务会计构成。预算会计为政府预算管理服务，财务会计为政府财务管理服务。在完善预算会计功能的基础上，强化财务会计功能，能更加完整地反映政府会计信息。

（二）确定核算"双基础"

财务会计实行权责发生制，预算会计实行收付实现制。以权责发生制作为政府财务会计的核算基础，重新解释收入、费用等会计要素的定义、确认和计量标准，对于规范权责发生制下编制政府财务报告的内容、口径和信息质量等起到重要的导向作用，为最终建立以权责发生制为基础的政府综合财务报告制度奠定可靠基础。考虑到目前预算管理的实际需要，在预算会计中仍然采用收付实现制的核算基础，有利于准确核算预算收支信息、加强预算管理和监督。

（三）核算结果"双报告"

单位至少应当按照年度同时编制财务报告和决算报告。决算报告以收付实现制为核算基础，以单位预算会计核算生成的数据为准，侧重预算资金层面，以政府当年预算资金的实际收支情况与当年预算数据的比较为报告重点。财务报告以权责发生制为核算基础，以单位财务会计核算生成的数据为准，以全部资金状况为报告内容，范围更广泛，不仅包括政府预算资金收支，而且包括非预算资金收支；不仅反映当年的资金运动，而且反映以往年度经济业务对当年资金运动的影响，甚至反映当前经济业务对未来资金运动的影响等。

（四）会计作用"双功能"

通过资产、负债、净资产、收入、费用五个要素的系统核算，形成财务管理基础，具备财务会计功能；通过预算收入、预算支出和预算结余三个要素的系统核算，形成预算管理基础，具备预算会计功能；实现财务会计与预算会计既适度分离又相互衔接，从而全面、清晰地反映单位财务信息和预算执行信息。

二、平行记账的核算特征

为了在一个会计信息系统中同时满足权责发生制和收付实现制的核算需要，单位应当"平行记账"，即对于纳入部门预算管理的现金收支业务，在采用财务会计核算的同时进行预算会计核算。

通过"平行记账"处理经济业务的两种核算方法嵌入信息系统后，可以同时生成财务会计和预算会计两类信息，这种既适度分离又相互衔接的政府会计模式有助于使公共资金管理中预算管理、财务管理和绩效管理相互联结、融合，并在融合业务、财务、信息的过程中体现"算为管用、算管结合"的管理会计思想。

综上所述，我国政府会计改革新模式的框架结构与主要特点如图 1-2 所示。"双轨制"政府会计改革引发了政府预算管理与财务管理理论和实践的重构，提高了"业财融合"中政府会计信息的透明度。

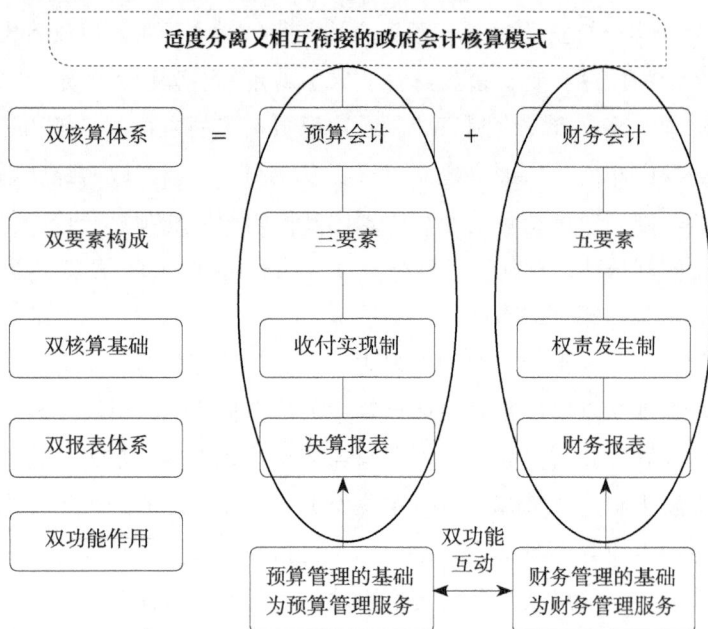

图 1-2　政府会计改革新模式的框架结构与主要特点

1.3　政府会计目标、基本假设和基础

1.3.1　政府会计目标

政府会计目标是指政府会计所提供的会计信息最终期望达到的效果。政府会计目标在政府会计理论体系中占据重要位置，是建立政府会计规范体系的基点，是政府会计实务工作中的高层次指导思想。

关于政府会计目标主要有两大观点："受托责任观"和"决策有用观"。政府会计目标主要涉及政府会计信息的使用者及其信息需求，以及政府会计应当提供哪些信息以满足信息使用者的信息需求。

一、政府会计信息的使用者及其信息需求

政府会计信息的使用者包括人民代表大会、政府及其有关部门和其他会计信息使用者。在现代国家治理中，政府预算作为区别于企业预算的社会公共预算，是对一个国家公共财政收入、公共财政支出的全面预估、统筹和择优抉择，是受民众之托、代民众理财的公共选择行为，是服务于社会公共需要的公共预算。政府预算的最终目的是要保障广大纳税人或人民大众财政利益的最大化。广大纳税人既是公共财政收入的来源者，也是公共财政支出的受益人。为确保政府预算最终目的的实现，人民大众需要对政府预算进行全方位的监督。

《中华人民共和国预算法》规定，各部门预算由本部门及其所属各单位预算组成。各部门编制本部门预算、决算草案，组织和监督本部门预算的执行，定期向本级政府财政部门报告预算的执行情况。各单位编制本单位预算、决算草案，按照国家规定上缴预算收入、安排预算支出，并接受国家有关部门的监督。政府各部门包括教育部门、卫生部门、文化部门、公安部门、工商行政管理部门、税务部门、住房和城乡建设部门、民政部门、农业部门、交通运输部门等。政府各单位包括教育局及其所属的学校、卫生健康委员会及其所属的医院、文化局及其所属的文化馆等。部门预算执行情况需要向政府财政部门报告，并接受诸如政府审计部门等的监督。政府及其有关部门是政府或行政事业单位会计信息的重要使用者。

政府会计信息的其他使用者范围十分广泛，如政府债券的投资者、相关信用评级机构、政府公共产品的受益人、国际货币基金组织、世界银行、政府会计研究人员等。这些信息使用者从各自的角度需要使用政府会计信息。例如，政府债券的投资者需要使用政府债券发行与偿还的预算、决算信息，政府财务状况的信息等，决定是否需要购买或持有政府债券；相关信用评级机构需要使用政府收入、支出的预决算信息，政府财务状况的信息等，对政府债券信用进行评级或对其他相关信用情况做出评价；国际货币基金组织、世界银行等国际组织，需要使用政府会计信息对我国政府的绩效进行评价等。

二、政府会计应当提供的信息

（一）政府预算执行情况的信息

政府会计提供的信息应当以满足信息使用者的信息需求作为指导思想。由

于各类政府会计信息的使用者都需要政府预算执行情况的信息，所以，政府会计应当从各个角度提供有关政府预算执行情况的信息。

在一级政府层面，政府会计应当提供本级政府预算执行情况的信息，以及本级政府和所属下级政府汇总的预算执行情况的信息。其中，预算执行情况的信息包括收入预算执行情况的信息和支出预算执行情况的信息。由于一级政府的预算包括一般公共预算、政府性基金预算、国有资本经营预算和社会保险基金预算，而且各种类的预算应当保持完整、独立，所以，政府会计应当为各种类的政府预算提供预算执行情况的信息。又由于一般公共预算的支出既需要按照功能分类，分为一般公共服务支出、外交支出、公共安全支出、教育支出、文化体育支出、医疗卫生支出、环境保护支出等，又需要按照经济性质分类，分为工资福利支出、商品和服务支出、资本性支出等，所以，一般公共预算的支出预算执行情况还应当分别按照功能分类要求和经济性质分类要求进行反映。我国《预算法》规定，国家实行财政转移支付制度。财政转移支付包括中央对地方的转移支付和地方上级政府对下级政府的转移支付。因此，对一级地方政府而言，政府会计在提供预算收入执行情况的信息时，需要分别反映地方政府本级收入、上级政府对本级政府的转移支付收入。政府会计在提供预算支出执行情况的信息时，同样需要分别反映地方政府本级支出、对下级政府的转移支付支出。一级政府层面预算执行情况的信息应当按照《预算法》的要求，全面满足人民代表大会等信息使用者的信息需求。

在政府部门层面，政府会计应当提供部门本级预算执行情况的信息，以及部门本级与所属各预算单位汇总的部门预算执行情况的信息。政府部门层面与一级政府层面的收入在来源渠道上有所不同。政府部门层面的收入主要来源于财政拨款，一级政府层面的收入主要来源于税收。尽管如此，但对政府会计应当提供收入预算执行情况信息的要求是一样的。政府会计提供收入预算执行情况信息的基本方法，是提供收入预算实际执行结果的信息，以及收入预算实际执行结果与经批准的收入预算要求相比较的信息。预算实际执行结果与经批准的预算要求相比较的信息通常采用预算完成百分比表示，它是反映预算执行情况的简单而又重要的指标。政府部门层面的支出也需要同时按照功能和经济性质进行分类。尽管所分具体类别与一级政府层面略有不同，但对政府会计应当提供支出预算执行情况信息的要求也是一样的。我国《预算法》规定，地方各级一般公共预算包括本级各部门的预算和税收返还、转移支付预算。这是一级政府层面的一般公共预算与政府部门层面的部门预算之间的基本关系。

在政府单位层面，政府会计应当提供政府单位预算执行情况的信息，其中，政府单位包括行政单位和事业单位。政府单位是政府部门的组成单位。政府单位预算执行情况的信息是政府部门预算执行情况信息的基本来源，即政府部门预算执行情况的信息是通过汇总存在预算管理关系的政府单位预算执行情况的信息形成的。政府单位预算执行情况信息的具体内容如同以上政府部门预算执行情况的信息。

一级政府层面预算执行情况的信息与政府部门预算执行情况的信息，在信息的覆盖范围上并不完全相同。例如，一级政府对国有企业、民间非营利组织等的财政补助支出信息属于一级政府层面预算执行情况的信息，但可能并不属于相关行政事业单位预算执行情况的信息。除此之外，行政事业单位尤其是事业单位，还可能会有一些非财政拨款预算收支。这些预算收支的信息属于政府部门预算执行情况的信息，但并不属于一级政府层面财政预算执行情况的信息。

（二）政府运行成本和财务状况的信息

政府会计除了应当全面提供政府预算执行情况的信息外，还应当全面提供有关政府运行成本和财务状况的信息。我国《预算法》规定，各级政府财政部门应当按年度编制以权责发生制为基础的政府综合财务报告，报告政府整体财务状况、运行情况和财政中长期可持续性，报本级人民代表大会常务委员会备案。政府预算执行情况的信息和政府财务状况、运行情况的信息各有侧重点，可以实现各自的会计目标。其中，政府预算执行情况主要反映政府年度预算收支情况。政府财务状况和运行情况主要反映政府的运行效率和政府财政的中长期可持续性。

如同政府预算执行情况的信息可以分为一级政府层面、政府部门层面和政府单位层面三个层面一样，政府运行成本和财务状况的信息也可以分为一级政府层面、政府部门层面和政府单位层面三个层面。其中，一级政府层面的运行成本和财务状况也可称为一级政府整体的运行成本和财务状况，如某省政府的运行成本和财务状况、某市政府的运行成本和财务状况。政府部门层面的运行成本和财务状况，如某市政府教育部门的运行成本和财务状况、卫生部门的运行成本和财务状况。政府单位层面的运行成本和财务状况，如某市政府教育局的行政运行成本和财务状况、教育局所属某公立学校的运行成本和财务状况等。政府的运行情况通常以收入、费用来衡量，财务状况通常以资产、负债和净资产来衡量。其中，收入、费用、资产、负债和净资产都以权责发生制为基础进行确认和计量。

如同政府单位预算执行情况的信息是政府部门预算执行情况信息的基本来源一样，政府单位层面财务状况和运行情况的信息也是政府部门层面财务状况和运行情况信息的基本来源，同时，也是一级政府层面财务状况和运行情况信息的重要来源。

一般可以认为，一级政府提供的本级政府预算执行情况的信息，以及一级政府中各行政事业单位提供的单位预算执行情况的信息和单位财务状况及运行情况的信息，是政府会计中最基本的信息来源。之后，通过各种汇总或合并，形成一级政府整体的相应信息。

三、提供信息的目的

我国政府会计目标融合了"受托责任观"和"决策有用观"两种观点。依照《政府会计准则——基本准则》，政府会计主体应当实现以下相应的目标。

决算报告的目标是向决算报告使用者提供与政府预算执行情况有关的信息，综合反映政府会计主体预算收支的年度执行结果，有助于决算报告使用者进行监督和管理，并为编制后续年度预算提供参考和依据。

财务报告的目标是向财务报告使用者提供与政府的财务状况、运行情况（含运行成本）和现金流量等有关的信息，反映政府会计主体公共受托责任的履行情况，有助于财务报告使用者做出决策或者进行监督和管理。

1.3.2　政府会计基本假设

政府会计基本假设是指对政府会计所处的空间和时间环境，以及所使用的主要计量单位所作的合理假定或设定。政府会计基本假设包括会计主体、持续经营、会计分期和货币计量。

一、会计主体

政府会计主体是指政府会计工作特定的空间范围。会计主体是持续经营和会计分期这两个假设的基础。明确会计主体，可以明确提供会计信息的特定边界范围。基于社会组织的分类，政府会计主体可归纳为各级政府、各级各类行政单位和事业单位。具体而言，财政总预算会计的主体是各级政府，行政事业单位会计的主体是各级各类行政事业单位。需要注意的是，政府财政总预算会计的主体是各级政府，而不是各级政府的财政部门。这是因为财政总预算各项收支的收取和分配，是各级政府的职权范围，财政部门只能代表政府执行预算，充当经办人的角色。

二、持续经营

持续经营是指政府会计主体的经济业务活动能够持续不断地进行下去。持续经营假设规定了政府会计核算的时间范围，这样可以保证政府财政以及行政事业单位可以按照正常的会计方法进行会计核算，而不是将会计核算建立在非正常的财政财务清算基础之上。只有在这一假设下，会计人员在日常的会计核算中才能对经济业务做出正确判断，才能对会计处理方法和会计处理程序做出正确选择。

尽管一级政府以及行政事业单位也会根据社会经济发展的客观需要进行划转或撤并，但在相应财政财务清算活动尚未开始之前，一级政府财政以及行政事业单位仍然应当按照持续经营的假设对相应的财政财务收支业务及其他相关业务进行会计核算，并得出相应的核算结果。

三、会计分期

会计分期是指将政府会计主体持续经营的时间，人为地划分成一个个时间阶段，以便分阶段结算账目、编制决算报告和财务报告，及时向各方面提供有用的会计信息。政府会计期间通常分为年度、半年度、季度和月份。会计年度、半年度、季度和月份采用公历日期。为及时提供预算执行情况和财务状况的信息，政府会计还可以根据需要提供旬报，供政府及时了解信息。分期提供会计信息，除了可以及时提供信息外，还有利于将各期的会计信息进行比较，从而有利于进行信息分析，提高信息的有用性。

四、货币计量

货币计量是指政府会计主体在核算过程中以人民币作为记账本位币。货币计量可以使各种经济业务在数量上有一个统一的衡量标准，即人民币"元"，从而使相同或者不同的经济业务在数量上可以进行相加或相减、比较前后各期的情况，得出富有意义的财务信息。

发生外币收支时，应当按照中国人民银行公布的人民币外汇汇率折算为人民币核算。对于业务收支以外币为主的行政事业单位，也可以选定某种外币作为记账本位币。但在编制决算报告和财务报告时，应当按照编报日期的人民币外汇汇率折算为人民币反映。

1.3.3 政府会计基础

政府会计基础是指会计确认、计量和报告的基础，主要有收付实现制基础和权责发生制基础两种。其中，收付实现制基础是以货币资金的实际收支作为确认收入和支出的依据。在收付实现制基础下，收入应当在实际收到货币资金时予以确认，支出应当在实际支付货币资金时予以确认，无论款项属于哪个会计期间。权责发生制基础要求以权利和责任是否已经发生，或者以是否应当归属于当期作为依据来确认收入和费用。在权责发生制基础下，凡是当期已经实现的收入和已经发生或应当负担的支出或费用，无论实际是否收支，都应当确认为当期的收入和支出；凡是不属于当期的收入和支出，即使款项已在当期收支，也不应当确认为当期的收入和支出。

由于政府预算会计以如实反映预算执行情况作为主要会计目标，所以，政府预算会计采用收付实现制基础。具体来说，财政总预算会计和行政事业单位预算会计采用收付实现制基础进行会计核算。由于政府财务会计以如实反映政府财务状况和运行情况作为主要会计目标，所以，政府财务会计采用权责发生制基础。具体来说，行政事业单位财务会计采用权责发生制基础进行会计核算。行政事业单位是政府的基本组成单位。行政事业单位会计同时采用收付实现制基础和权责发生制基础，实行平行记账的会计核算方法。

1.4 政府会计信息质量要求

政府会计的会计信息质量要求是指政府会计决算报告、财务报告中的信息对信息使用者进行决策提供有用支持所应当达到的质量标准。根据《政府会计准则——基本准则》的规定，政府会计信息质量要求主要包括可靠性、全面性、相关性、及时性、可比性、可理解性和实质重于形式。

一、可靠性

可靠性，也称真实性或客观性。我国《政府会计准则——基本准则》规定：政府会计主体应当以实际发生的经济业务或者事项为依据进行会计核算，如实反映各项会计要素的情况和结果，保证会计信息真实可靠。政府会计信息只有真实、客观，才能帮助信息使用者做出正确的评价和决策。否则，政府会计信息不仅不能帮助信息使用者做出正确的评价和决策，还会导致信息使用者做出错误的评价和决策，从而影响社会公众的利益。

二、全面性

我国《政府会计准则——基本准则》规定：政府会计主体应当将发生的各项经济业务或者事项统一纳入会计核算，确保会计信息能够全面反映政府会计主体预算执行情况和财务状况、运行情况、现金流量等信息。即全面性。

以财政总预算会计为例，财政总预算会计需要全面反映一般公共预算、政府性基金预算、国有资本经营预算等各种类预算资金的来源和使用情况。在收入方面，需要全面反映税收收入、非税收入、债务收入、转移性收入等情况。在支出方面，需要全面反映按功能分类的支出以及按经济性质分类的支出。按功能分类的支出包括公安支出、教育支出、医疗卫生支出等，按经济性质分类的支出包括工资福利支出、商品和服务支出、资本性支出等。

再以行政事业单位会计为例，行政事业单位会计需要全面反映财政拨款资金收支、非财政拨款资金收支等情况，全面反映财务状况、运行成本等情况。在行政事业单位会计中，既涉及财政拨款资金的来源和使用，也涉及非财政拨款资金的来源和使用，如事业单位面向市场取得的事业收入的来源和使用；既涉及基本运行经费的来源和使用，也涉及项目经费的来源和使用；既需要反映预算执行情况，也需要反映财务状况和运行成本。

三、相关性

相关性，又称有用性。我国《政府会计准则——基本准则》规定：政府会计主体提供的会计信息，应当与反映政府会计主体公共受托责任履行情况以及报告使用者决策或者监督、管理的需要相关，有助于报告使用者对政府会计主体过去、现在或者未来的情况做出评价或者预测。

四、及时性

我国《政府会计准则——基本准则》规定：政府会计主体对已经发生的经济业务或者事项，应当及时进行会计核算，不得提前或者延后。即及时性。会计信息具有一定的时效性，所以在会计核算中，政府会计主体应及时收集会计信息、及时处理会计信息、及时传递报告会计信息，从而帮助信息使用者及时做出经济决策，确保会计信息的价值。

五、可比性

我国《政府会计准则——基本准则》规定：政府会计主体提供的会计信息应当具有可比性。同一政府会计主体不同时期发生的相同或者相似的经济业务或者事项，应当采用一致的会计政策，不得随意变更。确需变更的，应当将变更的内容、理由及其影响在附注中予以说明。不同政府会计主体发生的相同或者相似的经济业务或者事项，应当采用一致的会计政策，确保政府会计信息口径一致，相互可比。可比的政府会计信息可以为信息使用者进行决策和国家进行宏观调控与管理提供必要的依据，同时也可以帮助信息使用者对预算执行和财务状况做出正确判断，以提高各方面预测和决策的准确性。

六、可理解性

我国《政府会计准则——基本准则》规定：政府会计主体提供的信息应当清晰明了，便于信息使用者理解和运用。政府会计信息只有易于为信息使用者理解，才能帮助信息使用者评价政府财政以及行政事业单位受托责任的履行情况，并做出相应的经济和社会决策。可理解的政府会计信息应当概念清楚明确并通俗易懂。例如，一般公共预算、政府性基金预算、国有资本经营预算应当有明确的概念和分界线，并且信息使用者能普遍理解其内涵和内容。税收收入、非税收入、债务收入等的情况也是如此。可理解的政府会计信息还应当在会计报表及其附注中清晰明了地列示。例如，一级政府的本级收入与一级政府从上级政府取得的补助收入在会计报表中应当分开列示。同样，一级政府的本级支出与一级政府对所属下级政府的补助支出在会计报表中也应当分开列示。这样，信息使用者便可一目了然地了解到政府收入总额的来源渠道以及支出总额的使用去向。

七、实质重于形式

我国《政府会计准则——基本准则》规定：政府会计主体应当按照经济业务或者事项的经济实质进行会计核算，不限于以经济业务或者事项的法律形式为依据。

经济业务的经济实质和法律形式在大多数情况下是一致的，但有时也会存在不相一致的情况。例如，行政事业单位融资租入固定资产的业务，尽管在法律形式上行政事业单位只拥有融资租入固定资产的使用权，不拥有融资租入固定资产的所有权，但行政事业单位实际控制融资租入的固定资产及其服务能力或经济利益，因此，在会计核算上将融资租入固定资产视同自有固定资产一样确认、计量和报告。按照实质重于形式的质量要求提供的政府会计信息，比纯粹按照法律形式提供的政府会计信息更加具有相关性，从而可以更好地帮助人民代表大会、政府及其有关部门以及政府单位本身等政府会计信息的使用者做出合理正确的经济和社会决策。

1.5　政府会计要素及其确认和计量原则

政府会计要素是政府会计对象的构成要素。由于政府会计由预算会计和财务会计构成，所以，政府会计要素也分别有政府预算会计要素和政府财务会计要素两大种类。由于政府预算会计和政府财务会计分别针对不同的会计目标，所以，政府预算会计要素和政府财务会计要素分别采用不同的确认和计量原则。

1.5.1　政府财务会计要素及其确认和计量原则

政府财务会计要素包括资产、负债、净资产、收入和费用。

一、资产

依照《政府会计准则——基本准则》，资产是指政府会计主体过去的经济业务或者事项形成的，由政府会计主体控制的，预期能够产生服务潜力或者带来经济利益流入的经济资源。服务潜力是指政府会计主体利用资产提供公共产品和服务以履行政府职能的潜在能力。经济利益流入表现为现金及现金等价物的流入，或者现金及现金等价物流出的减少。

符合资产定义的经济资源，在同时满足以下条件时，确认为资产：第一，与该经济资源相关的服务潜力很可能实现或者经济利益很可能流入政府会计主体；第二，该经济资源的成本或者价值能够可靠地计量。

资产的计量属性主要包括历史成本、重置成本、现值、公允价值和名义金额。在历史成本计量下，资产按照取得时支付的现金金额或者支付对价的公允价值计量。在重置成本计量下，资产按照现在购买相同或者相似资产所需支付的现金金额计量。在现值计量下，资产按照预计从其持续使用和最终处置中所产生的未来净现金流入量的折现金额计量。在公允价值计量下，资产按照市场参与者在计量日发生的有序交易中，出售资产所能收到的价格计量。无法采用上述计量属性的，采用名义金额（即人民币 1 元）计量。政府会计主体在对资产进行计量时，一般应当采用历史成本。采用重置成本、现值、公允价值计量的，应当保证所确定的资产金额能够持续、可靠计量。

二、负债

依照《政府会计准则——基本准则》，负债是指政府会计主体过去的经济业务或者事项形成的、预期会导致经济资源流出政府会计主体的现时义务。现时义务是指政府会计主体在现行条件下已承担的义务。未来发生的经济业务或者事项形成的义务不属于现时义务，不应当确认为负债。

符合负债定义的义务，在同时满足以下条件时，确认为负债：第一，履行该义务很可能导致含有服务潜力或者经济利益的经济资源流出政府会计主体；第二，该义务的金额能够可靠地计量。

负债的计量属性主要包括历史成本、现值和公允价值。在历史成本计量下，负债按照因承担现时义务而实际收到的款项或者资产的金额，或者承担现时义务的合同金额，或者按照为偿还负债预期需要支付的现金计量。在现值计量下，负债按照预计期限内需要偿还的未来净现金流出量的折现金额计量。在公允价值计量下，负债按照市场参与者在计量日发生的有序交易中，转移负债所需支付的价格计量。政府会计主体在对负债进行计量时，一般应当采用历史成本。采用现值、公允价值计量的，应当保证所确定的负债金额能够持续、可靠计量。

三、净资产

依照《政府会计准则——基本准则》，净资产是指政府会计主体资产扣除负债后的净额。净资产金额取决于资产和负债的计量。

四、收入

依照《政府会计准则——基本准则》，收入是指报告期内导致政府会计主体净资产增加的、含有服务潜力或者经济利益的经济资源的流入。

收入的确认应当同时满足以下条件：第一，与收入相关的含有服务潜力或者经济利益的经济资源很可能流入政府会计主体；第二，含有服务潜力或者经济利益的经济资源流入会导致政府会计主体资产增加或者负债减少；第三，流入金额能够可靠地计量。

五、费用

依照《政府会计准则——基本准则》，费用是指报告期内导致政府会计主体净资产减少的、含有服务潜力或者经济利益的经济资源的流出。

费用的确认应当同时满足以下条件：第一，与费用相关的含有服务潜力或者经济利益的经济资源很可能流出政府会计主体；第二，含有服务潜力或者经济利益的经济资源流出会导致政府会计主体资产减少或者负债增加；第三，流出金额能够可靠地计量。

政府财务会计要素之间的平衡关系如下。

资产 − 负债 = 净资产

收入 − 费用 = 净资产的增加或减少

1.5.2　政府预算会计要素及其确认和计量原则

政府预算会计要素包括预算收入、预算支出与预算结余三个要素，其概念以及确认和计量原则分别如下。

一、预算收入

依照《政府会计准则——基本准则》，预算收入是指政府会计主体在预算年度内依法取得的并纳入预算管理的现金流入。预算收入一般在实际收到时予以确认，以实际收到的金额计量。

二、预算支出

依照《政府会计准则——基本准则》，预算支出是指政府会计主体在预算年度内依法发生并纳入预算管理的现金流出。预算支出一般在实际支付时予以确认，以实际支付的金额计量。

三、预算结余

依照《政府会计准则——基本准则》，预算结余是指政府会计主体预算年度内预算收入扣除预算支出后的资金余额，以及历年滚存的资金余额。预算结余包括结余资金和结转资金。结余资金是指年度预算执行终了，预算收入实际完成数扣除预算支出和结转资金后剩余的资金。结转资金是指预算安排项目的支出年终尚未执行完毕或者因故未执行，且下年需要按原用途继续使用的资金。

政府预算会计要素之间的平衡关系如下。

预算收入 － 预算支出 ＝ 预算结余

综上，政府会计要素共有八个，其中，三个为预算会计要素，五个为财务会计要素。三个预算会计要素是构筑政府预算会计报表或政府决算报表的基本组件，五个财务会计要素是构筑政府财务会计报表的基本组件。

1.6　政府决算报告和财务报告

依照《政府会计准则——基本准则》，政府会计主体应当编制决算报告和财务报告。政府决算报告和财务报告是政府会计工作的最终产品，是全面、系统地反映政府组织经济活动及其结果的报告性书面文件，是考核政府组织预算和财务业绩的重要依据。

1.6.1　政府决算报告

政府决算报告，是综合反映政府会计主体年度预算收支执行结果的文件。政府决算报告应当包括决算报表和其他应当在决算报告中反映的相关信息和资料。政府决算报告的编制主要以收付实现制为基础，以预算会计核算生成的数据为准。

在现行实务中，政府决算报表分别由财政总预算会计报表和行政事业单位预算会计报表组成。财政总预算会计报表反映一级政府层面财政预算执行情况，行政事业单位预算会计报表反映行政事业单位预算执行情况。行政事业单位预算会计报表按政府部门汇总后，形成政府部门预算会计报表，反映政府部门预算执行情况。

有关政府决算报表的具体内容和编制方法将在后续章节中进行详细介绍。

1.6.2　政府财务报告

政府财务报告，是反映政府会计主体在某一特定日期的财务状况和某一会计期间的运行情况和现金流量等信息的文件。政府财务报告应当包括财务报表和其他应当在财务报告中披露的相关信息和资料。政府财务报告的编制主要以权责发生制为基础，以财务会计核算生成的数据为准。

政府财务报告包括政府综合财务报告和政府部门财务报告。政府综合财务报告是指由政府财政部门编制的，反映各级政府整体财务状况、运行情况和财政中长期可持续性的报告。政府部门财务报告是指政府各部门、各单位按规定编制的财务报告。

在政府财务报告中，财务报表是对政府会计主体财务状况、运行情况和现金流量等信息的结构性表述。财务报表包括会计报表和附注。会计报表至少应当包括资产负债表、收入费用表和现金流量表。在政府财务会计报表中，资产负债表是反映政府会计主体在某一特定日期的财务状况的报表。收入费用表是反映政府会计主体在一定会计期间运行情况的报表。现金流量表是反映政府会计主体在一定会计期间现金及现金等价物流入和流出情况的报表。财务会计报表附注是对在资产负债表、收入费用表、现金流量表等报表中列示项目所作的进一步说明，以及对未能在这些报表中列示项目的说明。

有关政府财务报表的具体内容和编制方法将在后续章节中进行详细介绍。

第 2 章
资产类会计核算

2.1　资产概述

2.1.1　资产的分类

行政事业单位的资产按照流动性强弱（或变现能力大小）分为流动资产和非流动资产。

流动资产是指预计在 1 年内（含 1 年）耗用或者可以变现的资产，包括货币资金、短期投资、应收及预付款项、存货、待摊费用等。

非流动资产（长期资产）是指流动资产以外的资产，包括长期投资、固定资产、工程物资、在建工程、无形资产、研发支出、经管资产、长期待摊费用、待处理财产损溢等。

资产核算的内容不仅面广、量大，而且新旧变化较多，相对比较复杂，为了归类说明各类资产的特点并予以分别反映，本章在阐述资产类核算的具体内容时，将资产分为 35 个项目，与之对应的会计科目名称、特指用途、划分类别汇总如表 2-1 所示。

表 2-1 　　　　　　　　　资产类会计科目分类

编号	资产项目与会计科目名称	特指用途	划分类别	
1001	库存现金		货币资金	流动资产
1002	银行存款			
1011	零余额账户用款额度			
1021	其他货币资金			
1101	短期投资	事业单位	短期投资	
1201	财政应返还额度		应收及预付款项	
1211	应收票据	事业单位		
1212	应收账款	事业单位		
1214	预付账款			
1215	应收股利	事业单位		
1216	应收利息	事业单位		
1218	其他应收款			
1219	坏账准备	事业单位		
1301	在途物品		存货	
1302	库存物品			
1303	加工物品			
1401	待摊费用		跨期摊配	
1501	长期股权投资	事业单位	长期投资	非流动资产
1502	长期债券投资	事业单位		
1601	固定资产		固定资产	
1602	固定资产累计折旧			
1611	工程物资			
1613	在建工程		在建工程	
1701	无形资产		无形资产	
1702	无形资产累计摊销			
1703	研发支出			

编号	资产项目与会计科目名称	特指用途	划分类别	
1801	公共基础设施			
1802	公共基础设施累计折旧（摊销）			
1811	政府储备物资			
1821	文物文化资产	经管资产		非流动资产
1831	保障性住房			
1832	保障性住房累计折旧			
1891	受托代理资产			
1901	长期待摊费用	跨期摊配		
1902	待处理财产损溢	待处理财产		

2.1.2 资产的管理

一、实行资产分类核算与管理

各项资产应进一步按照资产类别／项目、资产种类／规格／保管地点、单位／个人等进行明细核算。应当建立健全各项资产的内部管理制度和岗位责任制，确保不相容岗位相互分离，授权批准制度严格执行，资产安全和有效使用。

二、实施资产归口管理

应当明确资产使用和保管责任人，落实资产使用人在资产管理中的责任。贵重资产、危险资产、有保密等特殊要求的资产，应当指定专人保管、专人使用，并规定严格的接触限制条件和审批程序。

三、遵循国有资产管理的相关规定

遵循资产管理与预算管理相结合、资产管理与财务管理相结合、实物管理与价值管理相结合等原则，完善资产管理内部控制体系。

四、健全资产管理信息化系统

运用信息化手段，对资产进行实时、动态、有效管理，做到账表、账账、账证、账实相符，并按照《行政事业单位国有资产年度报告管理办法》（财资〔2017〕3号）等规定，健全报告国有资产管理情况制度，保证资产报告真实、准确、完整。

2.2　货币资金

2.2.1　货币资金的概述

　　货币资金是指处于货币资金形态的支付手段和流通手段，包括库存现金、银行存款、零余额账户用款额度、其他货币资金（如外埠存款、银行本票存款、银行汇票存款、信用卡存款等），单位应当按照实际收入和支出的数额记账。

　　货币资金的流动性最强、控制风险较大，大多数贪污、挪用公款等违法乱纪的行为与货币资金有关，所以，单位应当加强对货币资金的核算与管理，建立、健全货币资金内部控制，确保经营管理活动合法、有效。

　　行政事业单位应当合理设置会计工作岗位，不得由一人办理货币资金业务的全过程，确保不相容岗位相互分离，尤其是出纳，不得兼管稽核、会计档案保管和收入、支出、债权、债务账目的登记工作。

　　行政事业单位应当加强印鉴管理，严禁一人保管收付款项所需的全部印章。财务专用章应当由专人保管，个人名章应当由本人或其授权人员保管。负责保管印章的人员要配置单独的保管设备，并做到人走柜锁；应当由有关负责人签字或盖章的，应当严格履行签字或盖章手续。

　　行政事业单位应当加强货币资金的核查控制，指定不办理货币资金业务的会计人员定期和不定期抽查盘点库存现金，核对银行存款（包括网上银行）余额，抽查银行对账单、银行日记账及银行存款余额调节表，核对是否账实相符、账账相符。对调节不符、可能存在重大问题的未达账项应当及时查明原因，并按照相关规定处理。

　　货币资金按照存放地点和用途可以分为库存现金、银行存款、零余额账户用款额度和其他货币资金等种类。

2.2.2　库存现金

一、库存现金的概述

　　库存现金，指行政事业单位在预算执行过程中为保证日常开支需要而存放在财务部门的现金，包括人民币现金、外币现金和受托代理现金。库存现金是流动性最强的流动资产，它具有普遍的可接受性。行政事业单位应当严格按照国家有关库存现金管理的各项规定，加强对库存现金的管理，并主动接受开户银行、审计部门等相关方面的监督。随着公务卡的普遍推行和强制使用，行政事业单位库存现金的业务相应减少。

为核算库存现金业务，行政事业单位应设置"库存现金"科目。该科目期末借方余额，反映单位实际持有的库存现金。

二、库存现金的核算

单位从银行等金融机构提取现金，财务会计账务处理需要按照实际提取的金额，借记该科目，贷记"银行存款"科目；将现金存入银行等金融机构，按照实际存入金额，借记"银行存款"科目，贷记该科目。根据规定从单位零余额账户提取现金，按照实际提取的金额，借记该科目，贷记"零余额账户用款额度"科目。将现金退回单位零余额账户，按照实际退回的金额，借记"零余额账户用款额度"科目，贷记该科目。

在预算会计中，行政单位从银行中提现或者存现不需要进行账务处理。根据规定从单位零余额账户提取现金，按照实际提取的金额，借记"资金结存——货币资金"科目，贷记"资金结存——零余额账户用款额度"科目。将现金退回单位零余额账户按照实际退回的金额，借记"资金结存——零余额账户用款额度"科目，贷记"资金结存——货币资金"科目。

因内部职工出差等原因借出的现金，财务会计账务处理需要按照实际借出的现金金额，借记"其他应收款"科目，贷记该科目。出差人员报销差旅费时，按照实际报销的金额，借记"业务活动费用""单位管理费用"等科目，按照实际借出的现金金额，贷记"其他应收款"科目，按照其差额，借记或贷记该科目。

在预算会计中，职工出差借出现金不需要进行账务处理。出差人员报销差旅费时，按照实际报销的金额，借记"行政支出""事业支出"等科目，贷记"资金结存——货币资金"科目。

因提供服务、物品或者其他事项收到现金，财务会计账务处理需要按照实际收到的金额，借记该科目，贷记"事业收入""应收账款"等相关科目。涉及增值税业务的，还应进行相应的会计处理。因购买服务、物品或者其他事项支付现金，按照实际支付的金额，借记"业务活动费用""单位管理费用""库存物品"等相关科目，贷记该科目。涉及增值税业务的，还应进行相应的会计处理。以库存现金对外捐赠，按照实际捐出的金额，借记"其他费用"科目，贷记该科目。

在预算会计中，因提供服务、物品或者其他事项收到现金，借记"资金结存——货币资金"科目，贷记"事业预算收入"等相关科目。涉及增值税业务的，还应进行相应的会计处理。因购买服务、物品或者其他事项支付现金，按照实际支付的金额，借记"行政支出""事业支出""其他支出"等相关科目，贷记"资金结存——货币资金"等相关科目。以库存现金对外捐赠，按照实际捐出的金额，借记"其他支出"科目，贷记"资金结存——货币资金"科目。

在该科目应当设置"受托代理资产"明细科目，核算单位受托代理、代管的现金。财务会计账务处理需要按照实际收到的受托代理、代管的现金，借记该科目（受托代理资产），贷记"受托代理负债"科目；按照实际支付的受托代理、代管的现金，借记"受托代理负债"科目，贷记该科目（受托代理资产）。

在预算会计中，收到或者支付代理、代管的现金不需要进行账务处理。

行政事业单位应当设置"库存现金日记账"，由出纳人员根据收付款凭证，按照业务发生顺序逐笔登记。每日终了，应当计算当日的现金收入合计数、现金支出合计数和结余数，并将结余数与实际库存数核对，做到账款相符。每日账款核对中发现有待查明原因的现金短缺或溢余的，财务会计账务处理应当通过"待处理财产损溢"科目核算。属于现金溢余，应当按照实际溢余的金额，借记该科目，贷记"待处理财产损溢"科目；属于现金短缺，应当按照实际短缺的金额，借记"待处理财产损溢"科目，贷记该科目。查明原因如为现金溢余，属于应支付给有关人员或单位的，借记"待处理财产损溢"科目，贷记"其他应付款"科目，支付时，借记"其他应付款"科目，贷记"库存现金"科目；属于无法查明原因的，报经批准后，借记"待处理财产损溢"科目，贷记"其他收入"科目。查明原因如为现金短缺，属于应由责任人赔偿或应向有关人员追回的，借记"其他应收款"科目，贷记"待处理财产损溢"科目，收到时，借记"库存现金"科目，贷记"其他应收款"科目；属于无法查明原因的，报经批准核销时，借记"资产处置费用"科目，贷记"待处理财产损溢"科目。

在预算会计中，属于现金溢余，应当按照实际溢余的金额，借记"资金结存——货币资金"科目，贷记"其他预算收入"科目；属于现金短缺，应当按照实际短缺的金额，借记"其他支出"科目，贷记"资金结余——货币资金"

科目。查明原因如为现金溢余，属于应支付给有关人员或单位的，无需进行账务处理，待支付时，借记"其他预算收入"科目，贷记"资金结存——货币资金"科目；属于无法查明原因的，经报批准后，无需进行账务处理，查明原因如为现金短缺，属于应由责任人赔偿或应向有关人员追回的，无需进行账务处理，待收到时，借记"资金结存——货币资金"科目，贷记"其他支出"科目；属于无法查明原因的，无需进行账务处理。

【例2-1】某行政单位从单位零余额账户中提取现金700元，以备日常零星开支使用。次日，该行政单位以库存现金支付一笔款项50元，内容为日常活动中发生的费用。该行政单位应编制如下会计分录。

（1）提取现金时。

财务会计账务处理如下。

借：库存现金	700	
贷：零余额账户用款额度		700

预算会计账务处理如下。

借：资金结存——货币资金	700	
贷：资金结存——零余额账户用款额度		700

（2）以库存现金支付费用时。

财务会计账务处理如下。

借：业务活动费用	50	
贷：库存现金		50

预算会计账务处理如下。

借：行政支出	50	
贷：资金结存——货币资金		50

2.2.3 银行存款

一、银行存款的概述

银行存款，指行政事业单位存入银行或者其他金融机构的各种存款。行政事业单位应当严格按照国家相关规定开设银行存款账户，并严格按照国家有关支付结算办法的规定办理银行存款收支业务。随着财政国库集中收付制度深入推行，行政事业单位财政性资金的收付业务都直接通过财政国库单一账户体系办理，行政事业单位银行存款的业务相应减少。

为核算银行存款业务，行政事业单位应设置"银行存款"科目。该科目期末借方余额，反映单位实际存放在银行或其他金融机构的款项。

二、银行存款的核算

行政事业单位将款项存入银行或者其他金融机构，财务会计账务处理应当按照实际存入的金额，借记该科目，贷记"库存现金""应收账款""事业收入""经营收入""其他收入"等相关科目。涉及增值税业务的，还应进行相应的会计处理。收到银行存款利息，按照实际收到的金额，借记该科目，贷记"利息收入"科目。从银行等金融机构提取现金，按照实际提取的金额，借记"库存现金"科目，贷记该科目。

在预算会计中，应当按照实际存入银行的金额，借记"资金结存——货币资金"科目，贷记"事业预算收入""其他预算收入"等科目。涉及增值税业务的，还应进行相应的会计处理。收到银行存款利息，按照实际收到的金额，借记"资金结存——货币资金"科目，贷记"其他预算收入"科目。从银行等金融机构提取现金，预算会计不需要进行账务处理。

以银行存款支付相关费用，财务会计账务处理应当按照实际支付的金额，借记"业务活动费用""单位管理费用""其他费用"等相关科目，贷记该科目。涉及增值税业务的，还应进行相应的会计处理。以银行存款对外捐赠，按照实际捐出的金额，借记"其他费用"科目，贷记该科目。

在预算会计中，以银行存款支付相关费用，借记"行政支出""事业支出""其他支出"等科目，贷记"资金结存——货币资金"科目。涉及增值税业务的，还应进行相应的会计处理。以银行存款对外捐赠，按照实际捐出的金额，借记"其他支出"科目，贷记"资金结存——货币资金"科目。

该科目应当设置"受托代理资产"明细科目，核算单位受托代理、代管的银行存款。收到受托代理、代管的银行存款，财务会计账务处理按照实际收到的金额，借记该科目（受托代理资产），贷记"受托代理负债"科目；支付受托代理、代管的银行存款，按照实际支付的金额，借记"受托代理负债"科目，贷记该科目（受托代理资产）。

在预算会计中，收到或者支付受托代理、代管的款项，不需要进行账务处理。

行政事业单位应当按开户银行或其他金融机构、存款种类及币种等，分别设置"银行存款日记账"，由出纳人员根据收付款凭证，按照业务的发生顺序逐笔登记，每日终了应结出余额。"银行存款日记账"应定期与"银行对账单"核对，至少每月核对一次。月度终了，单位银行存款日记账账面余额与银行对账单余额之间如有差额，必须逐笔查明原因并进行处理，按月编制"银行存款余额调节表"，调节相符。

【例2-2】某事业单位在开展专业业务活动中取得一项事业收入5 700元，款项已存入银行存款账户。数日后，该事业单位通过银行存款账户支付一笔款项800元，具体内容为开展专业业务活动中发生的一项业务费用。该事业单位应编制如下会计分录。

（1）将款项存入银行时。

财务会计账务处理如下。

借：银行存款   5 700

  贷：事业收入   5 700

预算会计账务处理如下。

借：资金结存——货币资金   5 700

  贷：事业预算收入   5 700

（2）以银行存款支付业务费用时。

财务会计账务处理如下。

借：业务活动费用   800

  贷：银行存款   800

预算会计账务处理如下。

借：事业支出   800

  贷：资金结存——货币资金   800

2.2.4 零余额账户用款额度

一、零余额账户用款额度的概述

零余额账户用款额度，指实行国库集中支付的行政事业单位根据财政部门批复的用款计划收到和支用的零余额账户用款额度。行政事业单位的零余额账户经财政部门批准，在国库支付代理银行开设，用于行政事业单位的财政授权支付。行政事业单位的零余额账户属于财政国库单一账户体系中的一个账户。该账户可以用于实现支付，并于每日终了与财政国库存款账户进行资金清算后，余额为零。

为核算零余额账户用款额度业务，行政事业单位应设置"零余额账户用款额度"科目。该科目期末借方余额，反映单位尚未支用的零余额账户用款额度。年末注销单位零余额账户用款额度后，该科目应无余额。

二、零余额账户用款额度的核算

行政事业单位收到"财政授权支付到账通知书"时，在进行财务会计处理时，根据通知书所列金额，借记该科目，贷记"财政拨款收入"科目。支付日常活动费用时，按照支付的金额，借记"业务活动费用""单位管理费用"等科目，贷记该科目。购买库存物品或购建固定资产时，按照实际发生的成本，借记"库存物品""固定资产""在建工程"等科目，按照实际支付或应付的金额，贷记该科目、"应付账款"等科目。涉及增值税业务的，还应进行相应的会计处理。从零余额账户提取现金时，按照实际提取的金额，借记"库存现金"科目，贷记该科目。因购货退回等发生财政授权支付额度退回的，按照退回的金额，借记该科目，贷记"库存物品"等科目。

在预算会计中，行政事业单位收到"财政授权支付到账通知书"时，根据通知书所列金额，借记"资金结存——零余额账户用款额度"科目，贷记"财政拨款预算收入"科目。支付日常活动费用时，借记"行政支出""事业支出"等科目，贷记"资金结存——零余额账户用款额度"科目。购买库存物品或购建固定资产时，借记"行政支出""事业支出"等科目，贷记"资金结余——零余额账户用款额度"。从零余额账户提取现金时，按照实际提取的金额，借记"资金结存——货币资金"科目，贷记"资金结存——零余额账户用款额度"科目。因购货退回等发生财政授权支付额度退回时，如果是本年度授权支付的款项按照退回的金额，借记"资金结存——零余额账户用款额度"科目，贷记"行政支出""事业支出"等相关科目。

年末，根据代理银行提供的对账单作注销额度的相关账务处理，在财务会计账务处理下应当借记"财政应返还额度——财政授权支付"科目，贷记该科目。年末，本年度财政授权支付预算指标数大于零余额账户用款额度下达数的，根据未下达的用款额度，借记"财政应返还额度——财政授权支付"科目，贷记"财政拨款收入"科目。下年初，根据代理银行提供的"上年度注销额度恢复到账通知书"作恢复额度的相关账务处理，借记该科目，贷记"财政应返还额度——财政授权支付"科目。收到财政部门批复的上年年末未下达零余额账户用款额度，借记该科目，贷记"财政应返还额度——财政授权支付"科目。

在预算会计中，年末应根据代理银行提供的对账单作注销额度的相关账务处理，借记"资金结存——财政应返还额度"科目，贷记"资金结存——零余额账户用款额度"科目。年末，本年度财政授权支付预算指标数大于零余额账户用款额度下达数的，根据未下达的用款额度，借记"资金结存——财政应返还额度"科目，贷记"财政拨款预算收入"科目。下年年初，根据代理银行提供的"上年度注销额度恢复到账通知书"作恢复额度的相关账务处理，借记"资金结存——零余额账户用款额度"科目，贷记"资金结存——财政应返还额度"科目。收到财政部门批复的上年年末未下达零余额账户用款额度，借记"资金结存——零余额账户用款额度"科目，贷记"资金结存——财政应返还额度"科目。

【例 2-3】某行政单位收到"财政授权支付到账通知书"，通知书所列金额为50 000 元。数日后，该行政单位使用零余额账户用款额度支付日常活动费用 3 500 元。该行政单位应编制如下会计分录。

（1）收到财政授权支付到账通知书时。

财务会计账务处理如下。

借：零余额账户用款额度 50 000

　　贷：财政拨款收入 50 000

预算会计账务处理如下。

借：资金结存——零余额账户用款额度 50 000

　　贷：财政拨款预算收入 50 000

（2）使用零余额账户用款额度支付费用时。

财务会计账务处理如下。

借：业务活动费用 3 500

　　贷：零余额账户用款额度 3 500

预算会计账务处理如下。

借：行政支出 3 500

　　贷：资金结存——零余额账户用款额度 3 500

2.2.5　其他货币资金

一、其他货币资金的概述

其他货币资金是指除库存现金、银行存款和零余额账户用款额度之外的其他各种货币资金，主要包括外埠存款、银行本票存款、银行汇票存款、信用卡存款等。外埠存款是指行政事业单位到外地进行临时或零星采购时汇往采购地银行开立采购专户的款项。银行本票存款是指行政事业单位为取得银行本票而按规定存入银行的款项。银行汇票存款是指行政事业单位为取得银行汇票而按规定存入银行的款项。信用卡存款是指行政事业单位为取得信用卡而按规定存入银行的款项。

为核算其他货币资金业务，行政事业单位应设置"其他货币资金"科目。该科目应当设置"外埠存款""银行本票存款""银行汇票存款""信用卡存款"等明细科目，进行明细核算。该科目期末借方余额，反映单位实际持有的其他货币资金。

二、其他货币资金的核算

行政事业单位按照有关规定需要在异地开立银行账户，将款项委托本地银行汇往异地开立账户时，财务会计账务处理应当借记该科目，贷记"银行存款"科目。收到采购员交来供应单位发票账单等报销凭证时，借记"库存物品"等科目，贷记该科目。将多余的外埠存款转回本地银行时，根据银行的收账通知，借记"银行存款"科目，贷记该科目。

将款项交存银行取得银行本票、银行汇票、信用卡时，按照取得的银行本票、银行汇票、信用卡金额，在财务会计中应当借记该科目，贷记"银行存款"科目。使用银行本票、银行汇票、信用卡购买库存物品等资产时，按照实际支付金额，借记"库存物品"等科目，贷记该科目。如有余款或因本票、汇票、信用卡超过付款期等原因而退回款项，按照退款金额，借记"银行存款"科目，贷记该科目。

在预算会计中，将款项交存银行取得银行本票、银行汇票、信用卡时，不需要进行账务处理。使用银行本票、银行汇票、信用卡购买库存物品等资产时，按照实际支付金额，借记"事业支出"等会计科目，贷记"资金结存——货币资金"科目。如有余款或因本票、汇票、信用卡超过付款期等原因而退回款项，预算会计不需要进行处理。

将款项交存银行取得信用卡，按照交存金额，在财务会计账务处理中应当借记该科目，贷记"银行存款"科目。用信用卡购物或支付有关费用，按照实际支付金额，借记"单位管理费用""库存物品"等科目，贷记该科目。单位信用卡在使用过程中，需向其账户续存资金的，按照续存金额，借记该科目，贷记"银行存款"科目。

行政事业单位应当加强对其他货币资金的管理，及时办理结算，对于逾期尚未办理结算的银行汇票、银行本票等，应当按照规定及时转回，并按照上述规定进行相应账务处理。

【例2-4】事业单位将款项10 000元交存银行取得相应数额的银行本票。数日后，该事业单位以该银行本票购买一批库存物品，款额为10 000元。该事业单位应编制如下会计分录。

（1）取得银行本票时。

财务会计账务处理如下。

借：其他货币资金——银行本票　　　　　　　　　　　　10 000

　　贷：银行存款　　　　　　　　　　　　　　　　　　　　　10 000

预算会计不需要进行账务处理。

（2）使用银行本票购买物品时。

财务会计账务处理如下。

借：库存物品　　　　　　　　　　　　　　　　　　　　10 000

　　贷：其他货币资金——银行本票　　　　　　　　　　　　10 000

预算会计账务处理如下。

借：事业支出　　　　　　　　　　　　　　　　　　　　10 000

　　贷：资金结存——货币资金　　　　　　　　　　　　　　10 000

2.3　应收及预付款项

2.3.1　应收及预付款项的概述

应收及预付款项是指行政事业单位在开展业务活动中形成的各项债权，包括财政应返还额度、应收票据、应收账款、预付账款、应收股利、应收利息、其他应收款等。

财政应返还额度是指实行国库集中支付的行政事业单位应收财政返还的资金额度，包括可以使用的以前年度财政直接支付资金额度和财政应返还的财政授权支付资金额度。在财政国库集中支付制度下，年末，行政事业单位尚未使用的财政直接支付额度和财政授权支付额度，相应资金留存在财政国库。这些财政资金通常仍然由行政事业单位按计划安排使用。由此，行政事业单位在年末形成财政应返还额度。行政事业单位的零余额账户用款额度通常采用年末注销、次年初恢复的管理方法。

应收票据是指事业单位因开展经营活动销售产品、提供有偿服务等而收到的商业汇票，包括银行承兑汇票和商业承兑汇票。

应收账款是指事业单位提供服务、销售产品等应收取的款项，以及行政事业单位因出租资产、出售物资等应收取的款项。

预付账款是指行政事业单位按照购货、服务合同或协议规定预付给供应单位（或个人）的款项，以及按照合同规定向承包工程的施工企业预付的备料款和工程款。

应收股利是指事业单位因持有长期股权投资应当收取的现金股利或应当分得的利润。

应收利息是指事业单位长期债券投资应当收取的利息。

其他应收款是指行政事业单位除财政应返还额度、应收票据、应收账款、预付账款、应收股利、应收利息以外的其他各项应收及暂付款项，如职工预借的差旅费、已经偿还银行尚未报销的本单位公务卡欠款、拨付给内部有关部门的备用金、应向职工收取的各种垫付款项、支付的可以收回的订金或押金、应收的上级补助和附属单位上缴款项等。

2.3.2　财政应返还额度

一、财政应返还额度的概述

财政应返还额度的核算与财政性资金的支付方式相关。财政性资金的支付方式分为财政直接支付和财政授权支付。为核算财政应返还额度业务，行政事业单位应设置"财政应返还额度"科目。该科目下应设置"财政直接支付""财政授权支付"两个明细科目进行明细核算。该科目期末借方余额，反映单位应收财政返还的资金额度。

二、财政应返还额度的核算

（一）财政直接支付

财政直接支付是指由财政部门向中国人民银行和代理银行签发支付指令，代理银行根据支付指令通过国库单一账户体系将资金直接支付到收款人（商品或劳务的供应商等）或用款单位（具体申请和使用财政性资金的预算单位）账户。

在财务会计中，行政事业单位根据本年度财政直接支付预算指标数大于当年财政直接支付实际发生数的差额，借记该科目（财政直接支付），贷记"财政拨款收入"科目。使用以前年度财政直接支付额度支付款项时，借记"业务活动费用""单位管理费用"等科目，贷记该科目（财政直接支付）。

在预算会计中，行政事业单位根据本年度财政直接支付预算指标数大于当年财政直接支付实际发生数的差额，借记"资金结存——财政应返还额度"科目，贷记"财政拨款预算收入"科目。使用以前年度财政直接支付额度支付款项时，借记"行政支出""事业支出"等相关科目，贷记"资金结存——财政应返还额度"科目。

（二）财政授权支付

财政授权支付是指预算单位按照财政部门的授权，自行向代理银行签发支付指令，代理银行根据支付指令，在财政部门批准的预算单位的用款额度内，通过国库单一账户体系将资金支付到收款人账户。

年末，根据代理银行提供的对账单作注销额度的相关账务处理，财务会计应当借记该科目（财政授权支付），贷记"零余额账户用款额度"科目。年末，本年度财政授权支付预算指标数大于零余额账户用款额度下达数的，根据未下达的用款额度，借记该科目（财政授权支付），贷记"财政拨款收入"科目。下年初，根据代理银行提供的上年度"注销额度恢复到账通知书"作恢复额度的相关账务处理，借记"零余额账户用款额度"科目，贷记该科目（财政授权支付）。收到财政部门批复的上年未下达零余额账户用款额度，借记"零余额账户用款额度"科目，贷记该科目（财政授权支付）。

在预算会计中，年末应根据代理银行提供的对账单作注销额度的相关账务处理，借记"资金结存——财政应返还额度"科目，贷记"资金结存——零余额账户用款额度"科目。年末，本年度财政授权支付预算指标数大于零余额账户用款额度下达数的，根据未下达的用款额度，借记"资金结存——财政应返还额度"科目，贷记"财政拨款预算收入"科目。

收到财政部门批复的上年未下达零余额账户用款额度,借记"资金结存——零余额账户用款额度",贷记"资金结存——财政应返还额度"科目。

【**例 2-5**】某行政单位使用以前年度财政直接支付额度支付业务活动费用 8 010元。年末,该行政单位本年度财政直接支付预算指标数大于当年财政直接支付实际支出数,差额为 2 720 元。该行政单位应编制如下会计分录。

(1)使用以前年度财政直接支付额度支付费用时。

财务会计账务处理如下。

借:业务活动费用　　　　　　　　　　　　　　　　　　8 010
　　贷:财政应返还额度——财政直接支付　　　　　　　　　　8 010

预算会计账务处理如下。

借:行政支出　　　　　　　　　　　　　　　　　　　　8 010
　　贷:资金结存——财政应返还额度　　　　　　　　　　　　8 010

(2)确认本年度尚未使用的财政直接支付预算指标数时。

财务会计账务处理如下。

借:财政应返还额度——财政直接支付　　　　　　　　　2 720
　　贷:财政拨款收入　　　　　　　　　　　　　　　　　　　2 720

预算会计账务处理如下。

借:资金结存——财政应返还额度　　　　　　　　　　　2 720
　　贷:财政拨款预算收入　　　　　　　　　　　　　　　　　2 720

【**例 2-6**】年初,某事业单位收到代理银行提供的上年度注销零余额账户用款额度恢复到账通知书,恢复上年度注销的零余额账户用款额度 2 500 元。年末,该事业单位本年度财政授权支付预算指标数大于零余额账户用款额度下达数,两者间的差额为 1 680 元。年末,该事业单位根据代理银行提供的对账单,注销本年度尚未使用的零余额账户用款额度 1 300 元。该事业单位应编制如下会计分录。

(1)年初,恢复上年度注销的零余额账户用款额度时。

财务会计账务处理如下。

借:零余额账户用款额度　　　　　　　　　　　　　　　2 500
　　贷:财政应返还额度——财政授权支付　　　　　　　　　　2 500

预算会计账务处理如下。

借:资金结存——零余额账户用款额度　　　　　　　　　2 500
　　贷:资金结存——财政应返还额度　　　　　　　　　　　　2 500

（2）年末，确认本年度尚未收到的财政授权支付预算指标数时。

财务会计账务处理如下。

借：财政应返还额度——财政授权支付   1 680

  贷：财政拨款收入   1 680

预算会计账务处理如下。

借：资金结存——财政应返额度   1 680

  贷：财政拨款预算收入   1 680

（3）年末，注销本年度尚未使用的零余额账户用款额度时。

财务会计账务处理如下。

借：财政应返还额度——财政授权支付   1 300

  贷：零余额账户用款额度   1 300

预算会计账务处理如下。

借：资金结存——财政应返额度   1 300

  贷：资金结存——零余额账户用款额度   1 300

2.3.3 应收票据

一、应收票据的概述

为核算因开展经营活动销售产品、提供有偿服务等而收到的商业汇票，事业单位应设置"应收票据"科目。该科目应当按照开出、承兑商业汇票的单位等进行明细核算。

二、应收票据的核算

因销售产品、提供服务等收到商业汇票，财务会计账务处理应按照商业汇票的票面金额，借记该科目，按照确认的收入金额，贷记"经营收入"等科目。涉及增值税业务的，还应进行相应的会计处理。该科目期末借方余额，反映事业单位持有的商业汇票票面金额。

在预算会计中，因销售产品、提供服务等收到商业汇票的不需要进行账务处理。

持未到期的商业汇票向银行贴现，在财务会计中应按照实际收到的金额（即扣除贴现息后的净额），借记"银行存款"科目，按照贴现息金额，借记"经营费用"等科目，按照商业汇票的票面金额，贷记该科目（无追索权）或"短期借款"科目（有追索权）。附追索权的商业汇票到期未发生追索事项的，按照商业汇票的票面金额，借记"短期借款"科目，贷记该科目。

在预算会计中，持未到期的商业汇票向银行贴现应借记"资金结存——货币资金"科目，按照贴现净额（即扣除贴现息后的净额），贷记"经营预算收入"等相关科目。涉及增值税业务的，还应进行相应的会计处理。附追索权的商业汇票到期未发生追索事项的，不需要进行账务处理。该科目期末借方余额，反映事业单位持有的商业汇票票面金额。

将持有的商业汇票背书转让以取得所需物资时，在财务会计中应按照取得物资的成本，借记"库存物品"等科目，按照商业汇票的票面金额，贷记该科目，如有差额，借记或贷记"银行存款"等科目。涉及增值税业务的，还应进行相应的会计处理。

在预算会计中，将持有的商业汇票背书转让以取得所需物资时，应按照实际支付的金额借记"经营支出"等科目，贷记"资金结存——货币资金"科目。如有差额，借记或贷记"资金结存——货币资金"等科目。涉及增值税业务的，还应进行相应的会计处理。

商业汇票到期时，财务会计应当分别对以下情况进行处理：（1）收回票款时，按照实际收到的商业汇票票面金额，借记"银行存款"科目，贷记该科目，按票据利息额贷记"财务费用"科目；（2）因付款人无力支付票款，收到银行退回的商业承兑汇票、委托收款凭证、未付票款通知书或拒付款证明等，按照商业汇票的票面金额，借记"应收账款"科目，贷记该科目。

在预算会计中，也应当按上述两种情况进行处理：（1）收回票款时，按照实际收到的商业汇票票面金额，借记"资金结存——货币资金"科目，贷记"经营预算收入"科目等；（2）付款人无力支付票款时，不需要进行账务处理。

事业单位应当设置"应收票据备查簿"，逐笔登记每一应收票据的种类、号数、出票日期、到期日、票面金额、交易合同号和付款人、承兑人、背书人姓名或单位名称、背书转让日、贴现日期、贴现率和贴现净额、收款日期、收回金额和退票情况等。应收票据到期结清票款或退票后，应当在备查簿内逐笔注销。

【例 2-7】A 事业单位销售一批产品给 B 公司，货已发出，货款为 42 500 元，增值税税额为 5 525（按照新的增值税税率 13% 计算）元。按合同约定 3 个月以后付款。B 公司交给 A 事业单位一张不带息 3 个月到期的商业承兑汇票，面值为 48 025 元。

A 事业单位应编制会计分录如下。

财务会计账务处理如下。

借：应收票据 48 025

贷：经营收入 42 500

应交税费——应交增值税（销项税额） 5 525

预算会计不需要进行账务处理。

不带息票据的到期值即票据的面值，3 个月后，应收票据到期收回款项存入银行，应编制会计分录如下。

财务会计账务处理如下。

借：银行存款 48 025

贷：应收票据 48 025

预算会计账务处理如下。

借：资金结存——货币资金 48 025

贷：经营预算收入 48 025

2.3.4 应收账款

一、应收账款的概述

事业单位应当设置"应收账款"科目。该科目应当按照债务单位（或个人）进行明细核算。该科目期末借方余额，反映单位尚未收回的应收账款。

二、应收账款的核算

（一）不需上缴财政

应收账款收回后不需上缴财政情况下，单位发生应收账款时，财务会计账务处理应按照应收未收金额，借记该科目，贷记"事业收入""经营收入""租金收入""其他收入"等科目。涉及增值税业务的，还应进行相应的会计处理。收回应收账款时，按照实际收到的金额，借记"银行存款"等科目，贷记该科目。

在预算会计中，应收账款收回后不需上缴财政情况下，单位发生应收账款时，不需要进行账务处理。收回应收账款时，按照实际收到的金额，借记"资金结存——货币资金"科目，贷记"事业预算收入""经营预算收入""其他预算收入"等相关科目。

事业单位应当于每年年末，对收回后不需上缴财政的应收账款进行全面检查，如出现不能收回的迹象，应当计提坏账准备。对于账龄超过规定年限、确认无法收回的应收账款，按照规定报经批准后予以核销。财务会计账务处理应按照核销金额，借记"坏账准备"科目，贷记该科目。核销的应收账款应在备查簿中保留登记。已核销的应收账款在以后期间又收回的，按照实际收回金额，借记该科目，贷记"坏账准备"科目；同时，借记"银行存款"等科目，贷记该科目。

在预算会计中，事业单位应当于每年年末，对收回后不需上缴财政的应收账款进行全面检查，如发生不能收回的迹象，应当计提坏账准备。对于账龄超过规定年限、确认无法收回的应收账款，按照规定报经批准后予以核销，预算会计不需要进行账务处理。已核销的应收账款在以后期间又收回的，按照实际收回金额，借记"资金结存——货币资金"科目，贷记"非财政拨款结余"等相关科目。

（二）需上缴财政

应收账款收回后需上缴财政情况下，单位出租资产发生应收未收租金款项时，财务会计应按照应收未收金额，借记该科目，贷记"应缴财政款"科目。收回应收账款时，按照实际收到的金额，借记"银行存款"等科目，贷记该科目。单位出售物资发生应收未收款项时，按照应收未收金额，借记该科目，贷记"应缴财政款"科目。收回应收账款时，按照实际收到的金额，借记"银行存款"等科目，贷记该科目。涉及增值税业务的，还应进行相应的会计处理。

在预算会计中，应收账款收回后需上缴财政情况下，单位出租资产发生应收未收租金款项时，不需要进行账务处理。

单位应当于每年年末，对收回后应当上缴财政的应收账款进行全面检查。对于账龄超过规定年限、确认无法收回的应收账款，财务会计应按照规定报经批准后予以核销。按照核销金额，借记"应缴财政款"科目，贷记该科目。核销的应收账款应当在备查簿中保留登记。已核销的应收账款在以后期间又收回的，按照实际收回金额，借记"银行存款"等科目，贷记"应缴财政款"科目。

在预算会计中，单位应当于每年年末，对收回后应当上缴财政的应收账款进行全面检查。对于账龄超过规定年限、确认无法收回的应收账款，预算会计应按照规定批准后予以核销，但是不需要进行账务处理。

【例 2-8】某事业单位在开展专业业务活动中发生一项应收账款 3 200 元，该应收账款收回后不需上缴财政。数日后，该事业单位收回了该项应收账款。该事业单位应编制如下会计分录。

（1）发生应收账款时。

财务会计账务处理如下。

借：应收账款   3 200

    贷：事业收入   3 200

预算会计不需要进行账务处理。

（2）收回应收账款时。

财务会计账务处理如下。

借：银行存款   3 200

    贷：应收账款   3 200

预算会计账务处理如下。

借：资金结存——货币资金   3 200

    贷：事业预算收入   3 200

2.3.5　预付账款

一、预付账款的概述

行政事业单位应设置"预付账款"科目。该科目应当按照供应单位（或个人）及具体项目进行明细核算；对于基本建设项目发生的预付账款，还应当在该科目所属基建项目明细科目下设置"预付备料款""预付工程款""其他预付款"等明细科目，进行明细核算。该科目期末借方余额，反映单位实际预付但尚未结算的款项。

二、预付账款的核算

行政事业单位根据购货、服务合同或协议规定预付款项时，财务会计账务处理应按照预付金额，借记该科目，贷记"财政拨款收入""零余额账户用款额度""银行存款"等科目。收到所购资产或服务时，按照购入资产或服务的成本，借记"库存物品""固定资产""无形资产""业务活动费用"等相关科目，按照相关预付账款的账面余额，贷记该科目，按照实际补付的金额，贷记"财政拨款收入""零余额账户用款额度""银行存款"等科目。涉及增值税业务的，还应进行相应的会计处理。

在预算会计中，行政事业单位根据购货、服务合同或协议规定预付款项时，借记"行政支出""事业支出"等科目,贷记"财政拨款预算收入""资金结存"等科目。收到所购资产或服务时,按照实际补付的金额,借记"行政支出""事业支出"等相关科目,贷记"财政拨款预算收入""资金结存"等相关科目。涉及增值税业务的,还应进行相应的会计处理。

根据工程进度结算工程价款及备料款时,财务会计需要按照结算金额,借记"在建工程"科目,按照相关预付账款的账面余额,贷记该科目,按照实际补付的金额,贷记"财政拨款收入""零余额账户用款额度""银行存款"等科目。

在预算会计中,根据工程进度结算工程价款及备料款时,按照实际补付的金额,借记"行政支出""事业支出"等相关科目,贷记"财政拨款预算收入""资金结存"等相关科目。

发生预付账款退回的,财务会计应当按照实际退回金额,借记"财政拨款收入"(本年直接支付)、"财政应返还额度"(以前年度直接支付)、"零余额账户用款额度""银行存款"等科目,贷记该科目。

在预算会计中,发生本年预付账款退回的,应借记"财政拨款预算收入""资金结存"等相关科目,贷记"行政支出""事业支出"等相关科目。

单位应当于每年年末,对预付账款进行全面检查。如果有确凿证据表明预付账款不再符合预付款项性质,或者因供应单位破产、撤销等原因可能无法收到所购货物、服务的,财务会计应当先将其转入其他应收款,再按照规定进行处理。将预付账款账面余额转入其他应收款时,借记"其他应收款"科目,贷记该科目。

预算会计不需要进行上述账务处理。

【例 2-9】某行政单位向社会力量购买一项服务,发生预付账款 4 500 元,款项通过单位零余额账户支付。一个月后,该行政单位收到向社会力量购买的该项服务,同时补付相应款项 1 500 元,款项通过单位零余额账户支付。该行政单位应编制如下会计分录。

(1)根据购买服务合同规定预付款项时。

财务会计账务处理如下。

借:预付账款　　　　　　　　　　　　　　　　　　4 500
　　贷:零余额账户用款额度　　　　　　　　　　　　　　4 500

预算会计账务处理如下。

借：行政支出   4 500

  贷：资金结存——货币资金   4 500

（2）收到所购服务并补付款项时。

财务会计账务处理如下。

借：业务活动费用   6 000

  贷：预付账款   4 500

   零余额账户用款额度   1 500

预算会计账务处理如下。

借：行政支出   1 500

  贷：资金结存——货币资金   1 500

2.3.6　应收股利

一、应收股利的概述

事业单位应设置"应收股利"科目。该科目应当按照被投资单位等进行明细核算。该科目期末借方余额，反映事业单位应当收取但尚未收到的现金股利或利润。

二、应收股利的核算

事业单位取得长期股权投资，财务会计应当按照支付的价款中所包含的已宣告但尚未发放的现金股利，借记该科目，按照确定的长期股权投资成本，借记"长期股权投资"科目，按照实际支付的金额，贷记"银行存款"等科目。收到取得投资时实际支付价款中所包含的已宣告但尚未发放的现金股利时，按照收到的金额，借记"银行存款"科目，贷记该科目。

在预算会计中，事业单位取得长期股权投资，应当按照取得投资时支付的全部价款借记"投资支出"科目，贷记"资金结存——货币资金"科目。

长期股权投资持有期间，被投资单位宣告发放现金股利或利润的，财务会计应当按照应享有的份额，借记该科目，贷记"投资收益"（成本法下）或"长期股权投资"（权益法下）科目。实际收到现金股利或利润时，按照收到的金额，借记"银行存款"等科目，贷记该科目。

在预算会计中，长期股权投资持有期间，被投资单位宣告发放现金股利或利润的，不需要进行账务处理。实际收到现金股利或者利润时，按照收到的金额，借记"资金结存——货币资金"科目，贷记"投资预算收益"科目。

【例2-10】某事业单位拥有A公司90％的股权，有权决定A公司的财务和经营政策，相应的长期股权投资采用权益法核算。某日，A公司宣告发放现金股利200 000元，该事业单位应享有的份额为180 000元（200 000×90％）。次月，该事业单位收到A公司发放的现金股利180 000元，款项已存入开户银行。该事业单位应编制如下会计分录。

（1）A公司宣告发放现金股利时。

财务会计账务处理如下。

借：应收股利　　　　　　　　　　　　　　　　　　180 000
　　贷：长期股权投资　　　　　　　　　　　　　　　　180 000

预算会计不需要进行账务处理。

（2）收到A公司发放的现金股利时。

财务会计账务处理如下。

借：银行存款　　　　　　　　　　　　　　　　　　180 000
　　贷：应收股利　　　　　　　　　　　　　　　　　　180 000

预算会计账务处理如下。

借：资金结存——货币资金　　　　　　　　　　　　180 000
　　贷：投资预算收益　　　　　　　　　　　　　　　　180 000

2.3.7　应收利息

一、应收利息的概述

事业单位应设置"应收利息"科目。事业单位购入的到期一次还本付息的长期债券投资持有期间的利息，应当通过"长期债券投资——应计利息"科目核算，不通过该科目核算。该科目应当按照被投资单位等进行明细核算。该科目期末借方余额，反映事业单位应收未收的长期债券投资利息。

二、应收利息的核算

事业单位取得长期债券投资，财务会计应当按照确定的投资成本，借记"长期债券投资"科目，按照支付的价款中包含的已到付息期但尚未领取的利息，借记该科目，按照实际支付的金额，贷记"银行存款"等科目。收到取得投资时实际支付价款中所包含的已到付息期但尚未领取的利息时，按照收到的金额，借记"银行存款"等科目，贷记该科目。

在预算会计中，事业单位取得长期债券投资，应按照取得投资支付的全部价款借记"投资支出"科目，贷记"资金结存——货币资金"科目。

按期计算确认长期债券投资利息收入时，对于分期付息、一次还本的长期债券投资，财务会计应当按照以票面金额和票面利率计算确定的应收未收利息金额，借记该科目，贷记"投资收益"科目。实际收到应收利息时，按照收到的金额，借记"银行存款"等科目，贷记该科目。

在预算会计中，按期计提利息时不需要进行账务处理。实际收到利息时，应按照实际收到的金额，借记"资金结存——货币资金"科目，贷记"投资预算收益"科目。

【例2-11】某事业单位持有一项长期债券投资。某月末，该事业单位按照债券票面金额和票面利率计算确定的应收未收利息金额为3 600元。次月初，该事业单位收到相应债券的利息收入3 600元。该债券为分期付息、一次还本的债券。该事业单位应编制如下会计分录。

（1）计算确定应收未收利息金额时。

财务会计账务处理如下。

借：应收利息 3 600
　　贷：投资收益 3 600

预算会计不需要进行账务处理。

（2）收到债券利息收入时。

财务会计账务处理如下。

借：银行存款 3 600
　　贷：应收利息 3 600

预算会计账务处理如下。

借：资金结存——货币资金 3 600
　　贷：投资预算收益 3 600

2.3.8 其他应收款

一、其他应收款的概述

为核算其他应收款业务，行政事业单位应设置"其他应收款"科目。该科目应当按照其他应收款的类别以及债务单位（或个人）进行明细核算。该科目期末借方余额，反映单位尚未收回的其他应收款。

二、其他应收款的核算

行政事业单位发生其他各种应收及暂付款项时，财务会计按照实际发生金额，借记该科目，贷记"零余额账户用款额度""银行存款""库存现金""上级补助收入""附属单位上缴收入"等科目。涉及增值税业务的，还应进行相应的会计处理。收回其他各种应收及暂付款项时，按照收回的金额，借记"库存现金""银行存款"等科目，贷记该科目。

在预算会计中，行政事业单位发生其他各种应收及暂付款项时，不需要进行账务处理。收回其他各种应收及暂付款项时也不需要进行账务处理。

行政事业单位内部实行备用金制度的，有关部门使用备用金以后应当及时到财务部门报销并补足备用金。财务部门核定并发放备用金时，财务会计应当按照实际发放金额，借记该科目，贷记"库存现金"等科目。根据报销金额用现金补足备用金定额时，借记"业务活动费用""单位管理费用"等科目，贷记"库存现金"等科目，报销数和拨补数都不再通过该科目核算。

在预算会计中，财务部门核定并发放备用金时，不需要进行账务处理。根据报销金额用现金补足备用金定额时，应借记"行政支出""事业支出"等相关科目，贷记"资金结存——货币资金"科目。

偿还尚未报销的本单位公务卡欠款时，财务会计应当按照偿还的款项，借记该科目，贷记"零余额账户用款额度""银行存款"等科目；持卡人报销时，按照报销金额，借记"业务活动费用""单位管理费用"等科目，贷记该科目。

在预算会计中，持卡人报销时，应按照报销金额，借记"行政支出""事业支出"等相关科目，贷记"资金结存"科目。

将预付账款账面余额转入其他应收款时，财务会计应当借记该科目，贷记"预付账款"科目。

事业单位应当于每年年末，对其他应收款进行全面检查，如发现不能收回的迹象，应当计提坏账准备。对于账龄超过规定年限、确认无法收回的其他应收款，财务会计应当按照规定报经批准后予以核销。按照核销金额，借记"坏账准备"科目，贷记该科目。核销的其他应收款应当在备查簿中保留登记。已核销的其他应收款在以后期间又收回的，按照实际收回金额，借记该科目，贷记"坏账准备"科目；同时，借记"银行存款"等科目，贷记该科目。

在预算会计中，对于账龄超过规定年限、确认无法收回的其他应收款，事业单位应当按照规定报经批准后予以核销，此时不需要进行账务处理。已核销的其他应收款在以后期间又收回的，按照实际收回金额，借记"资金结存——货币资金"科目，贷记"其他预算收入"科目。

行政单位应当于每年年末，对其他应收款进行全面检查。对于账龄超过规定年限、确认无法收回的其他应收款，财务会计应当按照有关规定报经批准后予以核销。核销的其他应收款应在备查簿中保留登记。经批准核销其他应收款时，按照核销金额，借记"资产处置费用"科目，贷记该科目。已核销的其他应收款在以后期间又收回的，按照收回金额，借记"银行存款"等科目，贷记"其他收入"科目。

在预算会计中，对于账龄超过规定年限、确认无法收回的其他应收款，经批准核销其他应收款时，不需要进行账务处理。已核销的其他应收款在以后期间又收回的，按照收回金额，借记"资金结存——货币资金"科目，贷记"其他预算收入"科目。

【例2-12】某事业单位内部实行备用金制度。某日，财务部门向单位内部相关业务部门核定并发放备用金500元，款项以库存现金支付。数日后，单位内部相关业务部门到财务部门报销备用金480元，财务部门以库存现金向其补足备用金。该事业单位应编制如下会计分录。

（1）核定并发放备用金时。

财务会计账务处理如下。

借：其他应收款 500

　　贷：库存现金 500

预算会计不需要进行账务处理。

（2）报销并补足备用金时。

财务会计账务处理如下。

借：业务活动费用 480

　　贷：库存现金 480

预算会计账务处理如下。

借：事业支出 480

　　贷：资金结存——货币资金 480

2.3.9　坏账准备

一、坏账准备的概述

坏账是指无法收回的应收款项。由应收款项坏账带来的损失可称为坏账损失，它是费用的一个种类。根据现行制度规定，事业单位对收回后不需上缴财政的应收账款和其他应收款应当提取坏账准备，对其他应收款项不提取坏账准备。行政单位不提取坏账准备。

为核算坏账准备业务，事业单位应设置"坏账准备"科目。该科目应当分为应收账款和其他应收款进行明细核算。该科目期末贷方余额，反映事业单位提取的坏账准备金额。

二、坏账准备的核算

事业单位应当于每年年末，对收回后不需上缴财政的应收账款和其他应收款进行全面检查，分析其可收回性，对预计可能产生的坏账损失计提坏账准备、确认坏账损失。事业单位可以采用应收款项余额百分比法、账龄分析法、个别认定法等方法计提坏账准备。坏账准备计提方法一经确定，不得随意变更。如需变更，应当按照规定报经批准，并在财务报表附注中予以说明。

（一）应收款项余额百分比法

应收款项余额百分比法是按照期末应收账款和其他应收款余额的一定百分比估计坏账损失的方法。坏账百分比由单位根据以往的资料或经验确定。在余额百分比法下，事业单位应在每个会计期末根据本期末应收账款和其他应收款的余额和相应的坏账率估计出期末"坏账准备"账户应有的余额，它与调整前"坏账准备"账户已有的余额的差额就是当期应提的坏账准备金额。

首次计提坏账准备的计算公式如下。

当期应计提的坏账准备 = 期末应收账款和其他应收款余额 × 坏账准备计提百分比

以后计提坏账准备的计算公式如下。

当期应补提或冲减的坏账准备 = 当期按照期末应收账款和其他应收款计算应计提的坏账准备金额 − "坏账准备"科目贷方余额（或 + "坏账准备"科目借方余额）

（二）账龄分析法

账龄分析法是根据应收款项账龄的长短来估计坏账损失的方法。通常，应收款项的账龄越长，发生坏账的可能性越大。为此，应将应收款项按账龄长短进行分组，分别确定不同的计提百分比以估算坏账损失，使坏账损失的计算结果更符合客观情况。

计提坏账准备的计算公式如下。

当期应计提的坏账准备 ＝ ∑ 期末各账龄组应收款项余额 × 各账龄组坏账准备计提百分比

以后计提坏账准备的计算公式如下。

当期应补提或冲减的坏账准备 ＝ 当期按照期末应收款项计算应计提的坏账准备金额 － "坏账准备"科目贷方余额（或 ＋ "坏账准备"科目借方余额）

（三）个别认定法

个别认定法就是根据每一项应收款项的情况来估计坏账损失，进而确定本期期末应计提的坏账准备金额的方法。

每年年末的应收账款和其他应收款并非都是计提坏账准备的对象，只有对收回后不需上缴财政的应收账款和其他应收款才考虑是否计提坏账准备。

采用个别认定法计提坏账准备的依据不再是赊销总额，而是客户的信用状况、偿还能力等；计提坏账准备的比率不再是所有欠款客户都用一个相同的比例，而是依据信用状况的不同适用不同的比率。只有调查清楚每个客户的信用状况、偿还能力等，再据此确定每个客户的计提比率和欠款数额，才能核算坏账准备。个别认定法计提坏账准备的比率与坏账可能产生的概率更加接近，使计提的坏账准备数额与其后可能产生的坏账损失更为相符，从而避免了单位在总体上或结构上"多提"和"少提"坏账准备，抑制了"坏账准备"变成一个变相的、合法而不合理的调节工具，有助于坏账准备产生的相关费用与其费用产生的期间和收入配比。

在同一会计期间运用个别认定法的应收账款和其他应收款应从其他方法计提坏账准备的相应余额中剔除。

事业单位提取坏账准备时，财务会计账务处理应当借记"其他费用"科目，贷记该科目；冲减坏账准备时，借记该科目，贷记"其他费用"科目。预算会计不需要进行账务处理。

对于账龄超过规定年限并确认无法收回的应收账款、其他应收款，在财务会计中应当按照有关规定报经批准后，按照无法收回的金额，借记该科目，贷记"应收账款""其他应收款"科目。已核销的应收账款、其他应收款在以后期间又收回的，按照实际收回金额，借记"应收账款""其他应收款"科目，贷记该科目；同时，借记"银行存款"等科目，贷记"应收账款""其他应收款"科目。

在预算会计中，对于账龄超过规定年限并确认无法收回的应收账款、其他应收款，不需要进行账务处理。已核销的应收账款、其他应收款在以后期间又收回的，按照实际收回金额，借记"资金结存——货币资金"等相关科目，贷记"非财政拨款结余"等会计科目。

【例 2-13】某事业单位经批准确认一笔无法收回的应收账款 380 元。该笔应收账款属于收回后不需上缴财政的应收账款。年末，经计算应当补提坏账准备 1 520 元。该事业单位应编制如下会计分录。

（1）确认无法收回的应收账款时。

财务会计账务处理如下。

借：坏账准备　　　　　　　　　　　　　　　　　　　380

　　贷：应收账款　　　　　　　　　　　　　　　　　　　　380

预算会计不需要进行账务处理。

（2）年末补提坏账准备时。

财务会计账务处理如下。

借：其他费用　　　　　　　　　　　　　　　　　　1 520

　　贷：坏账准备　　　　　　　　　　　　　　　　　　　1 520

预算会计不需要进行账务处理。

2.4　存货

2.4.1　存货的概述

存货是指行政事业单位在开展业务活动及其他活动中为耗用或出售而储存的资产，如材料、产品、包装物和低值易耗品等，以及未达到固定资产标准的用具、装具、动植物等。与企业不同，行政事业单位以提供非物质产品为主，购入的大多数物品为自用物品，不是出售目的的商品，如购入的办公用品、实验室用品、消耗性体育用品等。行政事业单位的存货按照经济内容或经济用途可分为在途物品、库存物品和加工物品等种类。

在途物品是指行政事业单位采购材料等物资时货款已付或已开出商业汇票但尚未验收入库的物品。

库存物品是指行政事业单位在开展业务活动及其他活动中为耗用或出售而储存的各种物品。

加工物品是指行政事业单位自制或委托外单位加工的各种物品。

2.4.2　在途物品

一、在途物品的概述

行政事业单位应设置"在途物品"科目。该科目下可按照供应单位和物品种类进行明细核算。该科目期末借方余额，反映单位在途物品的采购成本。

二、在途物品的核算

行政事业单位购入材料等物品，财务会计应当按照确定的物品采购成本的金额，借记该科目，按照实际支付的金额，贷记"财政拨款收入""零余额账户用款额度""银行存款"等科目。涉及增值税业务的，还应进行相应的会计处理。所购材料等物品到达验收入库时，按照确定的库存物品成本金额，借记"库存物品"科目，按照物品采购成本金额，贷记该科目，按照使得入库物品达到目前场所和状态所发生的其他支出，贷记"银行存款"等科目。

在预算会计中，行政事业单位购入材料等物品，按照确定的物品金额，借记"行政支出""事业支出""经营支出"等相关会计科目，贷记"财政拨款预算收入""资金结存"等科目。涉及增值税业务的，还应进行相应的会计处理。所购材料等物品到达验收入库时，不需要进行账务处理。

【例2-14】某行政单位采购一批材料，货款2 880元通过单位零余额账户用款额度支付，材料尚未验收入库。数日后，该批材料到达并验收入库，确定的库存物品成本为采购成本2 880元。暂不考虑增值税业务。该行政单位应编制如下会计分录。

（1）购入材料时。

财务会计账务处理如下。

借：在途物品　　　　　　　　　　　　　　　　　　　　　2 880

　　贷：零余额账户用款额度　　　　　　　　　　　　　　　　　2 880

预算会计账务处理如下。

借：行政支出 2 880

　　贷：资金结存 2 880

（2）材料到达并验收入库时。

财务会计账务处理如下。

借：库存物品 2 880

　　贷：在途物品 2 880

预算会计不需要进行账务处理。

2.4.3　库存物品

一、库存物品的概述

行政事业单位应设置"库存物品"科目。该科目应当按照库存物品的种类、规格、保管地点等进行明细核算。单位储存的低值易耗品、包装物较多的，可以在该科目（低值易耗品、包装物）下按照"在库""在用"和"摊销"等进行明细核算。该科目期末借方余额，反映单位库存物品的实际成本。

行政事业单位随买随用的零星办公用品，可以在购进时直接列作费用，不通过该科目核算。单位控制的政府储备物资，应当通过"政府储备物资"科目核算，不通过该科目核算。单位受托存储保管的物资和受托转赠的物资，应当通过"受托代理资产"科目核算，不通过该科目核算。单位为在建工程购买和使用的材料物资，应当通过"工程物资"科目核算，不通过该科目核算。

二、库存物品的核算

（一）库存物品的取得

行政事业单位取得的库存物品，应当按照其取得时的成本入账。

（1）外购的库存物品验收入库时，财务会计应按照确定的成本，借记"库存物品"科目，贷记"财政拨款收入""零余额账户用款额度""银行存款""应付账款""在途物品"等科目。涉及增值税业务的，还应进行相应的会计处理。

在预算会计中，外购的库存物品验收入库时，借记"行政支出""事业支出""经营支出"等会计科目，贷记"财政拨款预算收入""资金结存"等会计科目。涉及增值税业务的，还应进行相应的会计处理。

外购的库存物品，其成本包括购买价款、相关税费、运输费、装卸费、保险费以及使得其达到目前场所和状态所发生的归属于成本的其他支出。

（2）自制的库存物品加工完成并验收入库时，财务会计应当按照确定的成本，借记"库存物品"科目，贷记"加工物品——自制物品"科目。预算会计不需要进行账务处理。

自行加工的库存物品，其成本包括耗用的直接材料费用、发生的直接人工费用和按照一定方法分配的与库存物品加工有关的间接费用。

（3）委托外单位加工收回的库存物品验收入库，财务会计应当按照确定的成本，借记"库存物品"科目，贷记"加工物品——委托加工物品"等科目。预算会计不需要进行账务处理。

委托加工的库存物品，其成本包括委托加工前存货成本、委托加工的成本（如委托加工费以及按规定应计入委托加工存货成本的相关税费等），以及使库存物品达到目前场所和状态所发生的归属于成本的其他支出。

（4）接受捐赠的库存物品验收入库时，财务会计应当按照确定的成本，借记"库存物品"科目，按照发生的相关税费、运输费等，贷记"银行存款"等科目，按照其差额，贷记"捐赠收入"科目。接受捐赠的库存物品按照名义金额入账的，按照名义金额，借记"库存物品"科目，贷记"捐赠收入"科目；同时，按照发生的相关税费、运输费等，借记"其他费用"科目，贷记"银行存款"等科目。

在预算会计中，接受捐赠的库存物品验收入库时，按照实际支付的相关税费，借记"其他支出"科目，贷记"资金结存"科目。接受捐赠的库存物品按照名义金额入账的，不需要进行账务处理。

接受捐赠的库存物品，其成本按照有关凭据注明的金额加上相关税费、运输费等确定；没有相关凭据可供取得，但按规定经过资产评估的，其成本按照评估价值加上相关税费、运输费等确定；没有相关凭据可供取得，也未经资产评估的，其成本比照同类或类似资产的市场价格加上相关税费、运输费等确定；没有相关凭据且未经资产评估、同类或类似资产的市场价格也无法可靠取得的，按照名义金额入账，相关税费、运输费等计入当期费用。

（5）无偿调入的库存物品验收入库时，财务会计应当按照确定的成本，借记"库存物品"科目，按照发生的相关税费、运输费等，贷记"银行存款"等科目。按照其差额，贷记"无偿调拨净资产"科目。预算会计应当按照实际支付的相关税费借记"其他支出"，贷记"资金结存"科目。

无偿调入的库存物品，其成本按照调出方账面价值加上相关税费、运输费等确定。

（6）置换换入的库存物品验收入库时，财务会计应当按照确定的成本，借记"库存物品"科目，按照换出资产的账面余额，贷记相关资产科目（换出资产为固定资产、无形资产的，还应当借记"固定资产累计折旧""无形资产累计摊销"科目），按照置换过程中发生的其他相关支出，贷记"银行存款"等科目，按照借贷方差额，借记"资产处置费用"科目或贷记"其他收入"科目。预算会计应当按照实际支付的其他相关支出，借记"其他支出"科目，贷记"资金结存"科目。

涉及补价的，分别按以下情况处理。支付补价的，财务会计应当按照确定的成本，借记"库存物品"科目，按照换出资产的账面余额，贷记相关资产科目，按照支付的补价和置换过程中发生的其他相关支出，贷记"银行存款"等科目，按照借贷方差额，借记"资产处置费用"科目或贷记"其他收入"科目。预算会计应当按照实际支付的补价和其他相关支出，借记"其他支出"科目，贷记"资金结存"科目。收到补价的，财务会计应当按照确定的成本，借记"库存物品"科目，按照收到的补价，借记"银行存款"等科目，按照换出资产的账面余额，贷记相关资产科目，按照置换过程中发生的其他相关支出，贷记"银行存款"等科目，按照补价扣减其他相关支出后的净收入，贷记"应缴财政款"科目，按照借贷方差额，借记"资产处置费用"科目或贷记"其他收入"科目。预算会计应当按照其他相关支出大于收到的补价差额借记"其他支出"，贷记"资金结存"科目。

通过置换取得的存货，其成本按照换出资产的评估价值，加上支付的补价或减去收到的补价，加上为换入存货发生的其他相关支出确定。

（二）库存物品的发出

行政事业单位在库存物品发出时，分别按以下情况处理。

（1）单位开展业务活动等领用、按照规定自主出售发出或加工发出库存物品，财务会计按照领用、出售等发出物品的实际成本，借记"业务活动费用""单位管理费用""经营费用""加工物品"等科目，贷记"库存物品"科目。预算会计不需要进行账务处理。

采用一次转销法摊销低值易耗品、包装物的，在首次领用时将其账面余额一次性摊销计入有关成本费用，财务会计应当借记有关科目，贷记"库存物品"科目。采用五五摊销法摊销低值易耗品、包装物的，首次领用时，将其账面余额的 50％摊销计入有关成本费用，财务会计应当借记有关科目，贷记"库存物品"科目；使用完时，将剩余的账面余额转销计入有关成本费用，财务会计应当借记有关科目，贷记"库存物品"科目。预算会计不需要进行账务处理。

（2）经批准对外出售的库存物品（不含可自主出售的库存物品）发出时，财务会计应当按照库存物品的账面余额，借记"资产处置费用"科目，贷记"库存物品"科目；同时，按照收到的价款，借记"银行存款"等科目，按照处置过程中发生的相关费用，贷记"银行存款"等科目，按照其差额，贷记"应缴财政款"科目。预算会计不需要进行账务处理。

（3）经批准对外捐赠的库存物品发出时，财务会计应当按照库存物品的账面余额和对外捐赠过程中发生的归属于捐出方的相关费用合计数，借记"资产处置费用"科目，按照库存物品账面余额，贷记"库存物品"科目，按照对外捐赠过程中发生的归属于捐出方的相关费用，贷记"银行存款"等科目。预算会计应当按照实际支付的相关费用借记"其他支出"科目，贷记"资金结存"科目。

（4）经批准无偿调出的库存物品发出时，财务会计应当按照库存物品的账面余额，借记"无偿调拨净资产"科目，贷记"库存物品"科目；同时，按照无偿调出过程中发生的归属于调出方的相关费用，借记"资产处置费用"科目，贷记"银行存款"等科目。预算会计应当按照实际支付的相关费用借记"其他支出"科目，贷记"资金结存"科目。

（5）经批准置换换出的库存物品，参照有关置换换入库存物品的规定进行账务处理。

（三）库存物品的盘盈、盘亏或报废、毁损

行政事业单位应当定期对库存物品进行清查盘点，每年至少盘点一次。对于发生的库存物品盘盈、盘亏或者报废、毁损，应当先记入"待处理财产损溢"科目，按照规定报经批准后及时进行后续账务处理。

盘盈的库存物品，其成本按照有关凭据注明的金额确定；没有相关凭据但按照规定经过资产评估的，其成本按照评估价值确定；没有相关凭据也未经过评估的，其成本按照重置成本确定。如无法采用上述方法确定盘盈的库存物品成本的，按照名义金额入账。盘盈的库存物品，财务会计应当按照确定的入账成本，借记"库存物品"科目，贷记"待处理财产损溢"科目。预算会计不需要进行账务处理。

盘亏或者毁损、报废的库存物品，财务会计应当按照待处理库存物品的账面余额，借记"待处理财产损溢"科目，贷记"库存物品"科目。属于增值税一般纳税人的单位，若因非正常原因导致的库存物品盘亏或毁损，还应当将与该库存物品相关的增值税进项税额转出，按照其增值税进项税额，借记"待处理财产损溢"科目，贷记"应交增值税——应交税金（进项税额转出）"科目。预算会计不需要进行处理。

【例 2-15】某事业单位接受捐赠一批库存物品，有关凭据注明的金额为 62 500元，以银行存款支付运输费用 500 元，库存物品已验收入库，成本金额为 63 000 元（62 500+500）。数日后，该事业单位业务部门为开展专业业务活动领用一批库存物品，实际成本为 21 000 元。该事业单位应编制如下会计分录。

（1）接受捐赠库存物品时。

财务会计账务处理如下。

借：库存物品　　　　　　　　　　　　　　　　　63 000

　　贷：银行存款　　　　　　　　　　　　　　　　　500

　　　　捐赠收入　　　　　　　　　　　　　　　62 500

预算会计账务处理如下。

借：其他支出　　　　　　　　　　　　　　　　　500

　　贷：资金结存　　　　　　　　　　　　　　　　　500

（2）业务部门领用库存物品时。

财务会计账务处理如下。

借：业务活动费用　　　　　　　　　　　　　　21 000

　　贷：库存物品　　　　　　　　　　　　　　　21 000

预算会计不需要进行账务处理。

2.4.4　加工物品

一、加工物品的概述

行政事业单位应设置"加工物品"科目。该科目应当设置"自制物品""委托加工物品"两个一级明细科目，并按照物品类别、品种、项目等设置明细账，进行明细核算。该科目"自制物品"一级明细科目下应当设置"直接材料""直接人工""其他直接费用"等二级明细科目，以归集自制物品发生的直接材料、直接人工（专门从事物品制造人员的人工费）等直接费用；对于自制物品发生的间接费用，应当在该科目"自制物品"一级明细科目下单独设置"间接费用"二级明细科目予以归集，期末，再按照一定的分配标准和方法，分配计入有关物品的成本。该科目期末借方余额，反映单位自制或委托外单位加工但尚未完工的各种物品的实际成本。

二、加工物品的核算

（一）自制物品

（1）为自制物品领用材料等，财务会计应当按照材料成本，借记"加工物品"科目（自制物品——直接材料），贷记"库存物品"科目。预算会计不需要进行账务处理。

（2）专门从事物品制造的人员发生的直接人工费用，财务会计应当按照实际发生的金额，借记"加工物品"科目（自制物品——直接人工），贷记"应付职工薪酬"科目。预算会计不需要进行账务处理。

（3）为自制物品发生的其他直接费用，财务会计应当按照实际发生的金额，借记"加工物品"科目（自制物品——其他直接费用），贷记"财政拨款收入""零余额账户用款额度""银行存款"等科目。预算会计应当按照实际支出借记"事业支出""经营支出"等科目，贷记"财政拨款预算收入""资金结存"等相关科目。

（4）为自制物品发生的间接费用，财务会计应当按照实际发生的金额，借记"加工物品"科目（自制物品——间接费用），贷记"财政拨款收入""零余额账户用款额度""银行存款""应付职工薪酬""固定资产累计折旧""无形资产累计摊销"等科目。间接费用一般按照生产人员工资、生产人员工时、机器工时、耗用材料的数量或成本、直接费用（直接材料和直接人工）或产品产量等进行分配。单位可根据具体情况自行选择间接费用的分配方法。分配方法一经确定，不得随意变更。预算会计应当按照实际支出，借记"事业支出""经营支出"等科目，贷记"财政拨款预算收入""资金结存"等相关科目。

（5）已经制造完成并验收入库的物品，财务会计应当按照所发生的实际成本（包括耗用的直接材料费用、直接人工费用、其他直接费用和分配的间接费用），借记"库存物品"科目，贷记"加工物品"科目（自制物品）。预算会计不需要进行账务处理。

（二）委托加工物品

发给外单位加工的材料等，财务会计应当按照其实际成本，借记"加工物品"科目（委托加工物品），贷记"库存物品"科目。支付加工费、运输费等费用，按照实际支付的金额，借记"加工物品"科目（委托加工物品），贷记"零余额账户用款额度""银行存款"等科目。涉及增值税业务的，还应进行相应的会计处理。委托加工完成的材料等验收入库，按照加工前发出材料的成本和加工、运输成本等，借记"库存物品"等科目，贷记"加工物品"科目（委托加工物品）。

在预算会计中，发给外单位加工的材料，不需要进行账务处理。支付加工费用、运输费用等，借记"事业支出""经营支出"等科目，贷记"财政拨款预算收入""资金结存"等相关科目。

【例 2-16】某事业单位委托外单位加工一批物品，发给外单位一批加工材料，实际成本为 45 500 元。一个月后，该批物品加工完成，该事业单位以银行存款向加工单位支付加工费 1 300 元，加工完成的物品已收回并验收入库，确定的物品成本为 46 800 元（45 500+1 300）。暂不考虑增值税业务。该事业单位应编制如下会计分录。

（1）发给外单位加工材料时。

财务会计账务处理如下。

借：加工物品　　　　　　　　　　　　　　　　　　45 500

　　贷：库存物品　　　　　　　　　　　　　　　　　　45 500

预算会计不需要进行账务处理。

（2）向加工单位支付加工费时。

财务会计账务处理如下。

借：加工物品　　　　　　　　　　　　　　　　　　1 300

　　贷：银行存款　　　　　　　　　　　　　　　　　　1 300

预算会计账务处理如下。

借：事业支出　　　　　　　　　　　　　　　　　　1 300

　　贷：资金结存　　　　　　　　　　　　　　　　　　1 300

（3）收回加工物品并验收入库时。

财务会计账务处理如下。

借：库存物品　　　　　　　　　　　　　　　　　　46 800

　　贷：加工物品　　　　　　　　　　　　　　　　　　46 800

预算会计不需要进行账务处理。

2.4.5　存货的计价方法

按照《政府会计准则第 1 号——存货》的规定，存货在取得时应当按照成本进行初始计量，发出时应当根据实际情况采用先进先出法、加权平均法或者个别计价法确定发出存货的实际成本。存货的计价方法一经确定，不得随意变更。

一、先进先出法

先进先出法是以先购入的物品应先发出（销售或耗用）这样一种实物流动假设为前提，对发出物品进行计价。采用这种方法，先购入的物品的成本在后购入的物品的成本之前转出，据此确定发出物品和期末物品的成本。

先进先出法的优点是期末库存物品的成本接近市价；缺点是一次发出物品涉及不同批次、不同单价的，需要按两个以上不同的单价计算物品的发出成本，计价比较复杂。

二、加权平均法

加权平均法是以当月全部进货数量加上月初物品数量作为权数去除当月全部进货物品成本加上月初物品成本，计算出物品的加权平均单位成本，以此为基础计算当月发出物品的成本和期末物品的成本的一种方法。其计算公式如下。

$$发出物品加权平均单价 = \frac{期初结存物品金额 + 本期进货物品金额合计}{期初结存物品数量 + 本期进货物品数量合计}$$

采用这种计价方法，每期发出物品的加权平均单价在期末一次计算，可以大大简化平时的核算工作，但月内发出物品和结存物品的单价及金额均不能及时计算、登记，只能在月末才计算、登记一次全月发出物品的单价和金额以及月末结存物品的单价和金额，平时账面不能及时反映物品的发出金额和结存金额，不利于物品的日常管理，也影响物品核算工作的均衡性和及时性。采用加权平均法计算物品价值时，发出物品成本较为均衡，但与现价有一定差距。当市价上涨时，加权平均成本会低于现行市价；当市价下跌时，加权平均成本会高于现行市价。

三、个别计价法

个别计价法又称个别认定法、具体辨认法、分批实际法，其特征是注重所发出物品具体项目的实物流转与成本流转之间的联系，逐一辨认各批发出物品和期末物品所属的购进批别或生产批别，分别按其购入或生产时所确定的单位成本计算各批发出物品和期末物品的成本，即把每一种物品的实际成本作为计算发出物品成本和期末物品成本的基础。对于不能替代使用的物品、为特定项目专门购入或制造的物品以及提供的劳务，通常采用个别计价法确定发出物品的成本。在采用计算机信息系统进行会计处理的情况下，个别计价法可以广泛应用于发出物品的计价，并且以个别计价法确定的物品成本最为准确。

采用个别计价法，应按物品购进批次设置物品明细账。业务部门应在发货单上注明批次；仓库部门应按物品购进批次分别堆放，标明单价，以便计价。

每批物品发出成本 = 该批物品发出数量 × 该批物品实际进货单价

2.5　投资

2.5.1　投资的概述

投资是指事业单位按规定以货币资金、实物资产、无形资产等方式形成的债权或股权投资。根据政府会计取得投资的持有时间，可分为短期投资和长期投资。

短期投资是指事业单位按照规定取得的，持有时间不超过 1 年（含 1 年）的投资。事业单位应当严格遵守国家法律、行政法规以及财政部门、主管部门关于对外投资的有关规定。行政单位没有短期投资业务。

长期投资可分为长期股权投资、长期债券投资。长期股权投资是指事业单位按照规定取得的，持有时间超过 1 年（不含 1 年）的股权性质的投资。长期债券投资是指事业单位按照规定取得的，持有时间超过 1 年（不含 1 年）的债券投资。

2.5.2　短期投资

事业单位应设置"短期投资"科目。该科目应当按照投资的种类等进行明细核算。该科目期末借方余额，反映事业单位持有短期投资的成本。

事业单位取得短期投资时，财务会计应当按照确定的投资成本（包括购买价款和相关税费），借记该科目，贷记"银行存款"等科目。收到取得投资时实际支付价款中包含的已到付息期但尚未领取的利息，按照实际收到的金额，借记"银行存款"科目，贷记该科目。

在预算会计中，事业单位取得短期投资时，借记"投资支出"科目，贷记"资金结存——货币资金"科目。收到取得投资时实际支付价款中包含的已到付息期但尚未领取的利息，按照实际收到的金额，借记"资金结存——货币资金"科目，贷记"投资支出"科目。

收到短期投资持有期间的利息，在财务会计中应当按照实际收到的金额，借记"银行存款"科目，贷记"投资收益"科目。出售短期投资或到期收回短期投资本息，按照实际收到的金额，借记"银行存款"科目，按照出售或收回短期投资的账面余额，贷记该科目，按照其差额，借记或贷记"投资收益"科目。涉及增值税业务的，还应当进行相应的会计处理。

在预算会计中，收到短期投资持有期间的利息，借记"资金结存——货币资金"科目，贷记"投资预算收益"科目。出售短期投资或到期收回短期投资本息，按照实际收到的金额，借记"资金结存——货币资金"科目，贷记"投资支出（出售或收回当年投资的）"科目或者"其他结余（出售或收回以前年度投资的）"科目，按照差额，贷记或者借记"投资预算收益"科目。

【例2-17】某事业单位利用闲散资金购买一批国债作为短期投资，实际投资成本为12 500元，款项以银行存款支付。三个月后，该事业单位出售该项短期投资，实际收到款项12 800元，款项已存入开户银行。该事业单位应编制如下会计分录。

（1）取得短期投资时。

财务会计账务处理如下。

借：短期投资　　　　　　　　　　　　　　　　　　　　12 500

　　贷：银行存款　　　　　　　　　　　　　　　　　　　　12 500

预算会计账务处理如下。

借：投资支出　　　　　　　　　　　　　　　　　　　　12 500

　　贷：资金结存——货币资金　　　　　　　　　　　　　　12 500

（2）出售短期投资时。

财务会计账务处理如下。

借：银行存款 12 800
　　贷：短期投资 12 500
　　　　投资收益 300
预算会计账务处理如下。
借：资金结存——货币资金 12 800
　　贷：投资支出 12 500
　　　　投资预算收益 300

2.5.3　长期股权投资

事业单位应设置"长期股权投资"科目。该科目应当按照被投资单位和长期股权投资取得方式等进行明细核算。长期股权投资采用权益法核算的，还应当按照"成本""损益调整""其他权益变动"设置明细科目，进行明细核算。该科目期末借方余额，反映事业单位持有的长期股权投资的价值。

一、长期股权投资的取得

长期股权投资在取得时，应当将其实际成本作为初始投资成本。

（1）以现金取得的长期股权投资，财务会计应当按照确定的投资成本（包括购买价款和相关税费），借记"长期股权投资"科目或"长期股权投资"科目（成本），按照支付的价款中包含的已宣告但尚未发放的现金股利，借记"应收股利"科目，按照实际支付的全部价款，贷记"银行存款"等科目。实际收到取得投资时所支付价款中包含的已宣告但尚未发放的现金股利时，借记"银行存款"科目，贷记"应收股利"科目。

在预算会计中，以现金取得的长期股权投资，应当按照实际支付的价款，借记"投资支出"科目，贷记"资金结存——货币资金"科目。支付的价款中包含的已宣告但尚未发放的现金股利，不需要进行账务处理。实际收到取得投资时所支付价款中包含的已宣告但尚未发放的现金股利时，借记"资金结存——货币资金"科目，贷记"投资支出"科目。

（2）以现金以外的其他资产置换取得的长期股权投资，财务会计应按照"库存物品"科目中置换换入库存物品的规定进行账务处理。预算会计也应按照"库存物品"科目中置换换入库存物品的规定进行处理。

（3）以未入账的无形资产取得的长期股权投资，财务会计应当按照评估价值加相关税费作为投资成本，借记"长期股权投资"科目，按照发生的相关税费，贷记"银行存款""其他应交税费"等科目，按其差额，贷记"其他收入"科目。预算会计应当只在支付相关税费时才需要进行账务处理，借记"其他支出"科目，贷记"资金结存"科目。

（4）接受捐赠的长期股权投资，财务会计应当按照确定的投资成本，借记"长期股权投资"科目或"长期股权投资"科目（成本），按照发生的相关税费，贷记"银行存款"等科目，按照其差额，贷记"捐赠收入"科目。预算会计应当按照支付的相关税费借记"其他支出"科目，贷记"资金结存"科目。

（5）无偿调入的长期股权投资，财务会计应当按照确定的投资成本，借记"长期股权投资"科目或"长期股权投资"科目（成本），按照发生的相关税费，贷记"银行存款"等科目，按照其差额，贷记"无偿调拨净资产"科目。预算会计应当按照支付的相关税费借记"其他支出"科目，贷记"资金结存"科目。

【例2-18】某事业单位采用支付补价的方式以一项无形资产置换取得一项长期股权投资，该项无形资产的账面余额为850 000元，相应的累计摊销数为170 000元，账面净值为680 000元（850 000-170 000）。经评估，该项无形资产的评估价值为710 000元。置换过程中发生补价支出50 000元，并发生相关税费支出10 000元，款项合计6 0000元（50 000+10 000），以银行存款支付。该项长期股权投资在取得时，确定的成本为770 000元（710 000+50 000+10 000）。该事业单位在该项无形资产置换业务中实现其他收入30 000元（710 000-680 000）。该事业单位应编制如下会计分录。

财务会计账务处理如下。

借：长期股权投资	770 000
无形资产累计摊销	170 000
贷：银行存款	60 000
无形资产	850 000
其他收入	30 000

预算会计账务处理如下。

借：其他支出	10 000
贷：资金结存——货币资金	10 000

二、长期股权投资持有期间的计量

根据《政府会计准则第 2 号——投资》的规定，长期股权投资在持有期间，通常应当采用权益法进行核算。事业单位无权决定被投资单位的财务和经营政策或无权参与被投资单位的财务和经营政策的，应当采用成本法进行核算。其中，成本法是指投资按照投资成本计量的方法。权益法是指投资最初以投资成本计量，以后根据事业单位在被投资单位所享有的所有者权益份额的变动对投资的账面余额进行调整的方法。政府的投资会计准则既适用于财政总预算会计的核算，也适用于事业单位会计的核算。

（一）成本法

在成本法下，被投资单位宣告发放现金股利或利润时，财务会计应当按照应收的金额，借记"应收股利"科目，贷记"投资收益"科目。收到现金股利或利润时，按照实际收到的金额，借记"银行存款"等科目，贷记"应收股利"科目。在预算会计中，被投资单位宣告发放现金股利或利润时，不需要进行账务处理，收到现金股利或利润时，按照实际收到的金额，借记"资金结存——货币资金"科目，贷记"投资预算收益"科目。

在成本法下，长期股权投资的账面余额通常保持不变，但追加或收回投资时，应当相应调整其账面余额。

（二）权益法

在权益法下，被投资单位实现净利润的，财务会计按照应享有的份额，借记"长期股权投资"科目（损益调整），贷记"投资收益"科目。被投资单位发生净亏损的，按照应分担的份额，借记"投资收益"科目，贷记"长期股权投资"科目（损益调整），但以"长期股权投资"科目的账面余额减记至零为限。发生亏损的被投资单位以后年度又实现净利润的，按照收益分享额弥补未确认的亏损分担额等后的金额，借记"长期股权投资"科目（损益调整），贷记"投资收益"科目。预算会计不需要进行账务处理。

被投资单位宣告分派现金股利或利润的，财务会计应当按照应享有的份额，借记"应收股利"科目，贷记"长期股权投资"科目（损益调整）。预算会计不需要进行账务处理。

被投资单位发生除净损益和利润分配以外的所有者权益变动的，财务会计应当按照应享有或应分担的份额，借记或贷记"权益法调整"科目，贷记或借记"长期股权投资"科目（其他权益变动）。预算会计不需要进行账务处理。

长期股权投资持有期间，权益法下的财务会计处理主要可以归纳为：按照应享有或应分担的被投资单位实现的净损益的份额，确认投资损益，同时调整长期股权投资的账面余额；按照被投资单位宣告分派的现金股利或利润计算应享有的份额，确认应收股利，同时减少长期股权投资的账面余额；按照被投资单位除净损益和利润分配以外的所有者权益变动的份额，确认净资产，同时调整长期股权投资的账面余额。

【例2-19】某事业单位持有A公司60％的股份，有权决定A公司的财务和经营政策，相应的长期股权投资采用权益法核算。年末，A公司实现净利润550 000元，宣告分派现金股利110 000元，发生除净利润和利润分配以外的所有者权益变动增加数为20 000元。对于A公司的以上所有者权益变动，该事业单位分享净利润330 000元（550 000×60％），分享现金股利66 000元（110 000×60％），分享其他所有者权益变动增加数12 000元（20 000×60％）。该事业单位应编制如下会计分录。

（1）确认分享的净利润时。

财务会计账务处理如下。

借：长期股权投资——损益调整　　　　　　　　　　　330 000

　　贷：投资收益　　　　　　　　　　　　　　　　　330 000

预算会计不需要进行账务处理。

（2）确认分享的现金股利时。

财务会计账务处理如下。

借：应收股利　　　　　　　　　　　　　　　　　　　66 000

　　贷：长期股权投资——损益调整　　　　　　　　　　66 000

预算会计不需要进行账务处理。

（3）确认分享的其他所有者权益变动增加数时。

财务会计账务处理如下。

借：长期股权投资——其他权益变动　　　　　　　　　12 000

　　贷：权益法调整　　　　　　　　　　　　　　　　12 000

预算会计不需要进行账务处理。

（三）成本法与权益法的转换

单位因处置部分长期股权投资等原因而对处置后的剩余股权投资由权益法改按成本法核算的，财务会计应当按照权益法下"长期股权投资"科目账面余额作为成本法下"长期股权投资"科目账面余额（成本）。其后，被投资单位宣告分派现金股利或利润时，属于单位已计入投资账面余额的部分，按照应分得的现金股利或利润份额，借记"应收股利"科目，贷记"长期股权投资"科目。预算会计不需要进行账务处理。

单位因追加投资等原因对长期股权投资的核算从成本法改为权益法的，财务会计应当按照成本法下"长期股权投资"科目账面余额与追加投资成本的合计金额，借记"长期股权投资"科目（成本），按照成本法下"长期股权投资"科目账面余额，贷记"长期股权投资"科目，按照追加投资的成本，贷记"银行存款"等科目。预算会计应当按照实际支付的金额，借记"投资支出"科目，贷记"资金结存——货币资金"科目。

三、长期股权投资的处置

（一）出售长期股权投资

事业单位按照规定报经批准出售（转让）长期股权投资时，应当根据长期股权投资取得方式分别进行处理。

处置以现金取得的长期股权投资，财务会计应当按照实际取得的价款，借记"银行存款"等科目，按照被处置长期股权投资的账面余额，贷记"长期股权投资"科目，按照尚未领取的现金股利或利润，贷记"应收股利"科目，按照发生的相关税费等支出，贷记"银行存款"等科目，按照借贷方差额，借记或贷记"投资收益"科目。预算会计应当按照取得价款扣减支付的相关税费后的金额借记"资金结存——货币资金"科目，按照投资款金额贷记"投资支出""其他结余""投资预算收益"等科目。

处置以现金以外的其他资产取得的长期股权投资，财务会计应当按照被处置长期股权投资的账面余额，借记"资产处置费用"科目，贷记"长期股权投资"科目；同时，按照实际取得的价款，借记"银行存款"等科目，按照尚未领取的现金股利或利润，贷记"应收股利"科目，按照发生的相关税费等支出，贷记"银行存款"等科目，按照贷方差额，贷记"应缴财政款"科目。按照规定将处置时取得的投资收益纳入本单位预算管理的，应当按照所取得价款大于被处置长期股权投资账面余额、应收股利账面余额和相关税费支出合计的差额，贷记"投资收益"科目。

在预算会计中，处置净收入需要上缴财政的，应借记"资金结存——货币资金"科目，贷记"投资预算收益"科目。按照规定将处置时取得的投资收益纳入本单位预算管理的，应按照取得价款扣减投资账面余额和相关税费后的差额，借记"资金结存——货币资金"科目，贷记"投资预算收益"科目。

（二）核销长期股权投资

因被投资单位破产清算等原因，有确凿证据表明长期股权投资发生损失，按照规定报经批准后予以核销时，财务会计应当按照予以核销的长期股权投资的账面余额，借记"资产处置费用"科目，贷记"长期股权投资"科目。预算会计不需要进行账务处理。

（三）置换转出长期股权投资

报经批准置换转出长期股权投资时，财务会计参照"库存物品"科目中相关规定进行账务处理。预算会计也参照"库存物品"科目中相关规定进行账务处理。

采用权益法核算的长期股权投资的处置，除进行上述账务处理外，还应结转原直接计入净资产的相关金额，财务会计应当借记或贷记"权益法调整"科目，贷记或借记"投资收益"科目。预算会计不需要进行账务处理。

【例2-20】某事业单位持有B公司30％的股份，有权参与B公司的财务和经营政策决策，相应的长期股权投资采用权益法核算。该股权投资当初以银行存款购买取得。某日，该事业单位经批准转让持有的B公司20％的股份，获得转让收入360 000元，款项已存入银行。转让后，该事业单位仅持有B公司10％的股份，不再有权参与B公司的财务和经营政策决策，相应的长期股权投资改按成本法核算。股份转让日，该事业单位采用权益法核算的相应长期股权投资的成本数额为510 000元，损益调整借方余额为21 000元。转让20％的长期股权投资的成本数额为340 000元［510 000×（20%÷30%）］，损益调整数额为14 000元［21 000×（20%÷30%）］，转让收益为6 000元（360 000-340 000-14 000）。股份转让后，权益法下剩余10％长期股权投资的成本数额为170 000元（510 000-340 000），损益调整借方余额为7 000元（21 000-14 000），合计数为177 000元（170 000+7 000）。两年后，B公司宣告分派现金股利50 000元，其中，属于已计入该事业单位投资账面余额的部分为4 000元，其余1 000元（50 000×10%-4 000）为未计入投资账面余额的部分，或为成本法下应当确认的投资收益数额。该事业单位应编制如下会计分录。

（1）转让一部分股份时。

财务会计账务处理如下。

借：银行存款 360 000

　　贷：长期股权投资——成本 340 000

——损益调整	14 000
投资收益	6 000

预算会计账务处理如下。

借：资金结存——货币资金	360 000
贷：投资支出	354 000
投资预算收益	6 000

（2）权益法转成本法核算时。

财务会计账务处理如下。

借：长期股权投资	177 000
贷：长期股权投资——成本	170 000
——损益调整	7 000

预算会计不需要进行账务处理。

（3）确认分享的现金股利时。

财务会计账务处理如下。

借：应收股利	5 000
贷：长期股权投资	4 000
投资收益	1 000

预算会计不需要进行账务处理。

根据《政府会计准则第 2 号——投资》的规定，事业单位因处置部分长期股权投资等原因无权再决定被投资单位的财务和经营政策或者参与被投资单位的财务和经营政策决策的，应当对处置后的剩余股权投资改按成本法核算，并以该剩余股权投资在权益法下的账面余额作为按照成本法核算的初始投资成本。其后，被投资单位宣告分派现金股利或利润时，属于已计入投资账面余额的部分，作为成本法下长期股权投资成本的收回，冲减长期股权投资的账面余额。

2.5.4　长期债券投资

一、长期债券投资的概述

事业单位应设置"长期债券投资"科目。该科目应当设置"成本"和"应计利息"明细科目，并按照债券投资的种类进行明细核算。该科目期末借方余额，反映事业单位持有的长期债券投资的价值。事业单位进行除债券以外的其他债权投资，参照长期债券投资进行会计处理。

二、长期债券投资的核算

长期债券投资在取得时，财务会计应当按照其实际成本作为投资成本。取得的长期债券投资，按照确定的投资成本，借记该科目（成本），按照支付的价款中包含的已到付息期但尚未领取的利息，借记"应收利息"科目，按照实际支付的金额，贷记"银行存款"等科目。实际收到取得债券时所支付价款中包含的已到付息期但尚未领取的利息时，借记"银行存款"科目，贷记"应收利息"科目。

在预算会计中，取得的长期债券投资，按照实际支付的价款，借记"投资支出"科目，贷记"资金结存——货币资金"科目，按照支付的价款中包含的已到付息期但尚未领取的利息，借记"资金结存——货币资金"科目，贷记"投资支出"科目。

长期债券投资持有期间，财务会计应当按期以债券票面金额与票面利率计算确认利息收入，如为到期一次还本付息的债券投资，借记该科目（应计利息），贷记"投资收益"科目；如为分期付息、到期一次还本的债券投资，借记"应收利息"科目，贷记"投资收益"科目。收到分期支付的利息时，按照实收的金额，借记"银行存款"等科目，贷记"应收利息"科目。预算会计只有在实际收到分期支付的利息时才进行账务处理，借记"资金结存——货币资金"科目，贷记"投资预算收益"科目。

到期收回长期债券投资，财务会计应当按照实际收到的金额，借记"银行存款"科目，按照长期债券投资的账面余额，贷记该科目，按照相关应收利息金额，贷记"应收利息"科目，按照其差额，贷记"投资收益"科目。预算会计应当借记"资金结存——货币资金"科目，贷记"投资支出"或"其他结余"、"投资预算收益"科目。

对外出售长期债券投资，财务会计应当按照实际收到的金额，借记"银行存款"科目，按照长期债券投资的账面余额，贷记该科目，按照已记入"应收利息"科目但尚未收取的金额，贷记"应收利息"科目，按照其差额，贷记或借记"投资收益"科目。涉及增值税业务的，还应进行相应的会计处理。预算会计应当借记"资金结存——货币资金"科目，贷记"投资支出"或"其他结余"、"投资预算收益"科目。

【例 2-21】某事业单位以银行存款购入一批 5 年期债券，实际支付价款为 600 000 元，准备持有至到期。该批债券票面金额为 600 000 元，票面年利率为 5%，每年支付一次利息 30 000 元（600 000×5%），到期一次偿还本金。该事业单位应编制如下会计分录。

（1）取得长期债券投资时。

财务会计账务处理如下。

借：长期债券投资——成本　　　　　　　　　　　　　600 000
　　贷：银行存款　　　　　　　　　　　　　　　　　　　　600 000

预算会计账务处理如下。

借：投资支出　　　　　　　　　　　　　　　　　　　600 000
　　贷：资金结存——货币资金　　　　　　　　　　　　　　600 000

（2）每年确认债券利息收入时。

财务会计账务处理如下。

借：应收利息　　　　　　　　　　　　　　　　　　　30 000
　　贷：投资收益　　　　　　　　　　　　　　　　　　　　30 000

预算会计不需要进行账务处理。

（3）到期收回债券本金时。

财务会计账务处理如下。

借：银行存款　　　　　　　　　　　　　　　　　　　600 000
　　贷：长期债券投资　　　　　　　　　　　　　　　　　　600 000

预算会计账务处理如下。

借：资金结存——货币资金　　　　　　　　　　　　　600 000
　　贷：投资支出　　　　　　　　　　　　　　　　　　　　600 000

2.6　固定资产

2.6.1　固定资产的概述

固定资产是指行政事业单位为满足自身开展业务活动或其他活动需要而控制的，使用年限超过 1 年（不含 1 年）、单位价值在规定标准以上，并在使用过程中基本保持原有物质形态的资产。单位价值虽未达到规定标准，但是使用年限超过 1 年（不含 1 年）的大批同类物资，如图书、家具、用具、装具等，应当确认为固定资产。固定资产一般分为六类：房屋及构筑物；专用设备；通用设备；文物和陈列品；图书、档案；家具、用具、装具及动植物。

行政事业单位控制的公共基础设施、政府储备物资、保障性住房等资产，不属于固定资产。

2.6.2 固定资产的核算

行政事业单位应设置"固定资产"科目。该科目核算单位固定资产的原值。该科目应当按照固定资产类别和项目进行明细核算。

行政事业单位进行固定资产核算时，应当考虑以下情况。（1）购入需要安装的固定资产，应当先通过"在建工程"科目核算，安装完毕交付使用时再转入该科目核算。（2）以借入、经营租赁租入方式取得的固定资产，不通过该科目核算，应当设置备查簿进行登记。（3）采用融资租入方式取得的固定资产，通过该科目核算，并在该科目下设置"融资租入固定资产"明细科目。（4）经批准在境外购买具有所有权的土地，作为固定资产，通过该科目核算；单位应当在该科目下设置"境外土地"明细科目，进行相应明细核算。

一、固定资产的取得

固定资产在取得时，应当按照成本进行初始计量。

（一）购入的固定资产

购入不需安装的固定资产验收合格时，财务会计应当按照确定的固定资产成本，借记"固定资产"科目，贷记"财政拨款收入""零余额账户用款额度""应付账款""银行存款"等科目。购入需要安装的固定资产，在安装完毕交付使用前通过"在建工程"科目核算，安装完毕交付使用时再转入"固定资产"科目。

在预算会计中，购入不需要安装的固定资产验收合格时，按照确定的固定资产成本，借记"行政支出""事业支出""经营支出"等会计科目，贷记"财政拨款预算收入""资金结存"等会计科目。购入需要安装的固定资产，也应当按照确定的固定资产成本，借记"行政支出""事业支出""经营支出"等会计科目，贷记"财政拨款预算收入""资金结存"等会计科目。安装完毕后不需要进行账务处理。

购入固定资产扣留质量保证金的，财务会计应当在取得固定资产时，按照确定的固定资产成本，借记"固定资产"科目（不需要安装）或"在建工程"

科目（需要安装），按照实际支付或应付的金额，贷记"财政拨款收入""零余额账户用款额度""应付账款"（不含质量保证金）"银行存款"等科目，按照扣留的质量保证金数额，贷记"其他应付款"[扣留期在1年以内（含1年）]或"长期应付款"（扣留期超过1年）科目。质保期满支付质量保证金时，借记"其他应付款""长期应付款"科目，贷记"财政拨款收入""零余额账户用款额度""银行存款"等科目。

在预算会计中，按照购买固定资产实际支付的金额，借记"行政支出""事业支出""经营支出"等会计科目，贷记"财政拨款预算收入""资金结存"等会计科目。在质保期满支付质量保证金时，借记"行政支出""事业支出""经营支出"等会计科目，贷记"财政拨款预算收入""资金结存"等会计科目。

外购的固定资产，其成本包括购买价款、相关税费以及固定资产交付使用前所发生的可归属于该项资产的运输费、装卸费、安装费和专业人员服务费等。以一笔款项购入多项没有单独标价的固定资产，应当按照各项固定资产同类或类似资产市场价格的比例对总成本进行分配，分别确定各项固定资产的成本。

购建房屋及构筑物时，不能分清购建成本中的房屋及构筑物部分与土地使用权部分的，应当全部确认为固定资产；能够分清购建成本中的房屋及构筑物部分与土地使用权部分的，应当将其中的房屋及构筑物部分确认为固定资产，将其中的土地使用权部分确认为无形资产。

（二）自行建造的固定资产

自行建造的固定资产交付使用时，财务会计应当按照在建工程成本，借记"固定资产"科目，贷记"在建工程"科目。已交付使用但尚未办理竣工决算手续的固定资产，按照估计价值入账，待办理竣工决算后再按照实际成本调整原来的暂估价值。预算会计不需要进行账务处理。

自行建造的固定资产，其成本包括该项资产至交付使用前所发生的全部必要支出。在原有固定资产基础上进行改建、扩建、修缮后的固定资产，其成本按照原固定资产账面价值加上改建、扩建、修缮发生的支出，再扣除固定资产被替换部分的账面价值后的金额确定。为建造固定资产借入的专门借款的利息，属于建设期间发生的计入在建工程成本；不属于建设期间发生的，计入当期费用。

（三）融资租入的固定资产

融资租赁取得的固定资产,其成本按照租赁协议或者合同确定的租赁价款、相关税费以及固定资产交付使用前所发生的可归属于该项资产的运输费、途中保险费、安装调试费等确定。

融资租入的固定资产，财务会计应当按照确定的成本，借记"固定资产"科目（不需要安装）或"在建工程"科目（需要安装），按照租赁协议或者合同确定的租赁付款额，贷记"长期应付款"科目，按照支付的运输费、途中保险费、安装调试费等金额，贷记"财政拨款收入""零余额账户用款额度""银行存款"等科目。定期支付租金时，按照实际支付金额，借记"长期应付款"科目，贷记"财政拨款收入""零余额账户用款额度""银行存款"等科目。

在预算会计中，融资租入的固定资产应当按照实际支付的相关税费、运输费等费用，借记"行政支出""事业支出""经营支出"等会计科目，贷记"财政拨款预算收入""资金结存"等会计科目。定期支付租金的，应当借记"行政支出""事业支出""经营支出"等会计科目，贷记"财政拨款预算收入""资金结存"等会计科目。

（四）分期付款购入的固定资产

按照规定跨年度分期付款购入固定资产的账务处理，参照融资租入固定资产的账务处理。

（五）接受捐赠的固定资产

接受捐赠的固定资产，财务会计应当按照确定的固定资产成本，借记"固定资产"科目（不需要安装）或"在建工程"科目（需要安装），按照发生的相关税费、运输费等，贷记"零余额账户用款额度""银行存款"等科目，按照其差额，贷记"捐赠收入"科目。预算会计应当按照实际支付的相关税费、运输费等，借记"其他支出"科目，贷记"资金结存"科目。

接受捐赠的固定资产按照名义金额入账的，财务会计应当按照名义金额，借记"固定资产"科目，贷记"捐赠收入"科目；按照发生的相关税费、运输费等，借记"其他费用"科目，贷记"零余额账户用款额度""银行存款"等科目。预算会计应当按照实际支付的相关税费、运输费等，借记"其他支出"科目，贷记"资金结存"科目。

接受捐赠的固定资产，其成本按照有关凭据注明的金额加上相关税费、运输费等确定；没有相关凭据可供取得，但按规定经过资产评估的，其成本按照评估价值加上相关税费、运输费等确定；没有相关凭据可供取得，也未经资产评估的，其成本比照同类或类似资产的市场价格加上相关税费、运输费等确定；没有相关凭据且未经资产评估、同类或类似资产的市场价格也无法可靠取得的，按照名义金额入账。相关税费、运输费等计入当期费用。如受赠的系旧的固定资产，在确定其初始入账成本时应当考虑该项资产的新旧程度。

（六）无偿调入的固定资产

无偿调入的固定资产，财务会计应当按照确定的固定资产成本，借记"固定资产"科目（不需要安装）或"在建工程"科目（需要安装），按照发生的相关税费、运输费等，贷记"零余额账户用款额度""银行存款"等科目，按照其差额，贷记"无偿调拨净资产"科目。预算会计应当按照实际支付的相关税费、运输费等，借记"其他支出"科目，贷记"资金结存"科目。

无偿调入的固定资产，其成本按照调出方账面价值加上相关税费、运输费等确定。

（七）置换取得的固定资产

置换取得的固定资产，参照"库存物品"科目中相关规定进行账务处理。

通过置换取得的固定资产，其成本按照换出资产的评估价值加上支付的补价或减去收到的补价，加上换入固定资产发生的其他相关支出确定。固定资产取得时涉及增值税业务的，还应进行相应的会计处理。

【例 2-22】某行政单位通过财政直接支付方式购入一台不需要安装的通用设备。实际支付价款为 85 500 元。该行政单位应编制如下会计分录。

财务会计账务处理如下。

借：固定资产　　　　　　　　　　　　　　　　　　　85 500
　　贷：财政拨款收入　　　　　　　　　　　　　　　　　85 500

预算会计账务处理如下。

借：行政支出　　　　　　　　　　　　　　　　　　　85 500
　　贷：财政拨款预算收入　　　　　　　　　　　　　　　85 500

二、固定资产的后续支出

按照支出是否符合固定资产的确认条件，固定资产的后续支出分为符合固定资产确认条件的后续支出和不符合固定资产确认条件的后续支出。符合固定资产确认条件的后续支出包括为增加固定资产使用效能或延长其使用年限而发生的改建、扩建等后续支出。不符合固定资产确认条件的后续支出包括为保证固定资产正常使用而发生的日常维修等支出。

对于符合固定资产确认条件的后续支出，通常情况下，将固定资产转入改建、扩建时，财务会计应当按照固定资产的账面价值，借记"在建工程"科目，按照固定资产已计提折旧，借记"固定资产累计折旧"科目，按照固定资产的账面余额，贷记"固定资产"科目。预算会计不需要进行账务处理。为增加固定资产使用效能或延长其使用年限而发生改建、扩建等后续支出时，财务会计应当借记"在建工程"科目，贷记"财政拨款收入""零余额账户用款额度""银行存款"等科目。预算会计应当借记"行政支出""事业支出""经营支出"等会计科目，贷记"财政拨款预算收入""资金结存"等会计科目。固定资产改建、扩建等完成交付使用时，财务会计应当按照在建工程成本，借记"固定资产"科目，贷记"在建工程"科目。预算会计不需要进行账务处理。

对于不符合固定资产确认条件的后续支出，为保证固定资产正常使用发生日常维修等支出时，财务会计应当借记"业务活动费用""单位管理费用"等科目，贷记"财政拨款收入""零余额账户用款额度""银行存款"等科目。预算会计应当借记"行政支出""事业支出""经营支出"等会计科目，贷记"财政拨款预算收入""资金结存"等会计科目。

三、固定资产的处置

按照规定报经批准处置固定资产，应当分以下情况进行处理。

（一）出售或转让固定资产

报经批准出售、转让固定资产，财务会计应当按照被出售、转让固定资产的账面价值，借记"资产处置费用"科目，按照固定资产已计提的折旧，借记"固定资产累计折旧"科目，按照固定资产账面余额，贷记"固定资产"科目；同时，按照收到的价款，借记"银行存款"等科目，按照处置过程中发生的相关费用，贷记"银行存款"等科目，按照其差额，贷记"应缴财政款"科目。预算会计不需要进行账务处理。

（二）对外捐赠固定资产

报经批准对外捐赠固定资产，财务会计应当按照固定资产已计提的折旧，借记"固定资产累计折旧"科目，按照被处置固定资产账面余额，贷记"固定资产"科目，按照捐赠过程中发生的归属于捐出方的相关费用，贷记"银行存款"等科目，按照其差额，借记"资产处置费用"科目。预算会计应当按照对外捐赠过程中发生的归属于捐出方的相关费用，借记"其他支出"科目，贷记"资金结存"科目。

（三）无偿调出固定资产

报经批准无偿调出固定资产，财务会计应当按照固定资产已计提的折旧，借记"固定资产累计折旧"科目，按照被处置固定资产账面余额，贷记"固定资产"科目，按照其差额，借记"无偿调拨净资产"科目；同时，按照无偿调出过程中发生的归属于调出方的相关费用，借记"资产处置费用"科目，贷记"银行存款"等科目。预算会计只需要对无偿调出过程中发生的归属于调出方的相关费用进行账务处理，借记"其他支出"科目，贷记"资金结存"科目。

（四）置换换出固定资产

报经批准置换换出固定资产，参照"库存物品"中相关规定进行账务处理。

固定资产处置时涉及增值税业务的，还应进行相应的会计处理。

【例 2-23】某事业单位报经批准出售一项固定资产，该项固定资产的账面余额为 50 000 元，已计提的累计折旧为 30 000 元，账面价值为 20 000 元（50 000–30 000），出售价款为 25 000 元，款项已存入银行。按照规定，该项出售价款应当上缴财政。暂不考虑增值税业务。该事业单位应编制如下会计分录。

（1）转销固定资产账面记录时。

财务会计账务处理如下。

借：资产处置费用　　　　　　　　　　　　　　　　　　20 000

　　固定资产累计折旧　　　　　　　　　　　　　　　　30 000

　　贷：固定资产　　　　　　　　　　　　　　　　　　　　　　50 000

预算会计不需要进行账务处理。

（2）收到出售款项时。

财务会计账务处理如下。

借：银行存款　　　　　　　　　　　　　　　　　　　　25 000

　　贷：应缴财政款　　　　　　　　　　　　　　　　　　　　　25 000

预算会计不需要进行账务处理。

四、固定资产的折旧

（一）计提折旧的相关规定

折旧是指在固定资产的预计使用年限内，按照确定的方法对应计的折旧额进行系统分摊。我国《政府会计准则第 3 号——固定资产》规定，固定资产应计的折旧额为其成本，计提固定资产折旧时不考虑预计净残值。行政事业单位应当根据相关规定以及固定资产的性质和使用情况，合理确定固定资产的使用年限。固定资产的使用年限一经确定，不得随意变更。

行政事业单位应当对固定资产计提折旧，但下列各项固定资产除外：（1）文物和陈列品；（2）动植物；（3）图书、档案；（4）单独计价入账的土地；（5）以名义金额计量的固定资产。

固定资产应当按月计提折旧（当月增加的固定资产，当月开始计提折旧；当月减少的固定资产，当月不再计提折旧），并根据用途计入当期费用或者相关资产成本。固定资产提足折旧后，无论能否继续使用，均不再计提折旧；提前报废的固定资产，也不再补提折旧。已提足折旧的固定资产，可以继续使用的，应当继续使用，规范实物管理。固定资产因改建、扩建或修缮等原因而延长其使用年限的，应当按照重新确定的固定资产的成本以及重新确定的折旧年限计算折旧额。

行政事业单位计提融资租入固定资产折旧时，应当采用与自有固定资产相一致的折旧政策。能够合理确定租赁期届满时将会取得租入固定资产所有权的，应当在租入固定资产尚可使用年限内计提折旧；无法合理确定租赁期届满时能够取得租入固定资产所有权的，应当在租赁期与租入固定资产尚可使用年限两者中较短的期间内计提折旧。

与企业会计准则相比，现行政府会计准则对固定资产折旧的金额计算采用了适当简化的计算方法。对其他一些业务也采用适当简化的会计核算方法。例如，对存货不要求采用成本与可变现净值孰低计量，对长期股权投资、固定资产、无形资产等不要求计提减值准备等。

（二）固定资产折旧方法

行政事业单位一般应当采用年限平均法或者工作量法计提固定资产折旧。在确定固定资产的折旧方法时，应当考虑与固定资产相关的服务潜力或经济利益的预期实现方式。固定资产折旧方法一经确定，不得随意变更。

1. 年限平均法

年限平均法是指按固定资产的使用年限平均计提折旧的一种方法，是最简单、最普遍的一种折旧方法。它以折旧是由于时间推移而不是使用关系为假设，适用于各个时期使用情况大致相同的固定资产折旧。采用这种方法，每年计提的固定资产折旧额是相等的，故又称之为直线法。按这种方法计算固定资产折旧时，其折旧额和折旧率的计算公式如下。

$$\frac{固定资产}{年折旧率} = \frac{固定资产原值 - 预计净残值}{固定资产原值 \times 使用年限} \times 100\% = \frac{1 - 预计净残值率}{使用年限} \times 100\%$$

固定资产年折旧额 = 固定资产原值 × 固定资产年折旧率

固定资产月折旧率 = 固定资产年折旧率 ÷ 12

固定资产月折旧额 = 固定资产原值 × 固定资产月折旧率

2．工作量法

工作量法是假定固定资产的服务潜力会随着固定资产的使用程度而减少的一种折旧方法。固定资产有效的使用年限是使用这项资产所能生产的产品或劳务数量。工作量法适用于那些有形损耗是折旧主要因素的专用设备，如货运汽车等，其每年产出量与计提的折旧成正比。按工作量法计提折旧时，其折旧额的计算公式如下。

$$单位产出数量折旧额 = \frac{固定资产原值 \times （1 - 预计净残值率）}{生产总数量}$$

对于运输设备，则为：

$$单位里程折旧额 = \frac{固定资产原值 \times （1 - 预计净残值率）}{总行驶里程}$$

（三）固定资产折旧核算

为核算固定资产折旧业务，行政事业单位应设置"固定资产累计折旧"科目。公共基础设施和保障性住房计提的累计折旧，应当分别通过"公共基础设施累计折旧（摊销）"科目和"保障性住房累计折旧"科目核算，不通过该科目核算。该科目应当按照所对应固定资产的明细分类进行明细核算。

单位按月计提固定资产折旧时，财务会计应当按照应计提折旧金额，借记"业务活动费用""单位管理费用""经营费用""加工物品""在建工程"等科目，贷记"固定资产累计折旧"科目。预算会计不需要进行账务处理。经批准处置或处理固定资产时，财务会计应当按照所处置或处理固定资产的账面价值，借记"资产处置费用""无偿调拨净资产""待处理财产损溢"等科目，按照已计提折旧，借记"固定资产累计折旧"科目，按照固定资产的账面余额，贷记"固定资产"科目。"固定资产累计折旧"科目期末贷方余额，反映单位计提的固定资产折旧累计数。预算会计中涉及资金支付的，参照"固定资产"科目相关账务处理。

【**例 2-24**】某行政单位对业务活动中使用的固定资产计提折旧 788 000 元。

该行政单位应编制如下会计分录。

财务会计账务处理如下。

借：业务活动费用 788 000

　　贷：固定资产累计折旧 788 000

预算会计不需要进行账务处理。

五、固定资产的盘盈、盘亏或毁损、报废

行政事业单位应当定期对固定资产进行清查盘点，每年至少盘点一次。对于发生的固定资产的盘盈、盘亏或毁损、报废，应当先记入"待处理财产损溢"科目，按照规定报经批准后及时进行后续账务处理。

盘盈的固定资产，其成本按照有关凭据注明的金额确定；没有相关凭据但按照规定经过资产评估的，其成本按照评估价值确定；没有相关凭据也未经过评估的，其成本按照重置成本确定。如无法采用上述方法确定盘盈固定资产成本的，按照名义金额（人民币1元）入账。盘盈的固定资产，财务会计应当按照确定的入账成本，借记"固定资产"科目，贷记"待处理财产损溢"科目。预算会计不需要进行账务处理。

盘亏、毁损或报废的固定资产，财务会计应当按照待处理固定资产的账面价值，借记"待处理财产损溢"科目，按照已计提折旧，借记"固定资产累计折旧"科目，按照固定资产的账面余额，贷记"固定资产"科目。预算会计不需要进行账务处理。

2.7　在建工程

2.7.1　在建工程的概述

为核算自行建造固定资产业务，行政事业单位应设置"在建工程"科目。该科目核算单位在建的建设项目工程的实际成本。该科目应当设置"建筑安装工程投资""设备投资""待摊投资""其他投资""待核销基建支出""基建转出投资"等明细科目，并按照具体项目进行明细核算。

2.7.2　在建工程的核算

一、建筑安装工程投资

"建筑安装工程投资"明细科目核算单位发生的构成建设项目实际支出的建筑工程和安装工程的实际成本，不包括被安装设备本身的价值以及按照合同规定支付给施工单位的预付备料款和预付工程款。其二级明细科目应当设置"建筑工程"和"安装工程"科目进行明细核算。

将固定资产等资产转入改建、扩建等时，财务会计应当按照固定资产等资产的账面价值，借记"在建工程"科目（建筑安装工程投资）；按照已计提的折旧或摊销，借记"固定资产累计折旧"等科目；按照固定资产等资产的原值，贷记"固定资产"等科目。预算会计不需要进行账务处理。

在原有固定资产基础上进行改建、扩建、修缮后的固定资产的成本按照原固定资产账面价值（"固定资产"科目账面余额减去"固定资产累计折旧"科目账面余额后的净值）加上改建、扩建、修缮发生的费用，再扣除固定资产拆除部分的账面价值后的金额确定。

单位对于发包的建筑安装工程，根据建筑安装工程价款结算账单与施工企业结算工程价款时，财务会计应当按照应承付的工程价款，借记"在建工程"科目（建筑安装工程投资）；按照预付工程款余额，贷记"预付账款"科目；按照其差额，贷记"财政拨款收入""零余额账户用款额度""银行存款""应付账款"等科目。

二、设备投资

"设备投资"明细科目核算单位发生的构成建设项目实际支出的各种设备的实际成本。购入需要安装的设备时，财务会计应当按照确定的成本，借记"在建工程"科目（设备投资），贷记"财政拨款收入""零余额账户用款额度""银行存款"等科目。预算会计应当按照确定的成本借记"行政支出""事业支出"等会计科目，贷记"财政拨款预算收入""资金结存"等会计科目。

单位应当设置"工程物资"科目，核算为在建工程准备的各种物资的成本，包括工程用材料、设备等。该科目可按工程物资类别进行明细核算。该科目的期末借方余额反映单位为在建工程准备的各种物资的成本。工程完工后将剩余的工程物资转作本单位存货的，财务会计应当借记"库存物品"等科目，贷记"工程物资"科目。预算会计不需要进行账务处理。

发生安装费用时，财务会计应当借记"在建工程"科目（设备投资），贷记"财政拨款收入""零余额账户用款额度""银行存款"等科目。预算会计应当借记"行政支出""事业支出"等会计科目，贷记"财政拨款预算收入""资金结存"等会计科目。

在建工程达到交付使用状态时，应当按照规定办理工程竣工财务决算和资产交付使用手续。

三、待摊投资

"待摊投资"明细科目核算单位发生的构成建设项目实际支出的、按照规定应当分摊计入有关工程成本和设备成本的各项间接费用和税费支出，具体内容包括：勘察费、设计费、研究试验费、可行性研究费及项目其他前期费用，土地征用及迁移补偿费、土地复垦及补偿费、森林植被恢复费及其他为取得土地使用权、租用权而发生的费用，土地使用税、耕地占用税、契税、车船税、印花税及按照规定缴纳的其他税费，项目建设管理费、代建管理费、临时设施费、监理费、招投标费、社会中介审计（审查）费及其他管理性质的费用，以及融资费用、设备检验费、工程检测费等。

四、其他投资

"其他投资"明细科目核算单位发生的构成建设项目实际支出的房屋购置支出，基本畜禽、林木等购置、饲养、培育支出，办公生活用家具、器具购置支出，软件研发和不能计入设备投资的软件购置等支出，为进行可行性研究而购置的固定资产，以及取得土地使用权支付的土地出让金等支出。工程完成后将形成的房屋、基本畜禽、林木等各种财产以及无形资产交付使用时，财务会计应当按照其实际成本，借记"固定资产""无形资产"等科目，贷记"在建工程"科目（其他投资）。预算会计不需要进行账务处理。

五、待核销基建支出

"待核销基建支出"明细科目核算建设项目发生的江河清障、航道清淤、飞播造林、补助群众造林、水土保持、城市绿化、取消项目的可行性研究费以及项目整体报废等不能形成资产部分的基建投资支出，应按照待核销基建支出的类别进行明细核算。

取消的建设项目所发生的可行性研究费，财务会计应当按照实际发生金额，借记"在建工程"科目（待核销基建支出），贷记"在建工程"科目（待摊投资）。

预算会计不需要进行账务处理。

由于自然灾害等原因发生的建设项目整体报废所形成的净损失,报经批准后转入待核销基建支出,财务会计应当借记"在建工程"科目(待核销基建支出);按照报废工程回收的残料变价收入、保险公司赔款等,借记"银行存款""其他应收款"等科目;按照报废的工程成本,贷记"在建工程"科目(建筑安装工程投资等)。预算会计不需要进行账务处理。

建设项目竣工验收交付使用时,对发生的待核销基建支出进行冲销,财务会计应当借记"资产处置费用"科目,贷记"在建工程"科目(待核销基建支出)。预算会计不需要进行账务处理。

六、基建转出投资

"基建转出投资"明细科目核算为建设项目配套而建成的、产权不归属本单位的专用设施的实际成本。行政事业单位在建的信息系统项目工程、公共基础设施项目工程、保障性住房项目工程的实际成本,也通过该科目核算。该明细科目应按照转出投资的类别进行明细核算。财务会计应当按照转出的专用设施的成本,借记"在建工程"科目(基建转出投资),贷记"在建工程"科目(建筑安装工程投资);同时,借记"无偿调拨净资产"科目,贷记"在建工程"科目(基建转出投资)。预算会计不需要进行账务处理。

2.7.3　在建工程核算举例

以建筑安装工程投资为例,在建工程的主要账务处理如下。

(1)将固定资产等资产转入改建、扩建等时,财务会计应当按照固定资产等资产的账面价值,借记"在建工程"科目(建筑安装工程投资),按照已计提的折旧或摊销,借记"固定资产累计折旧"等科目,按照固定资产等资产的原值,贷记"固定资产"等科目。固定资产等资产改建、扩建过程中涉及替换(或拆除)原资产的某些组成部分的,按照被替换(或拆除)部分的账面价值,借记"待处理财产损溢"科目,贷记"在建工程"科目(建筑安装工程投资)。预算会计不需要进行账务处理。

(2)单位对于发包建筑安装工程,根据建筑安装工程价款结算账单与施工企业结算工程价款时,财务会计应当按照应承付的工程价款,借记"在建工程"科目(建筑安装工程投资),按照预付工程款余额,贷记"预付账款"科目,按照其差额,贷记"财政拨款收入""零余额账户用款额度""银行存款""应付账款"等科目。预算会计应当按照补付款项，借记"行政支出""事业支出"等科目，贷记"财政拨款预算收入""资金结存"科目。

（3）单位自行施工的小型建筑安装工程，财务会计应当按照发生的各项支出金额，借记"在建工程"科目（建筑安装工程投资），贷记"工程物资""零余额账户用款额度""银行存款""应付职工薪酬"等科目。预算会计应当按照实际支付的款项，借记"行政支出""事业支出"等会计科目，贷记"资金结存"等会计科目。

（4）工程竣工，办妥竣工验收交接手续交付使用时，财务会计应当按照建筑安装工程成本（含应分摊的待摊投资），借记"固定资产"等科目，贷记"在建工程"科目（建筑安装工程投资）。预算会计不需要进行账务处理。

【例2-25】某事业单位采用发包方式建造一项固定资产工程。某日，通过财政直接支付方式向某施工企业预付部分工程建造款项100 000元。当年末，根据建筑安装工程价款结算账单与施工企业结算部分工程价款，确认应承付工程价款380 000元，扣除预付款项100 000元后，剩余款项280 000元（380 000-100 000）通过财政直接支付方式支付。当年，该事业单位通过单位零余额账户支付项目建设管理费等间接费用5 000元。次年，建筑工程完工，该事业单位根据建筑安装工程价款结算账单与施工企业结算剩余工程价款，确认应承付工程价款450 000元，款项全额通过财政直接支付方式支付。同时，该事业单位通过单位零余额账户支付第二年的项目建设管理费以及工程检测费等间接费用共计6 500元。该建筑工程共发生待摊投资11 500元（5 000+6 500）。建筑工程验收合格并交付使用，确定的实际成本为841 500元（380 000+450 000+11 500）。该事业单位应编制如下会计分录。

（1）向施工企业预付部分工程建造款项时。

财务会计账务处理如下。

借：预付账款　　　　　　　　　　　　　　　　　　　100 000

　　贷：财政拨款收入　　　　　　　　　　　　　　　　100 000

预算会计账务处理如下。

借：事业支出　　　　　　　　　　　　　　　　　　　100 000

　　贷：财政拨款预算收入　　　　　　　　　　　　　　100 000

（2）与施工企业结算部分工程价款时。

财务会计账务处理如下。

借：在建工程——建筑安装工程投资　　　　　　　　　380 000

　　　贷：财政拨款收入　　　　　　　　　　　　　　　　　　280 000

　　　　　预付账款　　　　　　　　　　　　　　　　　　　100 000

预算会计账务处理如下。

借：事业支出　　　　　　　　　　　　　　　　　　　　280 000

　　　贷：财政拨款预算收入　　　　　　　　　　　　　　　280 000

（3）支付项目建设管理费等间接费用时。

财务会计账务处理如下。

借：在建工程——待摊投资　　　　　　　　　　　　　　　5 000

　　　贷：零余额账户用款额度　　　　　　　　　　　　　　5 000

预算会计账务处理如下。

借：事业支出　　　　　　　　　　　　　　　　　　　　　5 000

　　　贷：资金结存　　　　　　　　　　　　　　　　　　　5 000

（4）与施工企业结算剩余工程价款时。

财务会计账务处理如下。

借：在建工程——建筑安装工程投资　　　　　　　　　　450 000

　　　贷：财政拨款收入　　　　　　　　　　　　　　　　　450 000

预算会计账务处理如下。

借：事业支出　　　　　　　　　　　　　　　　　　　　450 000

　　　贷：财政拨款预算收入　　　　　　　　　　　　　　　450 000

（5）支付第二年项目建设管理费以及工程检测费等间接费用时。

财务会计账务处理如下。

借：在建工程——待摊投资　　　　　　　　　　　　　　　6 500

　　　贷：零余额账户用款额度　　　　　　　　　　　　　　6 500

预算会计账务处理如下。

借：事业支出　　　　　　　　　　　　　　　　　　　　　6 500

　　　贷：资金结存　　　　　　　　　　　　　　　　　　　6 500

（6）分摊待摊投资时。

财务会计账务处理如下。

借：在建工程——建筑安装工程投资　　　　　　　　　　11 500

　　　贷：在建工程——待摊投资　　　　　　　　　　　　　11 500

预算会计不需要进行账务处理。

（7）建筑工程验收合格并交付使用时。

财务会计账务处理如下。

借：固定资产   841 500

  贷：在建工程——建筑安装工程投资   841 500

预算会计不需要进行账务处理。

2.8 无形资产

2.8.1 无形资产的概述

无形资产是指行政事业单位控制的没有实物形态的可辨认非货币性资产，如专利权、商标权、著作权、土地使用权、非专利技术等。

一、无形资产的基本特征

（一）不具有实物形态

无形资产作为一种长期资产，区别于固定资产最显著的特征就是不具有实物形态，而是一种特殊权利。其虽然不具有实物形态，但一经取得或形成，就可以为单位带来利益。

（二）属于可辨认的非货币性资产

资产满足下列条件之一的，符合无形资产定义中的可辨认性标准：一是能够从行政事业单位中分离或者划分出来，并能单独或者与相关合同、资产或负债一起，用于出售、转移、授予许可、租赁或者交换；二是源自合同性权利或其他法定权利，无论这些权利是否可以从行政事业单位或其他权利和义务中转移或者分离。

（三）具有明显的排他性

这种排他性有时通过单位自身的保密措施来维护，如非专利技术等；有时则通过适当公开其内容作为代价以取得法律的保护，如专利权、著作权等。

二、无形资产的确认条件

无形资产同时满足下列条件的，应当予以确认：（1）与该无形资产相关的服务潜力很可能实现或者经济利益很可能流入行政事业单位；（2）该无形资产的成本或者价值能够可靠地计量。

行政事业单位在判断无形资产的服务潜力或经济利益是否很可能实现或流入时，应当对无形资产在预计使用年限内可能存在的各种社会、经济、科技因素做出合理估计，并且应当有确凿的证据支持。

行政事业单位购入的不构成相关硬件不可缺少组成部分的软件，应当确认为无形资产；自创商誉及内部产生的品牌、报刊名等，不应确认为无形资产。

2.8.2　无形资产的核算

为核算无形资产业务，行政事业单位应设置"无形资产"科目。该科目核算单位无形资产的原值。非大批量购入、单价小于 1 000 元的无形资产，可以于购买的当期将其成本直接计入当期费用。该科目应当按照无形资产的类别、项目等进行明细核算。

一、无形资产的取得

无形资产在取得时，应当按照成本进行初始计量。

（一）外购的无形资产

外购的无形资产，财务会计应当按照确定的成本，借记"无形资产"科目，贷记"财政拨款收入""零余额账户用款额度""应付账款""银行存款"等科目。预算会计应当借记"行政支出""事业支出""经营支出"等科目，贷记"财政拨款预算收入""资金结存"等会计科目。

外购的无形资产，其成本包括购买价款、相关税费以及可归属于该项资产达到预定用途前所发生的其他支出。

委托软件公司开发软件，视同外购无形资产进行处理。合同中约定预付开发费用的，财务会计应当按照预付金额，借记"预付账款"科目，贷记"财政拨款收入""零余额账户用款额度""银行存款"等科目。预算会计应当按照预付款项，借记"行政支出""事业支出""经营支出"等科目，贷记"财政拨款预算收入""资金结存"等科目。软件开发完成交付使用并支付剩余或全部软件开发费用时，财务会计应当按照软件开发费用总额，借记"无形资产"科目，按照相关预付账款金额，贷记"预付账款"科目，按照支付的剩余金额，贷记"财政拨款收入""零余额账户用款额度""银行存款"等科目。预算会计应当按照支付的剩余款项金额，借记"行政支出""事业支出""经营支出"等科目，贷记"财政拨款预算收入""资金结存"等科目。

（二）自行研究开发的无形资产

自行研究开发形成的无形资产，财务会计应当按照研究开发项目进入开发阶段后至达到预定用途前所发生的支出总额，借记"无形资产"科目，贷记"研发支出——开发支出"科目。预算会计不需要进行账务处理。

自行研究开发项目尚未进入开发阶段，或者确实无法区分研究阶段支出和开发阶段支出，但按照法律程序已申请取得无形资产的，财务会计应当按照依法取得无形资产时发生的注册费、聘请律师费等费用，借记"无形资产"科目，贷记"财政拨款收入""零余额账户用款额度""银行存款"等科目；按照依法取得前所发生的研究开发支出，借记"业务活动费用"等科目，贷记"研发支出"科目。预算会计应当借记"行政支出""事业支出""经营支出"等会计科目，贷记"财政拨款预算收入""资金结存"等科目。

为核算研发支出业务，行政事业单位应设置"研发支出"总账科目。该科目核算单位自行研究开发项目研究阶段和开发阶段发生的各项支出。该科目应当按照自行研究开发项目，分为"研究支出""开发支出"进行明细核算。

自行研究开发项目研究阶段的支出，应当先在"研发支出"科目归集。财务会计应当按照从事研究及其辅助活动人员计提的薪酬，研究活动领用的库存物品，发生的与研究活动相关的管理费、间接费和其他各项费用，借记"研发支出"科目（研究支出），贷记"应付职工薪酬""库存物品""财政拨款收入""零余额账户用款额度""固定资产累计折旧""银行存款"等科目。预算会计应当按照实际支付的金额，借记"事业支出""经营支出"等会计科目，贷记"财政拨款预算收入""资金结存"等会计科目。期（月）末，财务会计应当将"研发支出"科目归集的研究阶段的支出金额转入当期费用，借记"业务活动费用"等科目，贷记"研发支出"科目（研究支出）。预算会计不需要进行账务处理。

自行研究开发项目开发阶段的支出，先通过"研发支出"科目进行归集。财务会计应当按照从事开发及其辅助活动人员计提的薪酬，开发活动领用的库存物品，发生的与开发活动相关的管理费、间接费和其他各项费用，借记"研发支出"科目（开发支出），贷记"应付职工薪酬""库存物品""财政拨款收入""零余额账户用款额度""固定资产累计折旧""银行存款"等科目。预算会计应当按照实际支付的金额，借记"事业支出""经营支出"等会计科目，贷记"财政拨款预算收入""资金结存"等会计科目。自行研究开发项目完成，达到预定用途形成无形资产的,财务会计应当按照"研发支出"科目归集的开发阶段的支出金额,借记"无形资产"科目,贷记"研发支出"科目(开发支出)。预算会计不需要进行账务处理。

行政事业单位应于每年年度终了评估研究开发项目是否能达到预定用途,如预计不能达到预定用途(如无法最终完成开发项目并形成无形资产的),财务会计应当将已发生的开发支出金额全部转入当期费用,借记"业务活动费用"等科目,贷记"研发支出"科目(开发支出)。预算会计不需要进行账务处理。

自行研究开发项目时涉及增值税业务的,还应进行相应的会计处理。

"研发支出"科目期末借方余额,反映单位预计能达到预定用途的研究开发项目在开发阶段发生的累计支出数。

【例 2-26】某事业单位自行开展研究开发活动。在研究阶段,计提从事研究活动人员的薪酬共计 48 500 元。当年末,将发生的研究阶段支出合计 630 000 元转入业务活动费用。次年初,经论证和批准,相应研发活动进入开发阶段。在开发阶段,计提从事开发活动人员的薪酬共计 76 100 元。半年后,开发项目完成,形成一项无形资产,开发成本合计为 522 000 元。该事业单位应编制如下会计分录。

(1)计提从事研究活动人员的薪酬时。

财务会计账务处理如下。

借:研发支出——研究支出　　　　　　　　　　　　48 500
　　贷:应付职工薪酬　　　　　　　　　　　　　　　　48 500

预算会计账务处理如下。

借:事业支出　　　　　　　　　　　　　　　　　　48 500
　　贷:资金结存　　　　　　　　　　　　　　　　　　48 500

(2)结转研究阶段支出时。

财务会计账务处理如下。

借:业务活动费用　　　　　　　　　　　　　　　630 000
　　贷:研发支出——研究支出　　　　　　　　　　　630 000

预算会计不需要进行账务处理。

(3)计提从事开发活动人员的薪酬时。

财务会计账务处理如下。

借:研发支出——开发支出　　　　　　　　　　　　76 100
　　贷:应付职工薪酬　　　　　　　　　　　　　　　76 100

预算会计账务处理如下。

借：事业支出   76 100

  贷：资金结存   76 100

（4）开发项目完成并形成一项无形资产时。

财务会计账务处理如下。

借：无形资产   522 000

  贷：研发支出——开发支出   522 000

预算会计不需要进行账务处理。

按照《政府会计准则第 4 号——无形资产》的规定，行政事业单位自行研究开发项目的支出，应当区分研究阶段支出与开发阶段支出。研究是指为获取并理解新的科学或技术知识而进行的独创性的有计划调查。开发是指在进行生产或使用前，将研究成果或其他知识应用于某项计划或设计，以生产出新的或具有实质性改进的材料、装置、产品等。行政事业单位自行研究开发项目研究阶段的支出，应当于发生时计入当期费用。行政事业单位自行开发的无形资产，其成本包括自该项目进入开发阶段后至达到预定用途前所发生的支出总额。

（三）接受捐赠的无形资产

接受捐赠的无形资产，财务会计应当按照确定的无形资产成本，借记"无形资产"科目，按照发生的相关税费等，贷记"零余额账户用款额度""银行存款"等科目，按照其差额，贷记"捐赠收入"科目。接受捐赠的无形资产按照名义金额入账的，按照名义金额，借记"无形资产"科目，贷记"捐赠收入"科目；同时，按照发生的相关税费等，借记"其他费用"科目，贷记"零余额账户用款额度""银行存款"等科目。预算会计应当按照支出的相关税费，借记"其他支出"科目，贷记"资金结存"科目。

接受捐赠的无形资产，其成本按照有关凭据注明的金额加上相关税费确定；没有相关凭据可供取得，但按规定经过资产评估的，其成本按照评估价值加上相关税费确定；没有相关凭据可供取得、也未经资产评估的，其成本比照同类或类似资产的市场价格加上相关税费确定；没有相关凭据且未经资产评估、同类或类似资产的市场价格也无法可靠取得的，按照名义金额入账，相关税费计入当期费用。确定接受捐赠无形资产的初始入账成本时，应当考虑该项资产尚可为行政事业单位带来服务潜力或经济利益的能力。

（四）无偿调入的无形资产

无偿调入的无形资产，财务会计应当按照确定的无形资产成本，借记"无形资产"科目，按照发生的相关税费等，贷记"零余额账户用款额度""银行存款"等科目，按照其差额，贷记"无偿调拨净资产"科目。预算会计应当按照支付的相关税费，借记"其他支出"科目，贷记"资金结存"科目。

无偿调入的无形资产，其成本按照调出方账面价值加上相关税费确定。

（五）置换取得的无形资产

置换取得的无形资产，参照"库存物品"科目中相关规定进行账务处理。

无形资产取得时涉及增值税业务的，还应进行相应的会计处理。

【例 2-27】某行政单位委托 A 软件公司开发软件。该行政单位按合同约定向 A 软件公司预付开发费用 30 000 元，款项通过财政直接支付的方式支付。三个月后，软件开发完成并交付使用，该行政单位通过财政直接支付的方式向 A 软件公司支付剩余合同款项 55 000 元。该软件开发费用总额为 85 000 元（30 000+55 000）。该行政单位应编制如下会计分录。

（1）向软件公司预付开发费用时。

财务会计账务处理如下。

借：预付账款　　　　　　　　　　　　　　　　　　　30 000
　　贷：财政拨款收入　　　　　　　　　　　　　　　　　30 000
预算会计账务处理如下。

借：行政支出　　　　　　　　　　　　　　　　　　　30 000
　　贷：财政拨款预算收入　　　　　　　　　　　　　　　30 000
（2）软件开发完成交付使用并支付剩余款项时。

财务会计账务处理如下。

借：无形资产　　　　　　　　　　　　　　　　　　　85 000
　　贷：预付账款　　　　　　　　　　　　　　　　　　30 000
　　　　财政拨款收入　　　　　　　　　　　　　　　　55 000
预算会计账务处理如下。

借：行政支出　　　　　　　　　　　　　　　　　　　55 000
　　贷：财政拨款预算收入　　　　　　　　　　　　　　　55 000
【例 2-28】某事业单位按照法定程序申请取得一项无形资产，依法取得该项无形资产时发生注册费 600 元，款项以银行存款支付。该事业单位应编制如下会计分录。

财务会计账务处理如下。

借：无形资产   600

    贷：银行存款   600

预算会计账务处理如下。

借：行政支出   600

    贷：资金结存   600

二、无形资产的后续支出

无形资产的后续支出按照是否符合无形资产的确认条件划分，可分为符合无形资产确认条件的后续支出和不符合无形资产确认条件的后续支出。符合无形资产确认条件的后续支出包括为增加无形资产的使用效能而对其进行升级改造或扩展其功能发生的支出。不符合无形资产确认条件的后续支出包括为保证无形资产正常使用而发生的日常维护等支出。

对于符合无形资产确认条件的后续支出，为增加无形资产的使用效能对其进行升级改造或扩展其功能时，如需暂停对无形资产进行摊销的，财务会计应当按照无形资产的账面价值，借记"在建工程"科目，按照无形资产已摊销金额，借记"无形资产累计摊销"科目，按照无形资产的账面余额，贷记"无形资产"科目。无形资产后续支出符合无形资产确认条件的，按照支出的金额，借记"无形资产"科目（无需暂停摊销的）或"在建工程"科目（需暂停摊销的），贷记"财政拨款收入""零余额账户用款额度""银行存款"等科目。暂停摊销的无形资产升级改造或扩展功能等完成交付使用时，按照在建工程成本，借记"无形资产"科目，贷记"在建工程"科目。预算会计应当按照实际支付的金额，借记"行政支出""事业支出""经营支出"等科目，贷记"财政拨款预算收入""资金结存"等会计科目。

对于不符合无形资产确认条件的后续支出，为保证无形资产正常使用发生日常维护等支出时，财务会计应当借记"业务活动费用""单位管理费用"等科目，贷记"财政拨款收入""零余额账户用款额度""银行存款"等科目。预算会计应当按照实际支付的金额，借记"行政支出""事业支出""经营支出"等科目，贷记"财政拨款预算收入""资金结存"等会计科目。

三、无形资产的摊销

行政事业单位应当于取得或形成无形资产时合理确定其使用年限。无形资产的使用年限为有限的，应当估计该使用年限。无法预见无形资产为行政事业单位提供服务潜力或者带来经济利益期限的，应当视为使用年限不确定的无形资产。

行政事业单位应当对使用年限有限的无形资产进行摊销，但已摊销完毕仍继续使用的无形资产和以名义金额计量的无形资产除外。摊销是指在无形资产使用年限内，按照确定的方法对应摊销金额进行系统分摊。根据《政府会计准则第 4 号——无形资产》的规定，对于使用年限有限的无形资产，行政事业单位应当按照以下原则确定无形资产的摊销年限：（1）法律规定了有效年限的，按照法律规定的有效年限作为摊销年限；（2）法律没有规定有效年限的，按照相关合同或单位申请书中的受益年限作为摊销年限；（3）法律没有规定有效年限、相关合同或单位申请书也没有规定受益年限的，应当根据无形资产为行政事业单位带来服务潜力或经济利益的实际情况，预计其使用年限；（4）非大批量购入、单价小于 1 000 元的无形资产，可以于购买的当期将其成本一次性全部转销。

行政事业单位应当按月对使用年限有限的无形资产进行摊销，并根据用途计入当期费用或者相关资产成本。行政事业单位应当采用年限平均法或者工作量法对无形资产进行摊销，应摊销金额为其成本，不考虑预计净残值。

使用年限不确定的无形资产不应摊销。

为核算无形资产摊销业务，行政事业单位应设置"无形资产累计摊销"总账科目。该科目核算单位对使用年限有限的无形资产计提的累计摊销。该科目应当按照所对应无形资产的明细分类进行明细核算。行政事业单位按月对无形资产进行摊销时，财务会计应当按照应摊销金额，借记"业务活动费用""单位管理费用""加工物品""在建工程"等科目，贷记该科目。经批准处置无形资产时，按照所处置无形资产的账面价值，借记"资产处置费用""无偿调拨净资产""待处理财产损溢"等科目，按照已计提摊销金额，借记该科目，按照无形资产的账面余额，贷记"无形资产"科目。该科目期末贷方余额，反映单位计提的无形资产摊销累计数。预算会计不需要进行账务处理。

【例 2-29】某行政单位对一项无形资产进行摊销，该无形资产为单位履职活动中使用的无形资产，摊销金额 9 800 元计入单位业务活动费用。该行政单位应编制如下会计分录。

财务会计账务处理如下。

　　借：业务活动费用　　　　　　　　　　　　　　　　9 800
　　　　贷：无形资产累计摊销　　　　　　　　　　　　　　9 800
预算会计不需要进行账务处理

四、无形资产的处置

行政事业单位按照规定报经批准处置无形资产，应当分以下情况进行处理。

（一）出售或转让无形资产

报经批准出售、转让无形资产，财务会计应当按照被出售、转让无形资产的账面价值，借记"资产处置费用"科目，按照无形资产已计提的摊销，借记"无形资产累计摊销"科目，按照无形资产账面余额，贷记"无形资产"科目，预算会计不需要对无形资产的出售和转让进行账务处理；同时，财务会计应当按照收到的价款，借记"银行存款"等科目，按照处置过程中发生的相关费用，贷记"银行存款"等科目，按照其差额，贷记"应缴财政款"科目（按照规定应上缴无形资产转让净收入的）或"其他收入"科目（按照规定将无形资产转让收入纳入本单位预算管理的）。如转让收入按照规定纳入本单位预算，预算会计应借记"资金结存"科目，贷记"其他预算收入"科目。

（二）对外捐赠无形资产

报经批准对外捐赠无形资产，财务会计应当按照无形资产已计提的摊销，借记"无形资产累计摊销"科目，按照被处置无形资产账面余额，贷记"无形资产"科目，按照捐赠过程中发生的归属于捐出方的相关费用，贷记"银行存款"等科目，按照其差额，借记"资产处置费用"科目。预算会计应当按照归属于捐出方的相关费用，借记"其他支出"科目，贷记"资金结存"科目。

（三）无偿调出无形资产

报经批准无偿调出无形资产，财务会计应当按照无形资产已计提的摊销，借记"无形资产累计摊销"科目，按照被处置无形资产账面余额，贷记"无形资产"科目，按照其差额，借记"无偿调拨净资产"科目；同时，按照无偿调出过程中发生的归属于调出方的相关费用，借记"资产处置费用"科目，贷记"银行存款"等科目。预算会计应当按照归属于调出方的相关费用，借记"其他支出"科目，贷记"资金结存"科目。

（四）置换换出无形资产

报经批准置换换出无形资产，参照"库存物品"科目中取得库存物品规定进行账务处理。

（五）核销无形资产

无形资产预期不能为单位带来服务潜力或经济利益，按照规定报经批准核销时，财务会计应当按照待核销无形资产的账面价值，借记"资产处置费用"科目，按照已计提摊销，借记"无形资产累计摊销"科目，按照无形资产的账面余额，贷记"无形资产"科目。预算会计不需要进行账务处理。

无形资产处置时涉及增值税业务的，还应进行相应的会计处理。

【例 2-30】某行政单位的某项无形资产预期已经不能再为单位带来服务潜力，按照规定报经批准核销。该项无形资产的账面余额为 720 000 元，已计提累计摊销为 560 000 元，账面价值为 160 000 元（720 000-560 000）。该行政单位应编制如下会计分录。

财务会计账务处理如下。

借：资产处置费用 160 000
　　无形资产累计摊销 560 000
　　　贷：无形资产 720 000

预算会计不需要进行账务处理。

按照《政府会计准则第 4 号——无形资产》的规定，行政事业单位按规定报经批准以无形资产对外投资的，应当将该无形资产的账面价值予以转销，并将无形资产在对外投资时的评估价值与其账面价值的差额计入当期收入或费用。

2.9　经管资产

2.9.1　公共基础设施

一、公共基础设施概述

按照《政府会计准则第 5 号——公共基础设施》的规定，公共基础设施是行政事业单位为满足社会公共需求而控制的，同时具有以下特征的有形资产：（1）是一个有形资产系统或网络的组成部分；（2）具有特定用途；（3）一般不可移动。公共基础设施主要包括市政基础设施（如城市道路、桥梁、隧道、公交场站、路灯、广场、公园绿地、室外公共健身器材，以及环卫、排水、供水、供电、供气、供热、污水处理、垃圾处理系统等）、交通基础设施（如公路、航道、港口等）、水利基础设施（如大坝、堤防、水闸、泵站、渠道等），以及其他公共基础设施。公共基础设施为经济社会发展提供了强有力的基础支撑条件。

公共基础设施应当在同时满足下列条件时予以确认：一是与该公共基础设施相关的服务潜力很可能实现或者经济利益很可能流入行政事业单位，二是该公共基础设施的成本或者价值能够可靠地计量。通常情况下，符合这两条规定的公共基础设施，应当由按规定对其负有管理维护职责的行政事业单位予以确认，即"谁负责管理维护，谁入账"。

在特殊情况下，按照以下原则确认公共基础设施。

多个行政事业单位共同管理维护的公共基础设施，应当由对该资产负有主要管理维护职责或者承担后续主要支出责任的行政事业单位予以确认。

分为多个组成部分由不同行政事业单位分别管理维护的公共基础设施，应当由各个行政事业单位分别对其负责管理维护的公共基础设施的相应部分予以确认。

负有管理维护公共基础设施职责的行政事业单位通过政府购买服务方式委托企业或其他会计主体代为管理维护公共基础设施的，该公共基础设施应当由委托方予以确认。

单位应当根据行业主管部门对公共基础设施的分类规定，制定适合本单位管理的公共基础设施目录、分类方法，作为进行公共基础设施核算的依据。

与公共基础设施配套使用的修理设备、工具器具、车辆等动产，作为固定资产核算。与公共基础设施配套、供单位在公共基础设施管理中自行使用的房屋构筑物等，能够与公共基础设施分开核算的，作为固定资产核算。

二、公共基础设施的核算

行政事业单位应设置"公共基础设施"科目，核算由单位控制的公共基础设施资产。该科目应当按照公共基础设施的类别和项目进行明细核算。该科目的期末借方余额反映单位管理的公共基础设施的实际成本。

（一）公共基础设施的取得

1. 自行建造

行政事业单位自行建造的公共基础设施的成本包括完成批准的建设内容所发生的全部必要支出，包括建筑安装工程投资支出、设备投资支出、待摊投资支出和其他投资支出。为建造公共基础设施借入的专门借款的利息，属于建设期间发生的，计入该公共基础设施在建工程成本；不属于建设期间发生的，计入当期费用。

完工交付使用时，财务会计应当按照在建工程的成本，借记"公共基础设施"科目，贷记"在建工程"科目。已交付使用但尚未办理竣工决算手续的公共基础设施，按照估计价值入账，待办理竣工决算后再按照实际成本调整原来的暂估价值。预算会计不需要进行账务处理。

2．无偿调入

接受其他单位无偿调入的公共基础设施的成本按照该项公共基础设施在调出方的账面价值加上归属于调入方的相关费用确定，财务会计应当借记"公共基础设施"科目，按照发生的归属于调入方的相关费用，贷记"财政拨款收入""零余额账户用款额度""银行存款"等科目，按照其差额，贷记"无偿调拨净资产"科目。

无偿调入的公共基础设施成本无法可靠取得的，财务会计应当按照发生的相关税费、运输费等金额，借记"其他费用"科目，贷记"财政拨款收入""零余额账户用款额度""银行存款"等科目。

预算会计应当按照支付的归属于调入方的相关费用，借记"其他支出"科目，贷记"财政拨款预算收入""资金结存"等科目。

3．接受捐赠

接受捐赠的公共基础设施，财务会计应当按照确定的成本，借记"公共基础设施"科目，按照发生的相关费用，贷记"财政拨款收入""零余额账户用款额度""银行存款"等科目，按照其差额，贷记"捐赠收入"科目。接受捐赠的公共基础设施成本无法可靠取得的，按照发生的相关税费等金额，借记"其他费用"科目，贷记"财政拨款收入""零余额账户用款额度""银行存款"等科目。预算会计应当按照支付的归属于捐入方的相关费用，借记"其他支出"科目，贷记"财政拨款预算收入""资金结存"等会计科目。

接受捐赠的公共基础设施，其成本按有关凭据注明的金额加上相关费用确定；没有相关凭据可供取得，但按规定经过资产评估的，其成本按照评估价值加上相关费用确定；没有相关凭据可供取得，也未经资产评估的，其成本比照同类或类似资产的市场价格加上相关费用确定。如受赠的系旧的公共基础设施，在确定其初始入账成本时应当考虑该项资产的新旧程度。

对于成本无法可靠取得的公共基础设施，单位应当设置备查簿进行登记，待成本能够可靠确定后按照规定及时入账，因为公共基础设施不能按照名义金额入账。

4.外购

外购的公共基础设施，财务会计应当按照确定的成本，借记"公共基础设施"科目，贷记"财政拨款收入""零余额账户用款额度""银行存款"等科目。预算会计应当借记"行政支出""事业支出"等科目，贷记"财政拨款预算收入""资金结存"等会计科目。

外购的公共基础设施，其成本包括购买价款、相关税费以及公共基础设施交付使用前所发生的可归属于该项资产的运输费、装卸费、安装费和专业人员服务费等。

【例2-31】某行政单位自行建造一项公共基础设施，现已完工并交付使用，在建工程的成本为865 000元。该行政单位应编制如下会计分录。

财务会计账务处理如下。

借：公共基础设施 865 000

　　贷：在建工程 865 000

预算会计不需要进行账务处理。

【例2-32】某行政单位接受其他单位无偿调入一项公共基础设施，该项公共基础设施在调出方的账面价值为724 000元。调入过程中，该行政单位发生相关费用3 000元，款项通过财政直接支付方式支付。该项无偿调入的公共基础设施的成本为727 000元（724 000+3 000）。该行政单位应编制如下会计分录。

财务会计账务处理如下。

借：公共基础设施 727 000

　　贷：财政拨款收入 3 000

　　　　无偿调拨净资产 724 000

预算会计账务处理如下。

借：其他支出 3 000

　　贷：财政拨款预算收入 3 000

（二）公共基础设施的后续支出

公共基础设施的后续支出是指公共基础设施在使用过程中发生的改建扩建支出、日常维修支出等。公共基础设施的后续支出可分为计入公共基础设施成本的后续支出和不计入公共基础设施成本的后续支出。改建、扩建支出通常属于计入公共基础设施成本的后续支出，日常维修支出通常属于不计入公共基础设施成本而计入当期费用的后续支出。

　　将公共基础设施转入改建、扩建时，财务会计应当按照公共基础设施的账面价值，借记"在建工程"科目，按照公共基础设施已计提折旧，借记"公共基础设施累计折旧（摊销）"科目，按照公共基础设施的账面余额，贷记"公共基础设施"科目。预算会计不需要进行账务处理。

　　为增加公共基础设施使用效能或延长其使用年限而发生的改建、扩建等后续支出，财务会计应当借记"在建工程"科目，贷记"财政拨款收入""零余额账户用款额度""银行存款"等科目。预算会计应当按照实际支付的款项借记"行政支出""事业支出"等科目，贷记"财政拨款预算收入""资金结存"等科目。公共基础设施改建、扩建完成，竣工验收交付使用时，财务会计应当按照在建工程成本，借记"公共基础设施"科目，贷记"在建工程"科目。预算会计不需要进行账务处理。

　　为维护公共基础设施的正常使用而发生的日常修理等后续支出，财务会计应当计入当期费用，借记"业务活动费用""单位管理费用"等科目，贷记"财政拨款收入""零余额账户用款额度""银行存款"等科目。预算会计应当按照实际支付的款项，借记"行政支出""事业支出"等科目，贷记"财政拨款预算收入""资金结存"等科目。

　　【例 2-33】某行政单位对一项公共基础设施进行改建、扩建，该项公共基础设施的账面余额为 963 000 元，已计提折旧为 351 000 元，账面价值为 612 000 元（963 000-351 000）。改建、扩建过程中发生支出 320 000 元，款项通过财政直接支付方式支付。改建、扩建半年后，工程完工并交付使用。该项公共基础设施重新确定的成本数额为 932 000 元（612 000+320 000）。该行政单位应编制如下会计分录。

　　（1）将公共基础设施转入改建、扩建时。

　　财务会计账务处理如下。

借：在建工程　　　　　　　　　　　　　　　　　　612 000
　　公共基础设施累计折旧（摊销）　　　　　　　　351 000
　　贷：公共基础设施　　　　　　　　　　　　　　　　　963 000

预算会计不需要进行账务处理。

　　（2）支付改建、扩建工程款项时。

财务会计账务处理如下。

借：在建工程   320 000

  贷：财政拨款收入   320 000

预算会计账务处理如下。

借：行政支出   320 000

  贷：财政拨款预算收入   320 000

（3）工程完工并交付使用时。

财务会计账务处理如下。

借：公共基础设施   932 000

  贷：在建工程   932 000

预算会计不需要进行账务处理。

按照规定，在原有公共基础设施基础上进行改建、扩建等建造活动后的公共基础设施，其成本按照原公共基础设施账面价值加上改建、扩建等建造活动发生的支出，再扣除公共基础设施被替换部分的账面价值后的金额确定。

【例 2-34】某行政单位对一项公共基础设施进行日常维修，发生相应的维修支出 46 000 元，款项通过财政授权支付方式支付。该行政单位应编制如下会计分录。

财务会计账务处理如下。

借：业务活动费用   46 000

  贷：零余额账户用款额度   46 000

预算会计账务处理如下。

借：行政支出   46 000

  贷：资金结存   46 000

（三）公共基础设施折旧或摊销

行政事业单位应当对公共基础设施计提折旧，但行政事业单位持续进行良好的维护使得其性能得到永久维持的公共基础设施和确认为公共基础设施的单独计价入账的土地使用权除外。对于确认为公共基础设施的单独计价入账的土地使用权，应当按照无形资产摊销的相关规定进行摊销。

行政事业单位一般应当采用年限平均法或者工作量法计提公共基础设施折旧。计提公共基础设施折旧时不考虑预计净残值。公共基础设施的折旧年限与折旧方法一经确定，不得随意变更。公共基础设施应当按月计提折旧，并计入当期费用。当月增加的公共基础设施，当月开始计提折旧；当月减少的公共基础设施，当月不再计提折旧。

公共基础设施应计提的折旧总额为其成本。公共基础设施提足折旧后，无论能否继续使用，均不再计提折旧；已提足折旧的公共基础设施，可以继续使用的，应当继续使用，并规范实物管理。提前报废的公共基础设施不再补提折旧。

行政事业单位合理确定公共基础设施的折旧年限时，应当考虑下列因素：（1）设计使用年限或设计基准期；（2）预计实现服务潜力或提供经济利益的期限；（3）预计有形损耗和无形损耗；（4）法律或者类似规定对资产使用的限制。对于行政事业单位接受无偿调入、捐赠的公共基础设施，应当考虑该项资产的新旧程度，按照其尚可使用的年限计提折旧。

为核算公共基础设施折旧或摊销业务，行政事业单位应设置"公共基础设施累计折旧（摊销）"科目。该科目应当按照所对应公共基础设施的明细分类进行明细核算。该科目期末贷方余额，反映单位提取的公共基础设施折旧和摊销的累计数。

按月提取公共基础设施折旧时，财务会计应当按照应计提的折旧额，借记"业务活动费用"等科目，贷记"公共基础设施累计折旧（摊销）"科目。预算会计不进行账务处理。

公共基础设施报经批准处置时，财务会计应当按照所处置公共基础设施的账面价值，借记"资产处置费用""无偿调拨净资产""待处理财产损溢"等科目；按已提取的折旧，借记"公共基础设施累计折旧（摊销）"科目；按公共基础设施账面余额，贷记"公共基础设施"科目。预算会计不进行账务处理。

处于改建、扩建等建造活动期间的公共基础设施，应当暂停计提折旧。因改建、扩建等原因而延长公共基础设施使用年限的，应当按照重新确定的公共基础设施的成本和折旧年限计算折旧额，不需调整原已计提的折旧额。对暂估入账的公共基础设施计提折旧，实际成本确定后不需调整原已计提的折旧额。

【**例 2-35**】某行政单位对一项公共基础设施计提折旧 125 000 元。该行政单位应编制如下会计分录。

财务会计账务处理如下。

借：业务活动费用　　　　　　　　　　　　　125 000
　　贷：公共基础设施累计折旧（摊销）　　　　　　125 000

预算会计不需要进行账务处理。

（四）公共基础设施的处置

1. 对外捐赠

报经批准对外捐赠公共基础设施，财务会计应当按照公共基础设施已计提的折旧或摊销额，借记"公共基础设施累计折旧（摊销）"科目；按照被处置公共基础设施账面余额，贷记"公共基础设施"科目；按照捐赠过程中发生的归属于捐出方的相关费用，贷记"银行存款"等科目；按照其差额，借记"资产处置费用"科目。预算会计应当按照支付的归属于捐出方的费用，借记"其他支出"科目，贷记"资金结存"等会计科目。

2. 无偿调出

报经批准无偿调出公共基础设施，财务会计应当按照公共基础设施已计提的折旧或摊销额，借记"公共基础设施累计折旧（摊销）"科目；按照被处置公共基础设施账面余额，贷记"公共基础设施"科目；按照其差额，借记"无偿调拨净资产"科目；同时，按照无偿调出过程中发生的归属于调出方的相关费用，借记"资产处置费用"科目，贷记"银行存款"等科目。预算会计应当按照支付的归属于调出方的费用，借记"其他支出"科目，贷记"资金结存"等会计科目。

【例2-36】某城市建设管理局根据市政府统一规划，经批准将某广场移交市体育局，该广场的原值是8 000 000元，已提折旧为3 000 000元。经批准移交公共基础设施时，其应编制如下会计分录。

财务会计账务处理如下。

借：无偿调拨净资产   5 000 000

      公共基础设施累计折旧（摊销）   3 000 000

    贷：公共基础设施   8 000 000

预算会计不需要进行账务处理。

（五）公共基础设施的盘盈、盘亏或毁损、报废

行政事业单位应当定期对公共基础设施进行清查盘点。对于发生的公共基础设施盘盈、盘亏、毁损或报废，应当先记入"待处理财产损溢"科目，按照规定报经批准后及时进行后续账务处理。

盘盈的公共基础设施，其成本按照有关凭据注明的金额确定；没有相关凭据，但按照规定经过资产评估的，其成本按照评估价值确定；没有相关凭据，也未经过评估的，其成本按照重置成本确定。盘盈的公共基础设施成本无法可

靠取得的，单位应当设置备查簿进行登记，待成本确定后按照规定及时入账。盘盈的公共基础设施，财务会计应当按照确定的入账成本，借记"公共基础设施"科目，贷记"待处理财产损溢"科目。预算会计不需要进行账务处理。

盘亏、毁损或报废的公共基础设施，按照待处置公共基础设施的账面价值，借记"待处理财产损溢"科目，财务会计应当按照已计提折旧或摊销额，借记"公共基础设施累计折旧（摊销）"科目；按照公共基础设施的账面余额，贷记"公共基础设施"科目。预算会计不需要进行账务处理。

按照规定，公共基础设施报废或遭受重大毁损的，行政事业单位应当在报经批准后将公共基础设施账面价值予以转销，并将报废、毁损过程中取得的残值变价收入扣除相关费用后的差额按规定做应缴款项处理（差额为净收益时）或计入当期费用（差额为净损失时）。

2.9.2　政府储备物资

一、政府储备物资的概述

政府储备物资是指行政事业单位为满足实施国家安全与发展战略、进行抗灾救灾、应对公共突发事件等特定公共需求而控制的，同时具有下列特征的有形资产：（1）在应对可能发生的特定事件或情形时动用；（2）其购入、存储保管、更新（轮换）、动用等由政府及相关部门发布的专门管理制度规范。

政府储备物资包括战略及能源物资、抢险抗灾救灾物资、农产品、医药物资和其他重要商品物资，对于保障国家安全、服务国计民生具有重要意义。其主要目的是进行"储备"以用于应对可能发生的特定事件或情况，从而与日常活动中为自身耗用或出售而储存的物品具有本质的区别。

对政府储备物资负有行政管理职责的行政事业单位 [即提出或拟订收储计划、更新（轮换）计划、动用方案等的主体] 为政府储备物资的确认主体。对政府储备物资不负有行政管理职责但接受委托负责执行其存储保管等工作的行政事业单位，应当将受托代储的政府储备物资作为受托代理资产核算。

二、政府储备物资的确认

当政府储备物资同时满足下列条件时，应当予以确认：（1）与该政府储备物资相关的服务潜力很可能实现或者经济利益很可能流入行政事业单位；（2）该政府储备物资的成本或者价值能够可靠计量。

三、政府储备物资的核算

行政事业单位设置"政府储备物资"科目，核算单位控制的政府储备物资的成本。该科目应当按照政府储备物资的种类、存放地点等进行明细核算。单位根据需要，可在该科目下设置"在库""发出"等明细科目进行明细核算。该科目的期末借方余额反映政府储备物资的成本。

（一）政府储备物资的取得

1．外购

行政事业单位购入的政府储备物资，其成本包括购买价款和行政事业单位承担的相关税费、运输费、装卸费、保险费、检测费以及使政府储备物资达到目前场所和状态所发生的归属于政府储备物资成本的其他支出。购入的政府储备物资验收入库时，财务会计应当借记"政府储备物资"科目，贷记"财政拨款收入""零余额账户用款额度""银行存款"等科目。预算会计应当借记"事业支出""行政支出"科目，贷记"财政拨款预算收入""资金结存"科目。

2．委托加工

涉及委托加工政府储备物资业务的，相关账务处理参照"加工物品"科目。

委托加工的政府储备物资，其成本包括委托加工前物料成本、委托加工的成本（如委托加工费以及按规定应计入委托加工政府储备物资成本的相关税费等）以及单位承担的使政府储备物资达到目前场所和状态所发生的归属于政府储备物资成本的其他支出。

3．接受捐赠

接受捐赠的政府储备物资验收入库，财务会计应当按照确定的成本，借记"政府储备物资"科目；按照单位承担的相关税费、运输费等，贷记"零余额账户用款额度""银行存款"等科目；按照其差额，贷记"捐赠收入"科目。预算会计应当按照捐入方承担的相关税费，借记"其他支出"科目，贷记"财政拨款预算收入""资金结存"科目。

接受捐赠的政府储备物资，其成本按照有关凭据注明的金额加上单位承担的相关税费、运输费等确定；没有相关凭据可供取得，但按规定经过资产评估的，其成本按照评估价值加上单位承担的相关税费、运输费等确定；没有相关凭据可供取得，也未经资产评估的，其成本比照同类或类似资产的市场价格加上单位承担的相关税费、运输费等确定。

4．无偿调入

接受无偿调入的政府储备物资验收入库，财务会计应当按照确定的成本，借记"政府储备物资"科目；按照单位承担的相关税费、运输费等，贷记"零余额账户用款额度""银行存款"等科目；按照其差额，贷记"无偿调拨净资产"科目。预算会计应当按照调入方承担的相关税费，借记"其他支出"科目，贷记"财政拨款预算收入""资金结存"科目。

接受无偿调入的政府储备物资，其成本按照调出方账面价值加上归属于单位的相关税费、运输费等确定。

下列各项不计入政府储备物资成本：（1）仓储费用；（2）日常维护费用；（3）不能归属于使政府储备物资达到目前场所和状态所发生的其他支出。

【例 2-37】某行政单位购入一批政府储备物资，购买价款为 600 000 元，由单位承担的运输费和保险费等相关费用合计为 5 000 元，相应款项均通过财政直接支付方式支付。该批政府储备物资确定的成本为 605 000 元（600 000+5 000）。该行政单位应编制如下会计分录。

财务会计账务处理如下。

借：政府储备物资　　　　　　　　　　　　　　　605 000

　　贷：财政拨款收入　　　　　　　　　　　　　　　605 000

预算会计账务处理如下。

借：行政支出　　　　　　　　　　　　　　　　　605 000

　　贷：财政拨款预算收入　　　　　　　　　　　　　605 000

（二）政府储备物资的发出

行政事业单位应当根据实际情况采用先进先出法、加权平均法或者个别计价法确定政府储备物资发出的成本。计价方法一经确定，不得随意变更。对于不能替代使用的政府储备物资、为特定项目专门购入或加工的政府储备物资，单位通常应采用个别计价法确定发出物资的成本。

行政事业单位采取销售采购方式对政府储备物资进行更新（轮换）的，应当将物资轮出视为物资销售，将物资轮入视为物资采购，并按相应规定进行账务处理。

1．发出无需收回的政府储备物资

因动用而发出无需收回的政府储备物资的，行政事业单位应当在发出物资时将其账面余额予以转销，财务会计应当借记"业务活动费用"科目，贷记"政府储备物资"科目。预算会计不需要进行账务处理。

2．发出需要收回或者预期可能收回的政府储备物资

因动用而发出需要收回或者预期可能收回的政府储备物资的，在发出物资时，财务会计应当按照发出物资的账面余额，借记"政府储备物资"科目（发出），贷记"政府储备物资"科目（在库）；按照规定的质量验收标准收回物资时，按照收回物资的原账面余额，借记"政府储备物资"科目（在库）；按照未收回物资的原账面余额，借记"业务活动费用"科目；按照物资发出时登记在"政府储备物资"科目所属"发出"明细科目中的余额，贷记"政府储备物资"科目（发出）。预算会计不需要进行账务处理。

3．无偿调出政府储备物资

因行政管理主体变动等原因而将政府储备物资调拨给其他主体的，政府会计主体应当在发出物资时将其账面余额予以转销，财务会计应当借记"无偿调拨净资产"科目，贷记"政府储备物资"科目。预算会计不需要进行账务处理。

4．对外销售政府储备物资

行政事业单位对外销售政府储备物资的，财务会计应当按照发出物资的账面余额，借记"业务活动费用"科目，贷记"政府储备物资"科目；实现销售收入时，按照确认的收入金额，借记"银行存款""应收账款"等科目，贷记"事业收入"等科目。支付相关税费时，借记"业务活动费用"科目，贷记"银行存款"等科目。预算会计应当按照实际收到的销售价款，借记"资金结存"科目，贷记"事业预算收入"等科目；支付相关税费时借记"行政支出""事业支出"科目，贷记"资金结存"科目

对外销售政府储备物资并按照规定将销售净收入上缴财政的，发出物资时，财务会计应当按照发出物资的账面余额，借记"资产处置费用"科目，贷记"政府储备物资"科目；取得销售价款时，按照实际收到的款项金额，借记"银行存款"等科目；按照发生的相关税费，贷记"银行存款"等科目；按照销售价款大于所承担的相关税费后的差额，贷记"应缴财政款"科目。预算会计不需要进行账务处理。

【例2-38】某行政单位发生政府储备物资业务如下：通过零余额账户购入一批抗震救灾政府储备物资，购买价款为500 000元，相关税费为85 000元，装卸费及保险费为15 000元，购入的政府储备物资验收入库。其应编制如下会计分录。

财务会计账务处理如下。

借：政府储备物资　　　　　　　　　　　　　　　　　600 000

　　贷：零余额账户用款额度　　　　　　　　　　　　　　　　600 000

预算会计账务处理如下。

借：行政支出　　　　　　　　　　　　　　　　　　　600 000

　　贷：资金结存　　　　　　　　　　　　　　　　　　　　600 000

经批准向灾区无偿调出政府储备物资，该批物资的实际成本为 250 000 元。其应编制如下会计分录。

财务会计账务处理如下。

借：业务活动费用　　　　　　　　　　　　　　　　　250 000

　　贷：政府储备物资　　　　　　　　　　　　　　　　　　250 000

预算会计不需要进行账务处理。

（三）政府储备物资的盘盈、盘亏或毁损、报废

行政事业单位应当定期对政府储备物资进行清查盘点,每年至少盘点一次。对于发生的政府储备物资盘盈、盘亏或者报废、毁损，应当先记入"待处理财产损溢"科目，按照规定报经批准后及时进行后续账务处理。

盘盈的政府储备物资，财务会计应当按照确定的入账成本，借记"政府储备物资"科目，贷记"待处理财产损溢"科目。盘亏或者毁损、报废的政府储备物资，按照待处理政府储备物资的账面余额，借记"待处理财产损溢"科目，贷记"政府储备物资"科目。预算会计不需要进行账务处理。

盘盈的政府储备物资，其成本按照有关凭据注明的金额确定；没有相关凭据，但按规定经过资产评估的，其成本按照评估价值确定；没有相关凭据，也未经资产评估的，其成本按照重置成本确定。

按照规定，政府储备物资报废、毁损的，单位应当按规定报经批准后将报废、毁损的政府储备物资的账面余额予以转销，确认应收项（确定追究相关赔偿责任的）或计入当期费用（因储存年限到期报废或非人为因素致使报废、毁损的）；同时，将报废、毁损过程中取得的残值变价收入扣除单位承担的相关费用后的差额按规定作应缴款项处理（差额为净收益时）或计入当期费用（差额为净损失时）。政府储备物资盘亏的，单位应当按规定报经批准后将盘亏的政府储备物资的账面余额予以转销，确定追究相关赔偿责任的，确认应收款项；属于正常耗费或不可抗力因素造成的，计入当期费用。

2.9.3 文物文化资产

一、文物文化资产的概述

文物文化资产是指用于展览、教育或研究等目的的历史文物、艺术品以及其他具有文化或者历史价值并做长期或者永久保存的典藏等。行政事业单位为满足自身开展业务活动或其他活动需要而控制的文物和陈列品，属于单位的固定资产，不属于文物文化资产。

二、文物文化资产的核算

单位应设置"文物文化资产"科目、文物文化资产登记簿和文物文化资产卡片，核算单位为满足社会公共需求而控制的文物文化资产的成本。该科目应当按照文物文化资产的类别、项目等进行明细核算。该科目的期末借方余额反映文物文化资产的成本。

（一）外购的文物文化资产

外购的文物文化资产的成本包括购买价款、相关税费以及可归属于该项资产达到预定用途前所发生的其他支出（如运输费、安装费、装卸费等）。按照外购的文物文化资产确定的成本，财务会计应当借记"文物文化资产"科目，贷记"财政拨款收入""零余额账户用款额度""银行存款"等科目。预算会计应当借记"行政支出""事业支出"科目，贷记"财政拨款预算收入""资金结存"科目。

（二）接受其他单位无偿调入的文物文化资产

接受其他单位无偿调入的文物文化资产的成本按照该项资产在调出方的账面价值加上归属于调入方的相关费用确定。调入的文物文化资产，按照确定的成本，财务会计应当借记"文物文化资产"科目；按照发生的归属于调入方的相关费用，贷记"零余额账户用款额度""银行存款"等科目；按照其差额，贷记"无偿调拨净资产"科目。

无偿调入的文物文化资产的成本无法可靠取得的，财务会计应当按照发生的归属于调入方的相关费用，借记"其他费用"科目，贷记"零余额账户用款额度""银行存款"等科目。

预算会计应当按照归属于调入方的相关费用，借记"其他支出"科目，贷记"财政拨款预算收入""资金结存"科目。

（三）接受捐赠的文物文化资产

接受捐赠的文物文化资产，财务会计应当按照确定的成本，借记"文物文化资产"科目；按照发生的相关税费、运输费等金额，贷记"零余额账户用款额度""银行存款"等科目；按照其差额，贷记"捐赠收入"科目。

接受捐赠的文物文化资产，其成本按照有关凭据注明的金额加上相关费用确定；没有相关凭据可供取得，但按照规定经过资产评估的，其成本按照评估价值加上相关费用确定；没有相关凭据可供取得，也未经评估的，其成本比照同类或类似资产的市场价格加上相关费用确定。成本无法可靠取得的文物文化资产，财务会计应当按照发生的相关税费、运输费等金额，借记"其他费用"科目，贷记"零余额账户用款额度""银行存款"等科目。

预算会计应当按照支付的归属于捐入方的相关费用，借记"其他支出"科目，贷记"资金结存"等科目。

（四）成本无法可靠取得的文物文化资产

对于成本无法可靠取得的文物文化资产，单位应当设置备查簿进行登记，待成本能够可靠确定后按照规定及时入账。

【例 2-39】某事业单位接受捐赠一项文物文化资产，经过资产评估，评估价值为 78 800 元。接受捐赠过程中发生相关费用 500 元，款项通过单位零余额账户用款额度支付。该事业单位应编制如下会计分录。

财务会计账务处理如下。

借：文物文化资产　　　　　　　　　　　　　　　　　79 300

　　贷：捐赠收入　　　　　　　　　　　　　　　　　　78 800

　　　　零余额账户用款额度　　　　　　　　　　　　　　500

预算会计账务处理如下。

借：事业支出　　　　　　　　　　　　　　　　　　　500

　　贷：资金结存　　　　　　　　　　　　　　　　　　500

三、文物文化资产的后续支出

与文物文化资产有关的后续支出，参照公共基础设施的后续支出的相关规定进行处理。

四、文物文化资产的处置

按照规定报经批准处置文物文化资产，应当分以下情况进行处理。

（一）对外捐赠

报经批准对外捐赠文物文化资产，按照被处置文物文化资产账面余额和捐赠过程中发生的归属于捐出方的相关费用合计数，财务会计应当借记"资产处置费用"科目；按照被处置文物文化资产账面余额，贷记"文物文化资产"科目；按照捐赠过程中发生的归属于捐出方的相关费用，贷记"银行存款"等科目。预算会计应当按照支付的归属于捐出方的相关费用，借记"其他支出"科目，贷记"资金结存"科目。

（二）无偿调出

报经批准无偿调出文物文化资产，财务会计应当按照被处置文物文化资产账面余额，借记"无偿调拨净资产"科目，贷记"文物文化资产"科目；同时，按照无偿调出过程中发生的归属于调出方的相关费用，借记"资产处置费用"科目，贷记"银行存款"等科目。预算会计应当按照支付归属于调出方的相关费用，借记"其他支出"科目，贷记"资金结存"科目。

五、文物文化资产的盘盈、盘亏或毁损、报废

行政事业单位应当定期对文物文化资产进行清查盘点,每年至少盘点一次。对于发生的文物文化资产盘盈、盘亏、毁损或报废等,参照公共基础设施的盘盈、盘亏或毁损、报废的相关规定进行账务处理。

2.9.4 保障性住房

一、保障性住房的概述

保障性住房是指政府在对中低收入家庭实行分类保障过程中所提供的限定供应对象、建设标准、销售价格或租金标准，具有社会保障性质的住房，一般由廉租住房、经济适用住房和政策性租赁住房构成。

二、保障性住房的核算

行政事业单位设置"保障性住房"科目，核算单位为满足社会公共需求而控制的保障性住房的原值。该科目应当按照保障性住房的类别、项目等进行明细核算。该科目的期末借方余额反映保障性住房的原值。

（一）保障性住房的取得

保障性住房在取得时，应当按其成本入账。

1．外购

外购的保障性住房的成本包括购买价款、相关税费以及可归属于该项资产达到预定用途前所发生的其他支出。外购时，财务会计应当借记"保障性住房"科目，贷记"财政拨款收入""零余额账户用款额度""银行存款"等科目。预算会计应当借记"行政支出""事业支出"科目，贷记"财政拨款预算收入""资金结存"科目。

2．自行建造

自行建造的保障性住房交付使用时，财务会计应当按照在建工程的成本，借记"保障性住房"科目，贷记"在建工程"科目。预算会计不需要进行账务处理。

已交付使用但尚未办理竣工决算手续的保障性住房，按照估计价值入账，待办理竣工决算后再按照实际成本调整原来的暂估价值。

3．无偿调入

接受其他单位无偿调入的保障性住房的成本按照该项资产在调出方的账面价值加上归属于调入方的相关费用确定。

4．接受捐赠、融资租赁

接受捐赠、融资租赁取得的保障性住房，参照"固定资产"科目的相关规定进行处理。

【例2-40】某行政单位自行建造一幢保障性住房，该保障性住房建造完工并交付使用，在建工程成本为965 000元。该行政单位应编制如下会计分录。

财务会计账务处理如下。

借：保障性住房　　　　　　　　　　　　　　　　　　965 000

　　贷：在建工程　　　　　　　　　　　　　　　　　　965 000

预算会计不需要进行账务处理。

（二）保障性住房的后续支出

与保障性住房有关的后续支出，参照"固定资产"科目的相关规定进行处理。

（三）保障性住房的折旧

为核算保障性住房折旧业务，行政事业单位应设置"保障性住房累计折旧"总账科目。该科目的财务会计账务处理应当按照所对应保障性住房的类别进行明细核算。按月计提保障性住房折旧时，按照应计提的折旧额，借记"业务活动费用"科目，贷记"保障性住房累计折旧"科目。"保障性住房累计折旧"
科目的期末贷方余额反映单位计提的保障性住房折旧累计数。预算会计不需要
进行账务处理。

【例2-41】某行政单位对控制的一幢保障性住房计提折旧125 000元。该行
政单位应编制如下会计分录。

财务会计账务处理如下。

借：业务活动费用   125 000

　　贷：保障性住房累计折旧   125 000

预算会计不需要进行账务处理。

（四）保障性住房的出租

按照规定出租保障性住房并将出租收入上缴同级财政，财务会计应当按照
收取的租金金额，借记"银行存款"等科目，贷记"应缴财政款"科目。预算
会计不需要进行账务处理。

【例2-42】某行政单位出租一幢保障性住房，收到租金38 000元，款项已存
入开户银行。按规定该租金应当上缴同级财政。该行政单位应编制如下会计分录。

财务会计账务处理如下。

借：银行存款   38 000

　　贷：应缴财政款   38 000

预算会计不需要进行账务处理。

（五）保障性住房的处置

1. 无偿调出

报经批准无偿调出保障性住房，财务会计应当按照保障性住房已计提的折
旧，借记"保障性住房累计折旧"科目，按照被处置保障性住房账面余额，贷
记"保障性住房"科目；按照其差额，借记"无偿调拨净资产"科目。预算会
计不需要进行账务处理。同时，财务会计应当按照无偿调出过程中发生的归属
于调出方的相关费用，借记"资产处置费用"科目，贷记"银行存款"等科目。
预算会计应当借记"其他支出"科目，贷记"资金结存"科目。

2. 出售

报经批准出售保障性住房，财务会计应当按照被出售保障性住房的账面价
值，借记"资产处置费用"科目；按照保障性住房已计提的折旧，借记"保障
性住房累计折旧"科目；按照保障性住房账面余额，贷记"保障性住房"科目；

同时，按照收到的价款，借记"银行存款"等科目；按照出售过程中发生的相关费用，贷记"银行存款"等科目；按照其差额，贷记"应缴财政款"科目。预算会计不需要进行账务处理。

【例 2-43】某行政单位报经批准无偿调出一幢保障性住房，该幢保障性住房的账面余额为 985 000 元，已计提折旧 65 000 元，账面价值为 920 000 元（985 000-65 000）。该行政单位应编制如下会计分录。

财务会计账务处理如下。

借：保障性住房累计折旧　　　　　　　　　　　　　65 000

　　无偿调拨净资产　　　　　　　　　　　　　　　920 000

　　贷：保障性住房　　　　　　　　　　　　　　　　　　　985 000

预算会计不需要进行账务处理。

（六）保障性住房的盘盈、盘亏或毁损、报废

行政事业单位应当定期对保障性住房进行清查盘点。对于发生的保障性住房盘盈、盘亏、毁损或报废等，参照"固定资产"科目的相关规定进行账务处理。

2.9.5　受托代理资产

受托代理资产是指行政事业单位接受委托方委托管理的各项资产，包括受托指定转赠的物资、受托存储保管的物资和单位管理的罚没物资。

行政事业单位应设置"受托代理资产"科目，按照资产的种类和委托人进行明细核算；单位管理的罚没物资应当通过该科目核算。属于转赠资产的，还应当按照受赠人进行明细核算。该科目的期末借方余额反映单位受托代理实物资产的成本。单位收到的受托代理资产为现金和银行存款的，不通过该科目核算，应当通过"库存现金""银行存款"科目进行核算。

一、受托转赠物资

行政事业单位接受委托人委托需要转赠给受赠人的物资，其成本应当按照有关凭据注明的金额确定。接受委托转赠的物资验收入库，财务会计应按照确定的成本，借记"受托代理资产"科目，贷记"受托代理负债"科目。预算会计不需要进行账务处理。受托协议约定由受托方承担相关税费、运输费等的，财务会计还应当按照实际支付的相关税费、运输费等金额，借记"其他费用"科目，贷记"银行存款"等科目。预算会计应当借记"其他支出"科目，贷记"财

政拨款预算收入""资金结存"科目。

行政事业单位将受托转赠物资交付受赠人时，财务会计应当按照转赠物资的成本，借记"受托代理负债"科目，贷记"受托代理资产"科目。预算会计不需要进行账务处理。

转赠物资的委托人取消了对捐赠物资的转赠要求，且不再收回捐赠物资的，应当将转赠物资转为单位的存货、固定资产等。财务会计应当按照转赠物资的成本，借记"受托代理负债"科目，贷记"受托代理资产"科目；同时，借记"库存物品""固定资产"等科目，贷记"其他收入"科目。预算会计不需要进行账务处理。

【例2-44】某行政单位接受一批委托转赠物资，按照有关凭据注明的金额，该批物资的成本为36 600元。数日后，该行政单位按照委托人的要求，将该批物资转赠给了相关的受赠人。该行政单位应编制如下会计分录。

（1）收到受托转赠物资时。

财务会计账务处理如下。

借：受托代理资产　　　　　　　　　　　　　　　　　　36 600

　　贷：受托代理负债　　　　　　　　　　　　　　　　　36 600

预算会计不需要进行账务处理。

（2）受托转赠物资交付受赠人时。

财务会计账务处理如下。

借：受托代理负债　　　　　　　　　　　　　　　　　　36 600

　　贷：受托代理资产　　　　　　　　　　　　　　　　　36 600

预算会计账务不需要进行账务处理。

二、受托存储保管物资

行政事业单位接受委托人委托存储保管的物资，其成本按照有关凭据注明的金额确定。接受委托储存的物资验收入库，财务会计应当按照确定的成本，借记"受托代理资产"科目，贷记"受托代理负债"科目。预算会计不需要进行账务处理。

行政事业单位发生由受托单位承担的与受托存储保管的物资相关的运输费、保管费等费用时，财务会计应当按照实际发生的费用金额，借记"其他费用"等科目，贷记"银行存款"等科目。预算会计应当借记"其他支出"科目，贷记"财政拨款预算收入""资金结存"科目。

行政事业单位根据委托人要求交付或发出受托存储保管的物资时，财务会计应当按照发出物资的成本，借记"受托代理负债"科目，贷记"受托代理资产"科目。预算会计不需要进行账务处理。

【例2-45】某事业单位接受委托人委托存储保管一批物资，有关凭据注明其金额为 95 500 元。数月后，该事业单位根据委托人要求交付一部分受托存储保管的物资，成本金额为 65 000 元。该事业单位应编制如下会计分录。

（1）收到受托存储保管物资时。

财务会计账务处理如下。

借：受托代理资产　　　　　　　　　　　　　　　　　95 500
　　贷：受托代理负债　　　　　　　　　　　　　　　　　95 500

预算会计不需要进行账务处理。

（2）交付一部分受托存储保管物资时。

财务会计账务处理如下。

借：受托代理负债　　　　　　　　　　　　　　　　　65 000
　　贷：受托代理资产　　　　　　　　　　　　　　　　　65 000

预算会计不需要进行账务处理。

三、罚没物资

行政事业单位取得罚没物资时，其成本按照有关凭据注明的金额确定。罚没物资验收（入库），财务会计应当按照确定的成本，借记"受托代理资产"科目，贷记"受托代理负债"科目。罚没物资成本无法可靠确定的，单位应当设置备查簿进行登记。预算会计不需要进行账务处理。

行政事业单位按照规定处置或移交罚没物资时，财务会计按照罚没物资的成本，借记"受托代理负债"科目，贷记"受托代理资产"科目。处置时取得款项的，按照实际取得的款项金额，借记"银行存款"等科目，贷记"应缴财政款"等科目。预算会计不需要进行账务处理。

行政事业单位受托代理的其他实物资产，参照"受托代理资产"科目有关受托转赠物资、受托存储保管物资的规定进行账务处理。

第 3 章
负债类会计核算

3.1 负债概述

负债是指行政事业单位过去的经济业务或者事项形成的、预期会导致经济资源流出行政事业单位的现时义务。所谓现时义务,是指行政事业单位在现行条件下已承担的义务。未来发生的经济业务或者事项形成的义务不属于现时义务,不应当确认为负债。符合负债定义的义务,在同时满足履行该义务很可能导致含有服务潜力或者经济利益的经济资源流出行政事业单位、该义务的金额能够可靠地计量时确认为负债,应当按照承担的相关合同金额或实际发生额进行计量。政府会计认定的负债一般具有以下特征。

一是应当由过去的经济业务所形成的、需由现时承担的义务。现时义务是指政府会计主体在现行条件下已承担的义务,多以契约、合同、协议或者法律约束为前提,如借款、应付账款、应交税费等。现时义务也包括政府因承担担保责任而产生的预计负债;但未来发生的经济业务或者事项形成的义务不属于现时义务,不应当确认为当期负债。

二是各项负债都应有确定的金额,能够以货币计量;如果不能以货币计量,就不符合负债的特征。

三是负债是需要偿还的,因而有确切的债权人和偿付期,需以资产或者劳务偿还。偿还负债会导致经济利益流出,如借入款项、应付款项、暂存款项、应交款项等。如果属于非偿还资金,那就不是负债。负债与收入之间的划分界限就在于是不是债务及其是否需要偿还。凡是"需要偿还的"才构成单位的一项负债。

符合负债定义和负债确认条件的项目,应当列入资产负债表。行政事业单位的负债按照流动性划分,分为流动负债和非流动负债。与之对应的会计科目名称、特指用途、划分类别汇总如表 3-1 所示。

表 3-1　　　　　　　　　　　负债类会计科目分类

编号	负债项目与会计科目名称	特指用途	负债分类
2001	短期借款	事业单位	流动负债
2101	应交增值税		
2102	其他应交税费		
2103	应缴财政款		
2201	应付职工薪酬		
2301	应付票据	事业单位	
2302	应付账款		
2303	应付政府补贴款	行政单位	
2304	应付利息	事业单位	
2305	预收账款	事业单位	
2307	其他应付款		
2401	预提费用		
2501	长期借款	事业单位	非流动负债
2502	长期应付款		
2601	预计负债		
2901	受托代理负债		

3.2　流动负债

流动负债是指预计在 1 年内（含 1 年）偿还的负债，包括短期借款、应付及预收款项、应付职工薪酬、应缴款项等。其中短期借款、应付及预收款项中的应付票据、应付利息和预收账款属于事业单位特有的流动负债项目，应付政府补贴款属于行政单位特有的流动负债项目，其他均属于行政单位和事业单位共有的流动负债项目。

3.2.1　短期借款

一、短期借款的概述

借款是事业单位经批准向银行或其他金融机构等借入的各种借款。它是事业单位在组织业务活动中因资金周转不灵而借入的资金。事业单位的借款按照偿还期限可分为短期借款和长期借款。"短期借款"科目核算事业单位经批准向银行或其他金融机构等借入的期限在 1 年内（含 1 年）的各种借款。本科目应当按照债权人和借款种类进行明细核算。

二、短期借款的核算

（1）借入各种短期借款时，财务会计应当按照实际借入的金额，借记"银行存款"科目，贷记本科目。预算会计应当借记"资金结存——货币资金"科目，贷记"债务预算收入"科目。

（2）银行承兑汇票到期，本单位无力支付票款的，财务会计应当按照应付票据的账面余额，借记"应付票据"科目，贷记本科目。预算会计应当借记"经营支出"等科目，贷记"债务预算收入"科目。

（3）归还短期借款时，财务会计应当借记本科目，贷记"银行存款"科目。预算会计应当借记"债务还本支出"，贷记"资金结存——货币资金"科目。

本科目期末贷方余额，反映事业单位尚未偿还的短期借款本金。

【例 3-1】某事业单位 2×19 年 1 月 2 日因开展专业活动资金周转不灵，向建设银行借款 600 000 元，期限 1 年，借款年利率 5%，到期一次还本付息。该事业单位的账务处理如下。

（1）2×19 年 1 月 2 日借入借款时。

财务会计账务处理如下。

借：银行存款 600 000

　　贷：短期借款——建设银行 600 000

预算会计账务处理如下。

借：资金结存——货币资金 600 000

　　贷：债务预算收入 600 000

（2）按月预提利息费用 2 500 元时。

财务会计账务处理如下。

借：其他费用　　　　　　　　　　　　　　　　　　　2 500

　　贷：应付利息　　　　　　　　　　　　　　　　　　　　2 500

预算会计不需要进行账务处理。

（3）2×20 年 1 月 2 日借款到期，偿还本金及利息时。

财务会计账务处理如下。

借：短期借款——建设银行　　　　　　　　　　　600 000

　　应付利息　　　　　　　　　　　　　　　　　30 000

　　贷：银行存款　　　　　　　　　　　　　　　　　630 000

预算会计账务处理如下。

借：债务还本支出　　　　　　　　　　　　　　　630 000

　　贷：资金结存——货币资金　　　　　　　　　　　630 000

3.2.2　应交增值税

一、应交增值税的概述

应交增值税是指行政事业单位按照税法规定计算应缴纳的增值税。增值税是以商品、应税劳务和应税服务在流转过程中产生的增值额作为计税依据而征收的一种流转税。根据我国增值税法规的相关规定，在我国境内销售货物或者加工、修理修配劳务，销售服务、无形资产、不动产以及进口货物的单位和个人，为增值税的纳税人。根据规定，纳税人销售货物、劳务、服务、无形资产、不动产（可统称为应税销售行为），除了规定的进项税额不得从销项税额中抵扣的情形外，应纳税额为当期销项税额抵扣当期进项税额后的余额。用公式表示如下。

应纳税额 = 当期销项税额 − 当期进项税额

其中，销项税额的计算公式如下。

销项税额 = 销售额 × 税率

纳税人购进货物、劳务、服务、无形资产、不动产支付或者负担的增值税额，为进项税额。规定的进项税额不得从销项税额中抵扣的情形包括用于简易计税方法计税项目、免征增值税项目、集体福利或者个人消费的购进货物、劳务、服务、无形资产和不动产等。根据规定，小规模纳税人发生应税销售行为，实行按照销售额和征收率计算应纳税额的简易办法，并不得抵扣进项税额。小规模纳税人应纳税额的计算公式如下。

应纳税额 = 销售额 × 征收率

小规模纳税人的标准由国务院财政、税务主管部门规定。相对于小规模纳税人，其他增值税纳税人为一般纳税人。

现行的增值税税目、税率及其适用范围的主要内容归纳如表 3-2 所示。

表 3-2　　　　　　　　　　增值税税目、税率一览表

纳税人	税率名称	税率	具体税目（征税范围）
一般纳税人	基本税率	13%	纳税人销售货物、劳务、有形动产租赁服务或者进口货物
	低税率	9%	纳税人销售交通运输、邮政、基础电信、建筑、不动产租赁服务，销售不动产，转让土地使用权，销售或者进口下列货物：①粮食等农产品、食用植物油、食用盐；②自来水、暖气、冷气、热水、煤气、石油液化气、天然气、二甲醚、沼气、居民用煤炭制品；③图书、报纸、杂志、音像制品、电子出版物；④饲料、化肥、农药、农机、农膜；⑤国务院规定的其他货物
		6%	纳税人销售增值电信服务、金融服务、除不动产租赁和有形动产租赁外的现代服务、生活服务、销售除土地使用权以外的无形资产
	零税率	0%	纳税人出口货物（国务院另有规定的除外），境内单位和个人跨境销售国务院规定范围内的服务、无形资产
小规模纳税人	征收率	3%	小规模纳税人发生应税销售行为，实行按照销售额和征收率计算应纳税额的简易办法，且不得抵扣进项税额

二、应交增值税的科目设置

"应交增值税"科目核算单位按照税法规定计算应缴纳的增值税。

（一）增值税一般纳税人

属于增值税一般纳税人的单位，应当在"应交增值税"科目下设置"应交税金""未交税金""预交税金""待抵扣进项税额""待认证进项税额""待转销项税额""简易计税""转让金融商品应交增值税""代扣代交增值税"等明细科目。

（1）"应交税金"明细账内应当设置"进项税额""已交税金""转出未交增值税""减免税款""销项税额""进项税额转出""转出多交增值税"等专栏。

①"进项税额"专栏，记录单位购进货物、加工修理修配劳务、服务、无

形资产或不动产而支付或负担的、准予从当期销项税额中抵扣的增值税额。

②"已交税金"专栏，记录单位当月已缴纳的应交增值税额。

③"转出未交增值税"和"转出多交增值税"专栏，分别记录一般纳税人月度终了转出当月应交未交或多交的增值税额。

④"减免税款"专栏，记录单位按照现行增值税制度规定准予减免的增值税额。

⑤"销项税额"专栏，记录单位销售货物、加工修理修配劳务、服务、无形资产或不动产应收取的增值税额。

⑥"进项税额转出"专栏，记录单位购进货物、加工修理修配劳务、服务、无形资产或不动产等发生非正常损失以及其他原因而不应从销项税额中抵扣、按照规定转出的进项税额。

（2）"未交税金"明细科目，核算单位月度终了从"应交税金"或"预交税金"明细科目转入当月应交未交、多交或预缴的增值税额，以及当月缴纳以前期间未交的增值税额。

（3）"预交税金"明细科目，核算单位转让不动产、提供不动产经营租赁服务等，以及其他按照现行增值税制度规定应预缴的增值税额。

（4）"待抵扣进项税额"明细科目，核算单位已取得增值税扣税凭证并经税务机关认证，按照现行增值税制度规定准予以后期间从销项税额中抵扣的进项税额。

（5）"待认证进项税额"明细科目，核算单位由于未经税务机关认证而不得从当期销项税额中抵扣的进项税额。包括：一般纳税人已取得增值税扣税凭证并按规定准予从销项税额中抵扣，但尚未经税务机关认证的进项税额；一般纳税人已申请稽核但尚未取得稽核相符结果的海关缴款书进项税额。

（6）"待转销项税额"明细科目，核算单位销售货物、加工修理修配劳务、服务、无形资产或不动产，已确认相关收入（或利得）但尚未发生增值税纳税义务而需于以后期间确认为销项税额的增值税额。

（7）"简易计税"明细科目，核算单位采用简易计税方法发生的增值税计提、扣减、预缴、缴纳等业务。

（8）"转让金融商品应交增值税"明细科目，核算单位转让金融商品发生的增值税额。

（9）"代扣代交增值税"明细科目，核算单位购进在境内未设经营机构的境外单位或个人在境内的应税行为代扣代缴的增值税。

（二）增值税小规模纳税人

属于增值税小规模纳税人的单位只需在"应交增值税"科目下设置"转让金融商品应交增值税""代扣代交增值税"明细科目。

三、应交增值税的核算

（一）单位取得资产或接受劳务等业务

1. 采购等业务进项税额允许抵扣

单位购买用于增值税应税项目的资产或服务等时，财务会计应当按照应计入相关成本费用或资产的金额，借记"业务活动费用""在途物品""库存物品""工程物资""在建工程""固定资产""无形资产"等科目；按照当月已认证的可抵扣增值税额，借记本科目（应交税金——进项税额）；按照当月未认证的可抵扣增值税额，借记本科目（待认证进项税额）；按照应付或实际支付的金额，贷记"应付账款""应付票据""银行存款""零余额账户用款额度"等科目。发生退货的，如原增值税专用发票已做认证，应根据税务机关开具的红字增值税专用发票做相反的会计分录；如原增值税专用发票未做认证，应将发票退回并做相反的会计分录。

小规模纳税人购买资产或服务等时不能抵扣增值税，发生的增值税计入资产成本或相关成本费用。

预算会计应当按照实际支付的金额，借记"事业支出""经营支出"等科目，贷记"资金结存"科目。

2. 采购等业务进项税额不得抵扣

单位购进资产或服务等，用于简易计税方法计税项目、免征增值税项目、集体福利或个人消费等，其进项税额按照现行增值税制度规定不得从销项税额中抵扣的，取得增值税专用发票时，财务会计应按照增值税发票注明的金额，借记相关成本费用或资产科目；按照待认证的增值税进项税额，借记本科目（待认证进项税额）；按照实际支付或应付的金额，贷记"银行存款""应付账款""零余额账户用款额度"等科目。经税务机关认证为不可抵扣进项税时，借记本科目（应交税金——进项税额）科目，贷记本科目（待认证进项税额）；同时，将进项税额转出，借记相关成本费用科目，贷记本科目（应交税金——进项税额转出）。预算会计不需要进行账务处理。

3. 购进不动产或不动产在建工程按照规定进项税额抵扣

单位取得应税项目为不动产或者不动产在建工程，其进项税额按照现行增值税制度规定自取得之日一次性全额抵扣，财务会计应当按照取得成本，借记"固定资产""在建工程"等科目；按照抵扣的增值税额，借记本科目（应交税金——进项税额）；按照应付或实际支付的金额，贷记"应付账款""应付票据""银行存款""零余额账户用款额度"等科目。预算会计应当按照实际支付的金额，借记"事业支出""经营支出"等科目，贷记"资金结存"科目。

4. 进项税额抵扣情况发生改变

单位因发生非正常损失或改变用途等，原已计入进项税额、待抵扣进项税额或待认证进项税额，但按照现行增值税制度规定不得从销项税额中抵扣的，财务会计应当借记"待处理财产损溢""固定资产""无形资产"等科目，贷记本科目（应交税金——进项税额转出）、本科目（待抵扣进项税额）或本科目（待认证进项税额）；原不得抵扣且未抵扣进项税额的固定资产、无形资产等，因改变用途等用于允许抵扣进项税额的应税项目的，应按照允许抵扣的进项税额，借记本科目（应交税金——进项税额），贷记"固定资产""无形资产"等科目。固定资产、无形资产等经上述调整后，应按照调整后的账面价值在剩余尚可使用年限内计提折旧或摊销。

预算会计不需要进行账务处理。

5. 购买方作为扣缴义务人

按照现行增值税制度规定，境外单位或个人在境内发生应税行为，在境内未设有经营机构的，以购买方为增值税扣缴义务人。境内一般纳税人购进服务或资产时，财务会计应当按照应计入相关成本费用或资产的金额，借记"业务活动费用""在途物品""库存物品""工程物资""在建工程""固定资产""无形资产"等科目；按照可抵扣的增值税额，借记本科目（应交税金——进项税额）（小规模纳税人应借记相关成本费用或资产科目）；按照应付或实际支付的金额，贷记"银行存款""应付账款"等科目；按照应代扣代缴的增值税额，贷记本科目（代扣代交增值税）。实际缴纳代扣代缴增值税时，按照代扣代缴的增值税额，借记本科目（代扣代交增值税），贷记"银行存款""零余额账户用款额度"等科目。预算会计应当按照实际支付的金额，借记"事业支出""经营支出"等科目，贷记"资金结存"科目。

【例 3-2】某事业单位为增值税一般纳税人，依法履职或开展专业活动购买甲材料，取得的增值税专用发票注明的材料价款为 200 000 元，增值税税额为 26 000 元，材料款项实行财政授权支付。该事业单位的账务处理如下。

财务会计账务处理如下。

借：库存物品 200 000

应交增值税——应交税金（进项税额） 26 000

贷：零余额账户用款额度 226 000

预算会计账务处理如下。

借：事业支出 226 000

贷：资金结存 226 000

【例3-3】某事业单位为增值税一般纳税人，其非独立核算部门为生产产品购进乙材料，取得的增值税专用发票注明的材料价款为100 000元，增值税税额为13 000元，款项以银行存款支付，材料已验收入库。该事业单位的账务处理如下。

财务会计账务处理如下。

借：库存物品 100 000

应交增值税——应交税金（进项税额） 13 000

贷：银行存款 113 000

预算会计账务处理如下。

借：经营支出 113 000

贷：资金结存 113 000

本例中的事业单位如果是小规模纳税人，其账务处理如下。

财务会计账务处理如下。

借：库存物品 113 000

贷：银行存款 113 000

预算会计账务处理如下。

借：经营支出 113 000

贷：资金结存 113 000

【例3-4】上例中的事业单位为生产产品购进的乙材料因火灾全部报废，将乙材料转入待处理财产损溢时，该事业单位的账务处理如下。

财务会计账务处理如下。

借：待处理财产损溢 113 000

贷：库存物品 100 000

应交增值税——应交税金（进项税额转出） 13 000

预算会计不需要进行账务处理。

（二）单位销售货物或提供服务等业务

1. 销售货物或提供服务业务

单位销售货物或提供服务，财务会计应当按照应收或已收的金额，借记"应收账款""应收票据""银行存款"等科目；按照确认的收入金额，贷记"经营收入""事业收入"等科目；按照现行增值税制度规定计算的销项税额（或采用简易计税方法计算的应纳增值税税额），贷记本科目（应交税金——销项税额）或本科目（简易计税）（小规模纳税人应贷记本科目）。发生销售退回的，应根据按照规定开具的红字增值税专用发票做相反的会计分录。预算会计应当按照实际收到的含税金额，借记"资金结存"科目，贷记"事业预算收入""经营预算收入"科目。

按照本制度及相关政府会计准则确认收入的时点早于按照增值税制度确认增值税纳税义务发生时点的，财务会计应将相关销项税额计入本科目（待转销项税额），待实际发生纳税义务时再转入本科目（应交税金——销项税额）或本科目（简易计税）。

按照增值税制度确认增值税纳税义务发生时点早于按照本制度及相关政府会计准则确认收入的时点的，财务会计应按照应纳增值税税额，借记"应收账款"科目，贷记本科目（应交税金——销项税额）或本科目（简易计税）。

2. 金融商品转让按照规定以盈亏相抵后的余额作为销售额

金融商品实际转让月末，如产生转让收益，则财务会计应当按照应纳税额，借记"投资收益"科目，贷记本科目（转让金融商品应交增值税）。预算会计不需要进行账务处理。

如产生转让损失，则财务会计应当按照可结转下月抵扣税额，借记本科目（转让金融商品应交增值税），贷记"投资收益"科目。预算会计不需要进行账务处理。

缴纳增值税时，财务会计应借记本科目（转让金融商品应交增值税），贷记"银行存款"等科目。预算会计应当按照实际支付的金额，借记"投资预算收益"等科目，贷记"资金结存"科目。

年末，本科目（转让金融商品应交增值税）如有借方余额，财务会计则借记"投资收益"科目，贷记本科目（转让金融商品应交增值税）。预算会计不需要进行账务处理。

【例 3-5】某行政单位为增值税小规模纳税人，将暂时闲置的库房出租给一企业，租期一个月，取得租金收入 5 150 元，已存入银行。该行政单位的账务处理如下。

财务会计账务处理如下。

借：银行存款   5 150

 贷：租金收入   5 000

   应交增值税   150

预算会计账务处理如下。

借：资金结存   5 150

 贷：经营预算收入   5 150

【例 3-6】某事业单位为增值税一般纳税人，其非独立核算部门销售产品取得收入 10 000 元（不含税价），货款尚未收到。该事业单位的账务处理如下。

财务会计账务处理如下。

借：应收账款   11 300

 贷：经营收入   10 000

   应交增值税——应交税金（销项税额） 1 300

预算会计账务处理如下。

借：资金结存   11 300

 贷：经营预算收入   11 300

【例 3-7】某事业单位为增值税小规模纳税人，本月其非独立核算部门销售产品取得收入 10 300 元（含税价），款项已存入银行。该事业单位的账务处理如下。

财务会计账务处理如下。

借：银行存款   10 300

 贷：经营收入   10 000

   应交增值税   300

预算会计账务处理如下。

借：资金结存   10 300

 贷：经营预算收入   10 300

（三）月末转出多交增值税和未交增值税

月度终了，单位应当将当月应交未交或多交的增值税自"应交税金"明细科目转入"未交税金"明细科目。

对于当月应交未交的增值税，财务会计应当借记本科目（应交税金——转出未交增值税），贷记本科目（未交税金）。预算会计不需要进行账务处理。

对于当月多交的增值税，财务会计应当借记本科目（未交税金），贷记本科目（应交税金——转出多交增值税）。预算会计不需要进行账务处理。

（四）交纳增值税

1. 缴纳当月应交增值税

单位缴纳当月应交的增值税，财务会计应当借记本科目（应交税金——已交税金）（小规模纳税人借记本科目），贷记"银行存款"等科目。预算会计应当借记"事业支出""经营支出"科目，贷记"资金结存"科目。

2. 缴纳以前期间未交增值税

单位缴纳以前期间未交的增值税，财务会计应当借记本科目（未交税金）（小规模纳税人借记本科目），贷记"银行存款"等科目。预算会计应当借记"事业支出""经营支出"科目，贷记"资金结存"科目。

3. 预交增值税

单位预交增值税时，财务会计应当借记本科目（预交税金），贷记"银行存款"等科目。预算会计应当借记"事业支出""经营支出"科目，贷记"资金结存"科目。

月末，单位应将"预交税金"明细科目余额转入"未交税金"明细科目，财务会计应当借记本科目（未交税金），贷记本科目（预交税金）。预算会计不需要进行账务处理。

【例3-8】某事业单位是增值税一般纳税人，经确认购进资产的增值税专用发票本月可以抵扣的进项税额为 100 000 元，进项税额转出金额为 10 000 元，销项税额为 200 000 元。由此确认本月实际应缴纳增值税为 110 000 元，以银行存款付讫。该事业单位的账务处理如下。

财务会计账务处理如下。

借：应交增值税——已交税金　　　　　　　　　　　110 000
　　贷：银行存款　　　　　　　　　　　　　　　　　　110 000

预算会计账务处理如下。

借：事业支出　　　　　　　　　　　　　　　　　110 000
　　贷：资金结存　　　　　　　　　　　　　　　　　　110 000

【例3-9】假设上例中的事业单位本月没有发生其他增值税业务，通过银行存款上交 300 元增值税时，其账务处理如下。

财务会计账务处理如下。

借：应交增值税——预交税金　　　　　　　　　　　　　　　　300

　　贷：银行存款　　　　　　　　　　　　　　　　　　　　　　300

预算会计账务处理如下。

借：事业支出　　　　　　　　　　　　　　　　　　　　　　　300

　　贷：资金结存　　　　　　　　　　　　　　　　　　　　　　300

4．减免增值税

对于当期直接减免的增值税，财务会计应当借记本科目（应交税金——减免税款），贷记"业务活动费用""经营费用"等科目。预算会计不需要进行账务处理。

按照现行增值税制度规定，单位初次购买增值税税控系统专用设备支付的费用以及缴纳的技术维护费允许在增值税应纳税额中全额抵减，财务会计应当按照规定抵减的增值税应纳税额，借记本科目（应交税金——减免税款）（小规模纳税人借记本科目），贷记"业务活动费用""经营费用"等科目。预算会计不需要进行账务处理。

本科目期末贷方余额，反映单位应交未交的增值税；期末如为借方余额，反映单位尚未抵扣或多交的增值税。

3.2.3　其他应交税费

一、其他应交税费的概述

"其他应交税费"科目核算单位按照税法等规定计算应缴纳的除增值税以外的各种税费，包括城市维护建设税、教育费附加、地方教育费附加、车船税、房产税、城镇土地使用税和企业所得税等。其中，城市维护建设税、教育费附加、地方教育费附加是对缴纳增值税、消费税的单位和个人，按其实际缴纳的增值税、消费税的税额征收的一种税费；车船税是对依法应当在车船登记管理部门登记的机动车辆和船舶，以及依法不需要在车船登记管理部门登记的在单位内部场所行驶或者作业的机动车辆和船舶的所有人或者管理人，按规定的税额征收的一种税；房产税是以房产为征税对象，按房产的计税价值或租金收入向产权所有人征收的一种税；城镇土地使用税是对在城市、县城、建制镇、工矿区范围内使用土地的单位和个人，以其实际占用的土地面积为计税依据并按规定税额征收的一种税；企业所得税是指对在中国境内的企业和其他取得收入的组织，就其生产经营所得和其他所得征收的一种税。

单位代扣代缴的个人所得税，也通过本科目核算。单位应缴纳的印花税不需要预提应交税费，直接通过"业务活动费用""单位管理费用""经营费用"等科目核算，不通过本科目核算。本科目应当按照应缴纳的税费种类进行明细核算。

二、其他应交税费的核算

（1）发生城市维护建设税、教育费附加、地方教育费附加、车船税、房产税、城镇土地使用税等纳税义务的，财务会计应当按照税法规定计算的应交税费金额，借记"业务活动费用""单位管理费用""经营费用"等科目，贷记本科目（应交城市维护建设税、应交教育费附加、应交地方教育费附加、应交车船税、应交房产税、应交城镇土地使用税等）。预算会计不需要进行账务处理。

【例 3-10】某事业单位月末按规定计算出的各项税费如表 3-3 所示。

表 3-3　　　　　　　　　　某事业单位各项税费明细

单位：元

税费种类	专业活动	管理活动	经营活动	合计
城市维护建设税	650	250	340	1 240
教育费附加	200	180	100	480
地方教育费附加	300	100	70	470
车船税	60 000	45 000	6 000	111 000
房产税	90 000	70 000	12 000	172 000
城镇土地使用税	220 000	140 000	23 000	383 000
合计	371 150	255 530	41 510	668 190

该事业单位应做如下会计分录。

财务会计账务处理如下。

借：业务活动费用　　　　　　　　　　　　　　　371 150

　　单位管理费用　　　　　　　　　　　　　　　255 530

　　经营费用　　　　　　　　　　　　　　　　　41 510

　　　贷：其他应交税费——应交城市维护建设税　　　　1 240

　　　　　　　　　　——应交教育费附加　　　　　　480

——应交地方教育费附加	470
——应交车船税	111 000
——应交房产税	172 000
——应交城镇土地使用税	383 000

预算会计不需要进行账务处理。

（2）按照税法规定计算应代扣代缴职工（含长期聘用人员）的个人所得税，财务会计应当借记"应付职工薪酬"科目，贷记本科目（应交个人所得税）。预算会计不需要进行账务处理。

按照税法规定计算应代扣代缴支付给职工（含长期聘用人员）以外人员劳务费的个人所得税，财务会计应当借记"业务活动费用""单位管理费用"等科目，贷记本科目（应交个人所得税）。预算会计不需要进行账务处理。

（3）发生企业所得税纳税义务的，按照税法规定计算的应交所得税额，财务会计应当借记"所得税费用"科目，贷记本科目（单位应交所得税）。预算会计不需要进行账务处理。

（4）单位实际缴纳上述各种税费时，借记本科目（应交城市维护建设税、应交教育费附加、应交地方教育费附加、应交车船税、应交房产税、应交城镇土地使用税、应交个人所得税、单位应交所得税等），贷记"银行存款"等科目。预算会计应当借记"非财政拨款结余"科目，贷记"资金结存"科目。

3.2.4 应缴财政款

一、应缴财政款的概述

"应缴财政款"科目核算单位取得或应收的按照规定应当上缴财政的款项，包括应缴国库的款项和应缴财政专户的款项。单位按照国家税法等有关规定应当缴纳的各种税费，通过"应交增值税""其他应交税费"科目核算，不通过本科目核算。本科目应当按照应缴财政款项的类别进行明细核算。

应缴国库款项是指政府单位取得或应收的按照规定应当上缴财政的罚没收入、行政事业性收费、政府性基金、国有资产处置收入、国有资产出租收入等款项。其中，罚没收入是政府单位依法收缴的罚款（罚金）、没收款、赃款、没收物资、赃物的变价收入；行政事业性收费是政府单位根据国家法律、法规行使其管理职能，向公民、法人和其他组织收取的各项费用，包括管理性、资源性收费和证照性收费，如工本费、证件费、考务费等；政府性基金是政府单位按照国家法律、法规的规定，向公民、法人和其他组织征收的具有专项用途的财政资金，如广电部门征收的国家电影事业发展专项资金收入、铁路运输部门征收的铁路建设基金收入等；国有资产处置收入，是指政府单位国有资产产权的转移或核销所产生的收入，包括国有资产的出售收入、出让收入、置换差价收入、报废报损残值变价收入等；国有资产出租收入，是指政府单位在保证完成正常工作的前提下，经审批同意，出租、出借国有资产所取得的收入。上述各类款项上缴国库后形成财政总预算会计的一般公共预算本级收入和政府性基金预算本级收入。

应缴财政专户款项是指政府单位按规定应缴入财政专户的款项，主要是政府单位按规定收取的尚未纳入预算管理但实行财政专户管理的教育收费。该款项上缴财政专户后，形成财政总预算会计的财政专户管理资金收入。

二、应缴财政款的核算

（1）单位取得或应收按照规定应缴财政的款项时，财务会计应当借记"银行存款""应收账款"等科目，贷记本科目。预算会计不需要进行账务处理。

（2）单位处置资产取得的应上缴财政的处置净收入的账务处理，参见"待处理财产损溢"等科目。

（3）单位上缴应缴财政的款项时，财务会计应当按照实际上缴的金额，借记本科目，贷记"银行存款"科目。预算会计不需要进行账务处理。

本科目期末贷方余额，反映单位应当上缴财政但尚未缴纳的款项。年终清缴后，本科目一般应无余额。

【例 3-11】某事业单位出租一项资产，收到租金 24 000 元，款项已存入开户银行，该租金按规定应当上缴财政。数日后，该事业单位将收到的租金 24 000 元上缴财政。该事业单位应编制如下会计分录。

（1）收到租金时。

财务会计账务处理如下。

借：银行存款　　　　　　　　　　　　　　　　　24 000

　　贷：应缴财政款　　　　　　　　　　　　　　　　　24 000

预算会计不需要进行账务处理。

（2）租金上缴财政时。

财务会计账务处理如下。

借：应缴财政款   24 000

      贷：银行存款   24 000

预算会计不需要进行账务处理。

3.2.5　应付职工薪酬

一、应付职工薪酬的概述

"应付职工薪酬"科目核算单位按照有关规定应付给职工（含长期聘用人员）及为职工支付的各种薪酬，包括基本工资、国家统一规定的津贴补贴、规范津贴补贴（绩效工资）、改革性补贴、社会保险费（如职工基本养老保险费、职业年金、基本医疗保险费等）、住房公积金等。本科目应当根据国家有关规定按照"基本工资"（含离退休费）"国家统一规定的津贴补贴""规范津贴补贴（绩效工资）""改革性补贴""社会保险费""住房公积金""其他个人收入"等进行明细核算。其中，"社会保险费""住房公积金"明细科目核算内容包括单位从职工工资中代扣代缴的社会保险费、住房公积金，以及单位为职工计算缴纳的社会保险费、住房公积金。

二、应付职工薪酬的核算

（1）计算确认当期应付职工薪酬（含单位为职工计算缴纳的社会保险费、住房公积金）。

①计提从事专业及其辅助活动人员的职工薪酬，财务会计应当借记"业务活动费用""单位管理费用"科目，贷记本科目。预算会计不需要进行账务处理。

②计提应由在建工程、加工物品、自行研发无形资产负担的职工薪酬，财务会计应当借记"在建工程""加工物品""研发支出"等科目，贷记本科目。预算会计不需要进行账务处理。

③计提从事专业及其辅助活动之外的经营活动人员的职工薪酬，财务会计应当借记"经营费用"科目，贷记本科目。预算会计不需要进行账务处理。

④因解除与职工的劳动关系而给予的补偿，财务会计应当借记"单位管理费用"等科目，贷记本科目。预算会计不需要进行账务处理。

（2）向职工支付工资、津贴补贴等薪酬时，财务会计应当按照实际支付的金额，借记本科目，贷记"财政拨款收入""零余额账户用款额度""银行存款"等科目。预算会计应当借记"行政支出""事业支出""经营支出"等会计科目，贷记"财政拨款预算收入""资金结存"等会计科目。

（3）按照税法规定代扣职工个人所得税时，财务会计应当借记本科目（基本工资），贷记"其他应交税费——应交个人所得税"科目。预算会计不需要进行账务处理。

从应付职工薪酬中代扣为职工垫付的水电费、房租等费用时，财务会计应当按照实际扣除的金额，借记本科目（基本工资），贷记"其他应收款"等科目。预算会计不需要进行账务处理。

从应付职工薪酬中代扣社会保险费和住房公积金，财务会计应当按照代扣的金额，借记本科目（基本工资），贷记本科目（社会保险费、住房公积金）。预算会计不需要进行账务处理。

（4）按照国家有关规定缴纳职工社会保险费和住房公积金时，财务会计应当按照实际支付的金额，借记本科目（社会保险费、住房公积金），贷记"财政拨款收入""零余额账户用款额度""银行存款"等科目。预算会计应当借记"行政支出""事业支出""经营支出"等会计科目，贷记"资金结存"等科目。

（5）从应付职工薪酬中支付的其他款项，财务会计应当借记本科目，贷记"零余额账户用款额度""银行存款"等科目。预算会计应当借记"行政支出""事业支出""经营支出"等会计科目，贷记"资金结存"等科目。

本科目期末贷方余额，反映单位应付未付的职工薪酬。

【例3-12】某行政单位20×9年3月计提当月职工薪酬共计568 500元，其中包含了职工基本工资422 000元，国家统一规定的津贴补贴43 500元，应从职工基本工资中代扣的社会保险费65 000元和住房公积金32 000元，代扣的社会保险费和住房公积金合计97 000元，单位应为职工计算缴纳的社会保险费68 000元和住房公积金35 000元。单位按税法规定应从职工基本工资中代扣的职工个人所得税7 800元。在当月职工薪酬中，社会保险费合计133 000元，住房公积金合计67 000元。数日后，该行政单位通过财政直接支付的方式向职工支付基本工资317 200元和津贴补贴43 500元，两项款项合计360 700元。按照国家规定向相关机构缴纳职工社会保险费133 000元和住房公积金67 000元，两项款项合计200 000元通过财政直接支付方式支付。该行政单位应编制如下会计分录。

（1）计提职工薪酬时。

财务会计账务处理如下。

借：业务活动费用   568 500

  贷：应付职工薪酬——基本工资   422 000

      ——国家统一规定的津贴补贴 43 500

      ——社会保险费   68 000

      ——住房公积金   35 000

预算会计不需要进行账务处理。

（2）按税法规定代扣职工个人所得税时。

财务会计账务处理如下。

借：应付职工薪酬——基本工资   7 800

  贷：其他应交税费——应交个人所得税 7 800

预算会计不需要进行账务处理。

（3）从应付职工薪酬中代扣社会保险费和住房公积金时。

财务会计账务处理如下。

借：应付职工薪酬——基本工资   97 000

  贷：应付职工薪酬——社会保险费   65 000

      ——住房公积金   32 000

预算会计不需要进行账务处理。

（4）向职工支付基本工资和津贴补贴时。

财务会计账务处理如下。

借：应付职工薪酬——基本工资   317 200

      ——国家统一规定的津贴补贴 43 500

  贷：财政拨款收入   360 700

预算会计账务处理如下。

借：行政支出   360 700

  贷：财政拨款预算收入   360 700

（5）向相关机构缴纳职工社会保险费和住房公积金时。

财务会计账务处理如下。

借：应付职工薪酬——社会保险费   133 000

      ——住房公积金   67 000

  贷：财政拨款收入   200 000

预算会计账务处理如下。

借：行政支出　　　　　　　　　　　　　　　　　　　200 000

　　贷：财政拨款预算收入　　　　　　　　　　　　　　　　200 000

3.2.6　应付票据

一、应付票据的概述

"应付票据"科目核算事业单位因购买材料、物资等而开出、承兑的商业汇票，包括银行承兑汇票和商业承兑汇票。本科目应当按照债权人进行明细核算。

二、应付票据的核算

（1）开出、承兑商业汇票时，财务会计应当借记"库存物品""固定资产"等科目，贷记本科目。涉及增值税业务的，相关账务处理参见"应交增值税"科目。预算会计不需要进行账务处理。

以商业汇票抵付应付账款时，财务会计应当借记"应付账款"科目，贷记本科目。预算会计不需要进行账务处理。

（2）支付银行承兑汇票的手续费时，财务会计应当借记"业务活动费用""经营费用"等科目，贷记"银行存款""零余额账户用款额度"等科目。预算会计应当借记"事业支出""经营支出"科目，贷记"资金结存——货币资金"科目。

（3）商业汇票到期时，应当分以下情况进行处理。

①收到银行支付到期票据的付款通知时，财务会计应当借记本科目，贷记"银行存款"科目。预算会计应当借记"事业支出""经营支出"科目，贷记"资金结存——货币资金"科目。

②银行承兑汇票到期，单位无力支付票款的，财务会计应当按照应付票据账面余额，借记本科目，贷记"短期借款"科目。预算会计应当借记"事业支出""经营支出"科目，贷记"债务预算收入"科目。

③商业承兑汇票到期，单位无力支付票款的，财务会计应当按照应付票据账面余额，借记本科目，贷记"应付账款"科目。预算会计不需要进行账务处理。

（4）单位应当设置"应付票据备查簿"，详细登记每一张应付票据的种类、号数、出票日期、到期日、票面金额、交易合同号、收款人姓名或单位名称，以及付款日期和金额等。应付票据到期结清票款后，应当在备查簿内逐笔注销。

（5）本科目期末贷方余额，反映事业单位开出、承兑的尚未到期的应付票据金额。

【例 3-13】某事业单位 20×9 年向甲公司购买专业活动用材料一批，开出一张 50 000 元的商业承兑汇票，材料已验收入库。该事业单位的账务处理如下。

财务会计账务处理如下。

借：库存物品   50 000

  贷：应付票据——甲公司   50 000

预算会计不需要进行账务处理。

【例 3-14】上例中的事业单位开出的商业承兑汇票到期，收到开户银行向甲公司付款 50 000 元的通知。该事业单位的账务处理如下。

财务会计账务处理如下。

借：应付票据——甲公司   50 000

  贷：银行存款   50 000

预算会计账务处理如下。

借：事业支出   50 000

  贷：资金结存——货币资金   50 000

如果商业承兑汇票到期，该事业单位却无力支付票款，其账务处理如下。

预算会计账务处理如下。

借：应付票据——甲公司   50 000

  贷：应付账款   50 000

【例 3-15】某事业单位 20×9 年收到从乙公司购买的开展专业活动用的固定资产一批，开出 400 000 元的银行承兑汇票，以银行存款支付手续费 200 元。该事业单位的账务处理如下。

（1）收到固定资产时。

财务会计账务处理如下。

借：固定资产   400 000

  贷：应付票据——乙公司   400 000

预算会计不需要进行账务处理。

（2）支付手续费时。

财务会计账务处理如下。

借：业务活动费用　　　　　　　　　　　　　　　200

　　贷：银行存款　　　　　　　　　　　　　　　　　200

预算会计账务处理如下。

借：事业支出　　　　　　　　　　　　　　　　　200

　　贷：资金结余——货币资金　　　　　　　　　　　200

【例3-16】上例中的事业单位开出的银行承兑汇票5个月后到期，开户银行向乙公司付款400 000元。该事业单位的账务处理如下。

财务会计账务处理如下。

借：应付票据——乙公司　　　　　　　　　　　400 000

　　贷：银行存款　　　　　　　　　　　　　　　　400 000

预算会计账务处理如下。

借：事业支出　　　　　　　　　　　　　　　400 000

　　贷：资金结存——货币资金　　　　　　　　　　400 000

如果银行承兑汇票到期，该事业单位却无力支付票款，其账务处理如下。

财务会计账务处理如下。

借：应付票据——乙公司　　　　　　　　　　　400 000

　　贷：短期借款　　　　　　　　　　　　　　　　400 000

预算会计账务处理如下。

借：事业支出　　　　　　　　　　　　　　　400 000

　　贷：债务预算收入　　　　　　　　　　　　　　400 000

3.2.7　应付账款

一、应付账款的概述

"应付账款"科目核算单位因购买物资、接受服务、开展工程建设等而应付的偿还期限在1年以内（含1年）的款项。本科目应当按照债权人进行明细核算。对于建设项目，还应设置"应付器材款""应付工程款"等明细科目，并按照具体项目进行明细核算。

二、应付账款的核算

（1）收到所购材料、物资、设备或服务以及确认完成工程进度但尚未付款时，根据发票及账单等有关凭证，财务会计应当按照应付未付款项的金额，借记"库存物品""固定资产""在建工程"等科目，贷记本科目。涉及增值税业务的，相关账务处理参见"应交增值税"科目。预算会计不需要进行账务处理。

（2）偿付应付账款时，财务会计应当按照实际支付的金额，借记本科目，贷记"财政拨款收入""零余额账户用款额度""银行存款"等科目。预算会计应当借记"行政支出""事业支出"等科目，贷记"财政拨款预算收入""资金结存"科目。

（3）开出、承兑商业汇票抵付应付账款时，财务会计应当借记本科目，贷记"应付票据"科目。预算会计不需要进行账务处理。

（4）无法偿付或债权人豁免偿还的应付账款，应当按照规定报经批准后进行账务处理。经批准核销时，财务会计应当借记本科目，贷记"其他收入"科目。核销的应付账款应在备查簿中保留登记。预算会计不需要进行账务处理。

本科目期末贷方余额，反映单位尚未支付的应付账款金额。

【例3-17】20×9年1月，某事业单位收到向甲公司采购的不用安装的办公用计算机一批，取得的增值税专用发票上注明的价款为500 000元，假设不考虑增值税，款项在一个月后支付。该事业单位的账务处理如下。

财务会计账务处理如下。

借：固定资产 500 000

  贷：应付账款——甲公司 500 000

预算会计不需要进行账务处理。

【例3-18】上例中的事业单位一个月后通过单位零余额账户偿付计算机款项500 000元。该事业单位的账务处理如下。

财务会计账务处理如下。

借：应付账款——甲公司 500 000

  贷：零余额账户用款额度 500 000

预算会计账务处理如下。

借：行政支出 500 000

  贷：资金结存 500 000

如果甲公司对计算机采购款予以豁免，该事业单位的账务处理如下。

财务会计账务处理如下。

借：应付账款——甲公司　　　　　　　　　　　　　500 000

　　贷：其他收入　　　　　　　　　　　　　　　　　　500 000

预算会计不需要进行账务处理。

3.2.8　应付政府补贴款

一、应付政府补贴款的概述

"应付政府补贴款"科目核算负责发放政府补贴的行政单位，按照规定应当支付给政府补贴接受者的各种政府补贴款。本科目应当按照应支付的政府补贴种类进行明细核算。单位还应当根据需要按照补贴接受者进行明细核算，或者建立备查簿对补贴接受者予以登记。

二、应付政府补贴款的核算

（1）发生应付政府补贴时，财务会计按照依规定计算确定的应付政府补贴金额，借记"业务活动费用"科目，贷记本科目。预算会计不需要进行账务处理。

（2）支付应付政府补贴款时，财务会计应当按照支付金额，借记本科目，贷记"零余额账户用款额度""银行存款"等科目。预算会计应当借记"行政支出"科目，贷记"资金结存"科目。

本科目期末贷方余额，反映行政单位应付未付的政府补贴金额。

【例3-19】20×9年，某行政单位按照房改政策规定标准计算出职工提租补贴150 000元。该行政单位的账务处理如下。

财务会计账务处理如下。

借：业务活动费用　　　　　　　　　　　　　　　　150 000

　　贷：应付政府补贴款——提租补贴　　　　　　　　　150 000

预算会计不需要进行账务处理。

【例3-20】上例中的行政单位通过单位零余额账户向职工支付提租补贴150 000元。该行政单位的账务处理如下。

财务会计账务处理如下。

借：应付政府补贴款——提租补贴　　　　　　　　　150 000

　　贷：零余额账户用款额度　　　　　　　　　　　　　150 000

预算会计账务处理如下。

借：行政支出 150 000

　　贷：资金结存 150 000

3.2.9　应付利息

一、应付利息的概述

"应付利息"科目核算事业单位按照合同约定应支付的借款利息，包括短期借款、分期付息到期还本的长期借款等应支付的利息。本科目应当按照债权人等进行明细核算。

二、应付利息的核算

（1）为建造固定资产、公共基础设施等借入的专门借款的利息，属于建设期间发生的，按期计提利息费用时，财务会计应当按照计算确定的金额，借记"在建工程"科目，贷记本科目；不属于建设期间发生的，按期计提利息费用时，按照计算确定的金额，借记"其他费用"科目，贷记本科目。预算会计不需要进行账务处理。

（2）对于其他借款，按期计提利息费用时，财务会计按照计算确定的金额，借记"其他费用"科目，贷记本科目。预算会计不需要进行账务处理。

（3）实际支付应付利息时，财务会计按照支付的金额，借记本科目，贷记"银行存款"等科目。预算会计应当借记"其他支出"科目，贷记"资金结存——货币资金"科目。

本科目期末贷方余额，反映事业单位应付未付的利息金额。

【**例3-21**】20×9年1月，某事业单位经批准向银行借入一笔短期借款，20×9年年末计提借款利息费用430元。该事业单位应编制如下会计分录。

财务会计账务处理如下。

借：其他费用 430

　　贷：应付利息 430

预算会计不需要进行账务处理。

3.2.10　预收账款

一、预收账款的概述

"预收账款"科目核算事业单位预先收取但尚未结算的款项。本科目应当按照债权人进行明细核算。

二、预收账款的核算

（1）从付款方预收款项时，财务会计应当按照实际预收的金额，借记"银行存款"等科目，贷记本科目。预算会计应当借记"资金结存——货币资金"科目，贷记"事业预算收入""经营预算收入"科目。

（2）确认有关收入时，财务会计应当按照预收账款账面余额，借记本科目，按照应确认的收入金额，贷记"事业收入""经营收入"等科目；按照付款方补付或退回付款方的金额，借记或贷记"银行存款"等科目。涉及增值税业务的，相关账务处理参见"应交增值税"科目。当收到补付款项时，预算会计应当借记"资金结存——货币资金"科目，贷记"事业预算收入""经营预算收入"等科目；当退回预收款时做相反的会计分录。

（3）无法偿付或债权人豁免偿还的预收账款，财务会计应当按照规定报经批准后进行账务处理。经批准核销时，借记本科目，贷记"其他收入"科目。核销的预收账款应在备查簿中保留登记。预算会计不需要进行账务处理。

本科目期末贷方余额，反映事业单位预收但尚未结算的款项金额。

【例 3-22】20×9 年 1 月 1 日，某事业单位从付款方预收一笔业务款项 6 000元，款项已存入开户银行。20×9 年 6 月 15 日，该事业单位因为该业务应确认事业收入 7 280 元，付款方通过银行转账方式补付款项 1 280 元。该事业单位应编制如下会计分录。

（1）20×9 年 1 月 1 日从付款方预收款项时。

财务会计账务处理如下。

借：银行存款　　　　　　　　　　　　　　　　　6 000
　　贷：预收账款　　　　　　　　　　　　　　　　　　6 000

预算会计账务处理如下。

借：资金结存——货币资金　　　　　　　　　　　6 000
　　贷：事业预算收入　　　　　　　　　　　　　　　　6 000

（2）确认收入并收到补付款项时。

财务会计账务处理如下。

借：银行存款　　　　　　　　　　　　　　　　　　　1 280

　　预收账款　　　　　　　　　　　　　　　　　　　6 000

　　　贷：事业收入　　　　　　　　　　　　　　　　　　　7 280

预算会计账务处理如下。

借：资金结存——货币资金　　　　　　　　　　　　　1 280

　　　贷：事业预算收入　　　　　　　　　　　　　　　　　1 280

3.2.11　其他应付款

一、其他应付款的概述

"其他应付款"科目核算单位除应交增值税、其他应交税费、应缴财政款、应付职工薪酬、应付票据、应付账款、应付政府补贴款、应付利息、预收账款以外，其他各项偿还期限在 1 年内（含 1 年）的应付及暂收款项，如收取的押金、存入保证金、已经报销但尚未偿还银行的本单位公务卡欠款等。同级政府财政部门预拨的下期预算款和没有纳入预算的暂付款项，以及采用实拨资金方式通过本单位转拨给下属单位的财政拨款，也通过本科目核算。本科目应当按照其他应付款的类别以及债权人等进行明细核算。

二、其他应付款的核算

（1）发生其他应付及暂收款项时，财务会计应当借记"银行存款"等科目，贷记本科目。支付（或退回）其他应付及暂收款项时，借记本科目，贷记"银行存款"等科目。将暂收款项转为收入时，借记本科目，贷记"事业收入"等科目。预算会计只有在确认收入时才需要进行账务处理，借记"资金结存"科目，贷记"事业预算收入"科目。

（2）收到同级政府财政部门预拨的下期预算款和没有纳入预算的暂付款项，财务会计应当按照实际收到的金额，借记"银行存款"等科目，贷记本科目；待到下一预算期或批准纳入预算时，借记本科目，贷记"财政拨款收入"科目。预算会计只有在待到下一预算期或批准纳入预算时，借记"资金结存"科目，贷记"财政拨款预算收入"科目。

采用实拨资金方式通过本单位转拨给下属单位的财政拨款，财务会计应当按照实际收到的金额，借记"银行存款"科目，贷记本科目；向下属单位转拨财政拨款时，按照转拨的金额，借记本科目，贷记"银行存款"科目。

（3）本单位公务卡持卡人报销时，按照审核报销的金额，财务会计应当借记"业务活动费用""单位管理费用"等科目，贷记本科目；偿还公务卡欠款时，借记本科目，贷记"零余额账户用款额度"等科目。预算会计借记"行政支出""事业支出"科目，贷记"资金结存"科目。

（4）涉及质保金形成其他应付款的，相关账务处理参见"固定资产"科目。

（5）无法偿付或债权人豁免偿还的其他应付款项，财务会计应当按照规定报经批准后进行账务处理。经批准核销时，借记本科目，贷记"其他收入"科目。核销的其他应付款应在备查簿中保留登记。预算会计不需要进行账务处理。

本科目期末贷方余额，反映单位尚未支付的其他应付款金额。

【例3-23】20×9年3月1日，某事业单位公务卡持卡人报销，审核报销的金额为21 000元。20×9年3月15日，该事业单位通过财政授权支付方式向银行偿还了该项公务卡欠款21 000元。该事业单位应编制如下会计分录。

（1）公务卡持卡人报销时。

财务会计账务处理如下。

借：业务活动费用　　　　　　　　　　　　　　　　　　21 000

　　贷：其他应付款　　　　　　　　　　　　　　　　　　　21 000

预算会计不需要进行账务处理。

（2）向银行偿还公务卡欠款时。

财务会计账务处理如下。

借：其他应付款　　　　　　　　　　　　　　　　　　　21 000

　　贷：零余额账户用款额度　　　　　　　　　　　　　　　21 000

预算会计账务处理如下。

借：事业支出　　　　　　　　　　　　　　　　　　　　21 000

　　贷：资金结存　　　　　　　　　　　　　　　　　　　　21 000

3.2.12　预提费用

一、预提费用的概述

"预提费用"科目核算单位预先提取的已经发生但尚未支付的费用，如预提租金费用等。事业单位按规定从科研项目收入中提取的项目间接费用或管理费，也通过本科目核算。事业单位计提的借款利息费用，通过"应付利息""长期借款"科目核算，不通过本科目核算。本科目应当按照预提费用的种类进行明细核算。对于提取的项目间接费用或管理费，应当在本科目下设置"项目间接费用或管理费"明细科目，并按项目进行明细核算。

二、预提费用的核算

（一）项目间接费用或管理费

按规定从科研项目收入中提取项目间接费用或管理费时，财务会计应当按照提取的金额，借记"单位管理费用"科目，贷记本科目（项目间接费用或管理费）。预算会计应当借记"非财政拨款结转——项目间接费用或管理费"科目，贷记"非财政拨款结余——项目间接费用或管理费"科目。

实际使用计提的项目间接费用或管理费时，财务会计应当按照实际支付的金额，借记本科目（项目间接费用或管理费），贷记"银行存款""库存现金"等科目。预算会计应当借记"事业支出"等科目，贷记"资金结存"科目。

（二）其他预提费用

按期预提租金等费用时，财务会计应当按照预提的金额，借记"业务活动费用""单位管理费用""经营费用"等科目，贷记本科目。预算会计不需要进行账务处理。

实际支付款项时，财务会计应当按照支付金额，借记本科目，贷记"零余额账户用款额度""银行存款"等科目。预算会计应当借记"行政支出""事业支出""经营支出"科目，贷记"资金结存"科目。

本科目期末贷方余额，反映单位已预提但尚未支付的各项费用。

【例3-24】某事业单位按照科研项目收入1 000 000元的3%提取项目间接费用，用于单位为项目研究提供的仪器设备与房屋折旧以及水、电、气、暖消耗等。该事业单位的账务处理如下。

财务会计账务处理如下。

借：单位管理费用　　　　　　　　　　　　　　　　　　　30 000
　　贷：预提费用——项目间接费用或管理费　　　　　　　　　　30 000

预算会计账务处理如下。

借：非财政拨款结转——项目间接费用或管理费　　　　　　30 000
　　贷：非财政拨款结余——项目间接费用或管理费　　　　　　　30 000

假定上述事业单位使用项目间接费用缴纳水电费 30 000 元，账务处理如下。

财务会计账务处理如下。

借：预提费用——项目间接费用或管理费　　　　　　　　　30 000
　　贷：银行存款　　　　　　　　　　　　　　　　　　　　　30 000

预算会计账务处理如下。

借：事业支出　　　　　　　　　　　　　　　　　　　　　30 000
　　贷：资金结存　　　　　　　　　　　　　　　　　　　　　30 000

【例 3-25】某事业单位 20×9 年 4 月 1 日因业务需要租入一台专用设备，租期为 5 个月，每月租金为 5 000 元，租期满时一次性通过单位零余额账户支付。该事业单位的账务处理如下。

（1）20×9 年 4 月至 8 月每月预提租金时。

财务会计账务处理如下。

借：业务活动费用　　　　　　　　　　　　　　　　　　　5 000
　　贷：预提费用　　　　　　　　　　　　　　　　　　　　　5 000

预算会计不需要进行账务处理。

（2）20×9 年 9 月 1 日实际支付时。

财务会计账务处理如下。

借：预提费用　　　　　　　　　　　　　　　　　　　　　25 000
　　贷：零余额账户用款额度　　　　　　　　　　　　　　　　25 000

预算会计账务处理如下。

借：事业支出　　　　　　　　　　　　　　　　　　　　　25 000
　　贷：资金结存　　　　　　　　　　　　　　　　　　　　　25 000

3.3　非流动负债

非流动负债是指流动负债以外的负债，主要指长期借款、长期应付款和预计负债。其中除长期借款属于事业单位特有的非流动负债项目外，其他均属于行政单位和事业单位共有的非流动负债项目。

3.3.1　长期借款

一、长期借款的概述

"长期借款"科目核算事业单位经批准向银行或其他金融机构等借入的期限超过 1 年（不含 1 年）的各种借款本息。本科目应当设置"本金"和"应计利息"明细科目，并按照贷款单位和贷款种类进行明细核算。对于建设项目借款，还应按照具体项目进行明细核算。

二、长期借款的核算

（1）借入各项长期借款时，财务会计应当按照实际借入的金额，借记"银行存款"科目，贷记本科目（本金）。预算会计应当按照本金，借记"资金结存——货币资金"科目，贷记"债务预算收入"科目。

（2）为建造固定资产、公共基础设施等应支付的专门借款利息，按期计提利息时，分以下情况进行处理。

①属于工程项目建设期间发生的利息，计入工程成本，财务会计应当按照计算确定的应支付的利息金额，借记"在建工程"科目，贷记"应付利息"科目。预算会计不需要进行账务处理。

②属于工程项目完工交付使用后发生的利息，计入当期费用，财务会计应当按照计算确定的应支付的利息金额，借记"其他费用"科目，贷记"应付利息"科目（分期付息、到期还本借款的利息）或本科目（应计利息）（到期一次还本付息借款的利息）。预算会计不需要进行账务处理。

（3）按期计提其他长期借款的利息时，财务会计应当按照计算确定的应支付的利息金额，借记"其他费用"科目，预算会计不需要进行账务处理。

（4）到期归还长期借款本金、利息时，财务会计应当借记本科目（本金、应计利息），贷记"银行存款"科目。预算会计应当按照支付的本金，借记"债务还本支出"科目，贷记"资金结存"科目；按照支付的利息借记"其他支出"科目，贷记"资金结存"科目。

本科目期末贷方余额，反映事业单位尚未偿还的长期借款本息金额。

【**例 3-26**】某事业单位为建造一项固定资产，经批准专门向银行借入一笔款项 750 000 元，借款期限为五年，每年支付借款利息 40 000 元，本金到期一次偿还。工程建造期限为三年，三年后固定资产如期建造完成并交付使用。五年后，该事业单位如期偿还借款本金 750 000 元，并支付最后一年的借款利息 40 000 元。以上相应借款的本息均通过银行存款支付。该事业单位应编制如下会计分录。

（1）向银行借入专门款项时。

财务会计账务处理如下。

借：银行存款　　　　　　　　　　　　　　　　　　750 000

　　贷：长期借款——本金　　　　　　　　　　　　　　750 000

预算会计账务处理如下。

借：资金结存——货币资金　　　　　　　　　　　　750 000

　　贷：债务预算收入　　　　　　　　　　　　　　　　750 000

（2）第一、二、三年工程在建期间，每年计算确定专门借款利息时。

财务会计账务处理如下。

借：在建工程　　　　　　　　　　　　　　　　　　40 000

　　贷：应付利息　　　　　　　　　　　　　　　　　　40 000

预算会计不需要进行账务处理。

（3）支付第一、第二、第三年专门借款利息时。

财务会计账务处理如下。

借：应付利息　　　　　　　　　　　　　　　　　　40 000

　　贷：银行存款　　　　　　　　　　　　　　　　　　40 000

预算会计账务处理如下。

借：其他支出　　　　　　　　　　　　　　　　　　40 000

　　贷：资金结存　　　　　　　　　　　　　　　　　　40 000

（4）第四年和第五年工程完工后，计算确定专门借款利息时。

财务会计账务处理如下。

借：其他费用　　　　　　　　　　　　　　　　　　40 000

　　贷：应付利息　　　　　　　　　　　　　　　　　　40 000

预算会计不需要进行账务处理。

（5）支付第四、第五年专门借款利息时。

财务会计账务处理如下。

借：应付利息   40 000

  贷：银行存款   40 000

预算会计账务处理如下。

借：其他支出   40 000

  贷：资金结存   40 000

（6）5年后，偿还专门借款本金时。

财务会计账务处理如下。

借：长期借款——本金   750 000

  贷：银行存款   750 000

预算会计账务处理如下。

借：债务还本支出   750 000

  贷：资金结存   750 000

3.3.2 长期应付款

一、长期应付款的概述

"长期应付款"科目核算单位发生的偿还期限超过1年（不含1年）的应付款项，如以融资租赁方式取得固定资产应付的租赁费等。本科目应当按照长期应付款的类别以及债权人进行明细核算。

二、长期应付款的核算

（1）发生长期应付款时，财务会计应当借记"固定资产""在建工程"等科目，贷记本科目。预算会计不需要进行账务处理。

（2）支付长期应付款时，财务会计应当按照实际支付的金额，借记本科目，贷记"财政拨款收入""零余额账户用款额度""银行存款"等科目。涉及增值税业务的，相关账务处理参见"应交增值税"科目。预算会计应当借记"行政支出""事业支出""经营支出"等会计科目，贷记"财政拨款预算收入""资金结存"等会计科目。

（3）无法偿付或债权人豁免偿还的长期应付款，财务会计应当按照规定报经批准后进行账务处理。经批准核销时，借记本科目，贷记"其他收入"科目。核销的长期应付款应在备查簿中保留登记。预算会计不需要进行账务处理。

（4）涉及质保金形成长期应付款的，相关账务处理参见"固定资产"科目。

本科目期末贷方余额，反映单位尚未支付的长期应付款金额。

【例3-27】某行政单位20×9年6月30日购入办公用设备一批，价值3 000 000元，当日通过财政部门零余额账户支付50%价款，余款将在20×9年11月30日通过财政部门零余额账户支付。办公用设备已经收到并直接投入使用。该行政单位的账务处理如下。

（1）20×9年6月30日收到办公用设备并支付50%的价款时。

财务会计账务处理如下。

借：固定资产		3 000 000
贷：零余额账户用款额度		1 500 000
长期应付款		1 500 000

预算会计账务处理如下。

借：行政支出		1 500 000
贷：财政拨款预算收入		1 500 000

（2）20×9年11月30日支付另外的50%价款时。

财务会计账务处理如下。

借：长期应付款		1 500 000
贷：零余额账户用款额度		1 500 000

预算会计账务处理如下。

借：行政支出		1 500 000
贷：财政拨款预算收入		1 500 000

3.3.3　预计负债

一、预计负债的概述

"预计负债"科目核算单位对因或有事项所产生的现时义务而确认的负债，如对未决诉讼等确认的负债。本科目应当按照预计负债的项目进行明细核算。

二、预计负债的核算

（1）确认预计负债时，财务会计应当按照预计的金额，借记"业务活动费用""经营费用""其他费用"等科目，贷记本科目。预算会计不需要进行账务处理。

（2）实际偿付预计负债时，财务会计应当按照偿付的金额，借记本科目，贷记"银行存款""零余额账户用款额度"等科目。预算会计应当借记"事业支出""经营支出""其他支出"科目，贷记"资金结存"科目。

（3）根据确凿证据需要对已确认的预计负债账面余额进行调整的，财务会计应当按照调整增加的金额，借记有关科目，贷记本科目；按照调整减少的金额，借记本科目，贷记有关科目。预算会计不需要进行账务处理。

本科目期末贷方余额，反映单位已确认但尚未支付的预计负债金额。

【例3-28】某事业单位20×8年4月1日在行使行政职权时因侵犯人身权被受害人起诉。20×8年12月31日，法院尚未做出判决。根据单位法律顾问的职业判断，单位败诉的可能性为85%。如果败诉，单位需要赔偿30万元。该事业单位的账务处理如下。

（1）20×8年12月31日，根据估计的赔偿款，账务处理如下。

财务会计账务处理如下。

借：业务活动费用   300 000

  贷：预计负债   300 000

预算会计不需要进行账务处理。

（2）假定20×9年2月1日法院做出判决，单位败诉，赔偿受害人30万元，以银行存款支付，账务处理如下。

财务会计账务处理如下。

借：预计负债   300 000

  贷：银行存款   300 000

预算会计账务处理如下。

借：事业支出   300 000

  贷：资金结存   300 000

3.4 受托代理负债

3.4.1 受托代理负债的概述

"受托代理负债"的特征是单位接受委托，取得受托管理资产时形成的负债。没有接受委托，没有取得受托管理的资产，就不会形成受托代理负债。

单位应当单独设置"受托代理负债"科目，核算单位接受委托，取得受托管理资产时形成的负债。该科目在具体核算时，应当按照委托人等进行明细核算；属于指定转赠物资和资金的，还应当按照指定受赠人进行明细核算。受托代理负债应当在行政单位收到受托代理资产并产生受托代理义务时确认。

受托代理负债主要账务处理如表 3-4 所示。

表 3-4　　　　　　　　　受托代理负债账务处理情况表

情况设置	账务处理
设置	单位对受托代理资产不拥有控制权，因此受托代理资产并不符合《基本准则》所规定的资产的定义及确认标准，但为了全面核算和反映政府单位的经济业务，单位应当设置"受托代理资产""受托代理负债"科目，对受托代理业务进行核算。单位收到的受托代理资产为现金和银行存款的，不通过"受托代理资产"科目核算，应当通过"库存现金""银行存款"科目进行核算
接受委托	单位接受委托人委托存储、保管或需要转赠给受赠人的物资，其成本按照有关凭据注明的金额确定。接受委托的物资验收入库时，按照确定的成本，财务会计借记"受托代理资产"科目，贷记"受托代理负债"科目。预算会计不进行账务处理
履行义务	将受托转赠物资交付受赠人或按委托人要求发出委托存储保管的物资时，财务会计做相反会计分录。预算会计不进行账务处理。转赠物资的委托人取消了对捐赠物资的转赠要求，且不再收回捐赠物资的，应当将转赠物资转为单位的存货、固定资产等，同时确认其他收入。财务会计借记"受托代理负债"科目，贷记"受托代理资产"科目，同时，借记"库存物品""固定资产"等科目，贷记"其他收入"科目。预算会计不进行账务处理
取得罚没投资	单位取得罚没物资时，其成本按照有关凭据注明的金额确定。罚没物资验收（入库），按照确定的成本，借记"受托代理资产"科目，贷记"受托代理负债"科目。罚没物资成本无法可靠确定的，单位应当设置备查簿进行登记。预算会计不进行账务处理
处置罚没投资	按照规定处置或移交罚没物资时，按照罚没物资的成本，借记"受托代理负债"科目，贷记"受托代理资产"科目。处置时取得款项的，按照实际取得的款项金额，借记"银行存款"等科目，贷记"应缴财政款"等科目。预算会计不做账务处理

3.4.2　受托代理负债的核算

受托代理负债的核算具体可参照本书前文"受托代理资产""库存现金""银行存款"等科目的相关账务处理。本科目期末贷方余额，反映行政单位尚未清偿的受托代理负债。

【例3-29】某行政单位发生受托代理资产业务如下。

（1）接受某公司受托转赠物资一批，实际成本为400 000元。接受委托的转赠物资验收入库时，应编制会计分录如下。

财务会计账务处理如下。

借：受托代理资产　　　　　　　　　　　　　　　　　　400 000

　　贷：受托代理负债　　　　　　　　　　　　　　　　　　400 000

预算会计不需要进行账务处理。

（2）根据受托协议承担相关税费及运输费24 000元，通过财政授权方式支付该笔费用时，应编制会计分录如下。

财务会计账务处理如下。

借：其他费用　　　　　　　　　　　　　　　　　　　　24 000

　　贷：零余额账户用款额度　　　　　　　　　　　　　　24 000

预算会计账务处理如下。

借：行政支出　　　　　　　　　　　　　　　　　　　　24 000

　　贷：资金结存　　　　　　　　　　　　　　　　　　　24 000

（3）将受托转赠的物资交付受赠人，转赠物资成本为400 000元，应编制会计分录如下。

财务会计账务处理如下。

借：受托代理负债　　　　　　　　　　　　　　　　　　400 000

　　贷：受托代理资产　　　　　　　　　　　　　　　　　400 000

预算会计不需要进行账务处理。

第4章
收入类会计核算

4.1 收入概述

收入是指报告期内导致政府会计主体净资产增加的、含有服务潜力或者经济利益的经济资源的流入，是单位履行职能、完成工作任务和事业发展目标的保障。

收入是行政事业单位在履行职责或开展业务活动中依法取得的非偿还性资金。行政事业单位的收入按照不同的来源渠道和资金性质分为财政拨款收入、事业收入、上级补助收入、附属单位上缴收入、经营收入、非同级财政拨款收入、投资收益、捐赠收入、利息收入、租金收入和其他收入等种类。收入应当以权责发生制为基础进行确认和计量。收入和费用两个财务会计要素构筑行政事业单位的收入费用表。

财务会计核算将收入具体分为11项，各项收入的名称、对应的会计科目特指用途、经济含义归纳如表4-1所示。采用账结法核算后，各项收入的期初期末均无余额。

表 4-1 各项收入的划分及其基本解释

编号	收入项目与会计科目名称	特指用途	基本含义
4001	财政拨款收入		同级财政拨付的
4101	事业收入	事业单位	事业活动取得的
4201	上级补助收入	事业单位	上级拨付的
4301	附属单位上缴收入	事业单位	下级上缴的
4401	经营收入	事业单位	经营活动取得的
4601	非同级财政拨款收入		不是同级财政拨付的
4602	投资收益	事业单位	

编号	收入项目与会计科目名称	特指用途	基本含义
4603	捐赠收入		
4604	利息收入		
4605	租金收入		
4609	其他收入		

政府会计确认的收入应当满足以下条件：（1）与收入相关的含有服务潜力或者经济利益的经济资源很可能流入政府会计主体；（2）含有服务潜力或者经济利益的经济资源流入会导致政府会计主体资产增加或者负债减少；（3）流入金额能够可靠计量。凡是符合收入定义及其确认条件的项目，都应当列入收入费用表的收入项目中。

4.2　财政拨款收入

4.2.1　财政拨款收入的概述

财政拨款收入是指行政事业单位从同级政府财政部门取得的各类财政拨款。其中，同级政府财政部门是行政事业单位的预算管理部门，行政事业单位的预算需要经过同级政府财政部门批准后才能开始执行。在实务中，大多数行政单位直接向同级政府财政部门申请取得财政拨款，这些行政单位属于主管预算单位或一级预算单位。也有一些行政单位通过其上级行政单位从同级政府财政部门取得财政拨款，这些行政单位属于二级或二级以下预算单位。在实务中，大多数事业单位为二级或者二级以下预算单位，其预算首先需要上报其主管预算单位或者一级预算单位，并经其主管或者一级预算单位审核汇总后，再向同级政府财政部门申报取得财政拨款。也有些事业单位属于一级预算单位，一级预算单位的预算直接向同级政府财政部门申报。无论是一级预算单位还是二级或者二级以下的预算单位，只要存在部门预算隶属关系，相应的行政事业单位都属于向同级政府财政部门申请取得财政拨款收入的单位。行政事业单位从非同级政府财政部门取得的经费拨款，不作为财政拨款收入核算，而作为非同级财政拨款收入核算。

各类财政拨款是指所有财政拨款，包括一般公共预算财政拨款和政府性基金预算财政拨款等种类。

财政拨款收入是行政事业单位开展业务活动的基本财力保证。行政单位履行行政职能或开展业务活动的资金主要甚至是全部来源于财政拨款收入，公益一类事业单位的情况与行政单位相似。公益二类事业单位可以取得的财政拨款收入数额，取决于其专业业务活动的特点以及通过开展专业业务活动可以从市场上取得的事业收入的数额。目前，事业单位在开展专业业务活动中的业务收费需经政府部门批准，由政府部门实行统一管理。

为核算财政拨款收入业务，行政事业单位应设置"财政拨款收入"总账科目。同级政府财政部门预拨的下期预算款和没有纳入预算的暂付款项，以及采用实拨资金方式通过本单位转拨给下属单位的财政拨款，通过"其他应付款"科目核算，不通过该科目核算。该科目可按照一般公共预算财政拨款、政府性基金预算财政拨款等拨款种类进行明细核算。

4.2.2　财政拨款收入的核算

一、通过财政直接支付方式取得的财政拨款收入

在财政直接支付方式下，根据行政事业单位收到的"财政直接支付入账通知书"及相关原始凭证，财务会计应当按照通知书中的直接支付入账金额，借记"库存物品""固定资产""业务活动费用""单位管理费用""应付职工薪酬"等科目，贷记"财政拨款收入"科目。涉及增值税业务的，相关账务处理参见"应交增值税"科目。预算会计应当借记"事业支出""行政支出"科目，贷记"财政拨款预算收入"科目。

年末，根据本年度财政直接支付预算指标数与当年财政直接支付实际支付数的差额，财务会计应当借记"财政应返还额度——财政直接支付"科目，贷记"财政拨款收入"科目。预算会计应当借记"资金结存——财政应返还额度"科目，贷记"财政拨款预算收入"科目。

因差错更正或购货退回等发生国库直接支付款项退回的，属于以前年度支付的款项，财务会计应当按照退回金额，借记"财政应返还额度——财政直接支付"科目，贷记"以前年度盈余调整""库存物品"等科目。预算会计应当按照财政拨款结转资金，借记"资金结存——财政应返还额度"科目，贷记"财政拨款结转——年初余额调整"科目；按照财政拨款结余资金，借记"资金

结存——财政应返还额度"科目，贷记"财政拨款结余——年初余额调整"科目。属于本年度支付的款项，财务会计应当按照退回金额，借记"财政拨款收入"科目，贷记"业务活动费用""库存物品"等科目。预算会计应当借记"财政拨款预算收入"科目，贷记"行政支出""事业支出"科目。

【例4-1】某行政单位通过财政直接支付方式向某社会组织支付一笔款项45 600元，具体内容为向该社会组织支付一笔政府购买服务的费用。该行政单位应编制如下会计分录。

财务会计账务处理如下。

借：业务活动费用　　　　　　　　　　　　　　　　45 600

　　贷：财政拨款收入　　　　　　　　　　　　　　　　45 600

预算会计账务处理如下。

借：行政支出　　　　　　　　　　　　　　　　　　45 600

　　贷：财政拨款预算收入　　　　　　　　　　　　　　45 600

行政事业单位通过财政直接支付方式取得财政拨款收入的业务有很多，如政府向社会力量购买服务、购买非货币性资产、取得基本支出拨款、支付预付账款、偿付应付账款等。

二、通过财政授权支付方式取得的财政拨款收入

在财政授权支付方式下，行政事业单位根据收到的"财政授权支付额度到账通知书"，财务会计应当按照通知书中的授权支付额度，借记"零余额账户用款额度"科目，贷记"财政拨款收入"科目。预算会计应当借记"资金结存——零余额账户用款额度"科目，贷记"财政拨款预算收入"科目。

年末，本年度财政授权支付预算指标数大于零余额账户用款额度下达数的，根据未下达的用款额度，财务会计应当借记"财政应返还额度——财政授权支付"科目，贷记"财政拨款收入"科目。预算会计应当借记"资金结存——财政应返还额度"科目，贷记"财政拨款预算收入"科目。

在财政授权支付方式下，行政事业单位在收到零余额账户用款额度以及年末确认财政尚未下达的零余额账户用款时确认财政拨款收入。

三、通过财政实拨资金方式取得的财政拨款收入

在其他方式主要是财政实拨资金方式下收到财政拨款收入时，财务会计应当按照实际收到的金额，借记"银行存款"等科目，贷记"财政拨款收入"科目。

预算会计应当借记"资金结存——货币资金"科目，贷记"财政拨款预算收入"
科目。

【例 4-2】某事业单位尚未纳入财政国库单一账户制度改革。该事业单位收到
开户银行转来的收款通知，收到财政部门拨入的本期预算经费 24 800 元。该事业单
位应编制如下会计分录。

　　财务会计账务处理如下。

　　借：银行存款　　　　　　　　　　　　　　　　　　24 800

　　　　贷：财政拨款收入　　　　　　　　　　　　　　　　　　24 800

　　预算会计账务处理如下。

　　借：资金结存——货币资金　　　　　　　　　　　　24 800

　　　　贷：财政拨款预算收入　　　　　　　　　　　　　　　　24 800

财政实拨资金方式使得大量财政资金沉淀在行政事业单位的商业银行账户
中，从而大大降低了财政的宏观调控能力。目前，绝大多数行政事业单位已经
进行了财政国库单一账户制度改革。因此，财政实拨资金支付方式已经较少使用。

四、有一般公共预算财政拨款和政府性基金预算财政拨款情况下取得的财政拨款收入

有些行政事业单位同时有一般公共预算财政拨款和政府性基金预算财政
拨款。这些行政事业单位在取得财政拨款收入时，应当区分一般公共预算财
政拨款和政府性基金预算财政拨款，分别核算两种不同性质财政资金的财政
拨款收入。

【例 4-3】某行政单位同时有一般公共预算财政拨款和政府性基金预算财政拨
款。该行政单位通过财政直接支付方式支付一笔政府性基金预算款项 66 800 元，具
体为支付一项公共基础设施在建工程的建设款项。同时，该行政单位还收到单位零余
额账户代理银行转来的财政授权支付额度到账通知书，收到由一般公共预算资金安排
的财政授权支付额度 25 500 元，具体可用于日常运行支出需要。该行政单位应编制
如下会计分录。

　　（1）收到政府性基金预算财政拨款时。

　　财务会计账务处理如下。

　　借：在建工程　　　　　　　　　　　　　　　　　　66 800

　　　　贷：财政拨款收入（政府性基金预算财政拨款）　　　　66 800

预算会计账务处理如下。

借：行政支出   66 800

  贷：财政拨款预算收入   66 800

（2）收到一般公共预算财政拨款时。

财务会计账务处理如下。

借：零余额账户用款额度   25 500

  贷：财政拨款收入（一般公共预算财政拨款） 25 500

预算会计账务处理如下。

借：资金结存——零余额账户用款额度   25 500

  贷：财政拨款预算收入   25 500

五、财政拨款收入的期末结账

期末，行政事业单位将"财政拨款收入"科目本期发生额转入本期盈余，财务会计应当借记"财政拨款收入"科目，贷记"本期盈余"科目。期末结转后，"财政拨款收入"科目应无余额。预算会计应当借记"财政拨款预算收入"科目，贷记"财政拨款结转——本年收支结转"科目。

【例4-4】年末，某事业单位"财政拨款收入"科目的本年发生额为658 000元。该事业单位将其全数转入"本期盈余"科目。该事业单位应编制如下会计分录。

财务会计账务处理如下。

借：财政拨款收入   658 000

  贷：本期盈余   658 000

预算会计账务处理如下。

借：财政拨款预算收入   658 000

  贷：财政拨款结转——本年收支结转   658 000

4.3 事业收入

4.3.1 事业收入的概述

事业收入是指事业单位开展专业业务活动及其辅助活动实现的收入，不包括从同级政府财政部门取得的各类财政拨款。

不同行业的事业单位开展的专业业务活动及其辅助活动的具体内容不尽相同，因此，不同行业事业单位的事业收入的种类也存在差异。根据相关事业单位行业财务制度的规定，事业单位的事业收入主要有以下几种。

一、高等学校的事业收入

高等学校的事业收入是指高等学校开展教学、科研及其辅助活动取得的收入，主要包括教育事业收入和科研事业收入。其中，教育事业收入是指高等学校开展教学及其辅助活动所取得的收入，包括通过学历和非学历教育向学生个人或者单位收取的学费、住宿费、委托培养费、考试考务费、培训费等。科研事业收入是指高等学校开展科研及其辅助活动所取得的收入，包括通过承接科研项目、开展科研协作、转化科技成果、进行科技咨询等取得的收入，但不包括按照部门预算隶属关系从同级财政部门取得的财政拨款。

二、中小学校的事业收入

中小学校的事业收入是指中小学校开展教育教学及其辅助活动依法取得的收入，主要包括行政事业性收费，如纳入行政事业性收费的学费、住宿费、考试报名费、考试考务费等，以及科研收入，如承担科研项目取得的收入等。

三、科学事业单位的事业收入

科学事业单位的事业收入是指科学事业单位开展专业业务活动及其辅助活动取得的收入，主要包括：科研收入，指科学事业单位承担科研项目取得的收入；技术收入，指科学事业单位对外提供技术咨询、技术服务等取得的收入；学术活动收入，指科学事业单位开展学术交流、学术期刊出版等活动取得的收入；科普活动收入，指科学事业单位开展科学知识宣传、讲座和科技展览等活动取得的收入；教学活动收入，指科学事业单位开展教学及其辅助活动取得的收入等。以上各项收入不包括按照部门预算隶属关系从同级财政部门取得的财政拨款。

四、文化事业单位的事业收入

文化事业单位的事业收入是指文化事业单位开展专业业务活动及其辅助活动取得的收入，主要包括：演出收入，指艺术表演团体进行各类文艺演出取得的收入；文化场馆服务收入，指艺术表演场所、文化展示及纪念机构开展文艺演出、举办展览展映等活动所取得的收入；技术服务收入，指文化事业单位提供各种技术指导、技术咨询、技术服务取得的收入；培训收入，指文化事业单位举办各种文化艺术培训班取得的收入；复印复制收入，指图书馆、文化馆、群艺馆、展览馆、美术馆、纪念馆等对外提供馆藏资料的复印复制等服务取得的收入；门票收入，指文化展示及纪念机构销售门票取得的收入等。

五、文物事业单位的事业收入

文物事业单位的事业收入是指文物事业单位开展专业业务活动及其辅助活动取得的收入，主要包括：门票收入，指文物事业单位开展业务活动出售门票取得的收入；展览收入，指文物事业单位自行举办或与外单位合办、协办展览而取得的收入；讲解导览收入，指文物事业单位为观众提供讲解、语音导览服务取得的收入；文物保护工程收入，指文物事业单位对外提供文物保护工程勘察设计、施工、监理等取得的收入；文物修复设计、施工收入，指文物事业单位对外提供文物修复等服务取得的收入。

六、广播电视事业单位的事业收入

广播电视事业单位的事业收入是指广播电视事业单位开展广播电视节目的制作、播出、传输、接收、监测等专业业务活动及其辅助活动取得的收入，主要包括：广告收入，指广播电视事业单位因播出、刊登广告收取的收入；收视费收入，指广播电视事业单位收取的电视节目收视费收入；节目销售收入，指广播电视事业单位销售节目取得的收入；合作合拍收入，指广播电视事业单位与国内外单位和机构合作广播电视节目或合拍影视节目取得的收入；节目制作和播放收入，指广播电视事业单位为其他单位制作和播放广播电视节目取得的收入；节目传输收入，指广播电视事业单位为用户传送广播电视节目取得的收入；技术服务收入，指广播电视事业单位对外提供技术服务、技术咨询、设备技术安装和维修取得的收入等。

七、医院的事业收入

医院的事业收入是指医院开展专业业务活动及其辅助活动取得的收入，主要包括医疗收入和科教项目收入。医疗收入是指医院开展医疗服务活动取得的收入，包括门诊收入和住院收入。门诊收入是指为门诊病人提供医疗服务所取得的收入，包括挂号收入、诊察收入、检查收入、化验收入、治疗收入、手术收入、卫生材料收入、药品收入等；住院收入是指为住院病人提供医疗服务所取得的收入，包括床位收入、诊察收入、检查收入、化验收入、治疗收入、手术收入、护理收入、卫生材料收入、药品收入等。科教项目收入是指医院取得的除财政补助收入外专门用于科研、教学项目的补助收入。

八、基层医疗卫生机构的事业收入

基层医疗卫生机构的事业收入是指基层医疗卫生机构在开展医疗卫生服务活动中取得的收入，主要包括门诊收入和住院收入。其中，门诊收入是指为门诊病人提供医疗服务所取得的收入，包括挂号收入、诊察收入、检查收入、化验收入、治疗收入、手术收入、卫生材料收入、药品收入等；住院收入是指为住院病人提供医疗服务所取得的收入，包括床位收入、诊察收入、检查收入、化验收入、治疗收入、手术收入、护理收入、卫生材料收入、药品收入等。

九、体育事业单位的事业收入

体育事业单位的事业收入是指体育事业单位开展体育业务活动及其辅助活动取得的收入，主要包括：体育竞赛收入，指体育事业单位组织和参加各类体育比赛和表演所取得的收入，如出售门票、比赛冠名权、媒体转播权和提供服务等取得的各项收入；体育公共设施服务收入，指体育事业单位依托体育场地及附属设施提供体育比赛、健身休闲、健身指导、技能培训、运动康复、体质测试等服务取得的收入；体育技术服务收入，指体育事业单位对外提供技术指导、技术咨询、技术培训、信息服务和推广体育科研成果等取得的收入；体育衍生业务收入，指体育事业单位通过形象代言、特许使用权、冠名权等取得的收入。

为核算事业收入业务，事业单位应设置"事业收入"总账科目。该科目应当按照事业收入的类别、来源等进行明细核算。对于因开展科研及其辅助活动从非同级政府财政部门取得的经费拨款，应当在该科目下单设"非同级财政拨款"明细科目进行核算。

4.3.2　事业收入的核算

一、采用财政专户返还方式管理的事业收入

事业单位实现应上缴财政专户的事业收入时，财务会计应当按照实际收到或应收的金额，借记"银行存款""应收账款"等科目，贷记"应缴财政款"科目；预算会计不需要进行账务处理。向财政专户上缴款项时，财务会计应当按照实际上缴的款项金额，借记"应缴财政款"科目，贷记"银行存款"等科目；

预算会计不需要进行账务处理。收到从财政专户返还的事业收入时，按照实际收到的返还金额，财务会计应当借记"银行存款"等科目，贷记"事业收入"科目；预算会计应当借记"资金结存——货币资金"科目，贷记"事业预算收入"科目。

【例4-5】某事业单位收到一笔采用财政专户返还方式管理的事业收入243 000元，款项已存入开户银行。数日后，事业单位通过开户银行向财政专户上缴收到的该笔事业收入243 000元。次月，该事业单位收到从财政专户返还的一部分事业收入85 000元，款项已存入开户银行。该事业单位应编制如下会计分录。

（1）收到采用财政专户返还方式管理的事业收入时。

财务会计账务处理如下。

借：银行存款   243 000

 贷：应缴财政款   243 000

预算会计不需要进行账务处理。

（2）通过开户银行向财政专户上缴相应的事业收入时。

财务会计账务处理如下。

借：应缴财政款   243 000

 贷：银行存款   243 000

预算会计不需要进行账务处理。

（3）收到从财政专户返还的一部分事业收入时。

财务会计账务处理如下。

借：银行存款   85 000

 贷：事业收入   85 000

预算会计账务处理如下。

借：资金结存——货币资金   85 000

 贷：事业预算收入   85 000

目前，采用财政专户返还方式管理的事业收入主要是教育收费。其他事业收入，财政部门可以根据情况和管理需要采用财政专户返还方式进行管理。例如，财政部门可以根据情况和管理需要，对广播电视事业单位的广告收入采用财政专户返还方式进行管理等。采用财政专户返还方式进行管理，有利于财政部门加强对有关事业收入的管理。

二、采用预收款方式确认的事业收入

事业单位实际收到预收款项时，财务会计应当按照收到的款项金额，借记"银行存款"等科目，贷记"预收账款"科目；预算会计应当借记"资金结存——货币资金"科目，贷记"事业预算收入"科目。以合同完成进度确认事业收入时，财务会计应当按照基于合同完成进度计算的金额，借记"预收账款"科目，贷记"事业收入"科目；预算会计不需要进行账务处理。

【例 4-6】某事业单位按合同约定从付款方预收一笔事业活动款项 85 000 元，款项已存入开户银行。年末，该事业单位按合同完成进度计算确认当年实现的事业收入 55 000 元。次年，合同全部完成，该事业单位确认剩余合同的事业收入 30 000 元。该事业单位应编制如下会计分录。

（1）从付款方预收款项时。

财务会计账务处理如下。

借：银行存款　　　　　　　　　　　　　　　　　　　85 000
　　贷：预收账款　　　　　　　　　　　　　　　　　　85 000

预算会计账务处理如下。

借：资金结存——货币资金　　　　　　　　　　　　　85 000
　　贷：事业预算收入　　　　　　　　　　　　　　　　85 000

（2）年末，确认当年实现的事业收入时。

财务会计账务处理如下。

借：预收账款　　　　　　　　　　　　　　　　　　　55 000
　　贷：事业收入　　　　　　　　　　　　　　　　　　55 000

预算会计不需要进行账务处理。

（3）次年，确认剩余合同的事业收入时。

财务会计账务处理如下。

借：预收账款　　　　　　　　　　　　　　　　　　　30 000
　　贷：事业收入　　　　　　　　　　　　　　　　　　30 000

预算会计不需要进行账务处理。

三、采用应收款方式确认的事业收入

事业单位根据合同完成进度计算本期应收的款项，财务会计应当借记"应收账款"科目，贷记"事业收入"科目；预算会计不需要进行账务处理。实际收到款项时，财务会计应当借记"银行存款"等科目，贷记"应收账款"科目；预算会计应当借记"资金结存——货币资金"科目，贷记"事业预算收入"科目。

【例4-7】某事业单位按合同约定开展一项专业业务活动，月末，该事业单位按合同完成进度计算确认当月实现的事业收入为25 600元，款项尚未收到。次月，该事业单位收到上月实现的事业收入25 600元。该事业单位应编制如下会计分录。

（1）月末，确认当月实现的事业收入时。

财务会计账务处理如下。

借：应收账款　　　　　　　　　　　　　　　　　　25 600

　　贷：事业收入　　　　　　　　　　　　　　　　　　25 600

预算会计不需要进行账务处理。

（2）次月，收到上月实现的事业收入时。

财务会计账务处理如下。

借：银行存款　　　　　　　　　　　　　　　　　　25 600

　　贷：应收账款　　　　　　　　　　　　　　　　　　25 600

预算会计账务处理如下。

借：资金结存——货币资金　　　　　　　　　　　　25 600

　　贷：事业预算收入　　　　　　　　　　　　　　　　25 600

四、其他方式下确认的事业收入

事业单位按照实际收到的金额，财务会计应当借记"银行存款""库存现金"等科目，贷记"事业收入"科目；预算会计应当借记"资金结存——货币资金"科目，贷记"事业预算收入"科目。

【例4-8】某事业单位在开展专业业务活动中收到现金1 220元。该事业单位应编制如下会计分录。

财务会计账务处理如下。

借：库存现金　　　　　　　　　　　　　　　　　　1 220

　　贷：事业收入　　　　　　　　　　　　　　　　　　1 220

预算会计账务处理如下。

借：资金结存——货币资金　　　　　　　　　　　　1 220

　　贷：事业预算收入　　　　　　　　　　　　　　　　1 220

无论采用何种方式，事业单位在确认事业收入时涉及增值税业务的，还应进行相应的会计处理。

五、事业收入的期末结账

期末，事业单位将"事业收入"科目本期发生额转入本期盈余，财务会计应当借记"事业收入"科目，贷记"本期盈余"科目。期末结转后，"事业收入"科目应无余额。预算会计应当对专项资金收入借记"事业预算收入"科目，贷记"非财政拨款结转——本年收支结转"科目；对非专项资金收入，借记"事业预算收入"科目，贷记"其他结余"科目。

【例 4-9】年末，某事业单位"事业收入"科目的本年发生额为 312 000 元。该事业单位将其全数转入"本期盈余"科目。该事业单位应编制如下会计分录。

财务会计账务处理如下。

借：事业收入　　　　　　　　　　　　　　　　　　312 000

　　贷：本期盈余　　　　　　　　　　　　　　　　　　312 000

预算会计账务处理如下。

借：事业预算收入　　　　　　　　　　　　　　　　312 000

　　贷：非财政拨款结转——本年收支结转 / 其他结余　　312 000

4.4　上级补助收入

4.4.1　上级补助收入的概述

上级补助收入是指事业单位从主管部门和上级单位取得的非财政拨款收入。

上级补助收入不同于财政补助收入，它们之间的主要差别是：财政补助收入来源于同级财政部门，资金性质为财政资金；上级补助收入来源于主管部门或上级单位，资金性质为非财政资金，如主管部门或上级单位自身组织的收入或集中下级单位的收入等。另外，财政补助收入属于事业单位的常规性收入，是事业单位开展业务活动的基本保证；上级补助收入属于事业单位的非常规性收入，主管部门或上级单位一般根据自身资金情况和事业单位的需要，向事业单位拨付上级补助资金。

4.4.2 上级补助收入的核算

为核算上级补助收入业务，事业单位应设置"上级补助收入"总账科目。该科目应当按照发放补助单位、补助项目等进行明细核算。事业单位确认上级补助收入时，财务会计应当按照应收或实际收到的金额，借记"其他应收款""银行存款"等科目，贷记该科目。实际收到应收的上级补助款时，按照实际收到的金额，借记"银行存款"等科目，贷记"其他应收款"科目。预算会计应当按照实际收到的金额，借记"资金结存——货币资金"科目，贷记"上级补助预算收入"科目。期末，将该科目本期发生额转入本期盈余，财务会计应当借记该科目，贷记"本期盈余"科目。期末结转后，该科目应无余额。对于专项资金收入，预算会计应当借记"上级补助预算收入"科目，贷记"非财政拨款结转——本年收支结转"科目；对于非专项资金收入，应借记"上级补助预算收入"科目，贷记"其他结余"科目。

【例4-10】某事业单位收到上级单位拨入一笔非财政补助资金26 000元，款项已存入开户银行。该笔非财政补助资金专项用于支持该事业单位的某项专业业务活动。该事业单位应编制如下会计分录。

财务会计账务处理如下。

借：银行存款 26 000

　　贷：上级补助收入 26 000

预算会计账务处理如下。

借：资金结存——货币资金 26 000

　　贷：上级补助预算收入 26 000

上级补助收入中的专项资金收入在项目完成后，需要向主管部门或上级单位报送专项支出决算和使用效果的书面报告，接受主管部门或上级单位的检查和验收。

【例4-11】年末，某事业单位"上级补助收入"科目的本年发生额为44 500元。该事业单位将其全数转入"本期盈余"科目。该事业单位应编制如下会计分录。

财务会计账务处理如下。

借：上级补助收入 44 500

　　贷：本期盈余 44 500

预算会计账务处理如下。

借：上级补助预算收入　　　　　　　　　　　　　44 500

　　贷：其他结余 / 非财政拨款结转——本年收支结转　　　44 500

4.5　附属单位上缴收入

4.5.1　附属单位上缴收入的概述

附属单位上缴收入是指事业单位取得的附属独立核算单位按照有关规定上缴的收入。

事业单位的附属独立核算单位可以是事业单位，也可以是企业。事业单位与其附属独立核算的事业单位通常存在行政隶属关系和预算管理关系；与其附属独立核算的企业通常不仅存在投资上的资金联系，而且还存在有权任免其管理人员职务、支持或否决其经营决策等权力联系。事业单位的附属独立核算企业大多曾经是事业单位的一个组成部分，从事相应的业务活动，后因种种原因从事业单位中独立出来，成为独立核算的企业法人实体。

事业单位的附属独立核算单位通常按规定的标准或比例向事业单位上缴款项，从而形成事业单位的附属单位上缴收入。事业单位的附属单位上缴收入包括附属的事业单位上缴的收入和附属的企业上缴的利润等。

4.5.2　附属单位上缴收入的核算

为核算附属单位上缴收入业务，事业单位应设置"附属单位上缴收入"总账科目。该科目应当按照附属单位、缴款项目等进行明细核算。事业单位确认附属单位上缴收入时，财务会计应当按照应收或收到的金额，借记"其他应收款""银行存款"等科目，贷记该科目。实际收到应收附属单位上缴款时，按照实际收到的金额，借记"银行存款"等科目，贷记"其他应收款"科目。预算会计应当按照实际收到的金额，借记"资金结存——货币资金"科目，贷记"附属单位上缴预算收入"科目。

期末，将该科目本期发生额转入本期盈余，财务会计应当借记该科目，贷记"本期盈余"科目。期末结转后，该科目应无余额。如是专项资金收入，预算会计应当借记"附属单位上缴预算收入"科目，贷记"非财政拨款结转——

本年收支结转"科目；如是非专项资金收入，预算会计应当借记"附属单位上缴预算收入"科目，贷记"其他结余"科目。

【例4-12】某事业单位按相关规定确认一笔附属单位上缴收入 17 800 元，款项尚未收到。次月，该事业单位实际收到该笔附属单位上缴收入 17 800 元，款项已存入开户银行。该事业单位应编制如下会计分录。

（1）按相关规定确认附属单位上缴收入时。

财务会计账务处理如下。

借：其他应收款   17 800

    贷：附属单位上缴收入   17 800

预算会计不需要进行账务处理。

（2）实际收到附属单位上缴收入时。

财务会计账务处理如下。

借：银行存款   17 800

    贷：其他应收款   17 800

预算会计账务处理如下。

借：资金结存——货币资金   17 800

    贷：附属单位上缴预算收入   17 800

【例4-13】年末，某事业单位"附属单位上缴收入"科目的本年发生额为 34 200 元。该事业单位将其全数转入"本期盈余"科目。该事业单位应编制如下会计分录。

财务会计账务处理如下。

借：附属单位上缴收入   34 200

    贷：本期盈余   34 200

预算会计账务处理如下。

借：附属单位上缴预算收入   34 200

    贷：非财政拨款结转——本年收支结转 / 其他结余   34 200

4.6　经营收入

4.6.1　经营收入的概述

经营收入是指事业单位在专业业务活动及其辅助活动之外开展非独立核算经营活动取得的收入。

事业单位经营收入的内容或种类通常包括以下几点。

（1）销售商品收入，即事业单位非独立核算部门销售商品取得的收入。

（2）经营服务收入，即事业单位非独立核算部门对外提供经营服务取得的收入。

（3）其他经营收入，即事业单位在专业业务活动及其辅助活动之外，开展非独立核算的经营活动取得的除上述各项收入以外的收入。

事业单位经营收入与附属单位上缴收入的主要区别是：经营收入是事业单位开展非独立核算经营活动取得的收入，附属单位上缴收入是事业单位附属独立核算单位上缴的收入。事业单位开展的非独立核算经营活动应当是小规模的，不便或无法形成独立核算单位。如果相应的经营活动规模较大，应尽可能组建附属独立核算单位。之后，附属独立核算单位按规定向事业单位上缴款项，形成事业单位的附属单位上缴收入。

4.6.2　经营收入的核算

为核算经营收入业务，事业单位应设置"经营收入"总账科目。该科目应当按照经营活动类别、项目和收入来源等进行明细核算。经营收入应当在提供服务或发出存货，同时收讫价款或者取得索取价款的凭据时，按照实际收到或应收的金额予以确认。事业单位实现经营收入时，财务会计应当按照确定的收入金额，借记"银行存款""应收账款""应收票据"等科目，贷记该科目。涉及增值税业务的，还应进行相应的会计处理。预算会计应当按照实际支付的金额，借记"资金结存——货币资金"科目，贷记"经营预算收入"科目。

期末，将该科目本期发生额转入本期盈余，财务会计应当借记该科目，贷记"本期盈余"科目。期末结转后，该科目应无余额。预算会计应当借记"经营预算收入"科目，贷记"经营结余"科目。

【例4-14】某事业单位开展一项非独立核算的经营活动，取得经营收入5 800

元，款项已存入开户银行。暂不考虑增值税业务。该事业单位应编制如下会计分录。

财务会计账务处理如下。

借：银行存款   5 800

    贷：经营收入   5 800

预算会计账务处理如下。

借：资金结存——货币资金   5 800

    贷：经营预算收入   5 800

【例 4-15】年末，某事业单位"经营收入"科目的本年发生额为 13 200 元。该事业单位将其全数转入"本期盈余"科目。该事业单位应编制如下会计分录。

财务会计账务处理如下。

借：经营收入   13 200

    贷：本期盈余   13 200

预算会计账务处理如下。

借：经营预算收入   13 200

    贷：经营结余   13 200

4.7 非同级财政拨款收入

4.7.1 非同级财政拨款收入的概述

非同级财政拨款收入是指行政事业单位从非同级政府财政部门取得的经费拨款，包括从同级政府其他部门取得的横向转拨财政款、从上级或下级政府财政部门取得的经费拨款等。

4.7.2 非同级财政拨款收入的核算

为核算非同级财政拨款收入业务，行政事业单位应设置"非同级财政拨款收入"总账科目。事业单位因开展科研及其辅助活动从非同级政府财政部门取得的经费拨款，应当通过"事业收入——非同级财政拨款"科目核算，不通过该科目核算。该科目应当按照本级横向转拨财政款和非本级财政拨款进行明细核算，并按照收入来源进行明细核算。行政事业单位确认非同级财政拨款收入时，财务会计应当按照应收或实际收到的金额，借记"其他应收款""银行存款"等科目，贷记该科目。预算会计应当按照实际收到的金额，借记"资金结存——货币资金"科目，贷记"非同级财政拨款预算收入"科目。

期末，将该科目本期发生额转入本期盈余，财务会计应当借记该科目，贷记"本期盈余"科目。期末结转后，该科目应无余额。在预算会计中，对于专项资金收入，应当借记"非同级财政拨款预算收入"科目，贷记"非财政拨款结转——本年收支结转"科目；对于非专项资金收入，应当借记"非同级财政拨款预算收入"科目，贷记"其他结余"科目。

【例 4-16】某纳入省级政府财政部门预算范围的事业单位从当地市级政府财政部门获得一笔财政资金 55 000 元，该笔财政资金属于当地市政府支持该事业单位发展的专项资金，款项已存入该事业单位的银行存款账户。该事业单位应编制如下会计分录。

财务会计账务处理如下。

借：银行存款　　　　　　　　　　　　　　　　　55 000
　　贷：非同级财政拨款收入　　　　　　　　　　　　55 000

预算会计账务处理如下。

借：资金结存——货币资金　　　　　　　　　　　　55 000
　　贷：非同级财政拨款预算收入　　　　　　　　　　55 000

行政事业单位取得的非同级财政拨款收入通常需要用于完成相应的专门项目或专项任务。

【例 4-17】年末，某事业单位"非同级财政拨款收入"科目的本年发生额为 64 500 元。该事业单位将其全数转入"本期盈余"科目。该事业单位应编制如下会计分录。

财务会计账务处理如下。

借：非同级财政拨款收入　　　　　　　　　　　　　64 500
　　贷：本期盈余　　　　　　　　　　　　　　　　　64 500

预算会计账务处理如下。

借：非同级财政拨款预算收入　　　　　　　　　　　64 500
　　贷：其他结余/非财政拨款结转——本年收支结转　　64 500

4.8 投资收益

投资收益是指事业单位股权投资和债券投资所实现的收益或发生的损失。

为核算投资收益业务，事业单位应设置"投资收益"总账科目。该科目应当按照投资的种类等进行明细核算。事业单位收到短期投资持有期间的利息，财务会计应当按照实际收到的金额，借记"银行存款"科目，贷记该科目。出售或到期收回短期债券本息，按照实际收到的金额，借记"银行存款"科目；按照出售或收回短期投资的成本，贷记"短期投资"科目；按照其差额，贷记或借记该科目。涉及增值税业务的，还应进行相应的会计处理。预算会计应当按照实际收到的款项，借记"资金结存——货币资金"科目，按照投资成本，贷记"投资支出"或"其他结余"科目，根据差额借记或者贷记"投资预算收益"科目。

持有的分期付息、一次还本的长期债券投资，按期确认利息收入时，财务会计应当按照计算确定的应收未收利息，借记"应收利息"科目，贷记该科目；预算会计不需要进行账务处理。持有的到期一次还本付息的债券投资，按期确认利息收入时，财务会计应当按照计算确定的应收未收利息，借记"长期债券投资——应计利息"科目，贷记该科目；预算会计不需要进行账务处理。出售长期债券投资或到期收回长期债券投资本息，财务会计应当按照实际收到的金额，借记"银行存款"等科目；按照债券初始投资成本和已计未收利息金额，贷记"长期债券投资——成本、应计利息"科目（到期一次还本付息债券）或"长期债券投资""应收利息"科目（分期付息债券）；按照其差额，贷记或借记该科目。涉及增值税业务的，还应进行相应的会计处理。预算会计应当按照实际收到的款项，借记"资金结存——货币资金"科目，贷记"投资支出"或者"其他结余"科目；按照差额，借记或者贷记"投资预算收益"科目。

采用成本法核算的长期股权投资持有期间，被投资单位宣告分派现金股利或利润时，财务会计应当按照宣告分派的现金股利或利润中属于单位应享有的份额，借记"应收股利"科目，贷记该科目。预算会计只有在取得分派的利润或者股利时才需要按照实际收到的金额，借记"资金结存——货币资金"科目，贷记"投资预算收益"科目。

采用权益法核算的长期股权投资持有期间，财务会计应当按照应享有或应分担的被投资单位实现的净损益的份额，借记或贷记"长期股权投资——损益调整"科目，贷记或借记该科目；预算会计不需要进行账务处理。被投资单位发生净亏损，但以后年度又实现净利润的，单位在其收益分享额弥补未确认的亏损分担额等后，恢复确认投资收益，财务会计应当借记"长期股权投资——损益调整"科目，贷记该科目；预算会计不需要进行账务处理。按照规定处置长期股权投资时有关投资收益的账务处理，参见长期股权投资核算的相关内容。

期末，将该科目本期发生额转入本期盈余，财务会计应当借记或贷记该科目，贷记或借记"本期盈余"科目；预算会计应当借记或贷记"其他结余"科目，借记或贷记"投资预算收益"科目。期末结转后，该科目应无余额。

【例 4-18】某事业单位收到短期投资持有期间的利息 2 200 元，款项已存入开户银行。该事业单位应编制如下会计分录。

财务会计账务处理如下。

借：银行存款　　　　　　　　　　　　　　　　　　　2 200
　　贷：投资收益　　　　　　　　　　　　　　　　　　　　2 200

预算会计账务处理如下。

借：资金结存——货币资金　　　　　　　　　　　　　2 200
　　贷：投资预算收益　　　　　　　　　　　　　　　　　　2 200

【例 4-19】某事业单位持有 B 公司 10% 的股份，无权决定 B 公司的财务和经营政策，也无权参与 B 公司的财务和经营政策决策，相应的长期股权投资采用成本法核算。某日，B 公司宣告分派现金股利 120 000 元，该事业单位按持股比例可分享相应的份额为 12 000 元（120 000×10%）。数日后，该事业单位收到 B 公司分派的现金股利 12 000 元，款项已存入开户银行。该事业单位应编制如下会计分录。

（1）确认可分享的现金股利时。

财务会计账务处理如下。

借：应收股利　　　　　　　　　　　　　　　　　　　12 000
　　贷：投资收益　　　　　　　　　　　　　　　　　　　　12 000

预算会计不需要进行账务处理。

（2）收到现金股利时。

财务会计账务处理如下。

借：银行存款　　　　　　　　　　　　　　　　　　　12 000
　　贷：应收股利　　　　　　　　　　　　　　　　　　　　12 000

预算会计账务处理如下。

借：资金结存——货币资金　　　　　　　　　　　　　12 000
　　贷：投资预算收益　　　　　　　　　　　　　　　　　　12 000

【**例 4-20**】年末，某事业单位"投资收益"科目的本年发生额为 78 500 元。该事业单位将其全数转入"本期盈余"科目。该事业单位应编制如下会计分录。

财务会计账务处理如下。

借：投资收益   78 500

　　贷：本期盈余   78 500

预算会计账务处理如下。

借：投资预算收益   78 500

　　贷：其他结余   78 500

4.9　捐赠收入、利息收入、租金收入和其他收入

4.9.1　捐赠收入

捐赠收入是指行政事业单位接受其他单位或者个人捐赠取得的收入。

为核算捐赠收入业务，行政事业单位应设置"捐赠收入"总账科目。该科目应当按照捐赠资产的用途和捐赠单位等进行明细核算。单位接受捐赠的货币资金，财务会计应当按照实际收到的金额，借记"银行存款""库存现金"等科目，贷记该科目。预算会计应当借记"资金结存——货币资金"科目，贷记"其他预算收入——捐赠收入"科目。接受捐赠的存货、固定资产等非现金资产，按照确定的成本，财务会计应当借记"库存物品""固定资产"等科目；按照发生的相关税费、运输费等，贷记"银行存款"等科目；按照其差额，贷记该科目。预算会计应当按照支付的相关税费，借记"其他支出"科目，贷记"资金结存"科目。接受捐赠的资产按照名义金额入账的，按照名义金额，财务会计应当借记"库存物品""固定资产"等科目，贷记该科目；同时，按照发生的相关税费、运输费等，借记"其他费用"科目，贷记"银行存款"等科目。预算会计应当按照支付的相关税费，借记"其他支出"科目，贷记"资金结存"科目。

期末，将该科目本期发生额转入本期盈余，财务会计应当借记该科目，贷记"本期盈余"科目。期末结转后，该科目应无余额。在预算会计中，对于专项资金收入，应当借记"其他预算收入——捐赠收入"科目，贷记"非财政拨款结转——本年收支"科目；对于非专项资金收入，应当借记"其他预算收入——捐赠收入"科目，贷记"其他结余"科目。

【例 4-21】某事业单位接受一笔货币资金捐赠 60 000 元，按捐赠约定规定用于专门用途，款项已存入开户银行。该事业单位应编制如下会计分录。

财务会计账务处理如下。

借：银行存款　　　　　　　　　　　　　　　　　　60 000

　　贷：捐赠收入　　　　　　　　　　　　　　　　　　　60 000

预算会计账务处理如下。

借：资金结存——货币资金　　　　　　　　　　　　60 000

　　贷：其他预算收入——捐赠收入　　　　　　　　　　　60 000

【例 4-22】年末，某事业单位"捐赠收入"科目的本年发生额为 118 000 元。该事业单位将其全数转入"本期盈余"科目。该事业单位应编制如下会计分录。

财务会计账务处理如下。

借：捐赠收入　　　　　　　　　　　　　　　　　118 000

　　贷：本期盈余　　　　　　　　　　　　　　　　　　118 000

预算会计账务处理如下。

借：其他预算收入——捐赠收入　　　　　　　　　118 000

　　贷：非财政拨款结转——本年收支 / 其他结余　　　　118 000

4.9.2　利息收入

利息收入是指行政事业单位取得的银行存款利息收入。

为核算利息收入业务，行政事业单位应设置"利息收入"总账科目。单位取得银行存款利息时，财务会计应当按照实际收到的金额，借记"银行存款"科目，贷记该科目；预算会计应当借记"资金结存——货币资金"科目，贷记"其他预算收入——利息收入"科目。期末，将该科目本期发生额转入本期盈余，财务会计应当借记该科目，贷记"本期盈余"科目；预算会计应当借记"其他预算收入——利息收入"科目，贷记"其他结余"科目。期末结转后，该科目应无余额。

4.9.3　租金收入

租金收入是指行政事业单位经批准利用国有资产出租取得并按照规定纳入本单位预算管理的租金收入。

为核算租金收入业务，行政事业单位应设置"租金收入"总账科目。该科目应当按照出租国有资产类别和收入来源等进行明细核算。

国有资产出租收入，应当在租赁期内各个期间按照直线法予以确认。采用预收租金方式的，预收租金时，财务会计应当按照收到的金额，借记"银行存款"等科目，贷记"预收账款"科目；预算会计应当借记"资金结存——货币资金"科目，贷记"其他预算收入——租金收入"科目。分期确认租金收入时，财务会计应当按照各期租金金额，借记"预收账款"科目，贷记该科目；预算会计不需要进行账务处理。

采用后付租金方式的，每期确认租金收入时，财务会计应当按照各期租金金额，借记"应收账款"科目，贷记该科目；预算会计不需要进行账务处理。收到租金时，财务会计应当按照实际收到的金额，借记"银行存款"等科目，贷记"应收账款"科目；预算会计应当借记"资金结存——货币资金"科目，贷记"其他预算收入——租金收入"科目。

采用分期收取租金方式的，每期收取租金时，财务会计应当按照租金金额，借记"银行存款"等科目，贷记该科目。涉及增值税业务的，还应进行相应的会计处理。预算会计应当借记"资金结存——货币资金"科目，贷记"其他预算收入——租金收入"科目。

期末，将该科目本期发生额转入本期盈余，财务会计应当借记该科目，贷记"本期盈余"科目。期末结转后，该科目应无余额。预算会计应当借记"其他预算收入——租金收入"科目，贷记"其他结余"科目。

【例4-23】某事业单位经批准采用预收租金方式出租一项固定资产，预收半年的租金90 000元，款项已存入开户银行。每月确认租金收入15 000元（90 000÷6）。暂不考虑增值税业务。该事业单位应编制如下会计分录。

（1）预收半年的租金时。

财务会计账务处理如下。

借：银行存款　　　　　　　　　　　　　　　　　90 000
　　贷：预收账款　　　　　　　　　　　　　　　　90 000

预算会计账务处理如下。

借：资金结存——货币资金　　　　　　　　　　　90 000
　　贷：其他预算收入——租金收入　　　　　　　　90 000

（2）每月确认租金收入时。

财务会计账务处理如下。

借：预收账款　　　　　　　　　　　　　　　　　　　15 000

　　贷：租金收入　　　　　　　　　　　　　　　　　　　15 000

预算会计不需要进行账务处理。

【例 4-24】年末，某事业单位"租金收入"科目的本年发生额为 216 000 元，该事业单位将其全数转入"本期盈余"科目。该事业单位应编制如下会计分录。

财务会计账务处理如下。

借：租金收入　　　　　　　　　　　　　　　　　　　216 000

　　贷：本期盈余　　　　　　　　　　　　　　　　　　　216 000

预算会计账务处理如下。

借：其他预算收入——租金收入　　　　　　　　　　　216 000

　　贷：其他结余　　　　　　　　　　　　　　　　　　　216 000

4.9.4　其他收入

一、其他收入的概述

其他收入是指行政事业单位取得的除财政拨款收入、事业收入、上级补助收入、附属单位上缴收入、经营收入、非同级财政拨款收入、投资收益、捐赠收入、利息收入、租金收入以外的各项收入，包括现金盘盈收入、按照规定纳入单位预算管理的科技成果转化收入、行政单位收回已核销的其他应收款、无法偿付的应付及预收款项、置换换出资产评估增值等。

为核算其他收入业务，行政事业单位应设置"其他收入"总账科目。该科目应当按照其他收入的类别、来源等进行明细核算。

二、其他收入的核算

（一）现金盘盈收入

每日现金账款核对中发现的现金溢余，属于无法查明原因的部分，报经批准后，财务会计应当借记"待处理财产损溢"科目，贷记"其他收入"科目。预算会计不需要进行账务处理。

（二）科技成果转化收入

单位科技成果转化所取得的收入，按照规定留归本单位的，按照所取得收入扣除相关费用之后的净收益，财务会计应当借记"银行存款"等科目，贷记"其他收入"科目。预算会计应当借记"资金结存——货币资金"科目，贷记"其他预算收入"科目。

（三）收回已核销的其他应收款

行政单位已核销的其他应收款在以后期间收回的，财务会计应当按照实际收回的金额，借记"银行存款"等科目，贷记"其他收入"科目。预算会计应当借记"资金结存——货币资金"科目，贷记"其他预算收入"科目。

（四）无法偿付的应付及预收款项

无法偿付或债权人豁免偿还的应付账款、预收账款、其他应付款及长期应付款，财务会计应当借记"应付账款""预收账款""其他应付款""长期付款"等科目，贷记"其他收入"科目。预算会计不需要进行账务处理。

（五）置换换出资产评估增值

资产置换过程中，换出资产评估增值的，财务会计应当按照评估价值高于资产账面价值或账面余额的金额，借记有关科目，贷记"其他收入"科目。具体账务处理参见"库存物品"等科目。预算会计不需要进行账务处理。

以未入账的无形资产取得的长期股权投资，财务会计应当按照评估价值加相关税费作为投资成本，借记"长期股权投资"科目；按照发生的相关税费，贷记"银行存款""其他应交税费"等科目；按其差额，贷记"其他收入"科目。

（六）除以上内容以外的其他收入

确认除以上内容以外的其他收入时，财务会计应当按照应收或实际收到的金额，借记"其他应收款""银行存款""库存现金"等科目，贷记"其他收入"科目。涉及增值税业务的，还应进行相应的账务处理。预算会计应当借记"资金结存——货币资金"科目，贷记"其他预算收入"科目。

（七）其他收入的期末结账

期末，将"其他收入"科目本期发生额转入本期盈余，财务会计应当借记"其他收入"科目，贷记"本期盈余"科目。期末结转后，"其他收入"科目应无余额。在预算会计中，对于专项资金收入，应当借记"其他预算收入"科目，贷记"非财政拨款结转——本年收支结转"科目；对于非专项资金收入，应当借记"其他预算收入"科目，贷记"其他结余"科目。

【例 4-25】某事业单位经批准出售一项自主研发的无形资产，该项无形资产的账面余额为 175 000 元，尚未计提摊销，出售价款为 385 000 元，相应款项已收到并存入开户银行。按照规定，该项无形资产的出售收入纳入本单位预算管理。暂不考虑增值税业务。该事业单位应编制如下会计分录。

（1）转销无形资产账面余额时。

财务会计账务处理如下。

借：资产处置费用　　　　　　　　　　　　　　　175 000

　　贷：无形资产　　　　　　　　　　　　　　　　　　175 000

预算会计不需要进行账务处理。

（2）收到无形资产出售价款时。

财务会计账务处理如下。

借：银行存款　　　　　　　　　　　　　　　　　385 000

　　贷：其他收入　　　　　　　　　　　　　　　　　　385 000

预算会计账务处理如下。

借：资金结存——货币资金　　　　　　　　　　　385 000

　　贷：其他预算收入　　　　　　　　　　　　　　　　385 000

事业单位还可以通过授予使用许可的方式向其他单位转让无形资产使用权，并由此取得转让无形资产使用权收入。为激励研发人员积极投入研发创新活动，事业单位通常需要将一部分科技成果转让收入用于研发人员的奖励。

【例 4-26】某事业单位经批准以一项未入账的无形资产取得一项长期股权投资，该项未入账的无形资产的评估价值为 633 000 元。暂不考虑相关税费的业务。该事业单位应编制如下会计分录。

财务会计账务处理如下。

借：长期股权投资　　　　　　　　　　　　　　　633 000

　　贷：其他收入　　　　　　　　　　　　　　　　　　633 000

预算会计不需要进行账务处理。

【例 4-27】年末，某行政单位"其他收入"科目的本年发生额为 5 200 元。该行政单位将其全数转入"本期盈余"科目。该行政单位应编制如下会计分录。

财务会计账务处理如下。

借：其他收入　　　　　　　　　　　　　　　　　5 200

　　贷：本期盈余　　　　　　　　　　　　　　　　　　5 200

预算会计账务处理如下。

借：其他预算收入　　　　　　　　　　　　　　　5 200

　　贷：非财政拨款结转——本年收支结转 / 其他结余　　5 200

第 5 章
费用类会计核算

5.1　费用概述

　　费用是指报告期内导致政府会计主体净资产减少的、含有服务潜力或者经济利益的经济资源的流出。

　　费用是行政事业单位在履行职责或开展业务活动中耗费的经济资源。由行政事业单位控制的，供社会公众使用的公共基础设施、政府储备物资、文物文化资产、保障性住房等经济资源的耗费，也属于行政事业单位的费用。行政事业单位的费用按照不同的资源耗费目的和内容分为业务活动费用、单位管理费用、经营费用、资产处置费用、上缴上级费用、对附属单位补助费用、所得税费用和其他费用等种类。费用应当以权责发生制为基础进行确认和计量。费用和收入两个财务会计要素构筑行政事业单位的收入费用表。

　　财务会计按照权责发生制的要求确立了"费用"的概念，并按照功能将费用划分为八个类别，其费用项目与会计科目名称、特指用途与经济含义归纳如表 5-1 所示。

表 5-1　　　　　　　　　　　　费用的划分及其基本含义

编号	费用项目与会计科目	特指用途	基本含义
5001	业务活动费用		专业业务活动及辅助活动发生的各项费用
5101	单位管理费用	事业单位	行政及后勤管理活动发生的各项费用
5201	经营费用	事业单位	非独立核算经营活动发生的各项费用
5301	资产处置费用		经批准处置资产时发生的费用
5401	上缴上级费用	事业单位	上缴上级单位款项发生的费用
5501	对附属单位补助费用	事业单位	对附属单位补助发生的费用
5801	所得税费用	事业单位	按规定缴纳企业所得税所形成的费用
5901	其他费用		上述七项以外的费用

政府会计确认的费用应当满足以下条件：（1）与费用相关的含有服务潜力或者经济利益的经济资源很可能流出政府会计主体；（2）含有服务潜力或者经济利益的经济资源流出会导致政府会计主体资产减少或者负债增加；（3）流出金额能够可靠计量。凡是符合费用定义及其确认条件的项目，都应当列入收入费用表的费用项目中。

5.2　业务活动费用

5.2.1　业务活动费用的概述

业务活动费用是指行政事业单位为实现其职能目标，依法履职或开展专业业务活动及其辅助活动所发生的各项费用。

行政单位根据其职能定位依法履行相应的职能。例如，全国人民代表大会依法履行立法和监督职能、财政部门依法履行财政管理职能、税务部门依法履行税收征管职能、工商行政管理部门依法履行工商行政管理职能、公安部门依法履行公共安全管理职能、法院依法履行案件审判和执行职能、教育部门依法履行教育管理职能、环保部门依法履行环境保护职能、金融监管部门依法履行金融监管职能等。行政单位依法履行行业和社会管理职能。

事业单位根据其业务目标依法开展相应的专业业务活动及其辅助活动。例如，学校开展教育教学活动及其辅助活动、医院开展医疗服务活动及其辅助活动、高等学校和科研院所开展科学研究活动及其辅助活动、广播电视台开展广播电视节目制作播出活动及其辅助活动、公共图书馆和公共文化馆开展图书借阅和公共文化活动及其辅助活动等。事业单位开展的专业业务活动及其辅助活动属于社会公益活动。

事业单位开展的专业业务活动及其辅助活动应当与事业单位本身开展的行政以及后勤管理活动进行区分。以高等学校为例，高等学校各学院、系等教学机构开展的教学活动属于专业业务活动，高等学校在学院、系外单独设立的研究所、研究中心等各类科研机构开展的科研活动也属于专业业务活动，电教中心、图书馆、博物馆等教学科研辅助部门开展的业务活动属于教学科研活动或专业业务活动的辅助活动。高等学校校级行政及后勤管理部门为组织、管理教学、科研活动及其辅助活动而开展的管理活动则属于单位管理活动。以医院为例，医院开展的医疗服务、科研和教学活动及其辅助活动属于专业业务活动及其辅助活动，医院行政及后勤管理部门为组织、管理医疗、科研和教学等活动及其辅助活动而开展的管理活动则属于单位管理活动。以科研院所为例，科研院所开展的科学研究活动、科学普及活动、教学活动及其辅助活动属于专业业务活动及其辅助活动，科研院所行政和后勤管理部门为组织、管理科学研究、科学普及和教学活动及其辅助活动而开展的管理活动则属于单位管理活动。

为核算业务活动费用业务，行政事业单位应设置"业务活动费用"总账科目。该科目应当按照项目、服务或者业务类别、支付对象等进行明细核算。为了满足成本核算需要，该科目下还可按照"工资福利费用""商品和服务费用""对个人和家庭的补助费用""对企业补助费用""固定资产折旧费""无形资产摊销费""公共基础设施折旧（摊销）费""保障性住房折旧费""计提专用基金"等成本项目设置明细科目，归集能够直接计入业务活动或采用一定方法计算后计入业务活动的费用。

按照现行政府会计制度的规定，事业单位本级行政及后勤管理部门开展管理活动发生的各项费用，在单独设置的"单位管理费用"总账科目中核算，不在"业务活动费用"总账科目中核算。行政单位不设置"单位管理费用"总账科目，依法履职所发生的各项费用全部在"业务活动费用"总账科目中核算。

5.2.2　业务活动费用的核算

一、计提职工薪酬

为履职或开展业务活动人员计提的薪酬，财务会计应当按照计算确定的金额，借记"业务活动费用"科目，贷记"应付职工薪酬"科目。预算会计不需要进行账务处理。

【例5-1】某行政单位为履职人员计提当月职工薪酬共计568 500元。该行政单位应编制如下会计分录。

财务会计账务处理如下。

借：业务活动费用　　　　　　　　　　　　　　　568 500
　　贷：应付职工薪酬　　　　　　　　　　　　　　568 500

预算会计不需要进行账务处理。

【例5-2】某事业单位为开展专业业务活动人员计提当月职工薪酬共计722 000

元。该事业单位应编制如下会计分录。

财务会计账务处理如下。

借：业务活动费用　　　　　　　　　　　　　　722 000

　　贷：应付职工薪酬　　　　　　　　　　　　　　722 000

预算会计不需要进行账务处理。

二、发生外部人员劳务费

为履职或开展业务活动发生的外部人员劳务费，财务会计应当按照计算确定的金额，借记"业务活动费用"科目；按照代扣代缴个人所得税的金额，贷记"其他应交税费——应交个人所得税"科目；按照扣税后应付或实际支付的金额，贷记"其他应付款""财政拨款收入""零余额账户用款额度""银行存款"等科目。预算会计应当按照支付给个人的部分，借记"行政支出""事业支出"科目，贷记"财政拨款预算收入""资金结存"科目。

【例 5-3】某事业单位为开展业务活动发生外部人员劳务费共计 23 800 元，其中，应代扣代缴个人所得税 1 600 元，扣税后应支付的劳务费为 22 200 元（23 800-1 600）。该事业单位应编制如下会计分录。

财务会计账务处理如下。

借：业务活动费用　　　　　　　　　　　　　　23 800

　　贷：其他应交税费——应交个人所得税　　　　　　1 600

　　　　其他应付款　　　　　　　　　　　　　　22 200

预算会计账务处理如下。

借：事业支出　　　　　　　　　　　　　　　　22 200

　　贷：资金结存　　　　　　　　　　　　　　　22 200

三、领用库存物品和动用发出政府储备物资

为履职或开展业务活动领用库存物品，以及动用发出相关政府储备物资，财务会计应当按照领用库存物品或发出相关政府储备物资的账面余额，借记"业务活动费用"科目，贷记"库存物品""政府储备物资"科目。预算会计不需要进行账务处理。

【例 5-4】某行政单位为履职领用一批库存物品，该批库存物品的账面余额为 7 820 元。该行政单位应编制如下会计分录。

财务会计账务处理如下。

借：业务活动费用   7 820

  贷：库存物品   7 820

预算会计不需要进行账务处理。

四、计提固定资产、无形资产、公共基础设施和保障性住房折旧、摊销

为履职或开展业务活动所使用的固定资产、无形资产以及为所控制的公共基础设施、保障性住房计提的折旧、摊销，财务会计应当按照计提金额，借记"业务活动费用"科目，贷记"固定资产累计折旧""无形资产累计摊销""公共基础设施累计折旧（摊销）""保障性住房累计折旧"科目。预算会计不需要进行账务处理。

【例5-5】某事业单位为开展业务活动所使用的固定资产计提折旧452 000元。该事业单位应编制如下会计分录。

财务会计账务处理如下。

借：业务活动费用   452 000

  贷：固定资产累计折旧   452 000

预算会计不需要进行账务处理。

【例5-6】某行政单位为所控制的公共基础设施计提折旧796 000元。该行政单位应编制如下会计分录。

财务会计账务处理如下。

借：业务活动费用   796 000

  贷：公共基础设施累计折旧（摊销）   796 000

预算会计不需要进行账务处理。

五、发生相关税费

为履职或开展业务活动发生的城市维护建设税、教育费附加、地方教育费附加、车船税、房产税、城镇土地使用税等，按照计算确定应缴纳的金额，财务会计应当借记"业务活动费用"科目，贷记"其他应交税费"等科目。预算会计不需要进行账务处理。

【例5-7】某事业单位为开展业务活动发生城市维护建设税1 500元，教育费附加900元，两项税费合计2 400元（1 500+900）。该事业单位应编制如下会计分录。

财务会计账务处理如下。

借：业务活动费用　　　　　　　　　　　　　　　　2 400

　　贷：其他应交税费　　　　　　　　　　　　　　　　　2 400

预算会计不需要进行账务处理。

六、发生其他各项费用

为履职或开展业务活动发生其他各项费用时，财务会计应当按照费用确认金额，借记"业务活动费用"科目，贷记"财政拨款收入""零余额账户用款额度""银行存款""应付账款""其他应付款""其他应收款"等科目。预算会计应当按照实际支付的价格借记"事业支出"科目，贷记"财政拨款预算收入""资金结存"科目。

【例 5-8】某行政单位为履职发生水费、电费、物业管理费等各项办公费用 1 850 元，款项通过财政授权支付方式支付。该行政单位应编制如下会计分录。

财务会计账务处理如下。

借：业务活动费用　　　　　　　　　　　　　　　　1 850

　　贷：零余额账户用款额度　　　　　　　　　　　　　　1 850

预算会计账务处理如下。

借：事业支出　　　　　　　　　　　　　　　　　　1 850

　　贷：资金结存　　　　　　　　　　　　　　　　　　1 850

七、提取专用基金

按照规定从收入中提取专用基金并计入费用的，一般按照预算会计下基于预算收入计算提取的金额，财务会计应当借记"业务活动费用"科目，贷记"专用基金"科目。国家另有规定的，从其规定。预算会计不需要进行账务处理。

【例 5-9】某事业单位按照规定从事业收入中提取专用基金 550 元，并将提取的专用基金计入业务活动费用。该事业单位应编制如下会计分录。

财务会计账务处理如下。

借：业务活动费用　　　　　　　　　　　　　　　　550

　　贷：专用基金　　　　　　　　　　　　　　　　　　　550

预算会计不需要进行账务处理。

八、发生当年购货退回等业务

发生当年购货退回等业务，对于已计入本年业务活动费用的，财务会计应当按照收回或应收的金额，借记"财政拨款收入""零余额账户用款额度""银行存款""其他应收款"等科目，贷记"业务活动费用"科目。预算会计应当借记"财政拨款预算收入""资金结存"科目，贷记"事业支出"科目。

【例5-10】某事业单位因货品质量问题退回一批当年购入的价值460元的货品，该批货品在购入时已计入当年业务活动费用，退货款项已收到并存入开户银行。该事业单位应编制如下会计分录。

财务会计账务处理如下。

借：银行存款　　　　　　　　　　　　　　　　　　　460

　　贷：业务活动费用　　　　　　　　　　　　　　　　460

预算会计账务处理如下。

借：资金结存　　　　　　　　　　　　　　　　　　　460

　　贷：事业支出　　　　　　　　　　　　　　　　　　460

九、业务活动费用的期末结账

期末，将"业务活动费用"科目本期发生额转入本期盈余，财务会计应当借记"本期盈余"科目，贷记"业务活动费用"科目。期末结转后，"业务活动费用"科目应无余额。预算会计应当借记"财政拨款结转——本年收支结转（财政拨款支出）""非财政拨款结转——本年收支结转（非财政专项资金支出）""其他结余（非财政、非专项资金支出）"科目，贷记"事业支出""行政支出"科目。

【例5-11】年末，某行政单位"业务活动费用"科目的本年发生额为785 000元。该行政单位将其全数转入"本期盈余"科目。该行政单位应编制如下会计分录。

财务会计账务处理如下。

借：本期盈余　　　　　　　　　　　　　　　　　　785 000

　　贷：业务活动费用　　　　　　　　　　　　　　　785 000

预算会计账务处理如下。

借：财政拨款结转——本年收支结转　　　　　　　　785 000

　　贷：行政支出　　　　　　　　　　　　　　　　　785 000

5.3　单位管理费用

5.3.1　单位管理费用的概述

单位管理费用是指事业单位本级行政及后勤管理部门开展管理活动发生的各项费用，包括单位行政及后勤管理部门发生的人员经费、公用经费、资产折旧（摊销）等费用，以及由单位统一负担的离退休人员经费、工会经费、诉讼费、中介费等。

为核算单位管理费用业务，事业单位应设置"单位管理费用"总账科目。该科目应当按照项目、费用类别、支付对象等进行明细核算。为了满足成本核算需要，该科目下还可按照"工资福利费用""商品和服务费用""对个人和家庭的补助费用""固定资产折旧费""无形资产摊销费"等成本项目设置明细科目，归集能够直接计入单位管理活动或采用一定方法计算后计入单位管理活动的费用。

5.3.2　单位管理费用的核算

一、计提职工薪酬

为管理活动人员计提的薪酬，财务会计应当按照计算确定的金额，借记"单位管理费用"科目，贷记"应付职工薪酬"科目。预算会计不需要进行账务处理。

【例 5-12】某事业单位为管理活动人员计提当月职工薪酬共计 154 000 元。该事业单位应编制如下会计分录。

财务会计账务处理如下。

借：单位管理费用　　　　　　　　　　　　　　　　　154 000
　　贷：应付职工薪酬　　　　　　　　　　　　　　　　154 000

预算会计不需要进行账务处理。

二、发生外部人员劳务费

为开展管理活动发生的外部人员劳务费，财务会计应当按照计算确定的费用金额，借记"单位管理费用"科目，按照代扣代缴个人所得税的金额，贷记"其他应交税费——应交个人所得税"科目；按照扣税后应付或实际支付的金额，贷记"其他应付款""财政拨款收入""零余额账户用款额度""银行存款"
等科目。预算会计应当按照实际支付给个人的部分，借记"事业支出"科目，
贷记"财政拨款预算收入""资金结存"科目；实际支付税款时应当借记"事
业支出"科目，贷记"资金结存"科目。

【例5-13】某事业单位为开展管理活动发生外部人员劳务费共计18 500元，
其中，应代扣代缴个人所得税为1 100元，扣税后实际支付的劳务费为17 400
元（18 500-1 100），款项通过零余额账户用款额度支付。该事业单位应编制如下
会计分录。

财务会计账务处理如下。

借：单位管理费用　　　　　　　　　　　　　　　　　18 500
　　贷：其他应交税费——应交个人所得税　　　　　　　1 100
　　　　零余额账户用款额度　　　　　　　　　　　　17 400

预算会计账务处理如下。

借：事业支出　　　　　　　　　　　　　　　　　　　17 400
　　贷：资金结存　　　　　　　　　　　　　　　　　17 400

三、领用库存物品

开展管理活动内部领用库存物品，财务会计应当按照领用物品实际成本，
借记"单位管理费用"科目，贷记"库存物品"科目。预算会计不需要进行账
务处理。

【例5-14】某事业单位为开展管理活动内部领用一批库存物品，该批库存物
品的实际成本为9 200元。该事业单位应编制如下会计分录。

财务会计账务处理如下。

借：单位管理费用　　　　　　　　　　　　　　　　　9 200
　　贷：库存物品　　　　　　　　　　　　　　　　　9 200

预算会计不需要进行账务处理。

四、计提固定资产折旧和无形资产摊销

为管理活动所使用固定资产、无形资产计提的折旧、摊销，按照应提折旧、
摊销额，财务会计应当借记"单位管理费用"科目，贷记"固定资产累计折旧""无
形资产累计摊销"科目。预算会计不需要进行账务处理。

【例 5-15】某事业单位为管理活动所使用的固定资产计提折旧 133 000 元。该事业单位应编制如下会计分录。

财务会计账务处理如下。

借：单位管理费用 133 000

　　贷：固定资产累计折旧 133 000

预算会计不需要进行账务处理。

五、发生相关税费

为开展管理活动发生城市维护建设税、教育费附加、地方教育费附加、车船税、房产税、城镇土地使用税等，财务会计应当按照计算确定应缴纳的金额，借记"单位管理费用"科目，贷记"其他应交税费"等科目。预算会计只有在实际缴纳时，借记"事业支出"科目，贷记"资金结存"科目。

【例 5-16】某事业单位为开展管理活动发生城市维护建设税 500 元，教育费附加 300 元，两项税费合计 800 元（500+300）。该事业单位应编制如下会计分录。

财务会计账务处理如下。

借：单位管理费用 800

　　贷：其他应交税费 800

预算会计不需要进行账务处理。

六、发生其他各项费用

为开展管理活动发生的其他各项费用，财务会计应当按照费用确认金额，借记"单位管理费用"科目，贷记"财政拨款收入""零余额账户用款额度""银行存款""其他应付款""其他应收款"等科目。预算会计应当按照实际支付的金额，借记"事业支出"科目，贷记"财政拨款预算收入""资金结存"科目。

【例 5-17】某事业单位为开展管理活动发生差旅费、因公出国费、会议费等费用 62 500 元，款项通过财政直接支付方式支付。该事业单位应编制如下会计分录。

财务会计账务处理如下。

借：单位管理费用 62 500

　　贷：财政拨款收入 62 500

预算会计账务处理如下。

借：事业支出 62 500

　　贷：财政拨款预算收入 62 500

七、发生当年购货退回等业务

发生当年购货退回等业务，对于已计入本年单位管理费用的，财务会计应当按照收回或应收的金额，借记"财政拨款收入""零余额账户用款额度""银行存款""其他应收款"等科目，贷记"单位管理费用"科目。预算会计应当借记"财政拨款预算收入""资金结存"科目，贷记"事业支出"科目。

【例5-18】某事业单位因货品质量问题退回一批当年购入的价值 2 650 元的货品，该批货品在购入时已计入当年单位管理费用，退货款项尚未收到。该事业单位应编制如下会计分录。

财务会计账务处理如下。

借：其他应收款   2 650

  贷：单位管理费用   2 650

预算会计不需要进行账务处理。

八、单位管理费用的期末结账

期末，将"单位管理费用"科目本期发生额转入本期盈余，财务会计应当借记"本期盈余"科目，贷记"单位管理费用"科目。期末结转后，"单位管理费用"科目应无余额。预算会计应当借记"财政拨款结转——本年收支结转（财政拨款支出）""非财政拨款结转——本年收支结转（非财政专项资金支出）""其他结余（非财政、非专项资金支出）"科目，贷记"事业支出"科目。

【例5-19】年末，某事业单位"单位管理费用"科目的本年发生额为 385 500 元。该事业单位将其全数转入"本期盈余"科目。该事业单位应编制如下会计分录。

财务会计账务处理如下。

借：本期盈余   385 500

  贷：单位管理费用   385 500

预算会计账务处理如下。

借：财政拨款结转——本年收支结转   385 500

  贷：事业支出   385 500

5.4　经营费用

5.4.1　经营费用的概述

经营费用是指事业单位在专业业务活动及其辅助活动之外开展非独立核算经营活动发生的各项费用。

事业单位应当正确区分在开展专业业务活动及其辅助活动中形成的业务活动费用、在开展单位管理活动中形成的单位管理费用以及在开展非独立核算经营活动中形成的经营费用。事业单位开展的专业业务活动及其辅助活动以及单位管理活动也可统称为事业活动，事业活动与经营活动对应。犹如前述，事业单位开展的非独立核算经营活动应当是小规模的，在公益一类事业单位中基本也是没有的。行政单位没有经营活动。

为核算经营费用业务，事业单位应设置"经营费用"总账科目。该科目应当按照经营活动类别、项目、支付对象等进行明细核算。为了满足成本核算需要，该科目下还可按照"工资福利费用""商品和服务费用""对个人和家庭的补助费用""固定资产折旧费""无形资产摊销费"等成本项目设置明细科目，归集能够直接计入单位经营活动或采用一定方法计算后计入单位经营活动的费用。

5.4.2　经营费用的核算

一、计提职工薪酬

为经营活动人员计提的薪酬，财务会计应当按照计算确定的金额，借记"经营费用"科目，贷记"应付职工薪酬"科目。预算会计不需要进行账务处理。

【例 5-20】某事业单位为经营活动人员计提当月职工薪酬共计 24 200 元。该事业单位应编制如下会计分录。

财务会计账务处理如下。

借：经营费用　　　　　　　　　　　　　　　　　24 200
　　贷：应付职工薪酬　　　　　　　　　　　　　　　　24 200

预算会计不需要进行账务处理。

二、领用或发出库存物品

开展经营活动领用或发出库存物品，财务会计应当按照物品实际成本，借记"经营费用"科目，贷记"库存物品"科目。预算会计不需要进行账务处理。

【例5-21】某事业单位为开展经营活动发出一批库存物品，该批库存物品的实际成本为3 100元。该事业单位应编制如下会计分录。

财务会计账务处理如下。

借：经营费用　　　　　　　　　　　　　　　　　3 100

　　贷：库存物品　　　　　　　　　　　　　　　　　3 100

预算会计不需要进行账务处理。

三、计提固定资产折旧和无形资产摊销

为经营活动所使用固定资产、无形资产计提的折旧、摊销，按照应提折旧、摊销额，财务会计应当借记"经营费用"科目，贷记"固定资产累计折旧""无形资产累计摊销"科目。预算会计不需要进行账务处理。

【例5-22】某事业单位为经营活动所使用的固定资产计提折旧53 000元。该事业单位应编制如下会计分录。

财务会计账务处理如下。

借：经营费用　　　　　　　　　　　　　　　　　53 000

　　贷：固定资产累计折旧　　　　　　　　　　　　　53 000

预算会计不需要进行账务处理。

四、发生相关税费

开展经营活动发生城市维护建设税、教育费附加、地方教育费附加、车船税、房产税、城镇土地使用税等，财务会计应当按照计算确定应缴纳的金额，借记"经营费用"科目，贷记"其他应交税费"等科目。预算会计不需要进行账务处理。

【例5-23】某事业单位为开展经营活动发生城市维护建设税1 000元、教育费附加600元、房产税340元，三项税费合计1 940元（1 000+600+340）。该事业单位应编制如下会计分录。

财务会计账务处理如下。

借：经营费用　　　　　　　　　　　　　　　　　1 940

　　　　贷：其他应交税费　　　　　　　　　　　　　　　　　　　1 940

预算会计不需要进行账务处理。

五、发生其他各项费用

　　发生与经营活动相关的其他各项费用时,财务会计应当按照费用确认金额,借记"经营费用"科目,贷记"银行存款""其他应付款""其他应收款"等科目。涉及增值税业务的,还应进行相应的账务处理。预算会计应当按照实际支付的金额,借记"经营支出"科目,贷记"资金结存——货币资金"科目。

　　【例 5-24】 某事业单位为开展经营活动发生水费、电费等费用 1 500 元,款项通过银行存款支付。该事业单位应编制如下会计分录。

　　财务会计账务处理如下。

　　借：经营费用　　　　　　　　　　　　　　　　　　　　　　1 500

　　　　贷：银行存款　　　　　　　　　　　　　　　　　　　　　　1 500

　　预算会计账务处理如下。

　　借：经营支出　　　　　　　　　　　　　　　　　　　　　　1 500

　　　　贷：资金结存——货币资金　　　　　　　　　　　　　　　　1 500

六、发生当年购货退回等业务

　　发生当年购货退回等业务,对于已计入本年经营费用的,财务会计应当按照收回或应收的金额,借记"银行存款""其他应收款"等科目,贷记"经营费用"科目。预算会计应当按照实际收到的金额,借记"资金结存——货币资金"科目,贷记"经营支出"科目。

　　【例 5-25】 某事业单位因货品质量问题退回一批当年购入的价值 350 元的货品,该批货品在购入时已计入当年经营费用,退货款项尚未收到。该事业单位应编制如下会计分录。

　　财务会计账务处理如下。

　　借：其他应收款　　　　　　　　　　　　　　　　　　　　　350

　　　　贷：经营费用　　　　　　　　　　　　　　　　　　　　　　350

　　待退货款项收到后,预算会计账务处理如下。

　　借：资金结存——货币资金　　　　　　　　　　　　　　　　350

　　　　贷：经营支出　　　　　　　　　　　　　　　　　　　　　　350

七、经营费用的期末结账

期末，将"经营费用"科目本期发生额转入本期盈余，财务会计应当借记"本期盈余"科目，贷记"经营费用"科目。期末结转后，"经营费用"科目应无余额。预算会计应当借记"经营结余"科目，贷记"经营支出"科目。

【例5-26】年末，某事业单位"经营费用"科目的本年发生额为89 500元。该事业单位将其全数转入"本期盈余"科目。该事业单位应编制如下会计分录。

财务会计账务处理如下。

借：本期盈余   89 500

  贷：经营费用   89 500

预算会计账务处理如下。

借：经营结余   89 500

  贷：经营支出   89 500

5.5 资产处置费用

5.5.1 资产处置费用的概述

资产处置费用是指行政事业单位经批准处置资产时发生的费用，包括转销的被处置资产价值，以及在处置过程中发生的相关费用或者处置收入小于相关费用形成的净支出。资产处置的形式按照规定包括无偿调拨、出售、出让、转让、置换、对外捐赠、报废、毁损以及货币性资产损失核销等。

为核算资产处置费用业务，行政事业单位应设置"资产处置费用"总账科目。单位在资产清查中查明的资产盘亏、毁损以及资产报废等，应当先通过"待处理财产损溢"科目进行核算，再将处理资产价值和处理净支出计入该科目。短期投资、长期股权投资、长期债券投资的处置，按照相关资产科目的规定进行账务处理。该科目应当按照处置资产的类别、资产处置的形式等进行明细核算。

5.5.2　资产处置费用的核算

一、不通过"待处理财产损溢"科目核算的资产处置费用

不通过"待处理财产损溢"科目核算的资产处置费用，应当分以下情况进行确认。

（1）按照规定报经批准处置资产时，财务会计应当按照处置资产的账面价值，借记"资产处置费用"科目 [处置固定资产、无形资产、公共基础设施、保障性住房的，还应借记"固定资产累计折旧""无形资产累计摊销""公共基础设施累计折旧（摊销）""保障性住房累计折旧"科目]；按照处置资产的账面余额，贷记"库存物品""固定资产""无形资产""公共基础设施""政府储备物资""文物文化资产""保障性住房""其他应收款""在建工程"等科目。预算会计不需要进行账务处理。

（2）处置资产过程中仅发生相关费用的，财务会计应当按照实际发生金额，借记"资产处置费用"科目，贷记"银行存款""库存现金"等科目。预算会计应当借记"其他支出"科目，贷记"资金结存"科目。

（3）处置资产过程中取得收入的，财务会计应当按照取得的价款，借记"库存现金""银行存款"等科目；按照处置资产过程中发生的相关费用，贷记"银行存款""库存现金"等科目；按照其差额，借记"资产处置费用"科目或贷记"应缴财政款"等科目。涉及增值税业务的，还应进行相应的账务处理。预算会计不需要进行账务处理。

【例 5-27】某事业单位按照规定报经批准报废一项固定资产。该项固定资产的账面余额为 67 000 元，已计提折旧 63 000 元，账面价值为 4 000 元（67 000-63 000）；处理该报废固定资产时发生相关费用 350 元，款项以银行存款支付。该事业单位应编制如下会计分录。

（1）报废固定资产时。

财务会计账务处理如下。

借：资产处置费用	4 000	
固定资产累计折旧	63 000	
贷：固定资产		67 000

预算会计不需要进行账务处理。

（2）支付相关费用时。

财务会计账务处理如下。

借：资产处置费用   350

  贷：银行存款   350

预算会计账务处理如下。

借：其他支出   350

  贷：资金结存   350

二、通过"待处理财产损溢"科目核算的资产处置费用

通过"待处理财产损溢"科目核算的资产处置费用，应当分以下情况进行确认。

（1）单位账款核对中发现的现金短缺，属于无法查明原因的，报经批准核销时，财务会计应当借记"资产处置费用"科目，贷记"待处理财产损溢"科目。预算会计不需要进行账务处理。

（2）单位资产清查过程中盘亏或者毁损、报废的存货、固定资产、无形资产、公共基础设施、政府储备物资、文物文化资产、保障性住房等，报经批准处理时，财务会计应当按照处理资产价值，借记"资产处置费用"科目，贷记"待处理财产损溢——待处理财产价值"科目。预算会计不需要进行账务处理。处理收支结清时，处理过程中所取得收入小于所发生相关费用的，按照相关费用减去处理收入后的净支出，财务会计应当借记"资产处置费用"科目，贷记"待处理财产损溢——处理净收入"科目。预算会计应当按照净支出金额，借记"其他支出"科目，贷记"资金结存"科目。

【例5-28】某行政单位在资产清查过程中发现一项已毁损的公共基础设施。报经批准后，该行政单位将该已毁损的公共基础设施转入资产处置费用。该项公共基础设施的账面价值为154 000元。该项已毁损的公共基础设施在处理过程中，所取得的残值变价收入等处理收入小于所发生的清理费用等相关费用，形成处理净支出6 500元。该行政单位按规定结清该处理净支出。该行政单位应编制如下会计分录。

（1）将待处理财产价值转入资产处置费用时。

财务会计账务处理如下。

借：资产处置费用   154 000

  贷：待处理财产损溢——待处理财产价值   154 000

预算会计不需要进行账务处理。

（2）结清处理净支出时。

财务会计账务处理如下。

借：资产处置费 6 500

　　贷：待处理财产损溢——处理净收入 6 500

预算会计账务处理如下。

借：其他支出 6 500

　　贷：资金结存 6 500

三、资产处置费用的期末结账

期末，将"资产处置费用"科目本期发生额转入本期盈余，财务会计应当借记"本期盈余"科目，贷记"资产处置费用"科目。期末结转后，"资产处置费用"科目应无余额。预算会计不需要进行账务处理。

【例 5-29】年末，某事业单位"资产处置费用"科目的本年发生额为 62 500 元。该事业单位将其全数转入"本期盈余"科目。该事业单位应编制如下会计分录。

财务会计账务处理如下。

借：本期盈余 62 500

　　贷：资产处置费用 62 500

预算会计不需要进行账务处理。

5.6　上缴上级费用

5.6.1　上缴上级费用的概述

上缴上级费用是指事业单位按照财政部门和主管部门的规定上缴上级单位款项发生的费用。

事业单位向上级单位上缴的款项属于非财政资金，相应资金通常是事业单位自身取得的事业收入、经营收入和其他收入等。事业单位应当按照财政部门和主管部门的规定，对于取得的有关业务活动收入或其他收入，按照规定的标准或比例上缴上级单位。事业单位不可以将其自身取得的财政拨款收入作为上缴上级单位的款项。上缴上级费用与附属单位上缴收入在上下级单位间的业务

内容上形成对应关系。但上缴上级费用与上级补助收入在上下级单位间的业务
内容上不形成对应关系。

5.6.2 上缴上级费用的核算

为核算上缴上级费用业务，事业单位应设置"上缴上级费用"总账科目。
该科目应当按照收缴款项单位、缴款项目等进行明细核算。单位发生上缴上级
支出的，财务会计应当按照实际上缴的金额或者按照规定计算出应当上缴上级
单位的金额，借记该科目，贷记"银行存款""其他应付款"等科目；预算会
计应当按照实际上缴的金额，借记"上缴上级支出"，贷记"资金结存——货
币资金"科目。期末，将该科目本期发生额转入本期盈余，财务会计应当借记"本
期盈余"科目，贷记该科目。期末结转后，该科目应无余额。预算会计应当借
记"其他结余"科目，贷记"上缴上级支出"科目。

【例 5-30】某事业单位按照财政部门和主管部门的规定上缴上级单位款项
18 000 元，款项以银行存款支付。该事业单位应编制如下会计分录。

财务会计账务处理如下。

借：上缴上级费用 18 000

　　贷：银行存款 18 000

预算会计账务处理如下。

借：上缴上级支出 18 000

　　贷：资金结存——货币资金 18 000

【例 5-31】年末，某事业单位"上缴上级费用"科目的本年发生额为 21 500 元。
该事业单位将其全数转入"本期盈余"科目。该事业单位应编制如下会计分录。

财务会计账务处理如下。

借：本期盈余 21 500

　　贷：上缴上级费用 21 500

预算会计账务处理如下。

借：其他结余 21 500

　　贷：上缴上级支出 21 500

5.7　对附属单位补助费用

5.7.1　对附属单位补助费用的概述

对附属单位补助费用是指事业单位用财政拨款收入之外的收入对附属单位补助发生的费用。

事业单位对附属单位的补助款项属于非财政资金，通常是事业单位自身取得的事业收入、经营收入和其他收入，或者是事业单位从其他附属单位取得的附属单位上缴收入等。事业单位使用非财政资金对附属单位进行补助是为了支持附属单位事业的更好发展。事业单位不可以将其自身取得的财政拨款收入拨付给附属单位，作为对附属单位的补助。对附属单位补助费用与上级补助收入在上下级单位间的业务内容上形成对应关系。但对附属单位补助费用与附属单位上缴收入在上下级单位间的业务内容上不形成对应关系。

5.7.2　对附属单位补助费用的核算

为核算对附属单位补助费用业务，事业单位应设置"对附属单位补助费用"总账科目。该科目应当按照接受补助单位、补助项目等进行明细核算。单位发生对附属单位补助支出的，财务会计应当按照实际补助的金额或者按照规定计算出应当对附属单位补助的金额，借记该科目，贷记"银行存款""其他应付款"等科目；预算会计应当按照实际补助的金额，借记"对附属单位补助支出"科目，贷记"资金结存——货币资金"科目。期末，将该科目本期发生额转入本期盈余，财务会计应当借记"本期盈余"科目，贷记该科目。期末结转后，该科目应无余额。预算会计应当借记"其他结余"科目，贷记"对附属单位补助支出"科目。

【例 5-32】某事业单位按照规定计算出应对附属单位的补助金额为 24 000 元，款项尚未支付。该事业单位应编制如下会计分录。

财务会计账务处理如下。

借：对附属单位补助费用　　　　　　　　　　　　　　　24 000
　　贷：其他应付款　　　　　　　　　　　　　　　　　　24 000

预算会计账务处理如下。

借：对附属单位补助支出　　　　　　　　　　　　　　　24 000

　　　　贷：资金结存——货币资金　　　　　　　　　　　　　　24 000

　　【例5-33】年末，某事业单位"对附属单位补助费用"科目的本年发生额为
31 600元。该事业单位将其全数转入"本期盈余"科目。该事业单位应编制如下会计
分录。

　　　　财务会计账务处理如下。

　　　　借：本期盈余　　　　　　　　　　　　　　　　　　　　31 600

　　　　　　贷：对附属单位补助费用　　　　　　　　　　　　　　31 600

　　　　预算会计账务处理如下。

　　　　借：其他结余　　　　　　　　　　　　　　　　　　　　31 600

　　　　　　贷：对附属单位补助支出　　　　　　　　　　　　　　31 600

5.8　所得税费用

　　所得税费用是指有企业所得税缴纳义务的事业单位按规定缴纳企业所得税
所形成的费用。

　　为核算所得税费用业务，事业单位应设置"所得税费用"总账科目。单位
发生企业所得税纳税义务的，财务会计应当按照税法规定计算的应交税金数额，
借记该科目，贷记"其他应交税费——单位应交所得税"科目；预算会计不需
要进行账务处理。实际缴纳时，财务会计应当按照缴纳金额，借记"其他应交
税费——单位应交所得税"科目，贷记"银行存款"科目；预算会计应当借记"非
财政拨款结余——累计结余"科目，贷记"资金结存——货币资金"科目。年
末，将该科目本年发生额转入本期盈余，财务会计应当借记"本期盈余"科目，
贷记该科目。年末结转后，该科目应无余额。预算会计不需要进行账务处理。

　　【例5-34】某事业单位发生企业所得税纳税义务，按照税法规定计算的应交
税金数额为1 120元。该事业单位应编制如下会计分录。

　　　　财务会计账务处理如下。

　　　　借：所得税费用　　　　　　　　　　　　　　　　　　　1 120

　　　　　　贷：其他应交税费——单位应交所得税　　　　　　　　1 120

　　　　预算会计不需要进行账务处理。

【例5-35】年末，某事业单位"所得税费用"科目的本年发生额为8 700元。该事业单位将其全数转入"本期盈余"科目。该事业单位应编制如下会计分录。

财务会计账务处理如下。

借：本期盈余　　　　　　　　　　　　　　　　　　8 700
　　贷：所得税费用　　　　　　　　　　　　　　　　8 700

预算会计不需要进行账务处理。

5.9　其他费用

5.9.1　其他费用的概述

其他费用是指行政事业单位发生的除业务活动费用、单位管理费用、经营费用、资产处置费用、上缴上级费用、附属单位补助费用、所得税费用以外的各项费用，包括利息费用、坏账损失、罚没支出、现金资产捐赠支出以及相关税费、运输费等。

为核算其他费用业务，行政事业单位应设置"其他费用"总账科目。该科目应当按照其他费用的类别等进行明细核算。单位发生的利息费用较多的，可以单独设置"利息费用"科目。

5.9.2　其他费用的核算

一、利息费用

按期计算确认借款利息费用时，财务会计应当按照计算确定的金额，借记"在建工程"科目或"其他费用"科目，贷记"应付利息""长期借款——应计利息"科目。预算会计不需要进行账务处理。

二、坏账损失

年末，事业单位按照规定对收回后不需上缴财政的应收账款和其他应收款计提坏账准备时，财务会计应当按照计提金额，借记"其他费用"科目，贷记"坏账准备"科目；冲减多提的坏账准备时，按照冲减金额，借记"坏账准备"科目，贷记"其他费用"科目。预算会计不需要进行账务处理。

【例 5-36】某事业单位年末按照规定对收回后不需上缴财政的应收账款计提坏账准备 2 800 元。该事业单位应编制如下会计分录。

财务会计账务处理如下。

借：其他费用   2 800

    贷：坏账准备   2 800

预算会计不需要进行账务处理。

三、罚没支出

单位发生罚没支出的，按照实际缴纳或应当缴纳的金额，财务会计应当借记"其他费用"科目，贷记"银行存款""库存现金""其他应付款"等科目；预算会计应当按照实际支付的金额，借记"其他支出"科目，贷记"资金结存——货币资金"科目。

四、现金资产捐赠

单位对外捐赠现金资产的，财务会计应当按照实际捐赠的金额，借记"其他费用"科目，贷记"银行存款""库存现金"等科目；预算会计应当借记"其他支出"科目，贷记"资金结存——货币资金"科目。

【例 5-37】某事业单位对外捐赠现金资产 50 000 元，款项通过银行存款支付。该事业单位应编制如下会计分录。

财务会计账务处理如下。

借：其他费用   50 000

    贷：银行存款   50 000

预算会计账务处理如下。

借：其他支出   50 000

    贷：资金结存——货币资金   50 000

五、其他相关费用

单位接受捐赠（或无偿调入）以名义金额计量的存货、固定资产、无形资产，以及成本无法可靠取得的公共基础设施、文物文化资产等发生的相关税费、运输费等，财务会计应当按照实际支付的金额，借记"其他费用"科目，贷记"财政拨款收入""零余额账户用款额度""银行存款""库存现金"等科目；预算会计应当借记"其他支出"科目，贷记"资金结存"科目。

　　单位发生的与受托代理资产相关的税费、运输费、保管费等，财务会计应当按照实际支付或应付的金额，借记"其他费用"科目，贷记"零余额账户用款额度""银行存款""库存现金""其他应付款"等科目。预算会计应当借记"其他支出"科目，贷记"资金结存"科目。

　　【例5-38】某事业单位接受无偿调入一项文物文化资产，发生由本单位承担的运输费等相关费用650元，款项通过单位零余额账户用款额度支付。该项文物文化资产的成本无法可靠取得。该事业单位应编制如下会计分录。

　　财务会计账务处理如下。

借：其他费用　　　　　　　　　　　　　　　　　　650

　　贷：零余额账户用款额度　　　　　　　　　　　　　650

　　预算会计账务处理如下。

借：其他支出　　　　　　　　　　　　　　　　　　650

　　贷：资金结存　　　　　　　　　　　　　　　　　　650

六、其他费用的期末结账

　　期末，将"其他费用"科目本期发生额转入本期盈余，财务会计应当借记"本期盈余"科目，贷记"其他费用"科目。期末结转后，"其他费用"科目应无余额。预算会计应当借记"其他结余（非财政、非专项资金支出）""非财政拨款结转——本年收支结转（非财政专项资金支出）"科目，贷记"其他支出"科目。

　　【例5-39】年末，某事业单位"其他费用"科目的本年发生额为81 400元。该事业单位将其全数转入"本期盈余"科目。该事业单位应编制如下会计分录。

　　财务会计账务处理如下。

借：本期盈余　　　　　　　　　　　　　　　　　81 400

　　贷：其他费用　　　　　　　　　　　　　　　　　81 400

　　预算会计账务处理如下。

借：非财政拨款结转——本年收支结转　　　　　　81 400

　　贷：其他支出　　　　　　　　　　　　　　　　　81 400

第 6 章

净资产类会计核算

6.1　净资产概述

　　净资产是指行政事业单位资产扣除负债后的余额。净资产金额取决于资产和负债的计量，是行政事业单位以权责发生制为基础核算资产和负债后，按照净资产的种类进行分类的结果。净资产项目应当列入资产负债表。行政事业单位的净资产包括本期盈余、本年盈余分配、累计盈余、专用基金、权益法调整、无偿调拨净资产、以前年度盈余调整等科目。其中，专用基金和权益法调整属于事业单位特有净资产项目，其他均属于行政单位和事业单位共有的净资产项目。净资产分类情况、会计科目和报表项目之间的关系等内容如表 6-1 所示。

表 6-1　　　　　　　　　　　净资产类会计科目分类

编号	净资产项目与会计科目	特指用途	报表项目	净资产分类
3301	本期盈余		月报	
3302	本年盈余分配		中转科目	盈余类
3001	累计盈余		月报、年报	
3101	专用基金	事业单位	月报、年报	基金类
3201	权益法调整	事业单位	月报、年报	
3401	无偿调拨净资产		月报、中转科目	调整类
3501	以前年度盈余调整		中转科目	

　　其中，"以前年度盈余调整"属于过渡性科目，调整以后无余额；"本年盈余分配"只有年末才能使用。所以，月度资产负债表的净资产一般包括累计盈余、专用基金、权益法调整、无偿调拨净资产和本期盈余五个项目。年末，将"本期盈余"科目余额转入"本年盈余分配"科目，将"本年盈余分配"和"无偿调拨净资产"科目余额转入"累计盈余"科目后，年度资产负债表的净资产项目只剩下累计盈余、专用基金、权益法调整三个科目。

6.2　盈余及分配

行政事业单位核算盈余，需要设置"以前年度盈余调整""本期盈余""本年盈余分配""累积盈余"等会计科目。

6.2.1　以前年度盈余调整

一、以前年度盈余调整的概述

按照会计分期假设，任何单位都应当划分会计期间据以结算账目、编制财务报表，从而向有关方面提供会计信息，满足各方人员决策的需要。我国政府会计采用当期调整法来处理前期调整事项。当期调整法是将前期损益调整的数额全部列入当期报表，不追溯调整前期会计报表，因而简单易处理。"以前年度盈余调整"科目核算单位本年度发生的调整以前年度盈余的事项，包括本年度发生的重要前期差错更正涉及调整以前年度盈余的事项。以前年度盈余调整是指对以前年度多计或少计的盈亏数额所进行的调整。以前年度由于某种原因多计、少计费用或多计、少计收益时，应通过"以前年度盈余调整"科目来代替原相关损益科目，对方科目不变，然后把"以前年度盈余调整"科目金额结转到"累计盈余"科目，最终不影响本期盈余。

二、以前年度盈余调整的核算

（1）调整增加以前年度收入时，财务会计应当按照调整增加的金额，借记有关科目，贷记本科目；调整减少的，做相反会计分录。预算会计应当按照实际收到的金额，借记"资金结存"科目，贷记"财政拨款结转""财政拨款结余""非财政拨款结转""非财政拨款结余（年初余额调整）"科目。

（2）调整增加以前年度费用时，财务会计应当按照调整增加的金额，借记本科目，贷记有关科目；调整减少的，做相反会计分录。预算会计应当按照实际支付的金额，借记"财政拨款结转""财政拨款结余""非财政拨款结转""非财政拨款结余（年初余额调整）"科目，贷记"资金结存"科目。

（3）盘盈的各种非流动资产，报经批准后处理时，财务会计应当借记"待处理财产损溢"科目，贷记本科目。预算会计不需要进行账务处理。

（4）经上述调整后，应将本科目的余额转入累计盈余，财务会计应当借记或贷记"累计盈余"科目，贷记或借记本科目。预算会计不需要进行账务处理。

"以前年度盈余调整"科目结转后应无余额。

【例6-1】行政单位本年度发现上一会计年度漏计提一项固定资产的折旧，由此形成上一会计年度少计算相应的业务活动费用10 000元，本年度发现时，对这一重要前期差错进行更正，调整增加以前年度的费用数额，并相应调整减少以前年度的累计盈余数额。该行政单位应编制如下会计分录。

（1）调整增加以前年度费用时。

财务会计账务处理如下。

借：以前年度盈余调整　　　　　　　　　　　　　　　　　　10 000

　　贷：累计折旧　　　　　　　　　　　　　　　　　　　　　　10 000

预算会计账务处理如下。

借：财政拨款结转　　　　　　　　　　　　　　　　　　　　10 000

　　贷：资金结存　　　　　　　　　　　　　　　　　　　　　　10 000

（2）将"以前年度盈余调整"科目余额转入累计盈余时。

财务会计账务处理如下。

借：累计盈余　　　　　　　　　　　　　　　　　　　　　　10 000

　　贷：以前年度盈余调整　　　　　　　　　　　　　　　　　　10 000

预算会计不需要进行账务处理。

由于以前年度的业务活动费用已经在以前年度转入累计盈余，调整以前年度的业务活动费用时，应当通过"以前年度盈余调整"科目进行核算，不能直接使用"业务活动费用"科目进行核算。

【例6-2】某事业单位盘盈一项固定资产，确定的成本为7 500元。经核实，该项固定资产为以前年度取得，取得时未予入账。按照规定报经批准后，该项盘盈的固定资产作为重要前期差错更正处理。该事业单位应编制如下会计分录。

（1）盘盈固定资产时。

财务会计账务处理如下。

借：固定资产　　　　　　　　　　　　　　　　　　　　　　7 500

　　贷：待处理财产损溢　　　　　　　　　　　　　　　　　　　7 500

预算会计不需要进行账务处理。

（2）报经批准后更正处理时。

财务会计账务处理如下。

借：待处理财产损溢　　　　　　　　　　　　　　　　　　　7 500

　　　　贷：以前年度盈余调整　　　　　　　　　　　　　　　　　7 500

预算会计账务处理如下。

　　借：财政拨款结余　　　　　　　　　　　　　　　　　　　　7 500

　　　　贷：资金结存　　　　　　　　　　　　　　　　　　　　7 500

（3）将"以前年度盈余调整"科目余额转入累计盈余时。

财务会计账务处理如下。

　　借：以前年度盈余调整　　　　　　　　　　　　　　　　　　7 500

　　　　贷：累计盈余　　　　　　　　　　　　　　　　　　　　7 500

预算会计不需要进行账务处理。

　　按照相关会计处理规定，如果盘盈的非流动资产属于本年度取得的，应当按照当年新取得的相关资产进行会计处理，不能按照前期差错更正进行会计处理，即相应业务不通过"以前年度盈余调整"科目进行会计核算，不直接调整累计盈余的数额。

6.2.2　本期盈余

一、本期盈余的概述

　　"本期盈余"科目核算单位本期各项收入、费用相抵后的余额，指本会计年度内收入扣除成本（费用）的剩余额。

二、本期盈余的核算

　　（1）期末，将各类收入科目的本期发生额转入本期盈余，财务会计应当借记"财政拨款收入""事业收入""上级补助收入""附属单位上缴收入""经营收入""非同级财政拨款收入""投资收益""捐赠收入""利息收入""租金收入""其他收入"科目，贷记本科目；将各类费用科目本期发生额转入本期盈余，借记本科目，贷记"业务活动费用""单位管理费用""经营费用""所得税费用""资产处置费用""上缴上级费用""对附属单位补助费用""其他费用"科目。预算会计不需要进行账务处理。

　　（2）年末，完成上述结转后，将本科目余额转入"本年盈余分配"科目，财务会计应当借记或贷记本科目，贷记或借记"本年盈余分配"科目。预算会计不需要进行账务处理。

　　本科目期末如为贷方余额，反映单位自年初至当期期末累计实现的盈余；

如为借方余额，反映单位自年初至当期期末累计发生的亏损。年末结账后，本科目应无余额。

【**例6-3**】年末，某事业单位各类收入和费用科目的本年发生额如表6-2所示。

表6-2 收入和费用科目本年发生额

单位：元

收入和费用科目	本年贷方发生额	本年借方发生额
财政拨款收入	356 000	
事业收入	289 000	
附属单位上缴收入	12 500	
经营收入	3 600	
非同级财政拨款收入	55 000	
投资收益	23 000	
捐赠收入	78 000	
利息收入	2 800	
租金收入	9 500	
其他收入	6 100	
业务活动费用		668 000
单位管理费用		145 000
经营费用		2 400
所得税费用		200
资产处置费用		8 800
对附属单位补助费用		2 000
其他费用		3 300
合计	835 500	829 700

年末，在完成各类收入和费用科目的本年发生额结转后，该事业单位"本期盈余"科目的贷方余额为5 800元（835 500-829 700）。该事业单位应编制如下会计分录。

（1）结转各类收入科目本年发生额时。

财务会计账务处理如下。

借：财政拨款收入　　　　　　　　　　　　　　356 000

事业收入	289 000
附属单位上缴收入	12 500
经营收入	3 600
非同级财政拨款收入	55 000
投资收益	23 000
捐赠收入	78 000
利息收入	2 800
租金收入	9 500
其他收入	6 100
贷：本期盈余	835 500

预算会计不需要进行账务处理。

（2）结转各类费用科目本年发生额时。

财务会计账务处理如下。

借：本期盈余	829 700
贷：业务活动费用	668 000
单位管理费用	145 000
经营费用	2 400
所得税费用	200
资产处置费用	8 800
对附属单位补助费用	2 000
其他费用	3 300

预算会计不需要进行账务处理。

（3）将"本期盈余"科目年末贷方余额转入"本年盈余分配"科目时。

财务会计账务处理如下。

借：本期盈余	5 800
贷：本年盈余分配	5 800

预算会计不需要进行账务处理。

6.2.3 本年盈余分配

一、本年盈余分配的概述

在行政事业单位，本年盈余分配是在本期盈余的基础上，考虑对专用基金计提的情况，设置"本年盈余分配"科目，核算单位本年度盈余分配的情况和结果。

二、本年盈余分配的核算

（1）年末，将"本期盈余"科目余额转入本科目，财务会计应当借记或贷记"本期盈余"科目，贷记或借记本科目。预算会计不需要进行账务处理。

（2）年末，根据有关规定从本年度非财政拨款结余或经营结余中提取专用基金的，财务会计应当按照预算会计下计算的提取金额，借记本科目，贷记"专用基金"科目。预算会计应当借记"非财政拨款结余分配"科目，贷记"专用结余"科目。

（3）年末，按照规定完成上述（1）、（2）处理后，将本科目余额转入累计盈余，财务会计应当借记或贷记本科目，贷记或借记"累计盈余"科目。预算会计不需要进行账务处理。

年末结账后，本科目应无余额。

【例6-4】年末，某事业单位"本期盈余"科目贷方余额为25 000元，将其转入"本年盈余分配"科目。年末，按规定从本年度非财政拨款结余中提取专用基金2 000元。之后，将"本年盈余分配"科目贷方余额23 000元（25 000-2 000）转入"累计盈余"科目。该事业单位应编制如下会计分录。

（1）年末将"本期盈余"科目余额转入"本年盈余分配"科目时。

财务会计账务处理如下。

借：本期盈余   25 000

    贷：本年盈余分配   25 000

预算会计不需要进行账务处理。

（2）按规定从本年度非财政拨款结余中提取专用基金时。

财务会计账务处理如下。

借：本年盈余分配   2 000

    贷：专用基金   2 000

预算会计账务处理如下。

借：非财政拨款结余分配   2 000

    贷：专用结余   2 000

（3）年末将"本年盈余分配"科目余额转入"累计盈余"科目时。

财务会计账务处理如下。

借：本年盈余分配　　　　　　　　　　　　　　　　23 000
　　贷：累计盈余　　　　　　　　　　　　　　　　　　23 000
预算会计不需要进行账务处理。

按规定从本年度非财政拨款结余中提取专用基金会减少"本年盈余分配"科目的余额，由此也会减少"本年盈余分配"科目转入至"累计盈余"科目的数额。行政单位不提取专用基金，因此，累计盈余增减的数额即为本期盈余的数额。

6.2.4　累计盈余

一、累计盈余的概述

资产及其相关业务是连续不断的，收支结转与盈亏结果也是连续不断、连年滚动、不断累计的。累计盈余是净资产核算的核心内容。"累计盈余"科目核算单位历年实现的盈余扣除盈余分配后滚存的金额，以及因无偿调入、调出资产而产生的净资产变动额。按照规定上缴、缴回、单位间调剂结转结余资金产生的净资产变动额，以及对以前年度盈余的调整金额，也通过本科目核算。

二、累计盈余的核算

（1）年末，将"本年盈余分配"科目的余额转入累计盈余，财务会计应当借记或贷记"本年盈余分配"科目，贷记或借记本科目。预算会计不需要进行账务处理。

（2）年末，将"无偿调拨净资产"科目的余额转入累计盈余，财务会计应当借记或贷记"无偿调拨净资产"科目，贷记或借记本科目。预算会计不需要进行账务处理。

（3）按照规定上缴财政拨款结转结余、缴回非财政拨款结转资金、向其他单位调出财政拨款结转资金时,财务会计应当按照实际上缴、缴回、调出金额，借记本科目，贷记"财政应返还额度""零余额账户用款额度""银行存款"等科目。预算会计应当借记"财政拨款结转——归集上缴/归集调出"科目、"财政拨款结余——归集上缴"科目、"非财政拨款结转——缴回资金"科目，贷记"财政应返还额度""零余额账户用款额度""银行存款"科目。

按照规定从其他单位调入财政拨款结转资金时，财务会计应当按照实际调入金额，借记"零余额账户用款额度""银行存款"等科目，贷记本科目。预算会计应当借记"资金结存——零余额账户用款额度／货币资金"科目，贷记"财政拨款结转——归集收入"科目。

（4）将"以前年度盈余调整"科目的余额转入本科目，财务会计应当借记或贷记"以前年度盈余调整"科目，贷记或借记本科目。预算会计不需要进行账务处理。

（5）按照规定使用专用基金购置固定资产、无形资产的，按照固定资产、无形资产成本金额，财务会计应当借记"固定资产""无形资产"科目，贷记"银行存款"等科目；同时，按照专用基金使用金额，借记"专用基金"科目，贷记本科目。使用从收入中提取并列入费用的专用基金时，预算会计应当借记"事业支出"科目，贷记"资金结存"科目；使用从非财政拨款结余或经营结余中提取的专用基金时，借记"专用结余"科目，贷记"资金结存——货币资金"科目。

本科目期末余额，反映单位未分配盈余（或未弥补亏损）的累计数以及截至上年末无偿调拨净资产变动的累计数。本科目年末余额，反映单位未分配盈余（或未弥补亏损）以及无偿调拨净资产变动的累计数。

【例6-5】年末，某行政单位"本年盈余分配"科目的贷方余额为13 200元，将其转入"累计盈余"科目贷方。该行政单位应编制如下会计分录。

财务会计账务处理如下。

借：本年盈余分配　　　　　　　　　　　　　　　　　13 200

　　贷：累计盈余　　　　　　　　　　　　　　　　　　　　13 200

预算会计不需要进行账务处理。

在财务会计中，期末，各类收入科目的本期发生额转入"本期盈余"科目，各类费用科目的本期发生额转入"本期盈余"科目。年末，"本期盈余"科目余额转入"本年盈余分配"科目。根据相关规定分配后，"本年盈余分配"科目的余额转入"累计盈余"科目，形成行政事业单位累计盈余的一种来源。

【例6-6】年末，某行政单位"无偿调拨净资产"科目的贷方余额为156 000元，将其转入"累计盈余"科目贷方。该行政单位应编制如下会计分录。

财务会计账务处理如下。

借：无偿调拨净资产　　　　　　　　　　　　　　　156 000

　　贷：累计盈余　　　　　　　　　　　　　　　　　　　156 000

预算会计不需要进行账务处理。

行政事业单位按规定取得无偿调入存货、固定资产、公共基础设施等资产时，无偿调拨净资产增加；按规定经批准无偿调出存货、固定资产、公共基础设施等资产时，无偿调拨净资产减少。按照规定，"无偿调拨净资产"科目的余额年末转入累计盈余，形成行政事业单位累计盈余的一个组成部分。

【例6-7】某行政单位按规定上缴财政拨款结余资金3 100元，具体通过上缴财政授权支付额度的方式完成。该行政单位应编制如下会计分录。

财务会计账务处理如下。

借：累计盈余 3 100

　贷：零余额账户用款额度 3 100

预算会计不需要进行账务处理。

财政部门对于行政事业单位的财政拨款结转结余资金可以根据需要采用归集上缴、归集调出、归集调入、单位内部调剂使用等管理办法。其中，归集上缴、归集调出以及归集调入的业务都会影响行政事业单位的净资产数额；单位内部调剂使用不影响净资产数额。缴回非财政拨款结转资金的情况与上缴财政拨款结转资金的情况类似。

【例6-8】某事业单位按照规定从其他单位调入财政拨款结转资金13 000元，收到相应数额的财政授权支付额度。该事业单位应编制如下会计分录。

财务会计账务处理如下。

借：零余额账户用款额度 13 000

　贷：累计盈余 13 000

预算会计账务处理如下。

借：资金结存——零余额账户用款额度 13 000

　贷：财政拨款结转——归集调入 13 000

【例6-9】某行政单位"以前年度盈余调整"科目的借方余额为4 500元，将其转入"累计盈余"科目的借方。该行政单位应编制如下会计分录。

财务会计账务处理如下。

借：累计盈余 4 500

　贷：以前年度盈余调整 4 500

预算会计不需要进行账务处理。

以前年度盈余调整的业务包括调整增加或减少以前年度的收入、调整增加或减少以前年度的费用等。以前年度盈余调整的原因主要是本年度发生重要前期差错更正的事项等，其中涉及需要调整以前年度的盈余。

【例6-10】某事业单位按照规定使用专用基金购置一项固定资产，款项合计9 500元通过银行存款账户支付。该事业单位应编制如下会计分录。

财务会计账务处理如下。

借：固定资产		9 500
贷：银行存款		9 500
借：专用基金		9 500
贷：累计盈余		9 500

预算会计账务处理如下。

借：专用结存		9 500
贷：资金结存——货币资金		9 500

事业单位根据有关规定从收入中提取专用基金，如提取修购基金并计入费用时，借记"业务活动费用"等科目，贷记"专用基金"科目。使用专用基金购置固定资产、无形资产时，提取的专用基金转至累计盈余。专用基金和累计盈余都属于事业单位的净资产。将专用基金转至累计盈余，只影响净资产的构成，不影响净资产的总额。事实上，事业单位按照规定使用专用基金购置固定资产或无形资产时，只是完成了专用基金的专门用途规定，但净资产的数额没有发生变化。

6.3　专用基金和无偿调拨净资产

6.3.1　专用基金

一、专用基金的概述

专用基金是事业单位拥有的有限定用途的净资产，是事业单位按照国家有关规定积累和使用的资金，其运动过程具有相对独立的特点，如专用基金的使用均属一次性消耗，没有循环周转，不可能通过专用基金支出直接取得补偿等。

"专用基金"科目核算事业单位按照规定提取或设置的具有专门用途的净资产，主要包括职工福利基金、科技成果转换基金等。为了规范专用基金管理，发挥其在促进事业发展中的独特作用，事业单位专用基金的管理应遵循先提后用、收支平衡、专款专用的原则，支出不得超出基金规模。

按照《事业单位财务规则》规定，职工福利基金是事业单位按照非财政补助结余（应该为预算会计下经营结余和其他结余）的一定比例提取以及按照其他规定提取转入，用于单位职工的集体福利设施、集体福利待遇等的资金。按照《财政部关于事业单位提取专用基金比例问题的通知》规定，事业单位职工福利基金的提取比例，在单位年度非财政补助结余的40%以内确定。中央级事业单位职工福利基金的提取比例，由主管部门会同财政部在单位年度非财政补助结余的40%以内核定；地方事业单位职工福利基金的提取比例，由省级财政部门参照有关规定，结合本地实际确定。

科技成果转化基金，是指事业单位从事业收入和经营收入中提取，在相关费用中列支，用于科技成果转化的资金。按照《科学事业单位财务制度》规定，科技成果转化基金的计提比例不得超过10%。

二、专用基金的核算

"专用基金"科目应当按照专用基金的类别进行明细核算。专用基金的主要账务处理如下。

（1）年末，根据有关规定从本年度非财政拨款结余或经营结余中提取专用基金的，按照预算会计下计算的提取金额，财务会计应当借记"本年盈余分配"科目，贷记本科目。预算会计应当借记"非财政拨款结余分配"科目，贷记"专用结余"科目。

（2）根据有关规定从收入中提取专用基金并计入费用的，一般按照预算会计下基于预算收入计算提取的金额，财务会计应当借记"业务活动费用"等科目，贷记本科目。国家另有规定的，从其规定。预算会计不需要进行账务处理。

（3）根据有关规定设置的其他专用基金，财务会计应当按照实际收到的基金金额，借记"银行存款"等科目，贷记本科目。预算会计不需要进行账务处理。

（4）按照规定使用提取的专用基金时，财务会计应当借记本科目，贷记"银行存款"等科目。使用提取的专用基金购置固定资产、无形资产的，按照固定资产、无形资产成本金额，借记"固定资产""无形资产"科目，贷记"银行存款"等科目；同时，按照专用基金使用金额，借记本科目，贷记"累计盈余"科目。在预算会计中，使用从收入中提取并列入费用的专用基金应当借记"事业支出"等科目，贷记"资金结存——货币资金"科目；使用从非财政拨款结余或经营结余中提取的专用基金应当借记"专用结余"科目，贷记"资金结存——货币资金"科目。

本科目期末贷方余额，反映事业单位累计提取或设置的尚未使用的专用基金。

【例6-11】某事业单位当年实现事业预算收入400 000元，该单位年末按事业预算收入的8%提取科技成果转化基金。该事业单位应编制如下会计分录。

财务会计账务处理如下。

借：业务活动费用   32 000

    贷：专用基金——科技成果转化基金   32 000

预算会计不需要进行账务处理。

【例6-12】上例中的事业单位使用以前年度提取的科技成果转化基金购买科研所用的专用技术设备一台，取得的增值税专用发票注明的设备价款为500 000元，假设不考虑增值税和其他相关费用，该事业单位的账务处理如下。

财务会计账务处理如下。

借：固定资产   500 000

    贷：银行存款   500 000

借：专用基金   500 000

    贷：累计盈余   500 000

预算会计账务处理如下。

借：事业支出   500 000

    贷：资金结存——货币资金   500 000

6.3.2　无偿调拨净资产

一、无偿调拨净资产的概述

无偿调拨（划转）是指在不改变国有资产性质的前提下，以无偿转让的方式变更国有资产占有、使用权的行为。无偿调拨（划转）主要包括事业单位之间、事业单位与行政单位之间、事业单位与国有独资企业之间国有资产的无偿转移。有偿与无偿都是单位取得资产的途径，其共同点为都会引起资产的增加，从而最终导致净资产的增加。有偿取得资产会直接增加"累计盈余"，无偿取得资产直接增加"无偿调拨净资产"后最终也会导致"累计盈余"的增加。"无偿调拨净资产"科目核算单位无偿调入或调出非现金资产所引起的净资产变动金额。

二、无偿调拨净资产的核算

（1）财务会计对于按照规定取得的无偿调入的存货、长期股权投资、固定资产、无形资产、公共基础设施、政府储备物资、文物文化资产、保障性住房等，应当按照确定的成本，借记"库存物品""长期股权投资""固定资产""无形资产""公共基础设施""政府储备物资""文物文化资产""保障性住房"等科目；按照调入过程中发生的归属于调入方的相关费用，贷记"零余额账户用款额度""银行存款"等科目；按照其差额，贷记本科目。预算会计应当按照发生的归属于调入方的相关费用，借记"其他支出"科目，贷记"资金结存"科目。

（2）财务会计对于按照规定经批准的无偿调出存货、长期股权投资、固定资产、无形资产、公共基础设施、政府储备物资、文物文化资产、保障性住房等，应当按照调出资产的账面余额或账面价值，借记本科目；按照固定资产累计折旧、无形资产累计摊销、公共基础设施累计折旧或摊销、保障性住房累计折旧的金额，借记"固定资产累计折旧""无形资产累计摊销""公共基础设施累计折旧（摊销）""保障性住房累计折旧"科目；按照调出资产的账面余额，贷记"库存物品""长期股权投资""固定资产""无形资产""公共基础设施""政府储备物资""文物文化资产""保障性住房"等科目；同时，按照调出过程中发生的归属于调出方的相关费用，借记"资产处置费用"科目，贷记"零余额账户用款额度""银行存款"等科目。预算会计应当按照发生的归属于调出方的相关费用，借记"其他支出"科目，贷记"资金结存"科目。

（3）年末，财务会计应当将本科目余额转入累计盈余，借记或贷记本科目，贷记或借记"累计盈余"科目。预算会计不需要进行账务处理。

年末结账后，本科目应无余额。

【例 6-13】某行政单位按规定报经批准无偿调出一项固定资产，该项固定资产的账面余额为 174 000 元，已计提的累计折旧为 42 000 元，账面价值为 132 000 元（174 000-42 000）。该行政单位应编制如下会计分录。

财务会计账务处理如下。

借：无偿调拨净资产　　　　　　　　　　　　　　　　132 000

固定资产累计折旧   42 000

    贷：固定资产   174 000

预算会计不需要进行账务处理。

【例6-14】某事业单位按规定取得无偿调入的一批库存物品，该批库存物品在调出方的账面价值为6 500元。调入过程中，该事业单位发生相关费用200元，款项通过零余额账户用款额度支付。该批库存物品在调入时确定的成本为6 700元（6 500＋200）。该事业单位应编制如下会计分录。

财务会计账务处理如下。

借：库存物品   6 700

    贷：无偿调拨净资产   6 500

        零余额账户用款额度   200

预算会计账务处理如下。

借：其他支出   200

    贷：资金结存——货币资金   200

【例6-15】年末，某行政单位"无偿调拨净资产"科目借方余额为8 200元，将其转入"累计盈余"科目。该行政单位应编制如下会计分录。

财务会计账务处理如下。

借：累计盈余   8 200

    贷：无偿调拨净资产   8 200

"无偿调拨净资产"科目借方余额转入"累计盈余"科目借方后，累计盈余的数额减少。

预算会计不需要进行账务处理。

6.4   权益法调整

6.4.1   权益法调整的概述

权益法调整是指事业单位持有的长期股权投资采用权益法核算时，按照被投资单位除净损益和利润分配以外的所有者权益变动份额调整长期股权投资账面余额而计入净资产的金额。采用长期股权投资权益法核算的经济实质是体现投资的本质，核心内容是将长期股权投资理解为投资方在被投资单位拥有的净资产量，被投资方实现净利润、出现亏损、分派现金股利、资产的公允价值变动都会引起投资方净资产量的相应变动。采用权益法核算持有的长期股权投资时，按照被投资单位除净损益和利润分配以外的所有者权益变动份额调整长期股权投资账面余额而计入净资产的金额，事业单位应设置"权益法调整"科目。本科目应当按照被投资单位进行明细核算。本科目期末余额，反映事业单位在被投资单位除净损益和利润分配以外的所有者权益变动中累积享有（或分担）的份额。

6.4.2　权益法调整的核算

（1）年末，财务会计应当按照被投资单位除净损益和利润分配以外的所有者权益变动应享有（或应分担）的份额，借记或贷记"长期股权投资——其他权益变动"科目，贷记或借记本科目。预算会计不需要进行账务处理。

（2）采用权益法核算的长期股权投资，因被投资单位除净损益和利润分配以外的所有者权益变动而将应享有（或应分担）的份额计入单位净资产的，处置该项投资时，财务会计应当按照原计入净资产的相应部分金额，借记或贷记本科目，贷记或借记"投资收益"科目。预算会计不需要进行账务处理。

本科目期末余额，反映事业单位在被投资单位除净损益和利润分配以外的所有者权益变动中累积享有（或分担）的份额。

【例6-16】某事业单位持有 A 公司 80% 的股份，有权决定 A 公司的财务和经营政策，相应的长期股权投资采用权益法核算。年末，A 公司发生除净利润和利润分配以外的所有者权益变动增加数为 30 000 元，该事业单位应享有的相应份额为 24 000 元（30 000×80%）。该事业单位应编制如下会计分录。

财务会计账务处理如下。

借：长期股权投资——其他权益变动　　　　　　　　　　24 000
　　贷：权益法调整　　　　　　　　　　　　　　　　　　　　24 000

预算会计不需要进行账务处理。

作为比较，在权益法下，被投资单位实现净利润的，事业单位按照应享有的份额，财务会计应当借记"长期股权投资"科目（损益调整），贷记"投资收益"科目。"投资收益"科目本期发生额期末转入"本期盈余"科目。"本期盈余"科目余额经分配后最终转入"累计盈余"科目。累计盈余、权益法调整都是净资产的组成部分或具体种类。

【例6-17】某事业单位持有B公司30%的股份，有权参与B公司的财务和经营政策决策，相应的长期股权投资采用权益法核算。该股权投资当初以银行存款购买取得。某日，该事业单位经批准转让持有的B公司全部30%的股份，获得转让收入540 000元，款项已存入银行。股份转让日，该事业单位采用权益法核算的相应长期股权投资的成本数额为510 000元，损益调整借方余额为21 000元，其他权益变动借方余额为6 000元，转让收益为3 000元（540 000－510 000－21 000－6 000）。该事业单位应编制如下会计分录。

（1）转让股份时。

财务会计账务处理如下。

借：银行存款　　　　　　　　　　　　　　　　　　　　　540 000
　　贷：长期股权投资——成本　　　　　　　　　　　　　　510 000
　　　　　　　　——损益调整　　　　　　　　　　　　　　 21 000
　　　　　　　　——其他权益变动　　　　　　　　　　　　　6 000
　　　　投资收益　　　　　　　　　　　　　　　　　　　　　3 000

预算会计账务处理如下。

借：资金结存　　　　　　　　　　　　　　　　　　　　　　3 000
　　贷：投资预算收入　　　　　　　　　　　　　　　　　　　3 000

（2）转出权益法调整时。

财务会计账务处理如下。

借：权益法调整　　　　　　　　　　　　　　　　　　　　　6 000
　　贷：投资收益　　　　　　　　　　　　　　　　　　　　　6 000

预算会计不需要进行账务处理。

权益法调整转出至投资收益后，经"本期盈余""本年盈余分配"科目过渡，最终转入累计盈余。

第 7 章
预算收入类会计核算

7.1 预算收入概述

7.1.1 预算收入的要素

预算收入是指政府单位在预算年度内依法取得并纳入预算管理的现金流入。政府单位的预算收入一般在实际收到时予以确认，以实际收到的金额计量。符合预算收入定义及其确认条件的项目应当列入预算会计报表。

政府单位的预算收入包括财政拨款预算收入、事业预算收入、上级补助预算收入、附属单位上缴预算收入、经营预算收入、非同级财政拨款预算收入、债务预算收入、投资预算收益和其他预算收入。其中事业预算收入、上级补助预算收入、附属单位上缴预算收入、经营预算收入、债务预算收入、投资预算收益，属于事业单位特有预算收入项目，其他均属于行政单位和事业单位共有的预算收入项目。

政府会计认定的预算收入一般具有以下特征。

一是应当纳入预算管理。预算是国家机关、行政事业单位等对于未来一定时期内的收入和支出的计划，是经法定程序审核批准的年度集中性的财政收支计划。它规定了国家财政收入的来源和数量、财政支出的各项用途和数量，反映整个国家政策、政府活动的范围和方向。政府会计主体核算的收入应当是纳入预算管理的收入。

二是按照收付实现制核算的已经收到的现金流入，并以实际收到的金额计量。

三是在预算年度内依法取得。预算会计对于纳入本预算年度范围的收入应当符合会计准则制度的规范要求。只有依法收入，才能保证合法合规支出。

在预算会计实务中，判断是否属于预算收入，一看是否与预算管理相关，二看是否有现金流入，三看是否纳入本预算年度。凡是符合预算收入定义及其确认条件的项目，均应当列入政府决算报表。

7.1.2 预算收入的科目设置

预算收入核算应当凸显预算管理的思想，对各种预算收入应当分门别类地核算，归类说明各收入的特点并予以分别反映。核算时，应当注意厘清各项预算收入来源的渠道和相应核算口径的界定。

政府会计将全部预算收入分为九个项目，其对应的会计科目与特指用途如表 7-1 所示。为了区别财务会计的收入与预算会计的收入，在预算收入各科目名称中均凸显"预算"两个字。

表 7-1   **预算收入科目设置**

序号	编号	预算收入项目与会计科目名称	特指用途
1	6001	财政拨款预算收入	
2	6101	事业预算收入	事业单位
3	6201	上级补助预算收入	事业单位
4	6301	附属单位上缴预算收入	事业单位
5	6401	经营预算收入	事业单位
6	6501	债务预算收入	事业单位
7	6601	非同级财政拨款预算收入	
8	6602	投资预算收益	事业单位
9	6609	其他预算收入	

7.2 财政拨款预算收入

7.2.1 财政拨款预算收入的概述

财政拨款预算收入是指行政事业单位从同级政府财政部门取得的各类财政拨款。按照部门预算管理要求，财政拨款预算收入分为基本支出拨款和项目支出拨款。基本支出拨款是政府单位为了保障其正常运转、完成日常工作任务而从同级财政部门取得的拨款，包括人员经费和日常公用经费。项目支出拨款是政府单位为了完成特定工作任务和事业发展目标，在基本支出拨款之外从同级财政部门取得的拨款。政府单位从财政部门取得的项目支出拨款必须专款专用、单独核算、专项结报。

按照拨款的来源，财政拨款预算收入分为一般公共预算财政拨款和政府性基金预算财政拨款。

7.2.2 财政拨款预算收入的科目设置

财政拨款预算收入的确认和计量与财政拨款收入相同。

为核算财政拨款预算收入业务，行政事业单位应设置"财政拨款预算收入"总账科目。该科目应当设置"基本支出"和"项目支出"两个明细科目，并按照《政府收支分类科目》中"支出功能分类科目"的项级科目进行明细核算；同时，在"基本支出"明细科目下按照"人员经费"和"日常公用经费"进行明细核算，在"项目支出"明细科目下按照具体项目进行明细核算。有一般公共预算财政拨款、政府性基金预算财政拨款等两种或两种以上财政拨款的单位，还应当按照财政拨款的种类进行明细核算。

"财政拨款预算收入"总账科目应当按照行政事业单位预算管理的要求设置明细科目，进行明细核算。按照行政事业单位预算管理的要求，行政事业单位预算应当区分基本支出预算和项目支出预算，其中，基本支出预算还应当区分人员经费预算和日常公用经费预算。由此，"财政拨款预算收入"总账科目应当分别设置相应的明细科目，核算基本支出预算、项目支出预算、人员经费预算、日常公用经费预算中取得的财政拨款预算收入。基本支出和项目支出是行政事业单位各项预算收入和预算支出核算中需要进行明细核算的基本种类，即行政事业单位各相关预算收入科目和预算支出科目，对于专项资金都需要按照具体项目进行明细核算；除专项资金外的其他资金，则作为满足单位基本支出需要的资金进行明细核算。

行政事业单位是具体履行政府职能的单位。行政事业单位在履行政府职能的过程中取得的各项资金收入和发生的各项资金支出，除了需要按照基本支出和项目支出进行预算管理外，还需要按照履行职能的种类进行预算管理和反映。因此，"财政拨款预算收入"总账科目还应当按照《政府收支分类科目》中的"支出功能分类科目"设置明细科目，进行明细核算。行政事业单位"财政拨款预算收入"总账科目下设置的"支出功能分类科目"明细科目与财政总预算会计"一般公共预算本级支出""政府性基金预算本级支出"总账科目下设置的"支出功能分类科目"明细科目应当是一致的。《政府收支分类科目》中的"支出功能分类科目"，是行政事业单位各项预算收入和预算支出核算中需要进行明细核算的基本种类，即行政事业单位各相关预算收入科目和预算支出科目都需要按照《政府收支分类科目》中的"支出功能分类科目"设置明细科目，进行明细核算。财政拨款预算收入的会计科目设置如表7-2所示。

表7-2   财政拨款预算收入的会计科目设置

总账科目	一级明细科目	二级明细科目	三级明细科目	四级明细科目
财政拨款预算收入	一般公共预算财政拨款	支出功能分类科目项级科目	基本支出	人员经费
				公用经费
			项目支出	××项目
	政府性基金预算财政拨款	同上	同上	同上

7.2.3 财政拨款预算收入的核算

在财政直接支付方式下，单位根据收到的"财政直接支付入账通知书"及相关原始凭证，按照通知书中的直接支付金额，预算会计应当借记"行政支出""事业支出"等科目，贷记"财政拨款预算收入"科目。财务会计应当借记"库存物品""固定资产""业务活动费用"等科目，贷记"财政拨款收入"科目。

年末，根据本年度财政直接支付预算指标数与当年财政直接支付实际支出数的差额，预算会计应当借记"资金结存——财政应返还额度"科目，贷记"财政拨款预算收入"科目。财务会计应当借记"财政应返还额度——财政授权支付"科目，贷记"财政拨款收入"科目。

因差错更正、购货退回等发生国库直接支付款项退回的，属于本年度支付的款项，按照退回金额，预算会计应当借记"财政拨款预算收入"科目，贷记"行政支出""事业支出"等科目。财务会计应当借记"财政拨款收入"科目，贷记"业务活动费用""库存物品"科目。

【例7-1】某行政单位通过财政直接支付方式向某社会组织支付一笔款项

50 000 元，具体内容为向该社会组织支付一笔政府购买服务的费用。该行政单位应编制如下会计分录。

财务会计账务处理如下。

借：业务活动费用　　　　　　　　　　　　　　　　　　　　50 000

　　贷：财政拨款收入　　　　　　　　　　　　　　　　　　　50 000

预算会计账务处理如下。

借：行政支出　　　　　　　　　　　　　　　　　　　　　　50 000

　　贷：财政拨款预算收入　　　　　　　　　　　　　　　　　50 000

该笔业务既需要做财务会计核算，也需要做预算会计核算。在财务会计核算中，根据不同的业务内容，与"财政拨款收入"科目相对应的科目可以有"业务活动费用""库存物品""固定资产""应付职工薪酬""应付账款""预付账款"等科目。但在预算会计核算中，与"财政拨款预算收入"科目相对应的科目是"行政支出"科目，如果是事业单位，则是"事业支出"科目。

在该项业务中，如果行政单位欠某社会组织一笔政府购买服务的费用，款项尚未支付，那么，在进行财务会计核算时，借记"业务活动费用"科目，贷记"应付账款"科目；但此时不需要进行预算会计核算，因为此时并没有发生预算收入或预算支出。待采用财政直接支付方式偿付相应的应付账款时，在进行财务会计核算时，借记"应付账款"科目，贷记"财政拨款收入"科目；同时，在进行预算会计核算时，借记"行政支出"科目，贷记"财政拨款预算收入"科目。

在财政直接支付方式下，财务会计中的财政拨款收入和预算会计中的财政拨款预算收入，都是在收到财政直接支付入账通知书及相关原始凭证，以及年末确认尚未使用的预算指标数时确认。

一、通过财政授权支付方式取得的财政拨款预算收入

在财政授权支付方式下，单位根据收到的"财政授权支付额度到账通知书"，预算会计应当按照通知书中的授权支付额度，借记"资金结存——零余额账户用款额度"科目，贷记"财政拨款预算收入"科目。

年末，单位本年度财政授权支付预算指标数大于零余额账户用款额度下达数的，预算会计应当按照两者差额，借记"资金结存——财政应返还额度"科目，贷记"财政拨款预算收入"科目。

【例7-2】某行政单位收到"财政授权支付额度到账通知书"，通知书中所列的财政授权支付额度为 30 000 元。该行政单位应编制如下会计分录。

财务会计账务处理如下。

借：零余额账户用款额度　　　　　　　　　　　　　　　　30 000

　　贷：财政拨款收入　　　　　　　　　　　　　　　　　　30 000

预算会计账务处理如下。

借：资金结存——零余额账户用款额度　　　　　　　　　　30 000

　　贷：财政拨款预算收入　　　　　　　　　　　　　　　　30 000

财务会计中的"零余额账户用款额度"科目属于资产类科目，预算会计中的"资金结存——零余额账户用款额度"科目则属于预算结余类科目。预算会计中没有资产类科目，也没有负债类科目，只有预算收入、预算支出和预算结余三类科目。财务会计中的"财政应返还额度"科目和预算会计中的"资金结存——财政应返还额度"科目，情况也是一样。

在财政授权支付方式下，财务会计中的财政拨款收入和预算会计中的财政拨款预算收入，都是在收到财政授权支付额度到账通知书，以及年末确认尚未收到或下达的预算指标数时确认。

二、通过财政实拨资金方式取得的财政拨款预算收入

在其他方式主要是财政实拨资金方式下，单位按照本期预算收到财政拨款预算收入时，预算会计应当按照实际收到的金额，借记"资金结存——货币资金"科目，贷记"财政拨款预算收入"科目。

单位收到下期预算的财政预拨款时，预算会计应当在下个预算期，按照预收的金额，借记"资金结存——货币资金"科目，贷记"财政拨款预算收入"科目。

【例7-3】某行政单位尚未纳入财政国库单一账户制度改革。该行政单位收到开户银行转来的收款通知，收到财政部门拨入的本期预算经费 20 000 元。该行政单位应编制如下会计分录。

财务会计账务处理如下。

借：银行存款　　　　　　　　　　　　　　　　　　　　　20 000

　　贷：财政拨款收入　　　　　　　　　　　　　　　　　　20 000

预算会计账务处理如下。

借：资金结存——货币资金　　　　　　　　　　　　　　　20 000

　　贷：财政拨款预算收入　　　　　　　　　　　　　　　　20 000

　　行政事业单位收到下期预算的财政预拨款，在财务会计中，通过"其他应付款"科目核算，借记"银行存款"等科目，贷记"其他应付款"科目；待到下一预算期再从"其他应付款"科目转入"财政拨款收入"科目，借记"其他应付款"科目，贷记"财政拨款收入"科目。在预算会计中，则需要等到下个预算期再进行会计处理，本预算期不做会计处理。

三、一般公共预算财政拨款和政府性基金预算财政拨款情况下取得财政拨款预算收入

　　在同时有一般公共预算财政拨款和政府性基金预算财政拨款的情况下，财政拨款预算收入应当分一般公共预算财政拨款和政府性基金预算财政拨款，根据以上不同的财政资金支付方式，在相应的时点按照相应的金额进行确认。

四、非同级财政拨款预算收入

　　非同级财政拨款预算收入是政府单位从非同级政府财政部门取得的财政拨款，包括本级横向转拨财政款和非本级财政拨款。

　　按照使用要求的不同，非同级财政拨款预算收入分为专项资金收入和非专项资金收入。专项资金收入是政府单位用于完成特定工作任务的非同级财政拨款预算收入，其使用必须专款专用、单独核算、专项结报（下同）。非专项资金收入是政府单位用于保障其正常运转、完成日常工作任务的非同级财政拨款预算收入，无限定性用途（下同）。

　　为了核算非同级政府财政部门取得的财政拨款，政府单位应设置"非同级财政拨款预算收入"科目。对于因开展科研及其辅助活动从非同级政府财政部门取得的经费拨款，应当通过"事业预算收入——非同级财政拨款"科目进行核算，不通过本科目核算。本科目应当按照非同级财政拨款预算收入的类别、来源、《政府收支分类科目》中"支出功能分类科目"的项级科目等进行明细核算。非同级财政拨款预算收入中如有专项资金收入，还应按照具体项目进行明细核算。年末结转后，本科目应无余额。

　　政府单位取得非同级财政拨款预算收入时，预算会计应当按照实际收到的金额，借记"资金结存——货币资金"科目，贷记本科目。年末，将本科目本年发生额中的专项资金收入转入非财政拨款结转，借记本科目下各专项资金收入明细科目，贷记"非财政拨款结转——本年收支结转"科目；将本科目本年发生额中的非专项资金收入转入其他结余，借记本科目下各非专项资金收入明

细科目，贷记"其他结余"科目。财务会计在确认收入时应当借记"其他应收款""银行存款"等科目，贷记"非同级财政拨款收入"科目；在实际收到款项时，应当借记"银行存款"科目，贷记"其他应收款"科目。

【例 7-4】某行政单位收到某省级财政部门拨入的用于共建项目的收入 300 000 元，款项已存入银行。该行政单位账务处理如下。

财务会计账务处理如下。

借：银行存款   300 000

  贷：非同级财政拨款收入   300 000

预算会计账务处理如下。

借：资金结存——货币资金   300 000

  贷：非同级财政拨款预算收入——专项资金收入 300 000

7.3 事业预算收入

7.3.1 事业预算收入的概述

事业预算收入是指事业单位开展专业业务活动及其辅助活动取得的现金流入，包括事业单位因开展科研及其辅助活动从非同级政府财政部门取得的经费拨款。政府会计制度中的"事业预算收入"一是专指事业单位的事业活动取得的收入，二是指已经纳入预算管理范围的收入，三是指开展专业业务活动及其辅助活动取得的收入。

按照管理方式，事业预算收入分为财政专户返还方式管理的事业预算收入和其他事业预算收入。按照使用要求的不同，事业预算收入分为专项资金收入和非专项资金收入。

从资金来源渠道分析，事业预算收入既不是同级财政拨款预算收入，也不是上级拨入的预算收入。从事业预算收入来源的组成内容分析，还应当注意划清专项资金收入与非专项资金收入的界限。首先，事业收入中的专项资金收入应当是指非财政拨款所取得的专项资金，因而其全称应当是非财政专项资金收入，简称专项资金收入；其次，各专项资金收入应按具体项目进行明细核算；再次，各专项资金收入的结转与非财政补助结转对应，不能转入"其他结余"；

最后，专项资金收入以外的是非专项资金收入，即非财政非专项资金收入，也就是其他资金收入，应当结转记入"其他结余"科目。

为了核算开展专业业务活动及其辅助活动取得的现金流入，事业单位应设置"事业预算收入"科目。事业单位因开展科研及其辅助活动从非同级政府财政部门取得的经费拨款，也通过本科目核算。本科目应当按照事业预算收入类别、项目、来源、《政府收支分类科目》中"支出功能分类科目"项级科目等进行明细核算。对于因开展科研及其辅助活动从非同级政府财政部门取得的经费拨款，应当在本科目下单设"非同级财政拨款"明细科目进行明细核算；事业预算收入中如有专项资金收入，还应按照具体项目进行明细核算。年末结转后，本科目应无余额。

7.3.2　事业预算收入的核算

事业单位采用财政专户返还方式管理的事业预算收入，收到从财政专户返还的事业预算收入时，预算会计应当按照实际收到的返还金额，借记"资金结存——货币资金"科目，贷记本科目。

事业单位收到其他事业预算收入时，预算会计应当按照实际收到的款项金额，借记"资金结存——货币资金"科目，贷记本科目。

年末，将本科目本年发生额中的专项资金收入转入非财政拨款结转，预算会计应当借记本科目下各专项资金收入明细科目，贷记"非财政拨款结转——本年收支结转"科目；将本科目本年发生额中的非专项资金收入转入其他结余，借记本科目下各非专项资金收入明细科目，贷记"其他结余"科目。

财务会计与预算会计对事业收入核算方式的区别如表 7-3 所示。

表 7-3　　　　　财务会计与预算会计对事业收入核算方式的区别

事业收入核算方式		财务会计核算方式	预算会计核算方式
采用财政专户返还方式	实际收到或应收应上缴财政专户的事业收入时	借：银行存款、应收账款等 　贷：应缴财政款	
	向财政专户上缴款项时	借：应缴财政款 　贷：银行存款等	
	收到财政专户返还时	借：银行存款等 　贷：事业收入	借：资金结存——货币资金 　贷：事业预算收入

续表

事业收入核算方式		财务会计核算方式	预算会计核算方式
采用预收款方式	实际收到款项时	借：银行存款等 　　贷：预收账款	借：资金结存——货币资金 　　贷：事业预算收入
	以合同完成进度确认收入时	借：预收账款 　　贷：事业收入	
采用应收款方式	根据合同完成进度计算本期应收的款项	借：应收账款 　　贷：事业收入	
	实际收到款项时	借：银行存款等 　　贷：应收账款等	借：资金结存——货币资金 　　贷：事业预算收入

在一个会计信息系统中同时进行财务会计核算和预算会计核算，两者之间并非一一对应关系。对于不属于预算范围内的现金收支，如应当上缴国库或财政专户的款项、应当转拨其他单位的款项、受托代理的款项等，在单位收到或支付时仅做财务会计核算，不进行预算会计核算。对于不涉及现金流入与流出的业务，仅涉及财务会计核算，不涉及预算会计核算。

在日常核算过程中，应当区分专项资金收入与非专项资金收入。到了年末，将"事业预算收入"科目本年发生额中的专项资金收入结转入非财政拨款结转，借记"事业预算收入"科目下各专项资金收入明细科目，贷记"非财政拨款结转——本年收支结转"科目；将"事业预算收入"科目本年发生额中的非专项资金收入结转入其他结余，借记"事业预算收入"科目下各非专项资金收入明细科目，贷记"其他结余"科目。年末结账后，"事业预算收入"科目应无余额。

一、采用财政专户返还方式管理的事业预算收入

采用财政专户返还方式管理的事业预算收入，收到从财政专户返还的事业预算收入时，预算会计应当按照实际收到的返还金额，借记"资金结存——货币资金"科目，贷记"事业预算收入"科目。

【例 7-5】某事业单位收到从财政专户返还的一部分事业预算收入 100 000 元，款项已存入开户银行。该事业单位应编制如下会计分录。

财务会计账务处理如下。

借：银行存款　　　　　　　　　　　　　　　　　　　100 000

　　贷：事业收入　　　　　　　　　　　　　　　　　　　　100 000

预算会计账务处理如下。

借：资金结存——货币资金　　　　　　　　　　　　100 000

　　贷：事业预算收入　　　　　　　　　　　　　　　　100 000

事业单位在收到采用财政专户返还方式管理的事业收入时，形成应缴财政款负债。此时，事业单位只做财务会计账务处理，不做预算会计账务处理。事业单位通过开户银行向财政专户上缴收到的事业收入时，转销之前形成应缴财政款负债。此时，事业单位也只做财务会计账务处理，不做预算会计账务处理。在预算会计中，没有负债的核算内容。

二、收到其他事业预算收入

收到其他事业预算收入时，预算会计应当按照实际收到的款项金额，借记"资金结存——货币资金"科目，贷记"事业预算收入"科目。财务会计应当借记"银行存款"等科目，贷记"事业收入"科目。

【例 7-6】某事业单位按合同约定从付款方预收一笔事业活动款项 100 000 元，款项已存入开户银行。该事业单位应编制如下会计分录。

财务会计账务处理如下。

借：银行存款　　　　　　　　　　　　　　　　　　100 000

　　贷：预收账款　　　　　　　　　　　　　　　　　　100 000

预算会计账务处理如下。

借：资金结存——货币资金　　　　　　　　　　　　100 000

　　贷：事业预算收入　　　　　　　　　　　　　　　　100 000

【例 7-7】某事业单位按合同约定开展一项专业业务活动。次月，该事业单位收到上月末按合同完成进度计算确认的事业收入 30 000 元。收到款项时，该事业单位应编制如下会计分录。

财务会计账务处理如下。

借：银行存款　　　　　　　　　　　　　　　　　　30 000

　　贷：预收账款　　　　　　　　　　　　　　　　　　30 000

预算会计账务处理如下。

借：资金结存——货币资金　　　　　　　　　　　　30 000

　　贷：事业预算收入　　　　　　　　　　　　　　　　30 000

【例7-8】某事业单位在开展专业业务活动中收到现金1 000元。该事业单位应编制如下会计分录。

财务会计账务处理如下。

借：库存现金   1 000

    贷：事业收入   1 000

预算会计账务处理如下。

借：资金结存——货币资金   1 000

    贷：事业预算收入   1 000

在概念上，事业预算收入是指事业单位开展专业业务活动及其辅助活动取得的现金流入，而事业收入是指事业单位开展专业业务活动及其辅助活动实现的收入。前者体现了收付实现制，后者体现了权责发生制。

7.4 经营预算收入

7.4.1 经营预算收入的概述

经营预算收入是指事业单位在专业业务活动及其辅助活动之外开展非独立核算经营活动取得的现金流入。经营预算收入属于非财政非专项资金收入，具有非专业活动、非独立核算的特点。

开展专业活动所取得的收入只能作为事业收入，不得作为经营收入。由独立核算的附属单位取得的收入不纳入本单位经营收入。

经营收入与事业收入均是事业单位向社会提供商品或服务而应获取的收入。不同之处是：经营活动体现了保本获利原则，只能是从商品或服务的接受方取得收入；事业收入体现了事业活动的公益性原则，可能从商品或服务的接受方取得了补偿性收入，也可能从财政取得了补偿性资金。

事业单位应当设置"经营预算收入"科目，核算在专业业务活动及其辅助活动之外开展非独立核算营利性活动取得的现金流入。

"经营预算收入"科目应当按照经营获得类别、项目、《政府收支分类科目》中"支出功能分类科目"的项级科目等进行明细核算。年末结转后，本科目应无余额。

7.4.2　经营预算收入的核算

以收付实现制为基础的预算收入与以权责发生制为基础的收入在确认时点等方面存在不同之处。例如，本月售出产品 5 000 元，可能存在以下三种情况。一是本月货款已收存银行，针对这项经济业务，不管采用权责发生制还是收付实现制核算，5 000 元货款都可作为本月收入，预算会计确认"经营预算收入"，财务会计确认"经营收入"，因为这项业务一方面发票已经开出，另一方面现款已收到，这时两者确认收入的时点是一致的。二是待到下月才收到货款，这时以收付实现制为基础，此项收入应当确认为下月的"经营预算收入"，因为现款是下月收到的；以权责发生制为基础，此项收入确认为本月的"经营收入"，因为它是本月售出的，两者确认收入的时点并不一致。三是上月已从付款方预收货款，在这种情况下，采用收付实现制核算，该预收款项应当确认为上月的"经营预算收入"，因为现款是上月收到的；采用权责发生制核算，由于是本月售出的产品，该预收款项应当确认为本月的"经营收入"，两者确认收入的时点不一致。

财务会计与预算会计对经营收入核算的区别如表 7-4 所示。

表 7-4　　　　　　　　　财务会计与预算会计对经营收入核算的区别

经营收入	财务会计核算方法	预算会计核算方法
确认收入	借：应收账款 / 应收票据等 　贷：经营收入	借：资金结存——货币资金 　贷：经营预算收入
收取价款	借：银行存款 　贷：应收账款 / 应收票据等	
年末结账	借：经营收入 　贷：本年盈余	借：经营预算收入 　贷：经营结余

事业单位收到经营预算收入时，预算会计应当按照实际收到的金额，借记"资金结存——货币资金"科目，贷记本科目。年末，将本科目本年发生额转入经营结余，借记本科目，贷记"经营结余"科目。

事业单位提供非增值税服务或发生非增值税业务时，预算会计应当按照实际收到的金额，借记"资金结存——货币资金"科目，贷记"经营预算收入"科目。

增值税小规模纳税人在确认经营预算收入时，预算会计应当按照实际出售价款扣除增值税额后的金额，借记"资金结存——货币资金"科目，贷记"经营预算收入"科目。

增值税一般纳税人在确认经营预算收入时，预算会计应当按照扣除增值税销项税额后的价款金额，借记"资金结存——货币资金"科目，贷记"经营预算收入"科目。

到了年末，将"经营预算收入"科目本年发生额结转至"经营结余——本年经营收支结余"科目，预算会计应当借记"经营预算收入"科目，贷记"经营结余——本年经营收支结余"科目。年末结账后，"经营预算收入"科目应无余额。

【**例7-9**】某事业单位本期取得经营收入10 000元。该事业单位账务处理如下。

（1）收到经营收入时。

财务会计账务处理如下。

借：银行存款   10 000

  贷：经营收入   10 000

预算会计账务处理如下。

借：资金结存——货币资金   10 000

  贷：经营预算收入   10 000

（2）期末结转经营收入时。

财务会计账务处理如下。

借：经营收入   10 000

  贷：本期盈余   10 000

预算会计账务处理如下。

借：经营预算收入   10 000

  贷：经营结余——本年经营收支结余   10 000

【**例7-10**】某科研院除完成某类科学研究事业活动外，还从事技术转让、技术咨询与培训等经营性业务。20×9年3月1日，该院与M公司签订技术培训合同，双方约定：科研院于3月2日至30日向M公司提供技术培训服务，M公司应于合同签订之日起3日内向科研院预付10万元技术培训服务费，在30日完成技术培训服务后，M公司向科研院再支付20万元技术培训服务费（不含税率为3%的应交增值税）。

（1）3月4日，科研院收到M公司预付款项10万元，存入银行，财务会计账务处理如下。

借：银行存款   100 000

　　　贷：预收账款　　　　　　　　　　　　　　　　　　　　100 000

预算会计账务处理如下。

　　借：资金结存——货币资金　　　　　　　　　　　　　　　100 000

　　　贷：经营预算收入——项目支出　　　　　　　　　　　　100 000

　　（2）3 月 30 日，科研院完成 M 公司技术培训服务，收到 M 公司支付款项 20 万元和应交增值税 0.9 万元，科研院增加银行存款 20.9 万元，财务会计账务处理如下。

　　借：银行存款　　　　　　　　　　　　　　　　　　　　　209 000

　　　预收账款　　　　　　　　　　　　　　　　　　　　　　100 000

　　　贷：经营收入　　　　　　　　　　　　　　　　　　　　300 000

　　　　　应交增值税——应交税金（销项税额）　　　　　　　　9 000

预算会计账务处理（以收到付款方的补付款为依据）如下。

　　借：资金结存——货币资金　　　　　　　　　　　　　　　209 000

　　　贷：经营预算收入——项目支出　　　　　　　　　　　　209 000

7.5　其他预算收入

7.5.1　其他预算收入的概述

　　其他预算收入是指政府单位除财政拨款预算收入、事业预算收入、上级补助预算收入、附属单位上缴预算收入、经营预算收入、债务预算收入、非同级财政拨款预算收入、投资预算收益之外的纳入部门预算管理的现金流入，包括捐赠预算收入、利息预算收入、租金预算收入、现金盘盈收入等。

　　按照使用要求的不同，其他预算收入可分为专项资金收入和非专项资金收入。

　　为核算其他预算收入业务，行政事业单位应设置"其他预算收入"总账科目。该科目应当按照其他收入类别、《政府收支分类科目》中"支出功能分类科目"的项级科目等进行明细核算。其他预算收入中如有专项资金收入，还应按照具体项目进行明细核算。单位发生的捐赠预算收入、利息预算收入、租金预算收入金额较大或业务较多的，可单独设置"捐赠预算收入""利息预算收入""租金预算收入"等科目。

7.5.2　其他预算收入的核算

政府单位接受捐赠现金资产、收到银行存款利息、收到资产承租人支付的租金时，预算会计应当按照实际收到的金额，借记"资金结存——货币资金"科目，贷记本科目。

每日现金账款核对中如发现现金溢余，预算会计应当按照溢余的现金金额，借记"资金结存——货币资金"科目，贷记本科目。经核实，属于应支付给有关个人和单位的部分，按照实际支付的金额，借记本科目，贷记"资金结存——货币资金"科目。

收到其他预算收入时，预算会计应当按照收到的金额，借记"资金结存——货币资金"科目，贷记本科目。

年末，将本科目本年发生额中的专项资金收入转入非财政拨款结转，预算会计应当借记本科目下各专项资金收入明细科目，贷记"非财政拨款结转——本年收支结转"科目；将本科目本年发生额中的非专项资金收入转入其他结余，借记本科目下各非专项资金收入明细科目，贷记"其他结余"科目。

"其他预算收入"在日常核算过程中，应当区分专项资金收入与非专项资金收入。到了年末，将该科目本年发生额中的专项资金收入结转入非财政拨款结转，预算会计应当借记"其他预算收入"科目，贷记"非财政拨款结转——本年收支结转"科目；将该科目本年发生额中的非专项资金收入结转入其他结余，借记"其他预算收入"科目下各非专项资金收入明细科目，贷记"其他结余"科目。年末结账后，该科目应无余额。

不同的受赠业务，预算会计与财务会计的核算范围会存在一致或不一致的情况。《政府会计制度》规定，接受货币资金捐赠需要实行平行记账，分别增加"其他预算收入"科目和"捐赠收入"科目，两者核算范围一致；取得实物捐赠，由于没有纳入预算，也没有资金收付，预算会计不需要进行捐赠收入核算，如果发生了相关税费，只核算这部分支付的业务；而采用权责发生制，财务会计还应当确认"捐赠收入"，两者核算的范围并不一致，由此，受赠业务涉及期末结转的核算也会产生量上的差异。捐赠收入平行记账举例如表7-5所示。

单位发生的捐赠预算收入、利息预算收入、租金预算收入金额较大或业务较多的，可单独设置"捐赠预算收入""利息预算收入""租金预算收入"等科目。

表 7-5　　　　　　　　　　　捐赠收入平行记账举例

经济业务		财务会计账务处理	预算会计账务处理
接受货币资产捐赠		借：银行存款 / 库存现金 　　贷：捐赠收入	借：资金结存——货币资金 　　贷：其他预算收入——捐赠收入
接受实物资产捐赠	按照确定成本入账	借：库存物品 / 固定资产等 　　贷：银行存款等（相关税费支出） 　　　　捐赠收入	借：其他支出（支付的相关税费等） 　　贷：资金结存
	按照名义金额入账	借：库存物品 / 固定资产等（名义金额） 　　贷：捐赠收入 借：其他费用 　　贷：银行存款等（相关税费支出）	借：其他支出（支付的相关税费等） 　　贷：资金结存
期末 / 年末结转	专项资金	借：捐赠收入 　　贷：本期盈余	借：其他预算收入——捐赠收入 　　贷：非财政拨款结转——本年收支结转
	非专项资金		借：其他预算收入——捐赠收入 　　贷：其他结余

【例 7-11】某政府单位接受某公司的捐赠，其中货币资金 100 000 元，固定资产 10 台，发票上注明价款 500 000 元。假设支付相关税费 1 000 元，以银行存款付讫。该政府单位账务处理如下。

财务会计账务处理如下。

借：银行存款	100 000
固定资产	500 000
贷：捐赠收入	600 000
借：其他费用	1 000
贷：银行存款	1 000

预算会计账务处理如下。

借：资金结存——货币资金	100 000
其他支出	1 000
贷：其他预算收入	100 000
资金结存——货币资金	1 000

【例 7-12】某政府单位 20×9 年 3 月末盘点现金，发现现金溢余 200 元，无法查明原因，该政府单位账务处理如下。

财务会计账务处理如下。

借：待处理财产损溢　　　　　　　　　　　　　　　　　　200

　　贷：其他收入　　　　　　　　　　　　　　　　　　　　　200

预算会计不需要进行账务处理。

【例 7-13】某政府单位经批准将一幢办公楼出租，租期 4 年，年租金 500 000 元。假定该租金收入不上缴财政，收到租金时，该政府单位账务处理如下。

财务会计账务处理如下。

借：银行存款　　　　　　　　　　　　　　　　　　　500 000

　　贷：预收账款／应收账款／租金收入　　　　　　　　　　500 000

预算会计账务处理如下。

借：资金结存——货币资金　　　　　　　　　　　　　500 000

　　贷：其他预算收入　　　　　　　　　　　　　　　　　500 000

【例 7-14】20×9 年年末，某政府单位"其他预算收入"科目贷方余额 200 000 元，有关贷方的明细科目余额为：专项资金收入 70 000 元，非专项资金收入 130 000 元。年末结转时，该政府单位的账务处理如下。

财务会计账务处理如下。

借：其他收入　　　　　　　　　　　　　　　　　　　200 000

　　贷：本期盈余　　　　　　　　　　　　　　　　　　　200 000

预算会计账务处理如下。

借：其他预算收入——专项资金收入　　　　　　　　　　70 000

　　　　　　　　　——非专项资金收入　　　　　　　　　130 000

　　贷：非财政拨款结转——本年收支结转　　　　　　　　　70 000

　　　　其他结余　　　　　　　　　　　　　　　　　　130 000

第 8 章
预算支出类会计核算

8.1　预算支出概述

预算支出是指政府单位在预算年度内依法发生并纳入预算管理的现金流出。预算支出一般在实际支付时予以确认，以实际支付的金额计量。符合预算支出定义及其确认条件的项目应当列入预算会计报表。

政府单位的预算支出包括行政支出、事业支出、经营支出、上缴上级支出、对附属单位补助支出、债务还本支出、投资支出和其他支出。其中，行政支出是行政单位特有的预算支出项目；事业支出、经营支出、上缴上级支出、对附属单位补助支出、债务还本支出、投资支出是事业单位特有的预算支出项目；其他支出是行政单位和事业单位共有的预算支出项目。

本章主要阐述政府单位各项预算支出的概念、分类和核算方法。

政府会计认定的预算支出一般具有以下特征。

（1）应当纳入预算管理的，即政府会计主体核算的支出都应当是纳入预算管理的支出。

（2）按照收付实现制核算的已经发生的现金流出，并以实际支付的金额计量。

（3）在预算年度内依法发生的支出。这里的依法支出是指符合会计准则制度规范要求的支出，而不是违法违规支出。

费用核算以权责发生制为基础，支出核算以收付实现制为基础，两者不仅名称不同、核算基础与列支的会计期间也有差异。例如，财务会计可以预计利息并将其计入费用，而预算会计只能在利息支付时将其列入支出。又如，某月以银行存款支付业务活动费用 50 000 元，不管采用权责发生制还是收付实现制核算，都可作为本月支出，因为这笔业务一方面已经发生并完成，另一方面钱已经付出，这时就表现为两者核算的一致性。但如果本月支付上月的该项支出，则采用收付实现制核算时，这笔支出应当作为本月的"事业支出"，因为钱是本月付出的；而采用权责发生制核算时，此项支出就不能作为本月的"业务活动费用"，因为它不是本月发生的，而是上月发生并完成的，应当计入上月的"业务活动费用"，两者计入的会计期间不一致。

在预算会计实务中，判断是否属于预算支出，一看是否与预算管理相关，二看是否有现金流出，三看是否纳入本预算年度。凡是符合预算支出定义及其确认条件的项目，均应当列入政府决算报表。

根据收付实现制的核算基础，政府会计将全部预算支出分为八个项目，其对应的会计科目和特指用途如表 8-1 所示，既满足了预算管理的需求，又有别于权责发生制的费用科目设置。

表 8-1   预算支出科目设置

序 号	编 号	预算支出项目与会计科目名称	特指用途
1	7101	行政支出	行政单位
2	7201	事业支出	事业单位
3	7301	经营支出	事业单位
4	7401	上缴上级支出	事业单位
5	7501	对附属单位补助支出	事业单位
6	7601	投资支出	事业单位
7	7701	债务还本支出	事业单位
8	7901	其他支出	

8.2   行政支出

8.2.1   行政支出的概述

行政支出是指行政单位履行其职责实际发生的各项现金流出。行政支出是行政单位为实现公共管理职能、完成行政任务所必须发生的各项资金耗费，属于非生产性支出。它是行政单位对财政拨款收入和其他收入等综合安排使用的结果，是行政单位在预算执行过程中的实际资金消耗数。行政支出是日常行政工作任务完成的重要财力保障。

行政支出即行政管理支出，是财政提供的用于行政机关、司法机关和外事机构在行使其特定职能时所需要的各项支出，是政府向社会提供一定公共服务所需要的行政投入或耗费的资源，是政府行使其职能必须付出的代价。行政支出因而成为财政支出中重要的经常性支出项目，是各级政府履行社会管理职责的物质保障，是政府向社会公众提供公共服务活动的经济基础。

行政支出按用途划分，主要分为人员经费支出和公用经费支出。

公共性、消费性的行政支出不会直接创造物质财富，但保证了政府机构的正常有效运转，保证了政府职能的实现，从而提高了资源配置的效率，促进了宏观经济的平稳运行。随着社会经济的发展，社会对这方面的要求会越来越高，相应的行政管理支出就会增加。但行政管理支出的增加必须以经济的发展为基础，必须与政府的财力保持恰当的比例，不能超越现实的经济能力。

8.2.2　行政支出的分类

行政支出按照不同标准划分，可以分为不同类型。

1. 按经济用途划分

按经济用途划分，行政支出分为工资福利支出、商品和服务支出、对个人和家庭的补助、基本建设支出和其他资本性支出。行政支出按经济用途分类的直接依据是《政府收支分类科目》中的"部门预算支出经济分类科目"。《政府收支分类科目》中的"部门预算支出经济分类科目"分为类、款两级科目。按照《2019 年政府收支分类科目》中的"部门预算支出经济分类科目"，行政单位的行政支出主要可分为以下七类。

（1）工资福利支出，反映行政单位开支的在职职工和编制外长期聘用人员的各类劳动报酬，以及为上述人员缴纳的各项社会保险费。其款级科目包括：基本工资、津贴补贴、奖金、伙食补助费、机关事业单位基本养老保险缴费、职业年金缴费、职工基本医疗保险缴费、公务员医疗补助缴费、其他社会保障缴费、住房公积金、医疗费、其他工资福利支出等。

（2）商品和服务支出，反映行政单位购买商品和服务的支出（不包括用于购置固定资产的支出、战略性和应急性储备支出，但包括军事方面的耐用消费品和设备购置费、军事性建设费以及军事建筑物的购置费）。其款级科目包括：办公费、印刷费、咨询费、手续费、水费、电费、邮电费、取暖费、物业管理费、差旅费、因公出国（境）费、维修（护）费、租赁费、会议费、培训费、公务招待费、专用材料费、被装购置费、专用燃料费、劳务费、委托业务费、工会经费、福利费、公用车运行维护费、其他交通费、税金及附加费用、其他商品和服务支出等。

（3）对个人和家庭的补助，反映政府用于个人和家庭的补助支出。其款级科目包括：离休费、退休费、退职（役）费、抚恤金、生活补助、救济费、医疗费补助、助学金、奖励金、个人农业生产补贴和其他对个人和家庭的补助等。

（4）资本性支出（基本建设），反映各级发展和改革部门安排的基本建设支出。其款级科目包括：房屋建筑物购建、办公设备购置、专用设备购置、基础设施建设、大型修缮、信息网络及软件购置更新、物资储备、公务用车购置、其他交通工具购置、文化陈列品购置、无形资产购置和其他基本建设支出等。

（5）资本性支出，反映行政单位安排的资本性支出。由发展和改革部门安排的基本建设支出不在此科目反映。其款级科目主要包括：房屋建筑物购建、办公设备购置、专用设备购置、基础设施建设、大型修缮、信息网络及软件购置更新、物资储备、土地补偿、安置补助、地上附着物和青苗补偿、拆迁补偿、公务用车购置、其他交通工具购置、文化和陈列品购置、无形资产购置和其他资本性支出等。

（6）对社会保障基金补助，反映政府对社会保险基金的补助以及补充全国社会保障基金的支出。其款级科目主要包括：对社会保险基金的补助和补充全国社会保障基金。

（7）其他支出，反映不能划分到上述经济科目的其他支出。其款级科目主要包括：赠与、国家赔偿费用支出、对民间非营利组织和群众性自治组织补贴、其他支出。

2. 按部门预算管理要求划分

按部门预算管理要求划分，行政支出可分为基本支出和项目支出。

（1）基本支出，是指行政单位为保障正常运转和完成日常工作任务发生的支出，包括人员经费和日常公用经费。人员经费是指为了开展专业活动而用于个人方面的开支，如基本工资、津贴补贴及奖金、社会保障缴费、离休费、退休费、助学金、医疗费、住房补贴等。人员经费在"部门预算支出经济分类科目"中体现为"工资福利支出"和"对个人和家庭的补助"两部分。日常公用经费是指为了完成业务活动而用于公共管理方面的开支，包括办公费、印刷费、咨询费、水电费、邮电费、取暖费、物业管理费、差旅费、维修（护）费、租赁费等。日常公用经费在"部门预算支出经济分类科目"中体现为"商品和服务支出""其他资本性支出"等科目中属于基本支出的内容。

（2）项目支出，是行政单位为完成其特定的工作任务发生的支出，包括基本建设、专项业务、大型修缮、大型购置、大型会议等项目支出。项目支出在"部门预算支出经济分类科目"中体现为"商品和服务支出""其他资本性支出"科目中属于项目支出的内容。项目支出具有专项性、独立性和完整性的特点。其中，专项性是指项目支出具有特定目标，为了完成特定工作任务，目标不同项目不同；独立性是指每个项目支出都有支出的明确范围，各项目之间支出不能交叉，项目支出与基本支出之间也不能交叉；完整性是指项目支出完整，体现为完成特定目标或任务的全部支出内容。

3．按资金类型划分

按资金类型划分，行政支出可分为财政拨款支出、非财政专项资金支出和其他资金支出。

（1）财政拨款支出，是行政单位使用财政拨款预算收入安排的行政支出。

（2）非财政专项资金支出，是行政单位使用财政拨款预算收入之外的预算收入安排的有指定项目和用途的专项资金支出。该支出应当专款专用、单独核算，并按照规定向财政部门或者主管部门报送专项资金的使用情况；项目完成后，应当报送专项资金支出决算和使用效果的书面报告，接受财政部门或者主管部门的检查、验收。

（3）其他资金支出，是行政单位使用除财政拨款预算收入和非财政专项资金以外的资金安排的行政支出。该支出为行政支出中的非财政非专项资金支出。

4．按资金来源划分

按资金来源划分，行政支出可分为一般公共预算财政拨款支出和政府性基金预算财政拨款支出。

（1）一般公共预算财政拨款支出，是指行政单位使用一般公共预算财政拨款安排的行政支出。

（2）政府性基金预算财政拨款支出，是指行政单位使用政府性基金预算财政拨款安排的行政支出。

8.2.3 行政支出核算的科目设置

为了核算履行其职责实际发生的各项现金流出，行政单位应设置"行政支出"科目。本科目应当分别按照"财政拨款支出""非财政专项资金支出"和"其他资金支出"科目以及"基本支出"和"项目支出"等科目进行明细核算，并按照《政府收支分类科目》中"支出功能分类科目"的项级科目进行明细核算；"基本支出"和"项目支出"明细科目下应当按照《政府收支分类科目》中"部门预算支出经济分类科目"的款级科目进行明细核算，同时在"项目支出"明细科目下按照具体项目进行明细核算。有一般公共预算财政拨款、政府性基金预算财政拨款等两种或两种以上财政拨款的行政单位，还应当在"财政拨款支出"明细科目下按照财政拨款的种类进行明细核算。对于预付款项，可通过在本科目下设置"待处理"明细科目进行核算，待确认具体支出项目后再转入本科目下相关明细科目。年末结账前，应将本科目"待处理"明细科目余额全部转入本科目下相关明细科目。年末结转后，本科目应无余额。

行政支出的会计科目设置如表 8-2 所示。

表 8-2 　　　　　　　　　　　行政支出的会计科目设置

总账科目	一级明细科目	二级明细科目	三级明细科目	四级明细科目	五级明细科目	六级明细科目
行政支出	财政拨款支出	一般公共预算财政拨款	支出功能分类科目项级科目	基本支出	部门预算支出经济分类科目款级科目	
				项目支出		××项目
		政府性基金预算财政拨款	同上	同上	同上	
	非财政专项资金支出	支出功能分类科目项级科目	基本支出	部门预算支出经济分类科目款级科目		
			项目支出		××项目	
	其他资金支出	同上	同上	同上	同上	

8.2.4　行政支出的核算

行政单位向职工个人支付薪酬时，预算会计应当按照实际支付的金额，借记本科目，贷记"财政拨款预算收入""资金结存"科目。按照规定代扣代缴个人所得税以及代扣代缴或为职工缴纳职工社会保险费、住房公积金等时，按照实际缴纳的金额，借记本科目，贷记"财政拨款预算收入""资金结存"科目。财务会计应当借记"应付职工薪酬"科目，贷记"财政拨款收入"或"零余额账户用款额度""其他应交税费——应交个人所得税"科目。

按照行政单位实际支付给外部人员个人的金额，预算会计应当借记本科目，贷记"财政拨款预算收入""资金结存"科目。按照规定代扣代缴个人所得税时，按照实际缴纳的金额，借记本科目，贷记"财政拨款预算收入""资金结存"科目。财务会计应当借记"其他应付款"科目，贷记"财政拨款收入"或"零余额账户用款额度""其他应交税费——应交个人所得税"科目。

行政单位为购买存货、固定资产、无形资产等以及在建工程支付相关款项时，预算会计应当按照实际支付的金额，借记本科目，贷记"财政拨款预算收入""资金结存"科目。财务会计应当借记"库存物品""固定资产""无形资产"等科目，贷记"财政拨款收入""零余额账户用款额度""银行存款"等科目。

行政单位发生预付账款时，预算会计应当按照实际支付的金额，借记本科目，贷记"财政拨款预算收入""资金结存"科目。对于暂付款项，在支付款项时可不做预算会计处理，待结算或报销时，按照结算或报销的金额，借记本科目，贷记"资金结存"科目。财务会计在支付款项时应当借记"预付账款"科目，贷记"财政拨款收入""零余额账户用款额度"等科目；在结算时借记"业务活动费用"科目，贷记"预付账款""财政拨款收入""零余额账户用款额度"等科目。

行政单位发生其他各项支出时，预算会计应当按照实际支付的金额，借记本科目，贷记"财政拨款预算收入""资金结存"科目。财务会计应当借记"业务活动费用"科目，贷记"财政拨款收入""零余额账户用款额度""银行存款""应付账款"等科目。

行政单位因购货退回等发生款项退回，或者发生差错更正的，属于当年支出收回的，预算会计应当按照收回或更正金额，借记"财政拨款预算收入""资金结存"科目，贷记本科目。财务会计应当借记"财政拨款收入""零余额账户用款额度""银行存款"等科目，贷记"库存物品""业务活动费用"科目。

年末，将本科目本年发生额中的财政拨款支出转入财政拨款结转，预算会计应当借记"财政拨款结转——本年收支结转"科目，贷记本科目下各财政拨款支出明细科目；将本科目本年发生额中的非财政专项资金支出转入非财政拨款结转，借记"非财政拨款结转——本年收支结转"科目，贷记本科目下各非财政专项资金支出明细科目；将本科目本年发生额中的其他资金支出（非财政非专项资金支出）转入其他结余，借记"其他结余"科目，贷记本科目下其他资金支出明细科目。财务会计应当借记"本年盈余"科目，贷记"业务活动费用"科目。

如果行政单位发生预付账款，购买固定资产、无形资产、在建工程、政府储备物资等资产，其款项采用财政授权支付、银行存款、库存现金和其他货币资金支付，其账务处理参照上文进行。如果款项采用财政直接支付方式支付，则贷记"财政拨款预算收入"科目。

因购货退回等发生款项退回的，或者发生差错更正时属于当年支出收回的，预算会计应当借记"财政拨款预算收入""资金结存"等科目，贷记"行政支出"科目；属于以前年度支出收回的，通过"财政拨款结转""财政拨款结余""非财政拨款结转""非财政拨款结余"科目核算，不通过"行政支出"科目核算。财务会计参照上文进行账务处理。

年末结账时，行政支出应当分清资金来源的渠道，并区分以下三种情况分别进行账务处理。

一、财政拨款支出的预算会计核算

将"行政支出"科目本年发生额中的财政拨款支出结转财政拨款结转，预算会计应当借记"财政拨款结转——本年收支结转"科目，贷记"行政支出"科目下各财政资金支出明细科目。

二、非财政专项资金支出的预算会计核算

将"行政支出"科目本年发生额中的非财政专项资金支出结转非财政拨款结转，预算会计应当借记"非财政拨款结转——本年收支结转"科目，贷记"行政支出"科目下各专项资金支出明细科目。

三、其他资金支出的预算会计核算

将"行政支出"科目本年发生额中的其他资金支出（非财政非专项资金支

出）结转入其他资金结余，预算会计应当借记"其他结余"科目，贷记"行政支出"科目下各非专项资金支出明细科目。

年末结转后，"行政支出"科目应无余额。

【例 8-1】某行政单位向某家具公司订购椅子 9 把，单价为 300 元，另支付运费 300 元，总价为 3 000 元。该单位按照规定与家具公司签订了购销合同，先支付 50% 的货款，其余货款在椅子验收合格后 15 日内一次性付清。上述椅子已办理领用手续。该家具价值低于固定资产标准，应当作为低值易耗品管理，并采用五五摊销法进行摊销。

（1）支付预付款后，对财务会计来说增加了预付款，对预算会计来说增加了支出。

财务会计的账务处理如下。

借：预付账款——某家具公司　　　　　　　　　　　　　1 500

　　贷：银行存款　　　　　　　　　　　　　　　　　　　　1 500

预算会计的账务处理如下。

借：行政支出　　　　　　　　　　　　　　　　　　　　1 500

　　贷：资金结存——货币资金　　　　　　　　　　　　　　1 500

（2）财务会计在收到家具公司送货上门的椅子并经验收合格后，应将总购置价 3 000 元作为家具的入账价值，并冲销已确认的预付款 1 500 元，确认尚未支付的应付账款 1 500 元（预算会计不需要进行账务处理）。

借：库存物品——低值易耗品　　　　　　　　　　　　　3 000

　　贷：预付账款——某家具公司　　　　　　　　　　　　　1 500

　　　　应付账款——某家具公司　　　　　　　　　　　　　1 500

（3）支付余款 1 500 元时，应进行平行记账，其中，财务会计确认应付账款的减少，预算会计记录行政支出的增加。

财务会计的账务处理如下。

借：应付账款——某家具公司　　　　　　　　　　　　　1 500

　　贷：银行存款　　　　　　　　　　　　　　　　　　　　1 500

预算会计的账务处理如下。

借：行政支出　　　　　　　　　　　　　　　　　　　　1 500

　　贷：资金结存——货币资金　　　　　　　　　　　　　　1 500

（4）办公桌领用时，财务会计应将发出价值的 50% 计入当期支出，预算会计则不需要进行账务处理。

借：单位管理费用　　　　　　　　　　　　　　　　　　1 500
　　贷：库存物品——低值易耗品　　　　　　　　　　　　　　1 500

8.3　事业支出

8.3.1　事业支出的概述

事业支出是指事业单位开展专业业务活动及其辅助活动实际发生的各项现金流出，是事业单位对各项预算收入综合安排使用的结果，是事业单位预算支出的主要内容，也是考核事业单位预算执行的重要依据。只要是事业单位开展的专业业务活动及其辅助活动所发生的支出，都属于事业支出核算的范畴。事业支出是事业单位的主体支出或最重要的支出，是事业单位支出管理的重中之重。

需要注意的是，事业支出与事业收入不是配比关系。事业单位依法组织的各项收入，包括财政补助收入、事业收入、上级补助收入、附属单位上缴收入和其他收入等，都可以安排用于事业支出。由此可见，事业收入只是安排事业支出的一个来源。同时，从事业支出的管理情况来看，一些单位并没有事业收入或者事业收入很少，但事业支出却不因此而减少。因为这些单位的事业支出是靠财政拨款收入来保障的。例如，小学的事业收入很少或者没有，但并没有影响小学的事业支出规模和水平，因为小学是公共财政重点保障的对象，其事业支出的规模和水平是靠财政拨款收入实现的。

事业支出核算时，至少需要分清以下几个层级：第一，是否属于事业支出的核算内容，不属于事业支出的不可以列入"事业支出"科目核算；第二，在事业支出中是属于"基本支出"还是"项目支出"，两者之间不能混淆；第三，进一步分清事业支出中"财政补助支出""非财政专项资金支出""其他资金支出"三个方面资金的来源；第四，在各项具体支出中还需要按照支出经济分类或功能分类进行明细核算。

对一些难以划分的支出，如何分解归入相关支出功能分类科目？实务中有多种处理办法可供参考：一是按一定比例分别列入相关功能分类科目；二是按大数原则，归入主要功能分类科目；三是对找不到适当功能分类项级科目的支出，可在有关类、款下的"其他"项级科目反映。

事业支出按照经济用途、部门预算管理要求、资金类型和资金来源等标准可以分为不同类型。与行政支出相比，事业支出按照经济用途分类，除了"工资福利支出"中还包括"绩效工资"，其他类别支出与行政支出的分类相同，具体参见行政支出的分类。

8.3.2　事业支出核算的科目设置

为了核算开展专业业务活动及辅助活动实际发生的各项现金流出，事业单位应设置"事业支出"科目。事业单位发生教育、科研、医疗、行政管理、后勤保障等活动的，可在本科目下设置相应的明细科目进行核算，或单设"教育支出""科研支出""医疗支出""行政管理支出""后勤保障支出"等一级会计科目进行核算。本科目应当分别按照"财政拨款支出""非财政专项资金支出""其他资金支出"科目，以及"基本支出""项目支出"等科目进行明细核算，并按照《政府收支分类科目》中"支出功能分类科目"的项级科目进行明细核算；"基本支出"和"项目支出"明细科目下应当按照《政府收支分类科目》中"部门预算支出经济分类科目"的款级科目进行明细核算，同时在"项目支出"明细科目下按照具体项目进行明细核算。有一般公共预算财政拨款、政府性基金预算财政拨款等两种或两种以上财政拨款的事业单位，还应当在"财政拨款支出"明细科目下按照财政拨款的种类进行明细核算。对于预付款项，可通过在本科目下设置"待处理"明细科目进行明细核算，待确认具体支出项目后再转入本科目下的相关明细科目。年末结账前，应将本科目"待处理"明细科目余额全部转入本科目下相关明细科目。年末结转后，本科目应无余额。

事业支出的会计科目设置如表 8-3 所示。

表 8-3　　　　　　　　　　　事业支出的会计科目设置

总账科目	一级明细科目	二级明细科目	三级明细科目	四级明细科目	五级明细科目	六级明细科目
事业支出	财政拨款支出	一般公共预算财政拨款	支出功能分类科目项级科目	基本支出	部门预算支出经济分类科目款级科目	
				项目支出		×× 项目
		政府性基金预算财政拨款	同上	同上	同上	

续表

总账科目	一级明细科目	二级明细科目	三级明细科目	四级明细科目	五级明细科目	六级明细科目
事业支出	非财政专项资金支出	支出功能分类科目项级科目	基本支出	部门预算支出经济分类科目款级科目		
			项目支出		××项目	
	其他资金支出	同上	同上	同上	同上	

8.3.3 事业支出的核算

事业单位向职工（经营部门职工除外）个人支付薪酬时，预算会计应当按照实际支付的数额，借记本科目，贷记"财政拨款预算收入""资金结存"科目。按照规定代扣代缴个人所得税以及代扣代缴或为职工缴纳职工社会保险费、住房公积金等时，预算会计应当按照实际缴纳的金额，借记本科目，贷记"财政拨款预算收入""资金结存"科目。财务会计参照前述行政支出部分处理。

事业单位在开展专业业务活动及其辅助活动过程中为购买存货、固定资产、无形资产等以及为在建工程支付相关款项时，预算会计应当按照实际支付的金额，借记本科目，贷记"财政拨款预算收入""资金结存"科目。财务会计参照前述行政支出部分处理。

事业单位在开展专业业务活动及其辅助活动过程中因购货退回等发生款项退回，或者发生差错更正的，属于当年支出收回的，预算会计应当按照收回或更正金额，借记"财政拨款预算收入""资金结存"科目，贷记本科目。财务会计参照前述行政支出部分处理。

年末，将本科目本年发生额中的财政拨款支出转入财政拨款结转，预算会计应当借记"财政拨款结转——本年收支结转"科目，贷记本科目下各财政拨款支出明细科目；将本科目本年发生额中的非财政专项资金支出转入非财政拨款结转，借记"非财政拨款结转——本年收支结转"科目，贷记本科目下各非财政专项资金支出明细科目；将本科目本年发生额中的其他资金支出（非财政非专项资金支出）转入其他结余，借记"其他结余"科目，贷记本科目下其他资金支出明细科目。财务会计参照前述行政支出部分处理。

年末结账时，事业支出应当分清资金来源的渠道，并区分以下三种情况分别进行账务处理。

一、财政拨款支出的预算会计核算

将"事业支出"科目本年发生额中的财政拨款支出结转财政拨款结转，借记"财政拨款结转——本年收支结转"科目，贷记"事业支出"科目下各财政资金支出明细科目。

二、非财政专项资金支出的预算会计核算

将"事业支出"科目本年发生额中的非财政专项资金支出结转非财政拨款结转，借记"非财政拨款结转——本年收支结转"科目，贷记"事业支出"科目下各专项资金支出明细科目。

三、其他资金支出的预算会计核算

将"事业支出"科目本年发生额中的其他资金支出（非财政非专项资金支出）结转其他资金结余，借记"其他结余"科目，贷记"事业支出"科目下各非专项资金支出明细科目。

年终结账后，"事业支出"科目应无余额。

【例 8-2】某事业单位通过财政直接支付的方式，向单位开展专业业务活动及其辅助活动的职工个人支付薪酬共计 800 000 元。该事业单位应编制如下会计分录。

财务会计账务处理如下。

借：应付职工薪酬　　　　　　　　　　　　　　　　　　　800 000

　　贷：财政拨款收入　　　　　　　　　　　　　　　　　　　800 000

预算会计账务处理如下。

借：事业支出　　　　　　　　　　　　　　　　　　　　　800 000

　　贷：财政拨款预算收入　　　　　　　　　　　　　　　　　800 000

事业单位向单位开展专业业务活动及其辅助活动的职工个人支付薪酬业务的会计处理方法，如同行政单位向职工个人支付薪酬。只是行政单位使用"行政支出"科目记录相应的支出，事业单位使用"事业支出"科目记录相应的支出。

事业单位开展专业业务活动及其辅助活动的职工与开展经营活动的职工相对应。事业单位向单位开展经营活动的职工个人支付的薪酬记入"经营支出"科目。

【例 8-3】某事业单位通过财政直接支付的方式，为单位开展专业业务活动及

其辅助活动的职工代扣代缴个人所得税 26 600 元，同时通过财政直接支付的方式，为这些职工代扣代缴和缴纳职工社会保险费和住房公积金共计 288 000 元。本次实际向相关部门和机构缴纳金额合计为 314 600 元（26 600+288 000）。该事业单位应编制如下会计分录。

财务会计账务处理如下。

借：应付职工薪酬 288 000

其他应交税费——应交个人所得税 26 600

贷：财政拨款收入 314 600

预算会计账务处理如下。

借：事业支出 314 600

贷：财政拨款预算收入 314 600

事业单位在计提从事专业业务活动及其辅助活动人员的职工薪酬时，在财务会计中，借记"业务活动费用""单位管理费用"科目，贷记"应付职工薪酬"科目；在预算会计中，不做会计处理。事业单位按税法规定代扣职工个人所得税时，在财务会计中，借记"应付职工薪酬"科目，贷记"其他应交税费——应交个人所得税"科目；在预算会计中，不做会计处理。事业单位的职工薪酬在不同的时间分别在财务会计和预算会计中确认为费用和支出。行政单位职工薪酬的情况也是如此。

事业单位如果通过财政授权支付方式或银行存款账户为单位开展专业业务活动及其辅助活动的职工代扣代缴个人所得税，以及代扣代缴和为其缴纳职工社会保险费和住房公积金，则在财务会计中，相应的贷方科目为"零余额账户用款额度"或"银行存款"科目；在预算会计中，相应的贷方科目为"资金结存"科目。

为专业业务活动及其辅助活动支付外部人员劳务费，预算会计应当按照实际支付给外部人员个人的金额，借记"事业支出"科目，贷记"财政拨款预算收入""资金结存"科目。

按照规定代扣代缴个人所得税时，预算会计应当按照实际缴纳的金额，借记"事业支出"科目，贷记"财政拨款预算收入""资金结存"科目。

【例 8-4】某事业单位通过银行存款账户为专业业务活动及其辅助活动支付外部人员的应付劳务费 50 000 元。该事业单位应编制如下会计分录。

财务会计账务处理如下。

借：其他应付款　　　　　　　　　　　　　　　　　　　50 000
　　　贷：银行存款　　　　　　　　　　　　　　　　　　　　50 000

预算会计账务处理如下。

借：事业支出　　　　　　　　　　　　　　　　　　　　50 000
　　　贷：资金结存——货币资金　　　　　　　　　　　　　　50 000

外部人员劳务费同样涉及代扣代缴个人所得税的业务，但不涉及代扣代缴和为其缴纳社会保险费和住房公积金的业务。

开展专业业务活动及其辅助活动过程中为购买存货、固定资产、无形资产等以及在建工程支付相关款项时，预算会计应当按照实际支付的金额，借记"事业支出"科目，贷记"财政拨款预算收入""资金结存"科目。

【例 8-5】某事业单位在开展专业业务活动及其辅助活动过程中，通过财政授权支付方式购入一批库存物品，实际支付价款为 20 000 元。暂不考虑增值税业务。该事业单位应编制如下会计分录。

财务会计账务处理如下。

借：库存物品　　　　　　　　　　　　　　　　　　　　20 000
　　　贷：零余额账户用款额度　　　　　　　　　　　　　　20 000

预算会计处理如下。

借：事业支出　　　　　　　　　　　　　　　　　　　　20 000
　　　贷：资金结存——零余额账户用款额度　　　　　　　　20 000

事业单位在开展专业业务活动及其辅助活动过程中为购买存货、固定资产、无形资产等以及在建工程支付相关款项的会计处理如同行政单位的相应情况，只是行政单位将相应的支出记录在"行政支出"科目中，事业单位将相应的支出记录在"事业支出"科目中。

开展专业业务活动及其辅助活动过程中发生预付账款时，预算会计应当按照实际支付的金额，借记"事业支出"科目，贷记"财政拨款预算收入""资金结存"科目。

对于暂付款项，在支付款项时可不做预算会计处理，待结算或报销时，按照结算或报销的金额，借记"事业支出"科目，贷记"资金结存"科目。

【例 8-6】某事业单位在开展专业业务活动及其辅助活动过程中购买一项服务，发生预付账款 10 000 元，款项通过财政直接支付方式支付。次月，购买的该项服务完成，该事业单位补付相应的款项 20 000 元，款项通过财政直接支付方式支付。

该事业单位购买该项服务发生的费用属于业务活动费用，金额合计为 30 000 元。该事业单位应编制如下会计分录。

（1）预付账款时。

财务会计账务处理如下。

借：预付账款 10 000

    贷：财政拨款收入 10 000

预算会计账务处理如下。

借：事业支出 10 000

    贷：财政拨款预算收入 10 000

（2）服务完成并补付款项时。

财务会计账务处理如下。

借：业务活动费用 30 000

    贷：财政拨款收入 20 000

       预付账款 10 000

预算会计账务处理如下。

借：事业支出 20 000

    贷：财政拨款预算收入 20 000

在该项业务中，事业单位在收到所购服务时确认费用，但在实际支付款项时确认支出。如果事业单位在购买存货、固定资产、无形资产等资产过程中发生预付账款的业务，也是在收到所购资产时确认资产，在实际支付款项时确认支出。

【例 8-7】某事业单位行政管理部门职工出差预借差旅费 600 元，款项以库存现金支付。数日后，相关职工出差回来报销差旅费 500 元，退回多余现金 100 元。该事业单位应编制如下会计分录。

（1）预借差旅费时。

财务会计账务处理如下。

借：其他应收款 600

    贷：库存现金 600

（2）报销差旅费时。

财务会计账务处理如下。

借：单位管理费用 500

库存现金	100
贷：其他应收款	600

预算会计账务处理如下。

借：事业支出	500
贷：资金结存——货币资金	500

开展专业业务活动及其辅助活动过程中缴纳的相关税费以及发生的其他各项支出，按照实际支付的金额，预算会计应当借记"事业支出"科目，贷记"财政拨款预算收入""资金结存"科目。

【例8-8】某事业单位在开展专业业务活动及其辅助活动过程中，缴纳城市维护建设税500元，款项通过银行存款账户支付。该事业单位应编制如下会计分录。

财务会计账务处理如下。

借：其他应交税费——应交城市维护建设税	500
贷：银行存款	500

预算会计账务处理如下。

借：事业支出	500
贷：资金结存——货币资金	500

事业单位在开展专业业务活动及其辅助活动过程中发生城市维护建设税纳税义务时，在财务会计中，借记"业务活动费用"等科目，贷记"其他应交税费——应交城市建设维护税"科目。此时，在预算会计中不做会计处理。

【例8-9】某事业单位在开展专业业务活动及其辅助活动过程中，发生应当计入当期业务活动费用的相关办公费用1 000元，款项通过银行存款账户支付。该事业单位应编制如下会计分录。

财务会计账务处理如下。

借：业务活动费用	1 000
贷：银行存款	1 000

预算会计账务处理如下。

借：事业支出	1 000
贷：资金结存——货币资金	1 000

在该项业务中，如果事业单位在上一会计期间对相关办公费用按照权责发生制的要求在财务会计中进行会计处理，那么，应当借记"业务活动费用"科目，贷记"应付账款""其他应付款"等科目。此时，在预算会计中，不做会计处理。

在本会计期间支付上一会计期间的相关费用时，财务会计应当借记"应付账款""其他应付款"科目，贷记"银行存款"科目；预算会计应当借记"事业支出"科目，贷记"资金结存"科目。

在概念上，事业支出是指事业单位开展专业业务活动及其辅助活动实际发生的各项现金流出。业务活动费用是指行政事业单位为实现其职能目标，依法履职或开展专业业务活动及其辅助活动所发生的各项费用。前者体现了收付实现制，后者体现了权责发生制。

开展专业业务活动及其辅助活动过程中因购货退回等发生款项退回，或者发生差错更正的，属于当年支出收回的，按照收回或更正金额，预算会计应当借记"财政拨款预算收入""资金结存"科目，贷记"事业支出"科目。

【例8-10】某事业单位因货品质量问题退回一批当年购入的价值2 000元的货品，该批货品在购入时已计入当年单位管理费用和事业支出，退货款项已收到并存入银行存款账户。该事业单位应编制如下会计分录。

财务会计账务处理如下。

借：银行存款	2 000
贷：单位管理费用	2 000

预算会计账务处理如下。

借：资金结存——货币资金	2 000
贷：事业支出	2 000

有些事业单位同时有一般公共预算财政拨款和政府性基金预算财政拨款。这些事业单位在取得财政拨款收入时，应当分别核算一般公共预算财政拨款收入和政府性基金预算财政拨款收入。在发生财政拨款支出时，也应当分别核算一般公共预算财政拨款支出和政府性基金预算财政拨款支出。

【例8-11】某事业单位同时有一般公共预算财政拨款和政府性基金预算财政拨款。该事业单位通过财政直接支付方式支付一笔政府性基金预算财政拨款50 000元，具体为支付一项固定资产购买的款项，以进一步提高单位开展专业业务活动及其辅助活动的能力。同时，该事业单位还通过财政授权支付方式支付一笔一般公共预算财政拨款500元，具体为支付一批库存物品购买的款项。该事业单位应编制如下会计分录。

（1）支付政府性基金预算财政拨款时。

财务会计账务处理如下。

借：固定资产	50 000

　　　　贷：财政拨款收入（政府性基金预算财政拨款）　　　　　　　50 000

预算会计账务处理如下。

　　借：事业支出——财政拨款支出（政府性基金预算财政拨款）　 50 000

　　　　贷：财政拨款预算收入（政府性基金预算财政拨款）　　　　　50 000

（2）支付一般公共预算财政拨款时。

财务会计账务处理如下。

　　借：库存物品　　　　　　　　　　　　　　　　　　　　　　　　 500

　　　　贷：零余额账户用款额度　　　　　　　　　　　　　　　　　　 500

预算会计账务处理如下。

　　借：事业支出——财政拨款支出（一般公共预算财政拨款）　　　　 500

　　　　贷：资金结存——零余额账户用款额度　　　　　　　　　　　　 500

　　在政府性基金中，彩票公益金收入通常比较多地使用在教育、文化、体育等社会事业中。国有土地使用权出让收入也用于农村基础设施建设支出，其中包括用于卫生、教育以及文化等基础设施建设支出。

　　年末，将"事业支出"科目本年发生额中的财政拨款支出转入财政拨款结转，借记"财政拨款结转——本年收支结转"科目，贷记"事业支出"科目下各财政拨款支出明细科目；将"事业支出"科目本年发生额中的非财政专项资金支出转入非财政拨款结转，借记"非财政拨款结转——本年收支结转"科目，贷记"事业支出"科目下各非财政专项资金支出明细科目；将"事业支出"科目本年发生额中的其他资金支出（非财政非专项资金支出）转入其他结余，借记"其他结余"科目，贷记"事业支出"科目下其他资金支出明细科目。年末结转后，"事业支出"科目应无余额。

8.4　经营支出

8.4.1　经营支出的概述

　　经营支出是指事业单位在专业业务活动及其辅助活动之外开展非独立核算经营活动实际发生的各项现金流出。事业单位开展非独立核算经营活动的，应当正确归集开展经营活动发生的各项费用数；无法直接归集的，应当按照规定的标准或比例合理分摊。事业单位的经营支出与经营收入应当配比。

经营支出属于事业单位的非财政非专项资金支出。

只有开展非独立核算的经营活动才纳入"经营支出"科目核算的范围，并应当与同期取得的"经营预算收入"对应计算，以获得单位开展非独立核算经营活动所取得的经营收益的情况。"经营预算收入""经营支出"的核算基础都是收付实现制，属于预算会计范畴；应注意与财务会计中采用权责发生制基础的"经营收入"和"经营费用"的区别。

8.4.2　经营支出的核算

为了核算在专业业务活动及其辅助活动之外开展非独立核算经营活动实际发生的各项现金流出，事业单位应设置"经营支出"科目。本科目应当按照经营活动类别、项目、《政府收支分类科目》中"支出功能分类科目"的项级科目和"部门预算支出经济分类科目"的款级科目等进行明细核算。对于预付款项，可通过在本科目下设置"待处理"明细科目进行明细核算，待确认具体支出项目后再转入本科目下相关明细科目。年末结账前，应将本科目"待处理"明细科目余额全部转入本科目下相关明细科目。年末结转后，本科目应无余额。

事业单位向职工个人支付薪酬时，预算会计应当按照实际的金额，借记本科目，贷记"资金结存"科目。按照规定代扣代缴个人所得税以及代扣代缴或为职工缴纳职工社会保险费、住房公积金时，预算会计应当按照实际缴纳的金额，借记本科目，贷记"资金结存"科目。财务会计应当参照前述事业支出、行政支出的账务处理。

按照实际支付给外部人员个人的金额，预算会计应当借记本科目，贷记"资金结存"科目。按照规定代扣代缴个人所得税时，按照实际缴纳的金额，借记本科目，贷记"资金结存"科目。财务会计应当参照前述事业支出、行政支出的账务处理。

事业单位开展经营活动过程中为购买存货、固定资产、无形资产等以及在建工程支付相关款项时，预算会计应当按照实际支付的金额，借记本科目，贷记"资金结存"科目。财务会计应当参照前述事业支出、行政支出的账务处理。

事业单位开展经营活动过程中发生预付账款时，预算会计应当按照实际支付的金额，借记本科目，贷记"资金结存"科目。对于暂付款项，在支付款项时可不做预算会计处理，待结算或报销时，按照结算或报销的金额，借记本科目，贷记"资金结存"科目。财务会计应当参照前述事业支出、行政支出的账务处理。

事业单位因开展经营活动缴纳的相关税费以及发生的其他各项支出，预算会计应当按照实际支付的金额，借记本科目，贷记"资金结存"科目。财务会计应当参照前述事业支出、行政支出的账务处理。

事业单位开展经营活动中因购货退回等发生款项退回，或者发生差错更正的，属于当年支出收回的，预算会计应当按照收回或更正金额，借记"资金结存"科目，贷记本科目。财务会计应当参照前述事业支出、行政支出的账务处理。

年末，将本科目本年发生额转入经营结余，借记"经营结余"科目，贷记本科目。

【例 8-12】某事业单位将经营活动人员的工资 50 000 元转入个人工资账户，将住房公积金 12 000 元转入个人住房公积金账户，将代扣的个人所得税 5 000 元缴入国库单一账户。该事业单位的账务处理如下。

财务会计账务处理如下。

借：应付职工薪酬   67 000

  贷：银行存款   62 000

    其他应交税费——应交个人所得税   5 000

预算会计账务处理如下。

借：经营支出   67 000

  贷：资金结存——货币资金   67 000

如果事业单位因开展经营活动发生预付账款，购买固定资产、无形资产、在建工程等资产，其款项采用银行存款、库存现金和其他货币资金支付，其账务处理参照上例进行。

【例 8-13】2×19 年年末，某事业单位"经营支出"科目借方余额 200 000 元。年末结转时，该事业单位的账务处理如下。

财务会计账务处理如下。

借：本期盈余   200 000

  贷：经营费用   200 000

预算会计账务处理如下。

借：经营结余   200 000

  贷：经营支出   200 000

8.5 其他支出

8.5.1 其他支出的概述

其他支出是指行政事业单位除行政支出、事业支出、经营支出、上缴上级支出、对附属单位补助支出、投资支出、债务还本支出以外的各项现金流出，包括利息支出、对外捐赠现金支出、现金盘亏损失、接受捐赠（调入）和对外捐赠(调出)非现金资产发生的税费支出、资产置换过程中发生的相关税费支出、罚没支出等。

为核算其他支出业务，行政事业单位应设置"其他支出"总账科目。该科目应当按照其他支出的类别，"财政拨款支出""非财政专项资金支出""其他资金支出"，《政府收支分类科目》中"支出功能分类科目"的项级科目和"部门预算支出经济分类科目"的款级科目等进行明细核算。其他支出中如有专项资金支出，还应按照具体项目进行明细核算。

有一般公共预算财政拨款、政府性基金预算财政拨款等两种或两种以上财政拨款的事业单位，还应当在"财政拨款支出"明细科目下按照财政拨款的种类进行明细核算。

单位发生利息支出、捐赠支出等其他支出金额较大或业务较多的，可单独设置"利息支出""捐赠支出"等科目。

8.5.2 其他支出的核算

支付银行借款利息时，预算会计应当按照实际支付金额，借记"其他支出"科目，贷记"资金结存"科目。财务会计应当借记"应付利息"科目，贷记"银行存款"科目。

【例8-14】某事业单位支付银行借款利息1 000元，款项通过银行存款账户支付。相应的银行借款利息在财务会计中已记入了"应付利息"总账科目。该事业单位应编制如下会计分录。

财务会计账务处理如下。

借：应付利息　　　　　　　　　　　　　　　　　　　　1 000

　　贷：银行存款　　　　　　　　　　　　　　　　　　　1 000

预算会计账务处理如下。

借：其他支出　　　　　　　　　　　　　　　　　　1 000
　　贷：资金结存——货币资金　　　　　　　　　　　　　1 000

在财务会计中，借款利息按权责发生制基础确认。单位按期计算确认借款利息费用时，借记"在建工程"或"其他费用"科目，贷记"应付利息""长期借款——应计利息"科目。

对外捐赠现金资产时，预算会计应当按照捐赠金额，借记"其他支出"科目，贷记"资金结存——货币资金"科目。

【例 8-15】某事业单位对外捐赠现金资产 50 000 元，款项通过银行存款支付。该事业单位应编制如下会计分录。

财务会计账务处理如下。

借：其他费用　　　　　　　　　　　　　　　　　　50 000
　　贷：银行存款　　　　　　　　　　　　　　　　　　50 000

预算会计账务处理如下。

借：其他支出　　　　　　　　　　　　　　　　　　50 000
　　贷：资金结存——货币资金　　　　　　　　　　　　50 000

每日现金账款核对中如发现现金短缺，预算会计应当按照短缺的现金金额，借记"其他支出"科目，贷记"资金结存——货币资金"科目。经核实，属于应当由有关人员赔偿的，按照收到的赔偿金额，借记"资金结存——货币资金"科目，贷记"其他支出"科目。

【例 8-16】某事业单位现金账款核对中发现现金短缺 50 元。经核实，其中 30 元应当由责任人赔偿；其余 20 元无法查明原因，经批准予以核销。次日，收到相关责任人赔偿现金 30 元。该事业单位应编制如下会计分录。

（1）现金账款核对中发现现金短缺时。

财务会计账务处理如下。

借：待处理财产损溢　　　　　　　　　　　　　　　50
　　贷：库存现金　　　　　　　　　　　　　　　　　　50

预算会计账务处理如下。

借：其他支出　　　　　　　　　　　　　　　　　　50
　　贷：资金结存——货币资金　　　　　　　　　　　　50

（2）核实批准相关情况时。

财务会计账务处理如下。

借：其他应收款   30

  资产处置费用   20

  贷：待处理财产损溢   50

（3）收到相关责任人赔偿现金时。

财务会计账务处理如下。

借：库存现金   30

  贷：其他应收款   30

预算会计账务处理如下。

借：资金结存——货币资金   30

  贷：其他支出   30

现金账款核对中发现的现金短缺，属于无法查明原因的，在财务会计中，在核实批准时确认为资产处置费用；在预算会计中，在发现现金短缺时确认为其他支出。

接受捐赠（无偿调入）非现金资产发生的归属于捐入方（调入方）的相关税费、运输费等，以及对外捐赠（无偿调出）非现金资产发生的归属于捐出方（调出方）的相关税费、运输费等，预算会计应当按照实际支付金额，借记"其他支出"科目，贷记"资金结存"科目。

【例8-17】某事业单位接受捐赠一批库存物品，有关凭据注明的金额为59 500元，以银行存款支付运输费用500元，库存物品已验收入库，成本金额为60 000元。该事业单位应编制如下会计分录。

财务会计账务处理如下。

借：库存物品   60 000

  贷：银行存款   500

    捐赠收入   59 500

预算会计账务处理如下。

借：其他支出   500

  贷：资金结存——货币资金   500

第 9 章
预算结余类会计核算

9.1　预算结余概述

　　结余是一种存量。存量资金一般是指在账户中还没有使用的资金。

　　预算结余是指行政事业单位预算收入减去预算支出后的余额。它是行政事业单位采用收付实现制基础核算预算收入和预算支出后，按照预算结余的种类进行分类的结果。行政事业单位的预算结余包括资金结存、财政拨款结转、财政拨款结余、非财政拨款结转、非财政拨款结余、专用结余、经营结余、其他结余等种类。政府会计通过预算收入、预算支出、预算结余三个会计要素构成预算会计体系，从动态方面反映某一时期的预算收支成果，其数据来源于某一会计期间这三类账户的累计发生额，并由此形成反映一定会计期间预算收支业务成果的动态会计等式。

　　当年预算收入 – 当年预算支出 = 当年预算结余（结转与结余）

　　以上等式构成了预算会计的基本原理，也成为编制"预算收入支出表"的理论基础。

　　当年预算结余 + 历年预算滚存结余 = 年末预算滚存结余（简称"预算结余"）

　　上述三个结余之间的内在关系成为"预算结转结余变动表"的编制基础。

　　预算结余按照后续资金使用要求的不同，分为结转资金和结余资金，这是存量资金的两种表现形态。其中，结转资金是指预算安排项目的支出，年终尚未执行完毕或者因故未执行，且下年需要按原用途继续使用的资金，包括财政拨款结转和非财政拨款结转；结余资金是指年度预算执行终了，由于当年预算工作目标已完成或者因故终止等原因，预算收入实际完成数扣除预算支出和结转资金后剩余的资金，包括财政拨款结余和非财政拨款结余。

　　凡是符合上述预算结转、结余定义及其确认条件的项目都应当列入政府决算报表。

期末，单位应当根据代理银行提供的对账单等资料按规定进行结余资金对账，做到账账相符、账表相符。预算结余类的科目设置如表 9-1 所示。

表 9-1　　　　　　　　　　　预算结余类的科目设置

序号	编号	预算结余项目与会计科目	特指用途	报表项目与结余分类	
1	8001	资金结存		非报表项目	
2	8101	财政拨款结转		报表项目	财政拨款结转、结余
3	8102	财政拨款结余			
4	8201	非财政拨款结转			其他资金结转、结余
5	8202	非财政拨款结余			
6	8301	专用结余	事业单位		
7	8401	经营结余	事业单位		
8	8501	其他结余		过渡科目	
9	8701	非财政拨款结余分配	事业单位		

除了"资金结存""其他结余""非财政拨款结余分配"外，各项结转结余应当在预算会计报表上分项列示，如在"预算结转结余变动表"上，按照资金来源将结转、结余分为两大部分：一部分是"财政拨款结转结余"；另一部分是"其他资金结转结余"，包括非财政拨款结转、非财政拨款结余、专用结余和经营结余等。至于"其他结余""非财政拨款结余分配"，由于是过渡性科目（中转科目），年末结转后没有余额。

9.2　资金结存

9.2.1　资金结存的概述

"资金结存"科目核算单位纳入部门预算管理的资金的流入、流出、调整和滚存等情况。本科目应当设置下列明细科目。

（1）"零余额账户用款额度"科目。本明细科目核算实行国库集中支付的单位根据财政部门批复的用款计划收到和支用的零余额账户用款额度。年末结账后，本明细科目应无余额。

（2）"货币资金"科目。本明细科目核算单位以库存现金、银行存款、其他货币资金形态存在的资金。本明细科目年末借方余额，反映单位尚未使用的货币资金。

（3）"财政应返还额度"科目。本明细科目核算实行国库集中支付的单位可以使用的以前年度财政直接支付资金额度和财政应返还的财政授权支付资金额度。本明细科目下可设置"财政直接支付""财政授权支付"两个明细科目进行明细核算。本明细科目年末借方余额，反映单位应收财政返还的资金额度。

9.2.2　资金结存的核算

（1）财政授权支付方式下，单位根据代理银行转来的财政授权支付额度到账通知书，预算会计应当按照通知书中的授权支付额度，借记本科目（零余额账户用款额度），贷记"财政拨款预算收入"科目。财务会计应当借记"零余额账户用款额度"科目，贷记"财政拨款收入"科目。

以国库集中支付以外的其他支付方式取得预算收入时，预算会计应当按照实际收到的金额，借记本科目（货币资金），贷记"财政拨款预算收入""事业预算收入""经营预算收入"等科目。财务会计应当借记"银行存款"科目，贷记"财政拨款收入""事业收入""经营收入"等会计科目。

（2）财政授权支付方式下，发生相关支出时，预算会计应当按照实际支付的金额，借记"行政支出""事业支出"等科目，贷记本科目（零余额账户用款额度）。财务会计应当借记"业务活动费用""单位管理费用""库存物品""固定资产"等会计科目，贷记"零余额账户用款额度"科目。

从零余额账户提取现金时，预算会计应当借记本科目（货币资金），贷记本科目（零余额账户用款额度）；退回现金时，做相反会计分录。财务会计应当借记"库存现金"科目，贷记"零余额账户用款额度"科目。

使用以前年度财政直接支付额度发生支出时，按照实际支付金额，预算会计应当借记"行政支出""事业支出"等科目，贷记本科目（财政应返还额度）。财务会计应当借记"业务活动费用""单位管理费用""库存物品"等科目，贷记"财政应返还额度"科目。

国库集中支付以外的其他支付方式下，发生相关支出时，预算会计应当按照实际支付的金额，借记"事业支出""经营支出"等科目，贷记本科目（货币资金）。财务会计应当借记"业务活动费用""单位管理费用"等科目，贷记"银行存款""库存现金"等科目。

（3）按照规定上缴财政拨款结转结余资金或注销财政拨款结转结余资金额度的，预算会计应当按照实际上缴资金数额或注销的资金额度数额，借记"财政拨款结转——归集上缴"或"财政拨款结余——归集上缴"科目，贷记本科目（财政应返还额度、零余额账户用款额度、货币资金）。财务会计应当借记"累计盈余"科目，贷记"财政应返还额度""零余额账户用款额度""银行存款"科目。

按规定向原资金拨入单位缴回非财政拨款结转资金的，预算会计应当按照实际缴回资金数额，借记"非财政拨款结转——缴回资金"科目，贷记本科目（货币资金）。财务会计应当借记"累计盈余"科目，贷记"银行存款"科目。

收到从其他单位调入的财政拨款结转资金的，预算会计应当按照实际调入资金数额，借记本科目（财政应返还额度、零余额账户用款额度、货币资金），贷记"财政拨款结转——归集调入"科目。财务会计应当借记"财政应返还额度""零余额账户用款额度""银行存款"科目，贷记"累计盈余"科目。

（4）按照规定使用专用基金时，预算会计应当按照实际支付金额，借记"专用结余"科目（从非财政拨款结余中提取的专用基金）或"事业支出"等科目（从预算收入中计提的专用基金），贷记本科目（货币资金）。财务会计应当借记"专用基金"科目，贷记"银行存款"科目。

（5）因购货退回、发生差错更正等退回国库直接支付、授权支付款项，或者收回货币资金的，属于本年度支付的，预算会计应当借记"财政拨款预算收入"科目或本科目（零余额账户用款额度、货币资金），贷记相关支出科目。财务会计应当借记"财政拨款收入""零余额账户用款额度""银行存款"等科目，贷记"业务活动费用""库存物品"等科目。

属于以前年度支付的，预算会计应当借记本科目（财政应返还额度、零余额账户用款额度、货币资金），贷记"财政拨款结转""财政拨款结余""非财政拨款结转""非财政拨款结余"科目。财务会计应当借记"财政应返还额度""零余额账户用款额度""银行存款"等科目，贷记"以前年度盈余调整"科目。

（6）有企业所得税缴纳义务的事业单位缴纳所得税时，预算会计应当按照实际缴纳金额，借记"非财政拨款结余——累计结余"科目，贷记本科目（货币资金）。财务会计应当借记"其他应交税费——单位应交所得税"科目，贷记"银行存款"科目。

（7）年末，根据本年度财政直接支付预算指标数与当年财政直接支付实际支出数的差额，预算会计应当借记本科目（财政应返还额度），贷记"财政拨款预算收入"科目。财务会计应当借记"财政应返还额度——财政直接支付"科目，贷记"财政拨款收入"科目。在财政授权支付的方式下，财务会计应当借记"财政应返还额度——财政授权支付"科目，贷记"财政拨款收入"科目，预算会计不需要进行账务处理。

（8）年末，单位依据代理银行提供的对账单作注销额度的相关账务处理，预算会计应当借记本科目（财政应返还额度），贷记本科目（零余额账户用款额度）。财务会计应当借记"财政应返还额度——财政授权支付"科目，贷记"零余额账户用款额度"科目。

本年度财政授权支付预算指标数大于零余额账户用款额度下达数的，根据未下达的用款额度，预算会计应当借记本科目（财政应返还额度），贷记"财政拨款预算收入"科目。

下年初，单位依据代理银行提供的额度恢复到账通知书作恢复额度的相关账务处理，预算会计应当借记本科目（零余额账户用款额度），贷记本科目（财政应返还额度）。财务会计应当借记"零余额账户用款额度"科目，贷记"财政应返还额度——财政授权支付"科目。

单位收到财政部门批复的上年末未下达零余额账户用款额度的，预算会计应当借记本科目（零余额账户用款额度），贷记本科目（财政应返还额度）。

本科目年末借方余额，反映单位预算资金的累计滚存情况。

【例 9-1】某事业单位收到代理银行转来的财政授权支付额度到账通知书，通知书中所列的财政授权支付额度为 43 000 元。该事业单位应编制如下会计分录。

财务会计账务处理如下。

借：零余额账户用款额度　　　　　　　　　　　　　　　43 000
　　贷：财政拨款收入　　　　　　　　　　　　　　　　　　43 000

预算会计账务处理如下。

借：资金结存——零余额账户用款额度　　　　　　　　　43 000
　　贷：财政拨款预算收入　　　　　　　　　　　　　　　　43 000

【例 9-2】某行政单位在开展业务活动过程中通过财政授权支付方式购入一台不需要安装的计算机，作为固定资产核算，实际支付价款为 7 500 元。该行政单位应编制如下会计分录。

财务会计账务处理如下。

借：固定资产   7 500

    贷：零余额账户用款额度   7 500

预算会计账务处理如下。

借：行政支出   7 500

    贷：资金结存——零余额账户用款额度   7 500

【例 9-3】 某事业单位因以备日常零星开支使用，从单位零余额账户中提取现金 550 元。该事业单位应编制如下会计分录。

财务会计账务处理如下。

借：库存现金   550

    贷：零余额账户用款额度   550

预算会计账务处理如下。

借：资金结存——货币资金   550

    贷：资金结存——零余额账户用款额度   550

【例 9-4】 为支付业务活动费用，某行政单位使用以前年度财政直接支付额度 2 100 元。该行政单位应编制如下会计分录。

财务会计账务处理如下。

借：业务活动费用   2 100

    贷：财政应返还额度——财政直接支付   2 100

预算会计账务处理如下。

借：行政支出   2 100

    贷：资金结存——财政应返还额度   2 100

【例 9-5】 某行政单位通过上缴财政授权支付额度的方式，按规定上缴财政拨款结转资金 3 600 元。该行政单位应编制如下会计分录。

财务会计账务处理如下。

借：累计盈余   3 600

    贷：零余额账户用款额度   3 600

预算会计账务处理如下。

借：财政拨款结转——归集上缴   3 600

    贷：资金结存——零余额账户用款额度   3 600

【例 9-6】某事业单位按照规定从其他单位调入财政拨款结转资金 14 500 元，收到相应数额的财政授权支付额度。该事业单位应编制如下会计分录。

财务会计账务处理如下。

借：零余额账户用款额度 　　　　　　　　　　　　　　　14 500

　　贷：累计盈余 　　　　　　　　　　　　　　　　　　　　14 500

预算会计账务处理如下。

借：资金结存——零余额账户用款额度 　　　　　　　　　14 500

　　贷：财政拨款结转——归集调入 　　　　　　　　　　　　14 500

【例 9-7】某事业单位按照规定使用从预算收入中提取的专用基金购置作为固定资产核算的计算机，通过银行存款账户支付款项合计 7 900 元。该事业单位应编制如下会计分录。

财务会计账务处理如下。

借：固定资产 　　　　　　　　　　　　　　　　　　　　7 900

　　贷：银行存款 　　　　　　　　　　　　　　　　　　　　7 900

借：专用基金 　　　　　　　　　　　　　　　　　　　　7 900

　　贷：累计盈余 　　　　　　　　　　　　　　　　　　　　7 900

预算会计账务处理如下。

借：事业支出 　　　　　　　　　　　　　　　　　　　　7 900

　　贷：资金结存——货币资金 　　　　　　　　　　　　　　7 900

【例 9-8】某事业单位因货品质量问题退回一批当年购入的价值 470 元的货品，该批货品在购入时已计入当年业务活动费用和事业支出，当日退货款项已收到并增加单位零余额账户用款额度。该事业单位应编制如下会计分录。

财务会计账务处理如下。

借：零余额账户用款额度 　　　　　　　　　　　　　　　470

　　贷：业务活动费用 　　　　　　　　　　　　　　　　　　470

预算会计账务处理如下。

借：资金结存——零余额账户用款额度 　　　　　　　　　470

　　贷：事业支出 　　　　　　　　　　　　　　　　　　　　470

【例 9-9】某事业单位有企业所得税缴纳义务，通过银行存款账户应缴纳企业所得税 1 250 元。该事业单位应编制如下会计分录。

财务会计账务处理如下。

借：其他应交税费——单位应交所得税　　　　　　　　　　　1 250
　　贷：银行存款　　　　　　　　　　　　　　　　　　　　　　　1 250

预算会计账务处理如下。

借：非财政拨款结余——累计结余　　　　　　　　　　　　　　1 250
　　贷：资金结存——货币资金　　　　　　　　　　　　　　　　　1 250

【例9-10】20×9年年末，某行政单位本年度财政直接支付预算指标数大于当年财政直接支付实际支出数，其差额为3 260元。该行政单位应编制如下会计分录。

财务会计账务处理如下。

借：财政应返还额度——财政直接支付　　　　　　　　　　　　3 260
　　贷：财政拨款收入　　　　　　　　　　　　　　　　　　　　　3 260

预算会计账务处理如下。

借：资金结存——财政应返还额度　　　　　　　　　　　　　　3 260
　　贷：财政拨款预算收入　　　　　　　　　　　　　　　　　　　3 260

【例9-11】20×9年年初，某事业单位收到代理银行提供的上年度注销零余额账户用款额度恢复到账通知书，恢复上年度注销的零余额账户用款额度2 700元。年末，该事业单位本年度财政授权支付预算指标数大于零余额账户用款额度下达数，两者之间的差额为1 580元。年末，该事业单位根据代理银行提供的对账单，注销本年度尚未使用的零余额账户用款额度1 120元。该事业单位应编制如下会计分录。

（1）年初，恢复上年度注销的零余额账户用款额度时。

财务会计账务处理如下。

借：零余额账户用款额度　　　　　　　　　　　　　　　　　　2 700
　　贷：财政应返还额度——财政授权支付　　　　　　　　　　　　2 700

预算会计账务处理如下。

借：资金结存——零余额账户用款额度　　　　　　　　　　　　2 700
　　贷：资金结存——财政应返还额度　　　　　　　　　　　　　　2 700

（2）年末，确认本年度尚未收到的财政授权支付预算指标数时。

财务会计账务处理如下。

借：财政应返还额度——财政授权支付　　　　　　　　　　　　1 580
　　贷：财政拨款收入　　　　　　　　　　　　　　　　　　　　　1 580

预算会计账务处理如下。

借：资金结存——财政应返还额度　　　　　　　　　　1 580

　　贷：财政拨款预算收入　　　　　　　　　　　　　　　　1 580

（3）年末，注销本年度尚未使用的零余额账户用款额度时。

财务会计账务处理如下。

借：财政应返还额度——财政授权支付　　　　　　　　1 120

　　贷：零余额账户用款额度　　　　　　　　　　　　　　　1 120

预算会计账务处理如下。

借：资金结存——财政应返还额度　　　　　　　　　　1 120

　　贷：资金结存——零余额账户用款额度　　　　　　　　　1 120

9.3　财政拨款结转、结余

9.3.1　财政拨款结转

一、财政拨款结转概述

"财政拨款结转"科目核算单位取得的同级财政拨款结转资金的调整、结转和滚存情况。本科目应当设置下列明细科目。

（一）与会计差错更正、以前年度支出收回相关的明细科目

"年初余额调整"科目。本明细科目核算因发生会计差错更正、以前年度支出收回等原因，需要调整财政拨款结转的金额。年末结账后，本明细科目应无余额。

（二）与财政拨款调拨业务相关的明细科目

（1）"归集调入"科目。本明细科目核算按照规定从其他单位调入财政拨款结转资金时，实际调增的额度数额或调入的资金数额。年末结账后，本明细科目应无余额。

（2）"归集调出"科目。本明细科目核算按照规定向其他单位调出财政拨款结转资金时，实际调减的额度数额或调出的资金数额。年末结账后，本明细科目应无余额。

（3）"归集上缴"科目。本明细科目核算按照规定上缴财政拨款结转资金时，实际核销的额度数额或上缴的资金数额。年末结账后，本明细科目应无

余额。

（4）"单位内部调剂"科目。本明细科目核算经财政部门批准对财政拨款结余资金改变用途，调整用于本单位其他未完成项目等的调整金额。年末结账后，本明细科目应无余额。

（三）与年末财政拨款结转业务相关的明细科目

（1）"本年收支结转"科目。本明细科目核算单位本年度财政拨款收支相抵后的余额。年末结账后，本明细科目应无余额。

（2）"累计结转"科目。本明细科目核算单位滚存的财政拨款结转资金。本明细科目年末贷方余额，反映单位财政拨款滚存的结转资金数额。

"财政拨款结转"科目还应当设置"基本支出结转""项目支出结转"两个明细科目，并在"基本支出结转"明细科目下按照"人员经费""日常公用经费"进行明细核算，在"项目支出结转"明细科目下按照具体项目进行明细核算；同时，本科目还应按照《政府收支分类科目》中"支出功能分类科目"的相关科目进行明细核算。有一般公共预算财政拨款、政府性基金预算财政拨款等两种或两种以上财政拨款的，还应当在本科目下按照财政拨款的种类进行明细核算。财政拨款结转的会计科目设置如表 9-2 所示。

表 9-2　　　　　　　　　　财政拨款结转的会计科目设置

总账科目	一级明细科目	二级明细科目	三级明细科目	四级明细科目	五级明细科目
财政拨款结转	年初余额调整	一般公共预算财政拨款结转	支出功能分类顶级科目	基本支出结转	人员经费
					日常公用经费
				项目支出结转	项目名称
		政府性基金预算财政拨款结转			项目名称
	归集调入	同上	同上	同上	同上
	归集调出	同上	同上	同上	同上
	归集上缴	同上	同上	同上	同上
	单位内部调剂	同上	同上	同上	同上
	本年收支结转	同上	同上	同上	同上
	累计结转	同上	同上	同上	同上

二、财政拨款结转的核算

（一）与会计差错更正、以前年度支出收回相关的账务处理

（1）因发生会计差错更正退回以前年度国库直接支付、授权支付款项或财政性货币资金，或者因发生会计差错更正增加以前年度国库直接支付、授权支付支出或财政性货币资金支出，属于以前年度财政拨款结转资金的，预算会计应当借记或贷记"资金结存——财政应返还额度/零余额账户用款额度/货币资金"科目，贷记或借记本科目（年初余额调整）。财务会计应当借记或贷记"零余额账户用款额度""银行存款"等科目，借记或贷记"以前年度盈余调整"科目。

（2）因购货退回、预付款项收回等发生以前年度支出又收回国库直接支付、授权支付款项或收回财政性货币资金，属于以前年度财政拨款结转资金的，预算会计应当借记"资金结存——财政应返还额度/零余额账户用款额度/货币资金"科目，贷记本科目（年初余额调整）。财务会计应当借记"零余额账户用款额度""银行存款"等科目，贷记"以前年度盈余调整"科目。

（二）与财政拨款结转结余资金调整业务相关的账务处理

（1）按照规定从其他单位调入财政拨款结转资金的，预算会计应当按照实际调增的额度数额或调入的资金数额，借记"资金结存——财政应返还额度/零余额账户用款额度/货币资金"科目，贷记本科目（归集调入）。财务会计应当借记"财政应返还额度""零余额账户用款额度""银行存款"科目，贷记"累计盈余"科目。

（2）按照规定向其他单位调出财政拨款结转资金的，预算会计应当按照实际调减的额度数额或调出的资金数额，借记本科目（归集调出），贷记"资金结存——财政应返还额度/零余额账户用款额度/货币资金"科目。财务会计应当借记"累计盈余"科目，贷记"财政应返还额度""零余额账户用款额度""银行存款"科目。

（3）按照规定上缴财政拨款结转资金或注销财政拨款结转资金额度的，预算会计应当按照实际上缴资金数额或注销的资金额度数额，借记本科目（归集上缴），贷记"资金结存——财政应返还额度/零余额账户用款额度/货币资金"科目。财务会计应当借记"累计盈余"科目，贷记"财政应返还额度""零余额账户用款额度""银行存款"等科目。

（4）经财政部门批准对财政拨款结余资金改变用途，调整用于本单位基

本支出或其他未完成项目支出的，按照批准调剂的金额，预算会计应当借记"财政拨款结余——单位内部调剂"科目，贷记本科目（单位内部调剂）。财务会计不需要进行账务处理。

（三）与年末财政拨款结转和结余业务相关的账务处理

（1）年末，将财政拨款预算收入本年发生额转入本科目，预算会计应当借记"财政拨款预算收入"科目，贷记本科目（本年收支结转）。财务会计不需要进行账务处理。

将各项支出中财政拨款支出本年发生额转入本科目，预算会计应当借记本科目（本年收支结转），贷记各项支出（财政拨款支出）科目。财务会计不需要进行账务处理。

（2）年末冲销有关明细科目余额。将本科目（本年收支结转、年初余额调整、归集调入、归集调出、归集上缴、单位内部调剂）余额转入本科目（累计结转）。结转后，本科目除"累计结转"明细科目外，其他明细科目应无余额。

（3）年末完成上述结转后，应当对财政拨款结转各明细项目执行情况进行分析，预算会计应当按照有关规定将符合财政拨款结余性质的项目余额转入财政拨款结余，借记本科目（累计结转），贷记"财政拨款结余——结转转入"科目。财务会计不需要进行账务处理。

本科目年末贷方余额，反映单位滚存的财政拨款结转资金数额。

【例9-12】某行政单位上一会计年度发生一项业务活动费用700元，款项已通过财政授权支付方式全额支付，入账时金额误入为70元，少记录上一会计年度的费用和支出630元。本会计年度发现这一会计差错并予以更正。该项资金属于以前年度财政拨款结转资金。该行政单位应编制如下会计分录。

财务会计账务处理如下。

借：以前年度盈余调整　　　　　　　　　　　　　　　　630

　　贷：零余额账户用款额度　　　　　　　　　　　　　　630

预算会计账务处理如下。

借：财政拨款结转——年初余额调整　　　　　　　　　　630

　　贷：资金结存——零余额账户用款额度　　　　　　　　630

【例9-13】某事业单位上一会计年度为订购货品发生预付账款4 500元，款项已通过财政授权支付方式支付。由于订购的货品未按时收到，该事业单位于本会计年度收回了上一会计年度的全部预付账款4 500元，款项已转入单位零余额账户。该项资金属于以前年度财政拨款结转资金。该事业单位应编制如下会计分录。

财务会计账务处理如下。

借：零余额账户用款额度　　　　　　　　　　　　　　　　　　4 500
　　贷：预付账款　　　　　　　　　　　　　　　　　　　　　　4 500

预算会计账务处理如下。

借：资金结存——零余额账户用款额度　　　　　　　　　　　　4 500
　　贷：财政拨款结转——年初余额调整　　　　　　　　　　　　4 500

【例 9-14】某行政单位按照规定向其他单位调出财政拨款结转资金 17 500 元，实际调减相应的零余额账户用款额度。该行政单位应编制如下会计分录。

财务会计账务处理如下。

借：累计盈余　　　　　　　　　　　　　　　　　　　　　　　17 500
　　贷：零余额账户用款额度　　　　　　　　　　　　　　　　　17 500

预算会计账务处理如下。

借：财政拨款结转——归集调出　　　　　　　　　　　　　　　17 500
　　贷：资金结存——零余额账户用款额度　　　　　　　　　　　17 500

【例 9-15】某事业单位经财政部门批准，对财政拨款结余资金改变用途，调整用于本单位其他未完成的业务，批准的调剂金额为 2 300 元。该事业单位应编制如下会计分录。

预算会计账务处理如下。

借：财政拨款结余——单位内部调剂　　　　　　　　　　　　　2 300
　　贷：财政拨款结转——单位内部调剂　　　　　　　　　　　　2 300

【例 9-16】某单位为研究某专门课题申请财政拨款收入 700 000 元，已发生下列业务活动。

（1）采用财政直接支付方式购入专用设备一台，价款 650 000 元，收到"财政直接支付入账通知书"及相关原始凭证时，根据通知书所列数额，应进行预算会计核算如下。

借：事业支出——财政拨款支出（项目支出）　　　　　　　　650 000
　　贷：财政拨款预算收入——项目支出　　　　　　　　　　　650 000

（2）由财政直接支付购买课题相关资料费用 16 000 元，收到"财政直接支付入账通知书"及相关原始凭证时，根据通知书所列数额，应进行预算会计核算如下。

借：事业支出——财政拨款支出（项目支出）　　　　　16 000

　　贷：财政拨款预算收入——项目支出　　　　　　　　　　16 000

（3）以银行存款支付项目用办公用品30 000元，应进行预算会计核算如下。

借：事业支出——财政拨款支出（项目支出）　　　　　30 000

　　贷：资金结存——货币资金　　　　　　　　　　　　　　30 000

（4）年度终了，根据本年度财政直接支付预算指标数700 000元与当年财政直接支付实际数696 000元的差额4 000元，记入"资金结存——财政应返还额度（直接支付）"科目，应进行预算会计核算如下。

借：资金结存——财政应返还额度　　　　　　　　　4 000

　　贷：财政拨款预算收入——项目支出　　　　　　　　　　4 000

（5）年末，将财政拨款预算收入本年发生额转入"财政拨款结转"科目，借记"财政拨款预算收入"科目，贷记"财政拨款结转"科目（本年收支结转）；将各项支出中财政拨款支出本年发生额转入"财政拨款结转"科目，借记"财政拨款结转"科目（本年收支结转），贷记各项支出（财政拨款支出）科目。应进行预算会计核算如下。

借：财政拨款预算收入——项目支出　　　　　　　700 000

　　贷：财政拨款结转——本年收支结转　　　　　　　　　700 000

借：财政拨款结转——本年收支结转　　　　　　　696 000

　　贷：事业支出——财政拨款支出（项目支出）　　　　　696 000

（6）年末，冲销财政拨款结转有关明细科目时，将本年收支结转、年初余额调整、归集调入、归集调出、归集上缴、单位内部调剂明细科目余额结转至累计结转明细科目。结转后，"财政拨款结转"除"累计结转"明细科目外，其他明细科目应无余额。应进行预算会计核算如下。

借：财政拨款结转——本年收支结转　　　　　　　4 000

　　贷：财政拨款结转——累计结转　　　　　　　　　　　4 000

（7）年末完成上述结转后，应当对财政拨款结转各明细项目执行情况进行分析，按照有关规定将符合财政拨款结余性质的项目余额转入财政拨款结余。本例中该项目已完成，应进行预算会计核算如下。

借：财政拨款结转——累计结转　　　　　　　　　4 000

　　贷：财政拨款结余——结转转入　　　　　　　　　　　4 000

9.3.2　财政拨款结余

一、财政拨款结余的概述

"财政拨款结余"科目核算单位取得的同级财政拨款项目支出结余资金的调整、结转和滚存情况。本科目应当设置下列明细科目。

（一）与会计差错更正、以前年度支出收回相关的明细科目

"年初余额调整"科目。本明细科目核算因发生会计差错更正、以前年度支出收回等原因，需要调整财政拨款结余的金额。年末结账后，本明细科目应无余额。

（二）与财政拨款结余资金调整业务相关的明细科目

（1）"归集上缴"科目。本明细科目核算按照规定上缴财政拨款结余资金时，实际核销的额度数额或上缴的资金数额。年末结账后，本明细科目应无余额。

（2）"单位内部调剂"科目。本明细科目核算经财政部门批准对财政拨款结余资金改变用途的、调整用于本单位其他未完成项目等的调整金额。年末结账后，本明细科目应无余额。

（三）与年末财政拨款结余业务相关的明细科目

（1）"结转转入"科目。本明细科目核算单位按照规定转入财政拨款结余的财政拨款结转资金。年末结账后，本明细科目应无余额。

（2）"累计结余"科目。本明细科目核算单位滚存的财政拨款结余资金。本明细科目年末贷方余额，反映单位财政拨款滚存的结余资金数额。

"财政拨款结余"科目还应当按照具体项目、《政府收支分类科目》中"支出功能分类科目"的相关科目等进行明细核算。有一般公共预算财政拨款、政府性基金预算财政拨款等两种或两种以上财政拨款的，还应当在本科目下按照财政拨款的种类进行明细核算。财政拨款结余的会计科目设置如表9-3所示。

表 9-3　　　　　　　　　　财政拨款结余的会计科目设置

总账科目	一级明细科目	二级明细科目	三级明细科目	四级明细科目
财政拨款结余	年初余额调整	一般公共预算财政拨款结余	支出功能分类科目项级科目	××项目
				××项目
		政府性基金预算财政拨款结余		××项目
				××项目

总账科目	一级明细科目	二级明细科目	三级明细科目	四级明细科目
财政拨款结余	归集上缴	同上	同上	同上
	单位内部调剂	同上	同上	同上
	结转转入	同上	同上	同上
	累计结余	同上	同上	同上

二、财政拨款结余的核算

（一）与会计差错更正、以前年度支出收回相关的账务处理

（1）因发生会计差错更正退回以前年度国库直接支付、授权支付款项或财政性货币资金，或者因发生会计差错更正增加以前年度国库直接支付、授权支付款项或财政性货币资金，属于以前年度财政拨款结余资金的，预算会计应当借记或贷记"资金结存——财政应返还额度""零余额账户用款额度""货币资金"科目，贷记或借记本科目（年初余额调整）。财务会计应当借记或贷记"零余额账户用款额度""银行存款"科目，借记或贷记"以前年度盈余调整"科目。

（2）因购货退回、预付款项收回等发生以前年度支出又收回国库直接支付、授权支付款项或收回财政性货币资金，属于以前年度财政拨款结余资金的，预算会计应当借记"资金结存——财政应返还额度""零余额账户用款额度""货币资金"科目，贷记本科目（年初余额调整）。

（二）与财政拨款结余资金调整业务相关的账务处理

（1）经财政部门批准对财政拨款结余资金改变用途，调整用于本单位基本支出或其他未完成项目支出的，按照批准调剂的金额，预算会计应当借记本科目（单位内部调剂），贷记"财政拨款结转——单位内部调剂"科目。财务会计不需要进行账务处理。

（2）按照规定上缴财政拨款结余资金或注销财政拨款结余资金额度的，按照实际上缴资金数额或注销的资金额度数额，预算会计应当借记本科目（归集上缴），贷记"资金结存——财政应返还额度""零余额账户用款额度""货币资金"科目。财务会计应当借记"累计盈余"科目，贷记"财政应返还额度""零余额账户用款额度""银行存款"等科目。

（三）与年末财政拨款结转和结余业务相关的账务处理

（1）年末，对财政拨款结转各明细项目执行情况进行分析，预算会计应当按照有关规定将符合财政拨款结余性质的项目余额转入财政拨款结余，借记"财政拨款结转——累计结转"科目，贷记本科目（结转转入）。财务会计不需要进行账务处理。

（2）年末冲销有关明细科目余额。将本科目（年初余额调整、归集上缴、单位内部调剂、结转转入）余额转入本科目（累计结余）。结转后，本科目除"累计结余"明细科目外，其他明细科目应无余额。

本科目年末贷方余额，反映单位滚存的财政拨款结余资金数额。

【例 9-17】某事业单位检查上年度已完成的工程项目，年初发现上年列支的一笔资金支出不当，有关资金使用者已经将该笔支出资金 382 000 元退回单位零余额账户。该事业单位的账务处理如下。

财务会计账务处理如下。

借：零余额账户用款额度　　　　　　　　　　　　　　382 000

　　贷：以前年度盈余调整　　　　　　　　　　　　　　　382 000

预算会计账务处理如下。

借：资金结存——零余额账户用款额度　　　　　　　　382 000

　　贷：财政拨款结余——年初余额调整　　　　　　　　　382 000

【例 9-18】某事业单位检查上年度已完成某工程项目，发现该项目上年结余资金 48 000 元，按财政部门要求必须上缴。收到代理银行通知已扣减零余额账户用款额度。该事业单位的账务处理如下。

财务会计账务处理如下。

借：累计盈余　　　　　　　　　　　　　　　　　　　　48 000

　　贷：零余额账户用款额度　　　　　　　　　　　　　　48 000

预算会计账务处理如下。

借：财政拨款结余——归集上缴　　　　　　　　　　　　48 000

　　贷：资金结存——零余额账户用款额度　　　　　　　　48 000

【例 9-19】20×9 年年末，某事业单位财政拨款结余科目除了累计结余外，各一级明细科目余额如表 9-4 所示。

表 9-4　　　　**某事业单位年末财政拨款结余各一级明细科目余额**

单位：元

一级明细科目	年初余额调整	归集上缴	单位内部调剂	结转转入
借方余额		53 000	50 000	
贷方余额	350 000			30 000

该事业单位的账务处理如下。

财务会计不需要进行账务处理。

预算会计账务处理如下。

借：财政拨款结余——年初余额调整　　　　　　　　　　　350 000

　　　　　　　——结转转入　　　　　　　　　　　　　　 30 000

贷：财政拨款结余——累计结余　　　　　　　　　　　　 277 000

　　　　　　　——归集上缴　　　　　　　　　　　　　　 53 000

　　　　　　　——单位内部调剂　　　　　　　　　　　　 50 000

9.4　非财政拨款结转、结余

9.4.1　非财政拨款结转与结余的区别

非财政拨款核算也分为结转与结余两大部分。

非财政拨款结转是除财政拨款收支、经营收支以外各非同级财政拨款专项资金相抵后的余额。非同级财政拨款和非财政拨款中的专项资金收支的本期发生额应当结转记入"非财政拨款结转"科目。

非财政拨款结余是指历年滚存的非限定用途的非同级财政拨款结余资金，包括经营结余、其他结余等。经营资金收支的本期发生额结转记入"经营结余"科目，其他非专项资金收支的本期发生额结转记入"其他结余"科目。

凡是结转资金（包括财政拨款结转资金和非财政拨款结转资金），都是需要在下一年度按照原用途继续使用的资金，因而不能进行分配。非财政拨款结余可以按照国家有关规定进行某种分配，如按一定比例提取职工福利基金，其剩余部分可作为非限定用途的非同级财政拨款的结余资金。

9.4.2　非财政拨款结转

一、非财政拨款结转的概述

"非财政拨款结转"科目核算单位除财政拨款收支、经营收支以外各非同级财政拨款专项资金的调整、结转和滚存情况。本科目应当设置下列明细科目。

（1）"年初余额调整"科目。本明细科目核算因发生会计差错更正、以前年度支出收回等，需要调整非财政拨款结转的资金。年末结账后，本明细科目应无余额。

（2）"缴回资金"科目。本明细科目核算按照规定缴回非财政拨款结转资金时，实际缴回的资金数额。年末结账后，本明细科目应无余额。

（3）"项目间接费用或管理费"科目。本明细科目核算单位取得的科研项目预算收入中，按照规定计提项目间接费用或管理费的数额。年末结账后，本明细科目应无余额。

（4）"本年收支结转"科目。本明细科目核算单位本年度非同级财政拨款专项收支相抵后的余额。年末结账后，本明细科目应无余额。

（5）"累计结转"科目。本明细科目核算单位滚存的非同级财政拨款专项结转资金。本明细科目年末贷方余额，反映单位非同级财政拨款滚存的专项结转资金数额。本科目还应当按照具体项目、《政府收支分类科目》中"支出功能分类科目"的相关科目等进行明细核算。

二、非财政拨款结转的核算

（1）按照规定从科研项目预算收入中提取项目管理费或间接费时，预算会计应当按照提取金额，借记本科目（项目间接费用或管理费），贷记"非财政拨款结余——项目间接费用或管理费"科目。财务会计应当借记"单位管理费用"科目，贷记"预提费用——项目间接费用或管理费"科目。

（2）因会计差错更正收到或支出非同级财政拨款货币资金，属于非财政拨款结转资金的，按照收到或支出的金额，预算会计应当借记或贷记"资金结存——货币资金"科目，贷记或借记本科目（年初余额调整）。财务会计应当借记或贷记"银行存款"科目，借记或贷记"以前年度盈余调整"科目。

因收回以前年度支出等收到非同级财政拨款货币资金，属于非财政拨款结转资金的，预算会计应当按照收到的金额，借记"资金结存——货币资金"科目，贷记本科目（年初余额调整）。财务会计应当借记"银行存款"科目，贷记"累计盈余"科目。

（3）按照规定缴回非财政拨款结转资金的，预算会计应当按照实际缴回资金数额，借记本科目（缴回资金），贷记"资金结存——货币资金"科目。财务会计应当借记"累计盈余"科目，贷记"银行存款"科目。

（4）年末，将事业预算收入、上级补助预算收入、附属单位上缴预算收入、非同级财政拨款预算收入、债务预算收入、其他预算收入本年发生额中的专项资金收入转入本科目，借记"事业预算收入""上级补助预算收入""附属单位上缴预算收入""非同级财政拨款预算收入""债务预算收入""其他预算收入"科目下各专项资金收入明细科目，贷记本科目（本年收支结转）；将行政支出、事业支出、其他支出本年发生额中的非财政拨款专项资金支出转入本科目，预算会计应当借记本科目（本年收支结转），贷记"行政支出""事业支出""其他支出"科目下各非财政拨款专项资金支出明细科目。

（5）年末冲销有关明细科目余额。将本科目（年初余额调整、项目间接费用或管理费、缴回资金、本年收支结转）余额转入本科目（累计结转）。结转后，本科目除"累计结转"明细科目外，其他明细科目应无余额。

（6）年末完成上述结转后，应当对非财政拨款专项结转资金各项目情况进行分析，将留归本单位使用的非财政拨款专项（项目已完成）剩余资金转入非财政拨款结余，预算会计应当借记本科目（累计结转），贷记"非财政拨款结余——结转转入"科目。财务会计不需要进行账务处理。

本科目年末贷方余额，反映单位滚存的非同级财政拨款专项结转资金数额。

【例9-20】某事业单位收到某主管部门拨入专款500 000元用于某专题项目的研究，要求在半年内完成并提交研究报告，多余的项目资金应当上缴。此事业单位共为此项目发生的专项支出为480 000元，应进行会计核算如下。

（1）收到主管部门拨入专款时。

财务会计账务处理如下。

借：银行存款   500 000

　　贷：上级补助收入   500 000

预算会计账务处理如下。

借：资金结存——货币资金   500 000

　　贷：上级补助预算收入——非财政专项资金收入   500 000

（2）发生非财政专项资金支出时。

财务会计账务处理如下。

借：业务活动费用　　　　　　　　　　　　　　480 000

　　贷：银行存款　　　　　　　　　　　　　　　　480 000

预算会计账务处理如下。

借：事业支出——非财政专项资金支出　　　　　480 000

　　贷：资金结存——货币资金　　　　　　　　　　480 000

（3）期末结转非财政专项资金收支时。

财务会计不需要进行账务处理。

预算会计账务处理如下。

借：上级补助预算收入——非财政专项资金收入　500 000

　　贷：非财政拨款结转——本年收支结转　　　　　500 000

借：非财政拨款结转——本年收支结转　　　　　480 000

　　贷：事业支出——非财政专项资金支出　　　　　480 000

（4）年末上缴非财政拨款结转差额 20 000 元时。

财务会计账务处理如下。

借：累计盈余　　　　　　　　　　　　　　　　20 000

　　贷：银行存款　　　　　　　　　　　　　　　　20 000

预算会计账务处理如下。

借：非财政拨款结转——缴回资金　　　　　　　20 000

　　贷：资金结存——货币资金　　　　　　　　　　20 000

（5）年末冲销有关明细科目余额时。

财务会计不需要进行账务处理。

预算会计账务处理如下。

借：非财政拨款结转——本年收支结转　　　　　20 000

　　贷：非财政拨款结转——累计结转　　　　　　　20 000

借：非财政拨款结转——累计结转　　　　　　　20 000

　　贷：非财政拨款结转——缴回资金　　　　　　　20 000

9.4.3　非财政拨款结余

一、非财政拨款结余的概述

"非财政拨款结余"科目核算单位历年滚存的非限定用途的非同级财政拨

款结余资金，主要为非财政拨款结余扣除结余分配后滚存的金额。本科目应当设置下列明细科目。

（1）"年初余额调整"科目。本明细科目核算因发生会计差错更正、以前年度支出收回等，需要调整非财政拨款结余的资金。年末结账后，本明细科目应无余额。

（2）"项目间接费用或管理费"科目。本明细科目核算单位取得的科研项目预算收入中，按照规定计提的项目间接费用或管理费数额。年末结账后，本明细科目应无余额。

（3）"结转转入"科目。本明细科目核算按照规定留归单位使用，由单位统筹调配，纳入单位非财政拨款结余的非同级财政拨款专项剩余资金。年末结账后，本明细科目应无余额。

（4）"累计结余"科目。本明细科目核算单位历年滚存的非同级财政拨款、非专项结余资金。本明细科目年末贷方余额，反映单位非同级财政拨款滚存的非专项结余资金数额。

"非财政拨款结余"科目还应当按照《政府收支分类科目》中"支出功能分类科目"的相关科目进行明细核算。非财政拨款结余的会计科目设置如表9-5所示。

表9-5　　　　　　　　　非财政拨款结余的会计科目设置

总账科目	二级明细科目	具体说明
非财政拨款结余	年初余额调整	核算因发生会计差错更正、以前年度支出收回等原因，需要调整非财政拨款结余的资金。年末结账后，本明细科目应无余额
	项目间接费用或管理费	核算单位取得的科研项目预算收入中，按照规定计提的项目间接费用或管理费数额。年末结账后，本明细科目应无余额
	结转转入	核算按照规定留归单位使用，由单位统筹调配，纳入单位非财政拨款结余的非同级财政拨款专项剩余资金。年末结账后，本明细科目应无余额
	累计结余	核算单位历年滚存的非同级财政拨款、非专项结余资金。本明细科目年末贷方余额，反映单位非同级财政拨款滚存的非专项结余资金数额。本科目还应当按照《政府收支分类科目》中"支出功能分类科目"的相关科目进行明细核算

二、非财政拨款结余的核算

（1）按照规定从科研项目预算收入中提取项目管理费或间接费时，预算会计应当借记"非财政拨款结转——项目间接费用或管理费"科目，贷记本科目（项目间接费用或管理费）。财务会计应当借记"单位管理费用"科目，贷记"预提费用——项目间接费用或管理费"科目。

（2）有企业所得税缴纳义务的事业单位实际缴纳企业所得税时，按照缴纳金额，预算会计应当借记本科目（累计结余），贷记"资金结存——货币资金"科目。财务会计应当借记"其他应交税费——单位应交所得税"科目，贷记"银行存款"科目。

（3）因会计差错更正收到或支出非同级财政拨款货币资金，属于非财政拨款结余资金的，预算会计应当按照收到或支出的金额，借记或贷记"资金结存——货币资金"科目，贷记或借记本科目（年初余额调整）。财务会计应当借记或贷记"以前年度盈余调整"科目，贷记或借记"银行存款"科目。

因收回以前年度支出等收到非同级财政拨款货币资金，属于非财政拨款结余资金的，按照收到的金额，借记"资金结存——货币资金"科目，贷记本科目（年初余额调整）。

（4）年末，将留归本单位使用的非财政拨款专项（项目已完成）剩余资金转入本科目，预算会计应当借记"非财政拨款结转——累计结转"科目，贷记本科目（结转转入）。财务会计不需要进行账务处理。

（5）年末冲销有关明细科目余额。将本科目（年初余额调整、项目间接费用或管理费、结转转入）余额结转入本科目（累计结余）。结转后，本科目除"累计结余"明细科目外，其他明细科目应无余额。

（6）年末，事业单位将"非财政拨款结余分配"科目余额转入非财政拨款结余。"非财政拨款结余分配"科目为借方余额的，预算会计应当借记本科目（累计结余），贷记"非财政拨款结余分配"科目；"非财政拨款结余分配"科目为贷方余额的，借记"非财政拨款结余分配"科目，贷记本科目（累计结余）。财务会计不需要进行账务处理。

年末，行政单位将"其他结余"科目余额转入非财政拨款结余。"其他结余"科目为借方余额的，借记本科目（累计结余），贷记"其他结余"科目；"其他结余"科目为贷方余额的，借记"其他结余"科目，贷记本科目（累计结余）。

本科目年末贷方余额，反映单位非同级财政拨款结余资金的累计滚存数额。

【例9-21】假设某事业单位20×9年度实际缴纳所得税45 000元。该事业单位账务处理如下。

财务会计账务处理如下。

借：其他应交税费——单位应交所得税　　　　　　　　　　　45 000

　　贷：银行存款　　　　　　　　　　　　　　　　　　　　　45 000

预算会计账务处理如下。

借：非财政拨款结余——累计结余　　　　　　　　　　　　　45 000

　　贷：资金结存——货币资金　　　　　　　　　　　　　　　45 000

【例9-22】20×9年年末，某事业单位"非财政拨款结余"科目相关明细科目余额如表9-6所示。

表9-6　　　　　　　　　　非财政拨款结余相关明细科目余额

单位：元

非财政拨款结余相关明细科目	贷方余额	借方余额
结转转入	9 500	
项目间接费用或管理费	2 000	
年初余额调整		200
合计	11 500	200

根据表9-6，该事业单位在预算会计中应编制如下会计分录。

借：非财政拨款结余——结转转入　　　　　　　　　　　　　9 500

　　　　　　　　　　——项目间接费用或管理费　　　　　　　2 000

　　贷：非财政拨款结余——年初余额调整　　　　　　　　　　　200

　　　　　　　　　　——累计结余　　　　　　　　　　　　 11 300

9.5　非财政拨款结余分配

9.5.1　经营结余

一、经营结余的概述

"经营结余"科目核算事业单位本年度经营活动收支相抵后余额弥补以前

年度经营亏损后的余额。本科目可以按照经营活动类别进行明细核算。

二、经营结余的核算

（1）年末，将经营预算收入本年发生额转入本科目，预算会计应当借记"经营预算收入"科目，贷记本科目；将经营支出本年发生额转入本科目，借记本科目，贷记"经营支出"科目。财务会计不需要进行账务处理。

（2）年末，完成上述结转后，如本科目为贷方余额，将本科目贷方余额转入"非财政拨款结余分配"科目，预算会计应当借记本科目，贷记"非财政拨款结余分配"科目；如本科目为借方余额，为经营亏损，不予结转。财务会计不需要进行账务处理。

年末结账后，本科目一般无余额；如为借方余额，反映事业单位累计发生的经营亏损。

【例 9-23】20×9 年年末，某事业单位"经营预算收入"科目本年贷方发生额为 65 000 元，将其转入"经营结余"科目；"经营支出"科目本年借方发生额为 55 000 元，将其转入"经营结余"科目。在完成经营预算收入和经营支出的本年发生额结转后，将"经营结余"科目的贷方余额 10 000 元（65 000-55 000）转入"非财政拨款结余分配"科目的贷方。该事业单位在预算会计中应编制如下会计分录。

（1）结转经营预算收入科目本年发生额时。

借：经营预算收入　　　　　　　　　　　　　　　65 000
　　贷：经营结余　　　　　　　　　　　　　　　　　65 000

（2）结转经营支出科目本年发生额时。

借：经营结余　　　　　　　　　　　　　　　　　55 000
　　贷：经营支出　　　　　　　　　　　　　　　　　55 000

（3）将"经营结余"科目的贷方余额转入"非财政拨款结余分配"科目时。

借：经营结余　　　　　　　　　　　　　　　　　10 000
　　贷：非财政拨款结余分配　　　　　　　　　　　　10 000

9.5.2　其他结余

一、其他结余的概述

"其他结余"科目核算单位本年度除财政拨款收支、非同级财政专项资金收支和经营收支以外各项收支相抵后的余额。

二、其他结余的核算

（1）年末，将事业预算收入、上级补助预算收入、附属单位上缴预算收入、非同级财政拨款预算收入、债务预算收入、其他预算收入本年发生额中的非专项资金收入以及投资预算收益本年发生额转入本科目，借记"事业预算收入""上级补助预算收入""附属单位上缴预算收入""非同级财政拨款预算收入""债务预算收入""其他预算收入"科目下各非专项资金收入明细科目和"投资预算收益"科目，贷记本科目（"投资预算收益"科目本年发生额为借方净额时，借记本科目，贷记"投资预算收益"科目）。财务会计不需要进行账务处理。

将行政支出、事业支出、其他支出本年发生额中的非同级财政、非专项资金支出，以及上缴上级支出、对附属单位补助支出、投资支出、债务还本支出本年发生额转入本科目，借记本科目，贷记"行政支出""事业支出""其他支出"科目下各非同级财政、非专项资金支出明细科目和"上缴上级支出""对附属单位补助支出""投资支出""债务还本支出"科目。财务会计不需要进行账务处理。

（2）年末，完成上述结转后，行政单位将本科目余额转入"非财政拨款结余——累计结余"科目；事业单位将本科目余额转入"非财政拨款结余分配"科目。当本科目为贷方余额时，预算会计应当借记本科目，贷记"非财政拨款结余——累计结余"或"非财政拨款结余分配"科目；当本科目为借方余额时，预算会计应当借记"非财政拨款结余——累计结余"或"非财政拨款结余分配"科目，贷记本科目。财务会计不需要进行账务处理。

年末结账后，本科目应无余额。

【例9-24】20×9年年末，某事业单位有关非财政拨款非专项资金事业活动预算收支科目的本年发生额如表9-7所示。

表9-7　　　　非财政拨款非专项资金事业活动预算收支科目的本年发生额

单位：元

非财政拨款非专项资金事业活动预算收支科目	本年贷方发生额	本年借方发生额
事业预算收入——非专项资金收入	97 500	
附属单位上缴预算收入——非专项资金收入	6 900	
其他预算收入——非专项资金收入	10 800	

非财政拨款非专项资金事业活动预算收支科目	本年贷方发生额	本年借方发生额
投资预算收益	5 200	
事业支出——其他资金支出		94 000
其他支出——其他资金支出		800
对附属单位补助支出		7 000
债务还本支出		2 750
合计	120 400	104 550

该事业单位在预算会计中应编制如下会计分录。

（1）结转非财政拨款非专项资金事业活动预算收入科目本年发生额时。

借：事业预算收入——非专项资金收入　　　　　　　　　　97 500

　　附属单位上缴预算收入——非专项资金收入　　　　　　6 900

　　其他预算收入——非专项资金收入　　　　　　　　　　10 800

　　投资预算收益　　　　　　　　　　　　　　　　　　　5 200

　　贷：其他结余　　　　　　　　　　　　　　　　　　　120 400

（2）结转非财政拨款非专项资金事业活动支出科目本年发生额时。

借：其他结余　　　　　　　　　　　　　　　　　　　　　104 550

　　贷：事业支出——其他资金支出　　　　　　　　　　　94 000

　　　　其他支出——其他资金支出　　　　　　　　　　　800

　　　　对附属单位补助支出　　　　　　　　　　　　　　7 000

　　　　债务还本支出　　　　　　　　　　　　　　　　　2 750

（3）将"其他结余"科目的贷方余额 15 850（120 400-104 550）转入"非财政拨款结余分配"科目时。

借：其他结余　　　　　　　　　　　　　　　　　　　　　15 850

　　贷：非财政拨款结余分配　　　　　　　　　　　　　　15 850

【例 9-25】20×9 年年末，某行政单位有关非财政拨款非专项资金预算收支科目的本年发生额如表 9-8 所示。

表 9-8　　　　　　　　非财政拨款非专项资金预算收支本年发生额

单位：元

非财政拨款非专项资金预算收支科目	本年贷方发生额	本年借方发生额
其他预算收入——非专项资金收入	2 500	
行政支出——其他资金支出		1 200
其他支出——其他资金支出		800
合计	2 500	2 000

该行政单位在预算会计中应编制如下会计分录。

（1）结转非财政拨款非专项资金预算收入科目本年发生额时。

借：其他预算收入——非专项资金收入　　　　　　　　　　2 500

　　贷：其他结余　　　　　　　　　　　　　　　　　　　　　　2 500

（2）结转非财政拨款非专项资金支出科目本年发生额时。

借：其他结余　　　　　　　　　　　　　　　　　　　　2 000

　　贷：行政支出——其他资金支出　　　　　　　　　　　　1 200

　　　　其他支出——其他资金支出　　　　　　　　　　　　　800

（3）将"其他结余"科目的贷方余额转入"非财政拨款结余"科目时。

借：其他结余　　　　　　　　　　　　　　　　　　　　　500

　　贷：非财政拨款结余——累计结余　　　　　　　　　　　　500

9.5.3　专用结余

一、专用结余概述

"专用结余"科目核算事业单位按照规定从非财政拨款结余中提取的具有专门用途的资金的变动和滚存情况。本科目应当按照专用结余的类别进行明细核算。

二、专用结余的核算

（1）根据有关规定从本年度非财政拨款结余或经营结余中提取基金的，预算会计应当按照提取金额，借记"非财政拨款结余分配"科目，贷记本科目。财务会计应当借记"本年盈余分配"科目，贷记"专用基金"科目。

（2）根据规定使用从非财政拨款结余或经营结余中提取的专用基金时，

预算会计应当按照使用金额，借记本科目，贷记"资金结存——货币资金"科目。财务会计应当借记"专用基金"科目，贷记"银行存款"科目。

本科目年末贷方余额，反映事业单位从非同级财政拨款结余中提取的专用基金的累计滚存数额。

【例 9-26】20×9 年年末，某事业单位根据有关规定从本年度非财政拨款结余中提取专用基金 27 800 元。该事业单位在预算会计中应编制如下会计分录。

财务会计账务处理如下。

借：本年盈余分配　　　　　　　　　　　　　　　　27 800
　　贷：专用基金　　　　　　　　　　　　　　　　　27 800
预算会计账务处理如下。

借：非财政拨款结余分配　　　　　　　　　　　　　27 800
　　贷：专用结余　　　　　　　　　　　　　　　　　27 800

【例 9-27】某事业单位根据规定使用从非财政拨款结余中提取的 3 600 元专用基金，款项通过银行存款支付。本次使用提取的专用基金，属于费用性支出，不是用于购置固定资产或无形资产。该事业单位应编制如下会计分录。

财务会计账务处理如下。

借：专用基金　　　　　　　　　　　　　　　　　　3 600
　　贷：银行存款　　　　　　　　　　　　　　　　　3 600
预算会计账务处理如下。

借：专用结余　　　　　　　　　　　　　　　　　　3 600
　　贷：资金结存——货币资金　　　　　　　　　　　3 600

9.5.4　非财政拨款结余分配

一、非财政拨款结余分配概述

"非财政拨款结余分配"科目核算事业单位本年度非财政拨款结余分配的情况和结果。

二、非财政拨款结余分配的核算

（1）年末，预算会计应当将"其他结余"科目余额转入本科目，当"其他结余"科目为贷方余额时，借记"其他结余"科目，贷记本科目；当"其他结余"科目为借方余额时，借记本科目，贷记"其他结余"科目。财务会计不需要进行账务处理。

年末，将"经营结余"科目贷方余额转入本科目，借记"经营结余"科目，贷记本科目。

（2）根据有关规定提取专用基金的，预算会计应当按照提取的金额，借记本科目，贷记"专用结余"科目。财务会计不需要进行账务处理。

（3）年末，按照规定完成上述处理后，预算会计应当将本科目余额转入非财政拨款结余。当本科目为借方余额时，借记"非财政拨款结余——累计结余"科目，贷记本科目；当本科目为贷方余额时，借记本科目，贷记"非财政拨款结余——累计结余"科目。

年末结账后，本科目应无余额。

【例9-28】某事业单位20×9年实现的其他结余的贷方余额为250 000元，经营结余的贷方余额为350 000元。假设该单位按照经营结余的25%缴纳所得税，按非财政拨款结余600 000元的20%提取职工福利基金。该事业单位预算会计核算如下。

（1）结转非财政拨款结余分配时。

借：其他结余	250 000
经营结余	350 000
贷：非财政拨款结余分配	600 000

（2）提取职工福利基金120 000元（600 000×20%）时。

借：非财政拨款结余分配	120 000
贷：专用结余——职工福利基金	120 000

（3）结转非财政拨款结余分配余额时。

借：非财政拨款结余分配	480 000
贷：非财政拨款结余——累计结余	480 000

（4）计算并上交企业所得税87 500元（350 000×25%）时。

借：非财政拨款结余——累计结余	87 500
贷：资金结存——货币资金	87 500

第10章
行政事业单位会计报表

10.1 财务会计报表

10.1.1 财务会计报表的概述

一、财务会计报表的构成

财务会计报表是对政府单位财务状况、运行情况和现金流量等信息的结构性表述。财务会计报表包括会计报表和附注。

（一）会计报表

政府单位财务会计报表至少应当包括资产负债表、收入费用表和现金流量表。各类报表的概念、内容和结构以及编制方法将在后文详述。

（二）附注

政府单位会计报表附注是对在资产负债表、收入费用表、现金流量表等报表中列示的项目所作的进一步说明，以及对未能在这些报表中列示的项目的说明。附注的主要内容将在后文详述。

二、财务会计报表的分类

政府单位的财务会计报表按照不同标准，可分为不同种类。

（一）按反映的经济内容分类

按反映的经济内容分类，政府单位财务会计报表可分为资产负债表、收入费用表、净资产变动表和现金流量表。

（二）按编报时间分类

按编报时间分类，政府单位财务会计报表可分为月度报表和年度报表。月度报表，是反映政府单位截至报告月度的财务状况、运行情况的报表，月度报表要求编制资产负债表和收入费用表。年度报表，是全面反映政府单位年度财务状况、运行情况和现金流量的报表，年度报表要求编制资产负债表、收入费用表、净资产变动表和现金流量表、报表附注。

（三）按编报层次分类

按编报层次分类，政府单位财务会计报表可分为本单位报表和合并报表。本单位报表，是政府单位根据会计账簿记录和有关资料编制的反映本单位财务状况、运行情况、现金流量情况的会计报表。合并报表，是主管会计单位和二级会计单位根据本单位会计报表和经审查过的所属单位会计报表汇总编制的会计报表。

三、编报政府财务报告的基本要求及步骤

（一）政府单位编制财务会计报表应遵循的要求

（1）财务会计报表的编制主要以权责发生制为基础，以单位财务会计核算生成的数据为准。

（2）财务会计报表由会计报表及其附注构成。会计报表一般包括资产负债表、收入费用表和净资产变动表。单位可根据实际情况自行选择编制现金流量表。

（3）政府单位应当至少按照年度编制财务会计报表。

（4）政府单位应当根据《政府会计制度》规定编制真实、完整的财务会计报表，不得违反该制度规定随意改变财务会计报表的编制基础、编制依据、编制原则和方法，不得随意改变该制度规定的财务会计报表有关数据的会计口径。

（5）财务会计报表应当根据登记完整、核对无误的账簿记录和其他有关资料编制，做到数字真实、计算准确、内容完整、编报及时。

（6）财务会计报表应当由单位负责人和主管会计工作的负责人、会计机构负责人（会计主管人员）签名并盖章。

（二）政府单位编制财务会计报表的基本步骤

（1）清查资产负债，如实反映核实后的财务状况信息。

（2）编制财务报告，符合会计准则制度的规范要求。

（3）开展财务报告审计，确保会计信息真实、可靠。

（4）报送并公开相关信息，健全政府财务报告公开机制。

（5）加强部门财务分析，评价政府受托责任的履行情况。

10.1.2　资产负债表

一、资产负债表概述

资产负债表是反映政府会计主体在某一特定日期的财务状况的报表。资产负债表的编制基础主要是各资产、负债和净资产类科目的余额及其增减变动情况。

资产负债表属于静态报表，作用表现为：可以反映政府单位在某一特定日期的全部资产、负债和净资产的情况；某一日期资产的总额及其结构，表明政府单位拥有或控制的资源及其分布情况；某一日期的负债总额及其结构，表明政府单位未来需要用多少资产或劳务清偿债务以及清偿时间；某一日期净资产的总额及其结构，表明政府单位拥有的盈余、专用基金等情况。

资产负债表按照"资产＝负债＋净资产"的平衡公式设置，分为左右两方，左方列示资产各项目，反映资产的分布及存在形态；右方列示负债和净资产各项目，反映负债和净资产的内容及构成情况。资产负债表左右两方平衡，资产总计等于负债和净资产总计。资产负债表中的资产应当分流动资产、非流动资产和受托代理资产列示，负债应当分流动负债、非流动负债和受托代理负债列示。

为了使会计信息使用者通过比较不同时点资产负债表的数据，判断政府单位财务状况变动情况及发展趋势，政府单位需要提供比较资产负债表。由此，资产负债表也就各项目再分为"年初余额"和"期末余额"两栏分别填列，"资产总计"项目期末（年初）余额应当与"负债和净资产总计"项目期末（年初）余额相等。

资产负债表的基本格式参见表 10-1。

表 10-1　　　　　　　　　　资产负债表

会政财 01 表

编制单位：A 事业单位　　　　　　20×9 年　　　　　　单位：元

资产	期末余额	年初余额	负债和净资产	期末余额	年初余额
流动资产：			流动负债：		
货币资金			短期借款		
短期投资			应交增值税		
财政应返还额度			其他应交税费		

资产	期末余额	年初余额	负债和净资产	期末余额	年初余额
应收票据			应缴财政款		
应收账款净额			应付职工薪酬		
预付账款			应付票据		
应收股利			应付账款		
应收利息			应付政府补贴款		
其他应收款净额			应付利息		
存货			预收账款		
待摊费用			其他应付款		
一年内到期的非流动资产			预提费用		
其他流动资产			一年内到期的非流动负债		
流动资产合计			其他流动负债		
非流动资产：			流动负债合计		
长期股权投资			非流动负债：		
长期债券投资			长期借款		
固定资产原值			长期应付款		
减：固定资产累计折旧			预计负债		
固定资产净值			其他非流动负债		
工程物资			非流动负债合计		
在建工程			受托代理负债		
无形资产原值			负债合计		
减：无形资产累计摊销					
无形资产净值					
研发支出					
公共基础设施原值					

续表

资产	期末余额	年初余额	负债和净资产	期末余额	年初余额
减：公共基础设施累计折旧（摊销）					
公共基础设施净值					
政府储备物资					
文物文化资产					
保障性住房原值					
减：保障性住房累计折旧			净资产：		
保障性住房净值			累计盈余		
长期待摊费用			专用基金		
待处理财产损溢			权益法调整		
其他非流动资产			无偿调拨净资产*		
非流动资产合计			本期盈余*		
受托代理资产			净资产合计		
资产总计			负债和净资产总计		

注："*"标识项目为月报项目，年报中不需列示。

二、资产负债表的填列方法

（一）年初余额的填列

资产负债表中"年初余额"栏内的各项数字，应当根据上年末资产负债表"期末余额"栏内的数字填列。如果本年度资产负债表规定的各项目的名称和内容同上年度不一致，应对上年年末资产负债表各项目的名称和数字按照本年度的规定进行调整，将调整后的数字填入本表"年初余额"栏内。如果本年度单位发生了因前期差错更正、会计政策变更等调整以前年度盈余的事项，还应当对"年初余额"栏中的有关项目金额进行相应调整。

（二）期末余额的填列

1."期末余额"栏中资产类项目的内容和填列方法

（1）"货币资金"项目，反映单位期末库存现金、银行存款、零余额账户用款额度、其他货币资金的合计数。本项目应当根据"库存现金""银行存款""零余额账户用款额度""其他货币资金"科目的期末余额的合计数填列；若单位存在通过"库存现金""银行存款"科目核算的受托代理资产还应当按照前述合计数扣减"库存现金""银行存款"科目下"受托代理资产"明细科目的期末余额后的金额填列。

（2）"短期投资"项目，反映事业单位期末持有的短期投资账面余额。本项目应当根据"短期投资"科目的期末余额填列。

（3）"财政应返还额度"项目，反映单位期末财政应返还额度的金额。本项目应当根据"财政应返还额度"科目的期末余额填列。

（4）"应收票据"项目，反映事业单位期末持有的应收票据的票面金额。本项目应当根据"应收票据"科目的期末余额填列。

（5）"应收账款净额"项目，反映单位期末尚未收回的应收账款减去已计提的坏账准备后的净额。本项目应当根据"应收账款"科目的期末余额，减去"坏账准备"科目中对应收账款计提的坏账准备的期末余额后的金额填列。

（6）"预付账款"项目，反映单位期末预付给商品或者劳务供应单位的款项。本项目应当根据"预付账款"科目的期末余额填列。

（7）"应收股利"项目，反映事业单位期末因股权投资而应收取的现金股利或应当分得的利润。本项目应当根据"应收股利"科目的期末余额填列。

（8）"应收利息"项目，反映事业单位期末因债券投资等而应收取的利息。事业单位购入的到期一次还本付息的长期债券投资持有期间应收的利息，不包括在本项目内。本项目应当根据"应收利息"科目的期末余额填列。

（9）"其他应收款净额"项目，反映单位期末尚未收回的其他应收款减去已计提的坏账准备后的净额。本项目应当根据"其他应收款"科目的期末余额减去"坏账准备"科目中对其他应收款计提的坏账准备的期末余额后的金额填列。

（10）"存货"项目，反映单位期末存储的存货的实际成本。本项目应当根据"在途物品""库存物品""加工物品"科目的期末余额的合计数填列。

（11）"待摊费用"项目，反映单位期末已经支出，但应当由本期和以后各期负担的分摊期在1年以内（含1年）的各项费用。本项目应当根据"待摊费用"科目的期末余额填列。

（12）"一年内到期的非流动资产"项目，反映单位期末非流动资产项目中将在1年内（含1年）到期的金额，如事业单位将在1年内（含1年）到期的长期债券投资金额。本项目应当根据"长期债券投资"等科目的明细科目的期末余额分析填列。

（13）"其他流动资产"项目，反映单位期末除本表中上述各项之外的其他流动资产的合计金额。本项目应当根据有关科目期末余额的合计数填列。

（14）"流动资产合计"项目，反映单位期末流动资产的合计数。本项目应当根据本表中"货币资金""短期投资""财政应返还额度""应收票据""应收账款净额""预付账款""应收股利""应收利息""其他应收款净额""存货""待摊费用""一年内到期的非流动资产""其他流动资产"项目金额的合计数填列。

（15）"长期股权投资"项目，反映事业单位期末持有的长期股权投资的账面余额。本项目应当根据"长期股权投资"科目的期末余额填列。

（16）"长期债券投资"项目，反映事业单位期末持有的长期债券投资的账面余额。本项目应当根据"长期债券投资"科目的期末余额减去其中将于 1 年内（含 1 年）到期的长期债券投资余额后的金额填列。

（17）"固定资产原值"项目，反映单位期末固定资产的原值。本项目应当根据"固定资产"科目的期末余额填列。

"固定资产累计折旧"项目，反映单位期末固定资产已计提的累计折旧金额。本项目应当根据"固定资产累计折旧"科目的期末余额填列。

"固定资产净值"项目，反映单位期末固定资产的账面价值。本项目应当根据"固定资产"科目期末余额减去"固定资产累计折旧"科目期末余额后的金额填列。

（18）"工程物资"项目，反映单位期末为在建工程准备的各种物资的实际成本。本项目应当根据"工程物资"科目的期末余额填列。

（19）"在建工程"项目，反映单位期末所有的建设项目工程的实际成本。本项目应当根据"在建工程"科目的期末余额填列。

（20）"无形资产原值"项目，反映单位期末无形资产的原值。本项目应当根据"无形资产"科目的期末余额填列。

"无形资产累计摊销"项目，反映单位期末无形资产已计提的累计摊销金额。本项目应当根据"无形资产累计摊销"科目的期末余额填列。

"无形资产净值"项目，反映单位期末无形资产的账面价值。本项目应当根据"无形资产"科目期末余额减去"无形资产累计摊销"科目期末余额后的金额填列。

（21）"研发支出"项目，反映单位期末正在进行的无形资产开发项目开发阶段发生的累计支出数。本项目应当根据"研发支出"科目的期末余额填列。

（22）"公共基础设施原值"项目，反映单位期末控制的公共基础设施的原值。本项目应当根据"公共基础设施"科目的期末余额填列。

"公共基础设施累计折旧（摊销）"项目，反映单位期末控制的公共基础设施已计提的累计折旧和累计摊销金额。本项目应当根据"公共基础设施累计折旧（摊销）"科目的期末余额填列。

"公共基础设施净值"项目，反映单位期末控制的公共基础设施的账面价值。本项目应当根据"公共基础设施"科目期末余额减去"公共基础设施累计折旧（摊销）"科目期末余额后的金额填列。

（23）"政府储备物资"项目，反映单位期末控制的政府储备物资的实际成本。本项目应当根据"政府储备物资"科目的期末余额填列。

（24）"文物文化资产"项目，反映单位期末控制的文物文化资产的成本。本项目应当根据"文物文化资产"科目的期末余额填列。

（25）"保障性住房原值"项目，反映单位期末控制的保障性住房的原值。本项目应当根据"保障性住房"科目的期末余额填列。

"保障性住房累计折旧"项目，反映单位期末控制的保障性住房已计提的累计折旧金额。本项目应当根据"保障性住房累计折旧"科目的期末余额填列。

"保障性住房净值"项目，反映单位期末控制的保障性住房的账面价值。本项目应当根据"保障性住房"科目期末余额减去"保障性住房累计折旧"科目期末余额后的金额填列。

（26）"长期待摊费用"项目，反映单位期末已经支出，但应由本期和以后各期负担的分摊期限在1年以上（不含1年）的各项费用。本项目应当根据"长期待摊费用"科目的期末余额填列。

（27）"待处理财产损溢"项目，反映单位期末尚未处理完毕的各种资产的净损失或净溢余。本项目应当根据"待处理财产损溢"科目的期末借方余额填列；如"待处理财产损溢"科目期末为贷方余额，以"－"号填列。

（28）"其他非流动资产"项目，反映单位期末除本表中上述各项之外的其他非流动资产的合计数。本项目应当根据有关科目的期末余额合计数填列。

（29）"非流动资产合计"项目，反映单位期末非流动资产的合计数。本项目应当根据本表中"长期股权投资""长期债券投资""固定资产净值""工

程物资"“在建工程"“无形资产净值"“研发支出"“公共基础设施净值"“政
府储备物资"“文物文化资产"“保障性住房净值"“长期待摊费用"“待处
理财产损溢"“其他非流动资产"项目金额的合计数填列。

（30）"受托代理资产"项目，反映单位期末受托代理资产的价值。本
项目应当根据"受托代理资产"科目的期末余额与"库存现金"“银行存款"
科目下"受托代理资产"明细科目的期末余额的合计数填列。

（31）"资产总计"项目，反映单位期末资产的合计数。本项目应当根据
本表中"流动资产合计"“非流动资产合计"“受托代理资产"项目金额的合
计数填列。

2.“期末余额"栏中负债类项目的内容和填列方法

（1）"短期借款"项目，反映事业单位期末短期借款的余额。本项目应
当根据"短期借款"科目的期末余额填列。

（2）"应交增值税"项目，反映单位期末应交未交的增值税税额。本项
目应当根据"应交增值税"科目的期末余额填列；如"应交增值税"科目期末
为借方余额，以"-"号填列。

（3）"其他应交税费"项目，反映单位期末应交未交的除增值税以外的
税费金额。本项目应当根据"其他应交税费"科目的期末余额填列；如"其他
应交税费"科目期末为借方余额，以"-"号填列。

（4）"应缴财政款"项目，反映单位期末应当上缴财政但尚未缴纳的款项。
本项目应当根据"应缴财政款"科目的期末余额填列。

（5）"应付职工薪酬"项目，反映单位期末按有关规定应付给职工及为
职工支付的各种薪酬。本项目应当根据"应付职工薪酬"科目的期末余额填列。

（6）"应付票据"项目，反映事业单位期末应付票据的金额。本项目应
当根据"应付票据"科目的期末余额填列。

（7）"应付账款"项目，反映单位期末应当支付但尚未支付的偿还期限
在 1 年以内（含 1 年）的应付账款的金额。本项目应当根据"应付账款"科目
的期末余额填列。

（8）"应付政府补贴款"项目，反映负责发放政府补贴的行政单位期末
按照规定应当支付给政府补贴接受者的各种政府补贴款余额。本项目应当根据
"应付政府补贴款"科目的期末余额填列。

（9）"应付利息"项目，反映事业单位期末按照合同约定应支付的借款

利息。事业单位到期一次还本付息的长期借款利息不包括在本项目内。本项目应当根据"应付利息"科目的期末余额填列。

（10）"预收账款"项目，反映事业单位期末预先收取但尚未确认收入和实际结算的款项余额。本项目应当根据"预收账款"科目的期末余额填列。

（11）"其他应付款"项目，反映单位期末其他各项偿还期限在1年内（含1年）的应付及暂收款项余额。本项目应当根据"其他应付款"科目的期末余额填列。

（12）"预提费用"项目，反映单位期末已预先提取的已经发生但尚未支付的各项费用。本项目应当根据"预提费用"科目的期末余额填列。

（13）"一年内到期的非流动负债"项目，反映单位期末将于1年内（含1年）偿还的非流动负债的余额。本项目应当根据"长期应付款""长期借款"等科目的明细科目的期末余额分析填列。

（14）"其他流动负债"项目，反映单位期末除本表中上述各项之外的其他流动负债的合计数。本项目应当根据有关科目的期末余额的合计数填列。

（15）"流动负债合计"项目，反映单位期末流动负债合计数。本项目应当根据本表"短期借款""应交增值税""其他应交税费""应缴财政款""应付职工薪酬""应付票据""应付账款""应付政府补贴款""应付利息""预收账款""其他应付款""预提费用""一年内到期的非流动负债""其他流动负债"项目金额的合计数填列。

（16）"长期借款"项目，反映事业单位期末长期借款的余额。本项目应当根据"长期借款"科目的期末余额减去其中将于1年内（含1年）到期的长期借款余额后的金额填列。

（17）"长期应付款"项目，反映单位期末长期应付款的余额。本项目应当根据"长期应付款"科目的期末余额减去其中将于1年内（含1年）到期的长期应付款余额后的金额填列。

（18）"预计负债"项目，反映单位期末已确认但尚未偿付的预计负债的余额。本项目应当根据"预计负债"科目的期末余额填列。

（19）"其他非流动负债"项目，反映单位期末除本表中上述各项之外的其他非流动负债的合计数。本项目应当根据有关科目的期末余额合计数填列。

（20）"非流动负债合计"项目，反映单位期末非流动负债合计数。本项目应当根据本表中"长期借款""长期应付款""预计负债""其他非流动负债"项目金额的合计数填列。

（21）"受托代理负债"项目，反映单位期末受托代理负债的金额。本项目应当根据"受托代理负债"科目的期末余额填列。

（22）"负债合计"项目，反映单位期末负债的合计数。本项目应当根据本表中"流动负债合计""非流动负债合计""受托代理负债"项目金额的合计数填列。

3．"期末余额"栏中净资产类项目的内容和填列方法

（1）"累计盈余"项目，反映单位期末未分配盈余（或未弥补亏损）以及无偿调拨净资产变动的累计数。本项目应当根据"累计盈余"科目的期末余额填列。

（2）"专用基金"项目，反映事业单位期末累计提取或设置但尚未使用的专用基金余额。本项目应当根据"专用基金"科目的期末余额填列。

（3）"权益法调整"项目，反映事业单位期末在被投资单位除净损益和利润分配以外的所有者权益变动中累计享有的份额。本项目应当根据"权益法调整"科目的期末余额填列。如"权益法调整"科目期末为借方余额，以"－"号填列。

（4）"无偿调拨净资产"项目，反映单位本年度截至报告期期末无偿调入的非现金资产价值扣减无偿调出的非现金资产价值后的净值。本项目仅在月度报表中列示，年度报表中不列示。月度报表中本项目应当根据"无偿调拨净资产"科目的期末余额填列；"无偿调拨净资产"科目期末为借方余额时，以"－"号填列。

（5）"本期盈余"项目，反映单位本年度截至报告期期末实现的累计盈余或亏损。本项目仅在月度报表中列示，年度报表中不列示。月度报表中本项目应当根据"本期盈余"科目的期末余额填列；"本期盈余"科目期末为借方余额时，以"－"号填列。

（6）"净资产合计"项目，反映单位期末净资产合计数。本项目应当根据本表中"累计盈余""专用基金""权益法调整""无偿调拨净资产"（月度报表）"本期盈余"（月度报表）项目金额的合计数填列。

（7）"负债和净资产总计"项目，应当按照本表中"负债合计""净资产合计"项目金额的合计数填列。

10.1.3　收入费用表

一、收入费用表概述

收入费用表是反映政府会计主体在一定会计期间内发生的收入、费用及当期盈余的情况。收入费用表的编制基础主要是收入类、费用类科目的本期发生额。

收入费用表属于动态报表，作用表现为：可以提供某一会计期间收入总额及其构成情况的信息，某一会计期间费用总额及其构成情况的信息，某一会计期间本期盈余的信息。

收入费用表应当按照本期收入、本期费用和本期盈余分项列示。本期收入列示财政拨款收入、事业收入、上级补助收入、附属单位上缴收入、经营收入、非同级财政拨款收入、投资收益、捐赠收入、利息收入、租金收入和其他收入。本期费用列示业务活动费用、单位管理费用、经营费用、资产处置费用、上缴上级费用、对附属单位补助费用、所得税费用和其他费用。本期盈余是本期收入减去本期费用后的差额。

月度收入费用表各项目分为"本月数"和"本年累计数"两栏填列，年度收入费用表各项目则分为"本年数"和"上年数"两栏填列，其目的在于使报表使用者通过比较不同时期的盈余的实现情况，判断政府单位运行情况的未来发展趋势。

收入费用表的基本格式参见表10–2。

表10–2　　　　　　　　　　　　收入费用表

会政财02表

编制单位：A事业单位　　　　　　20×9年　　　　　　单位：元

项目	本月数／本年数	本年累计数／上年数
一、本期收入		
（一）财政拨款收入		
其中：政府性基金收入		
（二）事业收入		
（三）上级补助收入		
（四）附属单位上缴收入		

续表

项目	本月数 / 本年数	本年累计数 / 上年数
（五）经营收入		
（六）非同级财政拨款收入		
（七）投资收益		
（八）捐赠收入		
（九）利息收入		
（十）租金收入		
（十一）其他收入		
二、本期费用		
（一）业务活动费用		
（二）单位管理费用		
（三）经营费用		
（四）资产处置费用		
（五）上缴上级费用		
（六）对附属单位补助费用		
（七）所得税费用		
（八）其他费用		
三、本期盈余		

二、收入费用表的填列方法

收入费用表中"本月数"栏反映各项目的本月实际发生数。编制年度收入费用表时，应当将本栏改为"本年数"，反映本年度各项目的实际发生数。收入费用表中"本年累计数"栏反映各项目自年初至报告期期末的累计实际发生数。编制年度收入费用表时，应当将本栏改为"上年数"，反映上年度各项目的实际发生数，"上年数"栏应当根据上年年度收入费用表中"本年数"栏内所列数字填列。

如果本年度收入费用表规定的项目的名称和内容同上年度不一致，应当对上年度收入费用表项目的名称和数字按照本年度的规定进行调整，将调整后的金额填入本年度收入费用表的"上年数"栏内。如果本年度单位发生了因前期差错更正、会计政策变更等调整以前年度盈余的事项，还应当对年度收入费用表中"上年数"栏中的有关项目金额进行相应调整。

（一）本期收入类项目的内容和填列方法

（1）"本期收入"项目，反映单位本期收入总额。本项目应当根据本表中"财政拨款收入""事业收入""上级补助收入""附属单位上缴收入""经营收入""非同级财政拨款收入""投资收益""捐赠收入""利息收入""租金收入""其他收入"项目金额的合计数填列。

（2）"财政拨款收入"项目，反映单位本期从同级政府财政部门取得的各类财政拨款。本项目应当根据"财政拨款收入"科目的本期发生额填列。

"政府性基金收入"项目，反映单位本期取得的财政拨款收入中属于政府性基金预算拨款的金额。本项目应当根据"财政拨款收入"相关明细科目的本期发生额填列。

（3）"事业收入"项目，反映事业单位本期开展专业业务活动及其辅助活动实现的收入。本项目应当根据"事业收入"科目的本期发生额填列。

（4）"上级补助收入"项目，反映事业单位本期从主管部门和上级单位收到或应收的非财政拨款收入。本项目应当根据"上级补助收入"科目的本期发生额填列。

（5）"附属单位上缴收入"项目，反映事业单位本期收到或应收的独立核算的附属单位按照有关规定上缴的收入。本项目应当根据"附属单位上缴收入"科目的本期发生额填列。

（6）"经营收入"项目，反映事业单位本期在专业业务活动及其辅助活动之外开展非独立核算经营活动实现的收入。本项目应当根据"经营收入"科目的本期发生额填列。

（7）"非同级财政拨款收入"项目，反映单位本期从非同级政府财政部门取得的财政拨款，不包括事业单位因开展科研及其辅助活动从非同级财政部门取得的经费拨款。本项目应当根据"非同级财政拨款收入"科目的本期发生额填列。

（8）"投资收益"项目，反映事业单位本期股权投资和债券投资所实现的收益或发生的损失。本项目应当根据"投资收益"科目的本期发生额填列；如为投资净损失，以"－"号填列。

（9）"捐赠收入"项目，反映单位本期接受捐赠取得的收入。本项目应当根据"捐赠收入"科目的本期发生额填列。

（10）"利息收入"项目，反映单位本期取得的银行存款利息收入。本项目应当根据"利息收入"科目的本期发生额填列。

（11）"租金收入"项目，反映单位本期经批准利用国有资产出租取得并按规定纳入本单位预算管理的租金收入。本项目应当根据"租金收入"科目的本期发生额填列。

（12）"其他收入"项目，反映单位本期取得的除以上收入项目外的其他收入的总额。本项目应当根据"其他收入"科目的本期发生额填列。

（二）本期费用类项目的内容和填列方法

（1）"本期费用"项目，反映单位本期费用总额。本项目应当根据本表中"业务活动费用""单位管理费用""经营费用""资产处置费用""上缴上级费用""对附属单位补助费用""所得税费用"和"其他费用"项目金额的合计数填列。

（2）"业务活动费用"项目，反映单位本期为实现其职能目标，依法履职或开展专业业务活动及其辅助活动所发生的各项费用。本项目应当根据"业务活动费用"科目的本期发生额填列。

（3）"单位管理费用"项目，反映事业单位本期本级行政及后勤管理部门开展管理活动发生的各项费用，以及由单位统一负担的离退休人员经费、工会经费、诉讼费、中介费等。本项目应当根据"单位管理费用"科目的本期发生额填列。

（4）"经营费用"项目，反映事业单位本期在专业业务活动及其辅助活动之外开展非独立核算经营活动发生的各项费用。本项目应当根据"经营费用"科目的本期发生额填列。

（5）"资产处置费用"项目，反映单位本期经批准处置资产时转销的资产价值以及在处置过程中发生的相关费用或者处置收入小于处置费用形成的净支出。本项目应当根据"资产处置费用"科目的本期发生额填列。

（6）"上缴上级费用"项目，反映事业单位按照规定上缴上级单位款项发生的费用。本项目应当根据"上缴上级费用"科目的本期发生额填列。

（7）"对附属单位补助费用"项目，反映事业单位用财政拨款收入之外的收入对附属单位补助发生的费用。本项目应当根据"对附属单位补助费用"科目的本期发生额填列。

（8）"所得税费用"项目，反映有企业所得税缴纳义务的事业单位本期计算应缴纳的企业所得税。本项目应当根据"所得税费用"科目的本期发生额填列。

（9）"其他费用"项目，反映单位本期发生的除以上费用项目外的其他费用的总额。本项目应当根据"其他费用"科目的本期发生额填列。

（三）本期盈余项目的内容和填列方法

"本期盈余"项目，反映单位本期收入扣除本期费用后的净额。本项目应当根据本表中"本期收入"项目金额减去"本期费用"项目金额后的金额填列；如为负数，以"－"号填列。

10.1.4　净资产变动表

一、净资产变动表概述

净资产变动表是反映政府会计主体在一定会计期间内净资产变动情况的报表。净资产变动表的编制基础主要是净资产类科目的本期发生额及其余额。

净资产变动表属于动态报表，作用主要表现为：可以提供某一会计期间内累计盈余变动情况的信息；某一会计期间内专用基金变动情况的信息；某一会计期间内权益法调整变动情况的信息。

净资产变动表只编制年度报表。

净资产变动表分为横向和纵向，分别按照不同项目列示，横向按照累计盈余、专用基金、权益法调整和净资产合计分项列示；纵向按照上年年末余额、以前年度盈余调整、本年年初余额、本年变动金额和本年年末余额分项列示。

此外，为了使报表使用者通过比较不同年度净资产变动表的数据，掌握政府单位净资产各项目变动情况及发展趋势，政府单位需要提供比较净资产变动表，净资产变动表还就各项目再分为"本年数"和"上年数"两栏分别填列。净资产变动表"本年数"栏反映本年度各项目的实际变动数，"上年数"栏反映上年度各项目的实际变动数。

净资产变动表的基本格式如表10-3所示。

表 10-3　　　　　　　　　　　**净资产变动表**

会政财 03 表

编制单位：A 事业单位　　　　　　　20×9 年　　　　　　　单位：元

项目	本年数				上年数			
	累计盈余	专用基金	权益法调整	净资产合计	累计盈余	专用基金	权益法调整	净资产合计
一、上年年末余额								
二、以前年度盈余调整（减少以"–"号填列）		–	–			–	–	
三、本年年初余额								
四、本年变动金额（减少以"–"号填列）								
（一）本年盈余		–	–			–	–	
（二）无偿调拨净资产		–	–			–	–	
（三）归集调整预算结转结余		–	–			–	–	
（四）提取或设置专用基金			–				–	
其中：从预算收入中提取	–		–		–		–	
从预算结余中提取			–				–	
设置的专用基金	–				–			
（五）使用专用基金			–				–	
（六）权益法调整	–	–			–	–		
五、本年年末余额								

注："–"标识单元格不需填列。

二、净资产变动表的填列方法

（一）"上年数"栏各项目的内容和填列方法

"上年数"栏反映上年度各项目的实际变动数，应当根据上年度净资产变动表中"本年数"栏内所列数字填列。如果上年度净资产变动表规定的项目的名称和内容与本年度不一致，应对上年度净资产变动表项目的名称和数字按照本年度的规定进行调整，将调整后金额填入本年度净资产变动表"上年数"栏内。

（二）"本年数"栏各项目的内容和填列方法

（1）"上年年末余额"行，反映单位净资产各项目上年年末的余额。本行各项目应当根据"累计盈余""专用基金""权益法调整"科目上年年末余额填列。

（2）"以前年度盈余调整"行，反映单位本年度调整以前年度盈余的事项对累计盈余进行调整的金额。本行"累计盈余"项目应当根据本年度"以前年度盈余调整"科目转入"累计盈余"科目的金额填列；如调整减少累计盈余，以"-"号填列。

（3）"本年年初余额"行，反映经过以前年度盈余调整后，单位净资产各项目的本年年初余额。本行"累计盈余""专用基金""权益法调整"项目应当根据其各自在"上年年末余额"和"以前年度盈余调整"行对应项目金额的合计数填列。

（4）"本年变动金额"行，反映单位净资产各项目本年变动总金额。本行"累计盈余""专用基金""权益法调整"项目应当根据其各自在"本期盈余""无偿调拨净资产""归集调整预算结转结余""提取或设置专用基金""使用专用基金""权益法调整"行对应项目金额的合计数填列。

（5）"本期盈余"行，反映单位本年发生的收入、费用对净资产的影响。本行"累计盈余"项目应当根据年末由"本期盈余"科目转入"本年盈余分配"科目的金额填列；如转入时借记"本年盈余分配"科目，则以"-"号填列。

（6）"无偿调拨净资产"行，反映单位本年无偿调入、调出非现金资产事项对净资产的影响。本行"累计盈余"项目应当根据年末由"无偿调拨净资产"科目转入"累计盈余"科目的金额填列；如转入时借记"累计盈余"科目，则以"-"号填列。

（7）"归集调整预算结转结余"行，反映单位本年财政拨款结转结余资金归集调入、归集上缴或调出，以及非财政拨款结转资金缴回对净资产的影响。

本行"累计盈余"项目应当根据"累计盈余"科目明细账记录分析填列；如归集调整减少预算结转结余，则以"-"号填列。

（8）"提取或设置专用基金"行，反映单位本年提取或设置专用基金对净资产的影响。本行"累计盈余"项目应当根据"从预算结余中提取"行"累计盈余"项目的金额填列。本行"专用基金"项目应当根据"从预算收入中提取""从预算结余中提取""设置的专用基金"行"专用基金"项目金额的合计数填列。

"从预算收入中提取"行，反映单位本年从预算收入中提取专用基金对净资产的影响。本行"专用基金"项目应当通过对"专用基金"科目明细账记录的分析，根据本年按有关规定从预算收入中提取基金的金额填列。

"从预算结余中提取"行，反映单位本年根据有关规定从本年度非财政拨款结余或经营结余中提取专用基金对净资产的影响。本行"累计盈余""专用基金"项目应当通过对"专用基金"科目明细账记录的分析，根据本年按有关规定从本年度非财政拨款结余或经营结余中提取专用基金的金额填列；本行"累计盈余"项目以"-"号填列。

"设置的专用基金"行，反映单位本年根据有关规定设置的其他专用基金对净资产的影响。本行"专用基金"项目应当通过对"专用基金"科目明细账记录的分析，根据本年按有关规定设置的其他专用基金的金额填列。

（9）"使用专用基金"行，反映单位本年按规定使用专用基金对净资产的影响。本行"累计盈余""专用基金"项目应当通过对"专用基金"科目明细账记录的分析，根据本年按规定使用专用基金的金额填列；本行"专用基金"项目以"-"号填列。

（10）"权益法调整"行，反映单位本年按照被投资单位除净损益和利润分配以外的所有者权益变动份额而调整长期股权投资账面余额对净资产的影响。本行"权益法调整"项目应当根据"权益法调整"科目本年发生额填列；若本年净发生额为借方时，以"-"号填列。

（11）"本年年末余额"行，反映单位本年各净资产项目的年末余额。本行"累计盈余""专用基金""权益法调整"项目应当根据其各自在"本年年初余额""本年变动金额"行对应项目金额的合计数填列。

（12）本表各行"净资产合计"项目，应当根据所在行"累计盈余""专用基金""权益法调整"项目金额的合计数填列。

10.1.5 现金流量表

一、现金流量表概述

现金流量表是反映政府会计主体在一定会计期间现金及现金等价物流入和流出信息的报表，其编制基础主要是现金类科目本期发生额的增减变动情况。

政府单位现金流量表只编制年度报表。

现金流量表中的现金，是指单位的库存现金以及其他可以随时用于支付的款项，包括库存现金、可以随时用于支付的银行存款、其他货币资金、零余额账户用款额度、财政应返还额度，以及通过财政直接支付方式支付的款项。

现金流量表中的现金流量，是指现金流入与现金流出，并主要按照日常活动、投资活动、筹资活动的现金流量分别分类分项列示。为了使报表使用者通过比较不同年度现金流量变动表的数据，掌握政府单位各类现金流量及其各项目变动情况及发展趋势，政府单位需要提供比较现金流量表，现金流量表还就各项目再分为"本年金额"和"上年金额"两栏分别填列。其中，"本年金额"栏反映各项目的本年实际发生数，"上年金额"栏反映各项目的上年实际发生数。

政府单位现金流量表应当采用直接法编制。按照《政府会计制度》的规定，政府单位可根据实际情况自行选择编制现金流量表。

现金流量表的基本格式参见表 10-4。

表 10-4 　　　　　　　　　　　　现金流量表

会政财 04 表

编制单位：A 事业单位　　　　　　20×9 年　　　　　　单位：元

项　目	本年金额	上年金额
一、日常活动产生的现金流量：		
财政基本支出拨款收到的现金		
财政非资本性项目拨款收到的现金		
事业活动收到的除财政拨款以外的现金		
收到的其他与日常活动有关的现金		
日常活动的现金流入小计		
购买商品、接受劳务支付的现金		
支付给职工以及为职工支付的现金		

项　目	本年金额	上年金额
支付的各项税费		
支付的其他与日常活动有关的现金		
日常活动的现金流出小计		
日常活动产生的现金流量净额		
二、投资活动产生的现金流量：		
收回投资收到的现金		
取得投资收益收到的现金		
处置固定资产、无形资产、公共基础设施等收回的现金净额		
收到的其他与投资活动有关的现金		
投资活动的现金流入小计		
购建固定资产、无形资产、公共基础设施等支付的现金		
对外投资支付的现金		
上缴处置固定资产、无形资产、公共基础设施等净收入支付的现金		
支付的其他与投资活动有关的现金		
投资活动的现金流出小计		
投资活动产生的现金流量净额		
三、筹资活动产生的现金流量：		
财政资本性项目拨款收到的现金		
取得借款收到的现金		
收到的其他与筹资活动有关的现金		
筹资活动的现金流入小计		
偿还借款支付的现金		
偿还利息支付的现金		
支付的其他与筹资活动有关的现金		
筹资活动的现金流出小计		

续表

项　目	本年金额	上年金额
筹资活动产生的现金流量净额		
四、汇率变动对现金的影响额		
五、现金净增加额		

二、现金流量表的填列方法

（一）"上年金额"栏各项目的填列方法

"上年金额"栏反映各项目的上年实际发生数，应当根据上年现金流量表中"本年金额"栏内所列数字填列。

（二）"本年金额"栏各项目的填列方法

1．日常活动产生的现金流量

（1）"财政基本支出拨款收到的现金"项目，反映单位本年接受财政基本支出拨款取得的现金。本项目应当根据"零余额账户用款额度""财政拨款收入""银行存款"等科目及其所属明细科目的记录分析填列。

（2）"财政非资本性项目拨款收到的现金"项目，反映单位本年接受除用于购建固定资产、无形资产、公共基础设施等资本性项目以外的财政项目拨款取得的现金。本项目应当根据"银行存款""零余额账户用款额度""财政拨款收入"等科目及其所属明细科目的记录分析填列。

（3）"事业活动收到的除财政拨款以外的现金"项目，反映事业单位本年开展专业业务活动及其辅助活动取得的除财政拨款以外的现金。本项目应当根据"库存现金""银行存款""其他货币资金""应收账款""应收票据""预收账款""事业收入"等科目及其所属明细科目的记录分析填列。

（4）"收到的其他与日常活动有关的现金"项目，反映单位本年收到的除以上项目之外的与日常活动有关的现金。本项目应当根据"库存现金""银行存款""其他货币资金""上级补助收入""附属单位上缴收入""经营收入""非同级财政拨款收入""捐赠收入""利息收入""租金收入""其他收入"等科目及其所属明细科目的记录分析填列。

（5）"日常活动的现金流入小计"项目，反映单位本年日常活动产生的现金流入的合计数。本项目应当根据本表中"财政基本支出拨款收到的现金""财政非资本性项目拨款收到的现金""事业活动收到的除财政拨款以外的现金""收到的其他与日常活动有关的现金"项目金额的合计数填列。

（6）"购买商品、接受劳务支付的现金"项目，反映单位本年在日常活动中用于购买商品、接受劳务支付的现金。本项目应当根据"库存现金""银行存款""财政拨款收入""零余额账户用款额度""预付账款""在途物品""库存物品""应付账款""应付票据""业务活动费用""单位管理费用""经营费用"等科目及其所属明细科目的记录分析填列。

（7）"支付给职工以及为职工支付的现金"项目，反映单位本年支付给职工以及为职工支付的现金。本项目应当根据"库存现金""银行存款""零余额账户用款额度""财政拨款收入""应付职工薪酬""业务活动费用""单位管理费用""经营费用"等科目及其所属明细科目的记录分析填列。

（8）"支付的各项税费"项目，反映单位本年用于交纳日常活动相关税费而支付的现金。本项目应当根据"库存现金""银行存款""零余额账户用款额度""应交增值税""其他应交税费""业务活动费用""单位管理费用""经营费用""所得税费用"等科目及其所属明细科目的记录分析填列。

（9）"支付的其他与日常活动有关的现金"项目，反映单位本年支付的除上述项目之外与日常活动有关的现金。本项目应当根据"库存现金""银行存款""零余额账户用款额度""财政拨款收入""其他应付款""业务活动费用""单位管理费用""经营费用""其他费用"等科目及其所属明细科目的记录分析填列。

（10）"日常活动的现金流出小计"项目，反映单位本年日常活动产生的现金流出的合计数。本项目应当根据本表中"购买商品、接受劳务支付的现金""支付给职工以及为职工支付的现金""支付的各项税费""支付的其他与日常活动有关的现金"项目金额的合计数填列。

（11）"日常活动产生的现金流量净额"项目，应当按照本表中"日常活动的现金流入小计"项目金额减去"日常活动的现金流出小计"项目金额后的金额填列；如为负数，以"-"号填列。

2．投资活动产生的现金流量

（1）"收回投资收到的现金"项目，反映单位本年出售、转让或者收回投资收到的现金。本项目应该根据"库存现金""银行存款""短期投资""长期股权投资""长期债券投资"等科目的记录分析填列。

（2）"取得投资收益收到的现金"项目，反映单位本年因对外投资而收到被投资单位分配的股利或利润，以及收到投资利息而取得的现金。本项目应当根据"库存现金""银行存款""应收股利""应收利息""投资收益"等科目的记录分析填列。

（3）"处置固定资产、无形资产、公共基础设施等收回的现金净额"项目，反映单位本年处置固定资产、无形资产、公共基础设施等非流动资产所取得的现金，减去为处置这些资产而支付的有关费用之后的净额。由于自然灾害所造成的固定资产等长期资产损失而收到的保险赔款收入，也在本项目反映。本项目应当根据"库存现金""银行存款""待处理财产损溢"等科目的记录分析填列。

（4）"收到的其他与投资活动有关的现金"项目，反映单位本年收到的除上述项目之外与投资活动有关的现金。对于金额较大的现金流入，应当单列项目反映。本项目应当根据"库存现金""银行存款"等有关科目的记录分析填列。

（5）"投资活动的现金流入小计"项目，反映单位本年投资活动产生的现金流入的合计数。本项目应当根据本表中"收回投资收到的现金""取得投资收益收到的现金""处置固定资产、无形资产、公共基础设施等收回的现金净额""收到的其他与投资活动有关的现金"项目金额的合计数填列。

（6）"购建固定资产、无形资产、公共基础设施等支付的现金"项目，反映单位本年购买和建造固定资产、无形资产、公共基础设施等非流动资产所支付的现金；融资租入固定资产支付的租赁费不在本项目反映，在筹资活动的现金流量中反映。本项目应当根据"库存现金""银行存款""固定资产""工程物资""在建工程""无形资产""研发支出""公共基础设施""保障性住房"等科目的记录分析填列。

（7）"对外投资支付的现金"项目，反映单位本年为取得短期投资、长期股权投资、长期债券投资而支付的现金。本项目应当根据"库存现金""银行存款""短期投资""长期股权投资""长期债券投资"等科目的记录分析填列。

（8）"上缴处置固定资产、无形资产、公共基础设施等净收入支付的现金"项目，反映单位本年将处置固定资产、无形资产、公共基础设施等非流动资产所收回的现金净额予以上缴财政所支付的现金。本项目应当根据"库存现金""银行存款""应缴财政款"等科目的记录分析填列。

（9）"支付的其他与投资活动有关的现金"项目，反映单位本年支付的除上述项目之外与投资活动有关的现金。对于金额较大的现金流出，应当单列项目反映。本项目应当根据"库存现金""银行存款"等有关科目的记录分析填列。

（10）"投资活动的现金流出小计"项目，反映单位本年投资活动产生的现金流出的合计数。本项目应当根据本表中"购建固定资产、无形资产、公共基础设施等支付的现金""对外投资支付的现金""上缴处置固定资产、无形资产、公共基础设施等净收入支付的现金""支付的其他与投资活动有关的现金"项目金额的合计数填列。

（11）"投资活动产生的现金流量净额"项目，应当按照本表中"投资活动的现金流入小计"项目金额减去"投资活动的现金流出小计"项目金额后的金额填列；如为负数，以"－"号填列。

3．筹资活动产生的现金流量

（1）"财政资本性项目拨款收到的现金"项目，反映单位本年接受用于购建固定资产、无形资产、公共基础设施等资本性项目的财政项目拨款取得的现金。本项目应当根据"银行存款""零余额账户用款额度""财政拨款收入"等科目及其所属明细科目的记录分析填列。

（2）"取得借款收到的现金"项目，反映事业单位本年举借短期、长期借款所收到的现金。本项目应当根据"库存现金""银行存款""短期借款""长期借款"等科目记录分析填列。

（3）"收到的其他与筹资活动有关的现金"项目，反映单位本年收到的除上述项目之外与筹资活动有关的现金。对于金额较大的现金流入，应当单列项目反映。本项目应当根据"库存现金""银行存款"等有关科目的记录分析填列。

（4）"筹资活动的现金流入小计"项目，反映单位本年筹资活动产生的现金流入的合计数。本项目应当根据本表中"财政资本性项目拨款收到的现金""取得借款收到的现金""收到的其他与筹资活动有关的现金"项目金额的合计数填列。

（5）"偿还借款支付的现金"项目，反映事业单位本年偿还借款本金所支付的现金。本项目应当根据"库存现金""银行存款""短期借款""长期借款"等科目的记录分析填列。

（6）"偿付利息支付的现金"项目，反映事业单位本年支付的借款利息等。本项目应当根据"库存现金""银行存款""应付利息""长期借款"等科目的记录分析填列。

（7）"支付的其他与筹资活动有关的现金"项目，反映单位本年支付的除上述项目之外与筹资活动有关的现金，如融资租入固定资产所支付的租赁费。本项目应当根据"库存现金""银行存款""长期应付款"等科目的记录分析填列。

（8）"筹资活动的现金流出小计"项目，反映单位本年筹资活动产生的现金流出的合计数。本项目应当根据本表中"偿还借款支付的现金""偿付利息支付的现金""支付的其他与筹资活动有关的现金"项目金额的合计数填列。

（9）"筹资活动产生的现金流量净额"项目，应当按照本表中"筹资活动的现金流入小计"项目金额减去"筹资活动的现金流出小计"金额后的金额填列；如为负数，以"－"号填列。

4．"汇率变动对现金的影响额"项目

本项目反映单位本年外币现金流量折算为人民币时所采用的现金流量发生日的汇率折算的人民币金额与外币现金流量净额按期末汇率折算的人民币金额之间的差额。

5．"现金净增加额"项目

本项目反映单位本年现金变动的净额。本项目应当根据本表中"日常活动产生的现金流量净额""投资活动产生的现金流量净额""筹资活动产生的现金流量净额"和"汇率变动对现金的影响额"项目金额的合计数填列；如为负数，以"－"号填列。

10.1.6 附注和会计报表重要项目说明

一、附注

附注是对会计报表列示项目的进一步说明，包括文字描述、表格列示、明细资料，以及对未能在报表中列示项目的说明等。

附注是财务会计报表的重要组成部分，所以被称为财务报表附注。凡对报表使用者的决策有重要影响的会计信息，不论《政府会计制度》是否有明确规定，单位均应当充分披露，包括为了满足编制合并报表抵销事项的需要，对内部往来等事项应当予以披露等。

根据现行《政府会计制度》的规定，附注主要包括下列内容。

（一）单位的基本情况

行政事业单位应当简要披露其基本情况，包括单位主要职能、主要业务活动、所在地、预算管理关系等。

（二）会计报表编制基础

（三）遵循政府会计准则、制度的声明

（四）重要会计政策和会计估计

行政事业单位应当采用与其业务特点相适应的具体会计政策，并充分披露报告期内采用的重要会计政策和会计估计。主要包括以下内容。

（1）会计期间。

（2）记账本位币，外币折算汇率。

（3）坏账准备的计提方法。

（4）存货类别、发出存货的计价方法、存货的盘存制度，以及低值易耗品和包装物的摊销方法。

（5）长期股权投资的核算方法。

（6）固定资产分类、折旧方法、折旧年限和年折旧率；融资租入固定资产的计价和折旧方法。

（7）无形资产的计价方法；使用寿命有限的无形资产，其使用寿命估计情况；使用寿命不确定的无形资产，其使用寿命不确定的判断依据；单位内部研究开发项目划分研究阶段和开发阶段的具体标准。

（8）公共基础设施的分类、折旧（摊销）方法、折旧（摊销）年限，以及其确定依据。

（9）政府储备物资分类，以及确定其发出成本所采用的方法。

（10）保障性住房的分类、折旧方法、折旧年限。

（11）其他重要的会计政策和会计估计。

（12）本期发生重要会计政策和会计估计变更的，变更的内容和原因、受其重要影响的报表项目名称和金额、相关审批程序，以及会计估计变更开始适用的时点。

二、会计报表重要项目说明

政府单位应当按照资产负债表和收入费用表项目列示顺序，采用文字和数据描述相结合的方式披露重要项目的明细信息。报表重要项目的明细金额合计，应当与报表项目金额相衔接。报表重要项目说明应包括但不限于下列内容。

（一）货币资金的披露

货币资金的披露格式如表 10-5 所示。

表 10-5　　　　　　　　　　　　货币资金的披露格式

项目	期末余额	年初余额
库存现金		
银行存款		
其他货币资金		
合计		

（二）应收账款的披露

应收账款按照债务人类别的披露格式如表 10-6 所示。

表 10-6　　　　　　　　　应收账款按照债务人类别的披露格式

债务人类别	期末余额	年初余额
政府会计主体：		
部门内部单位		
单位 1		
……		
部门外部单位		
单位 1		
……		
其他：		
单位 1		
……		
合计		

注 1："部门内部单位"是指纳入单位所属部门财务报告合并范围的单位（下同）。

注 2：有应收票据、预付账款、其他应收款的，可比照应收账款进行披露。

（三）存货的披露

存货的披露格式如表 10-7 所示。

表 10-7　　　　　　　　　　　　　　存货的披露格式

存货种类	期末余额	年初余额
1.		
……		
合计		

（四）其他流动资产的披露

其他流动资产的披露格式如表 10-8 所示。

表 10-8　　　　　　　　　　　　其他流动资产的披露格式

项目	期末余额	年初余额
1.		
……		
合计		

注：有长期待摊费用、其他非流动资产的，可比照其他流动资产进行披露。

（五）长期投资的披露

（1）长期债券投资的披露格式如表 10-9 所示。

表 10-9　　　　　　　　　　　长期债券投资的披露格式

债券发行主体	年初余额	本期增加额	本期减少额	期末余额
1.				
……				
合计				

注：有短期投资的，可比照长期债券投资进行披露。

（2）长期股权投资的披露格式如表 10-10 所示。

表 10-10　　　　　　　　　　长期股权投资的披露格式

被投资单位	核算方法	年初余额	本期增加额	本期减少额	期末余额
1.					
……					
合计					

（3）当期发生的重大投资净损益项目、金额及原因。

（六）固定资产的披露

（1）固定资产的披露格式如表10-11所示。

表10-11　　　　　　　　　　固定资产的披露格式

项目	年初余额	本期增加额	本期减少额	期末余额
一、原值合计				
其中：房屋及构筑物				
通用设备				
专用设备				
文物和陈列品				
图书、档案				
家具、用具、装具及动植物				
二、累计折旧合计				
其中：房屋及构筑物				
通用设备				
专用设备				
家具、用具、装具				
三、账面价值合计				
其中：房屋及构筑物				
通用设备				
专用设备				
文物和陈列品				
图书、档案				
家具、用具、装具及动植物				

（2）已提足折旧的固定资产名称、数量等情况。

（3）出租、出借固定资产以及固定资产对外投资等情况。

（七）在建工程的披露

在建工程的披露格式如表10-12所示。

表 10-12　　　　　　　　　　　在建工程的披露格式

项目	年初余额	本期增加额	本期减少额	期末余额
1.				
……				
合计				

（八）无形资产的披露

（1）各类无形资产的披露格式如表 10-13 所示。

表 10-13　　　　　　　　　　　无形资产的披露格式

项目	年初余额	本期增加额	本期减少额	期末余额
一、原值合计				
1.				
……				
二、累计摊销合计				
1.				
……				
三、账面价值合计				
1.				
……				

（2）计入当期损益的研发支出金额、确认为无形资产的研发支出金额。

（3）无形资产出售、对外投资等处置情况。

（九）公共基础设施的披露

（1）公共基础设施的披露格式如表 10-14 所示。

表 10-14　　　　　　　　　　　公共基础设施的披露格式

项目	年初余额	本期增加额	本期减少额	期末余额
原值合计				
市政基础设施				
1.				
……				

续表

项目	年初余额	本期增加额	本期减少额	期末余额
交通基础设施				
1.				
……				
水利基础设施				
1.				
……				
其他				
……				
累计折旧合计				
市政基础设施				
1.				
……				
交通基础设施				
1.				
……				
水利基础设施				
1.				
……				
其他				
……				
账面价值合计				
市政基础设施				
1.				
……				
交通基础设施				
1.				
……				

续表

项目	年初余额	本期增加额	本期减少额	期末余额
水利基础设施				
1.				
……				
其他				
……				

（2）确认为公共基础设施的单独计价入账的土地使用权的账面余额、累计摊销额及变动情况。

（3）已提取折旧继续使用的公共基础设施的名称、数量等。

（十）政府储备物资的披露

政府储备物资的披露格式如表 10-15 所示。

表 10-15　　　　　　　　政府储备物资的披露格式

物资类别	年初余额	本期增加额	本期减少额	期末余额
1.				
……				
合计				

注：如单位有因动用而发出需要收回或者预期可能收回、但期末尚未收回的政府储备物资，应当单独披露其期末账面余额。

（十一）受托代理资产的披露

受托代理资产的披露格式如表 10-16 所示。

表 10-16　　　　　　　　受托代理资产的披露格式

资产类别	年初余额	本期增加额	本期减少额	期末余额
货币资金				
受托转赠物资				
受托存储保管物资				
罚没物资				
其他				
合计				

（十二）应付账款的披露

应付账款按照债权人类别的披露格式如表 10-17 所示。

表 10-17　　　　　　　应付账款按照债权人类别的披露格式

债权人类别	期末余额	年初余额
政府会计主体：		
部门内部单位		
单位 1		
……		
部门外部单位		
单位 1		
……		
其他：		
单位 1		
……		
合计		

注：有应付票据、预收账款、其他应付款、长期应付款的，可比照应付账款进行披露。

（十三）其他流动负债的披露

其他流动负债的披露格式如表 10-18 所示。

表 10-18　　　　　　　其他流动负债的披露格式

项目	期末余额	年初余额
1.		
……		
合计		

注：有预计负债、其他非流动负债的，可比照其他流动负债进行披露。

（十四）长期借款的披露

（1）长期借款按照债权人的披露格式如表 10-19 所示。

表 10-19　　　　　　　　　长期借款按照债权人的披露格式

债权人	期末余额	年初余额
1.		
……		
合计		

注：有短期借款的，可比照长期借款进行披露。

（2）单位有基建借款的，应当分基建项目披露长期借款年初数、本年变动数、年末数及到期期限。

（十五）事业收入的披露

事业收入按照收入来源的披露格式如表 10-20 所示。

表 10-20　　　　　　　　事业收入按照收入来源的披露格式

收入来源	本期发生额	上期发生额
来自财政专户管理资金		
本部门内部单位		
单位 1		
……		
本部门以外同级政府单位		
单位 1		
……		
其他		
单位 1		
……		
合计		

（十六）非同级财政拨款收入的披露

非同级财政拨款收入按照收入来源的披露格式如表 10-21 所示。

表 10-21　　　　　　　非同级财政拨款收入按照收入来源的披露格式

收入来源	本期发生额	上期发生额
本部门以外同级政府单位		

续表

收入来源	本期发生额	上期发生额
单位1		
……		
本部门以外非同级政府单位		
单位1		
……		
合计		

（十七）其他收入的披露

其他收入按照收入来源的披露格式如表10-22所示。

表 10-22　　　　　　　　其他收入按照收入来源的披露格式

收入来源	本期发生额	上期发生额
本部门内部单位		
单位1		
……		
本部门以外同级政府单位		
单位1		
……		
本部门以外非同级政府单位		
单位1		
……		
其他		
单位1		
……		
合计		

（十八）业务活动费用的披露

（1）业务活动费用按经济分类的披露格式如表10-23所示。

表 10-23　　　　　　　　**业务活动费用按经济分类的披露格式**

项目	本期发生额	上期发生额
工资福利费用		
商品和服务费用		
对个人和家庭的补助费用		
对企业补助费用		
固定资产折旧费		
无形资产摊销费		
公共基础设施折旧（摊销）费		
保障性住房折旧费		
计提专用基金		
……		
合计		

注：有单位管理费用、经营费用的，可比照（业务活动费用）此表进行披露。

（2）业务活动按支付对象的披露格式如表 10-24 所示。

表 10-24　　　　　　　　**业务活动按支付对象的披露格式**

支付对象	本期发生额	上期发生额
本部门内部单位		
单位 1		
……		
本部门以外同级政府单位		
单位 1		
……		
其他		
单位 1		
……		
合计		

注：有单位管理费用、经营费用的，可比照（业务活动费用）此表进行披露。

（十九）其他费用的披露

其他费用按照类别披露的格式如表10-25所示。

表 10-25　　　　　　　　　其他费用按照类别的披露格式

费用类别	本期发生额	上期发生额
利息费用		
坏账损失		
罚没支出		
……		
合计		

（二十）　本期费用的披露

本期费用按照经济分类的披露格式如表10-26所示。

表 10-26　　　　　　　　　本期费用按照经济分类的披露格式

项目	本期发生额	上期发生额
工资福利费用		
商品和服务费用		
对个人和家庭的补助费用		
对企业补助费用		
固定资产折旧费		
无形资产摊销费		
公共基础设施折旧（摊销）费		
保障性住房折旧费		
计提专用基金		
所得税费用		
资产处置费用		
上缴上级费用		

续表

项目	本期发生额	上期发生额
对附属单位补助费用		
其他费用		
本期费用合计		

注：单位在按照《政府会计制度》规定编制收入费用表的基础上，可以根据需要按照此表披露的内容编制收入费用表。

三、其他重要事项说明

（1）资产负债表日存在的重要或有事项说明。没有重要或有事项的，也应说明。

（2）以名义金额计量的资产名称、数量等情况，以及以名义金额计量理由的说明。

（3）通过债务资金形成的固定资产、公共基础设施、保障性住房等资产的账面价值、使用情况、收益情况，以及与此相关的债务偿还情况等的说明。

（4）重要资产置换、无偿调入（出）、捐入（出）、报废、重大毁损等情况的说明。

（5）事业单位将单位内部独立核算单位的会计信息纳入本单位财务会计报表情况的说明。

（6）政府会计具体准则中要求附注披露的其他内容。

（7）有助于理解和分析单位财务报表需要说明的其他事项。

10.2　预算会计报表

10.2.1　预算会计报表的概述

一、预算会计报表的构成

政府单位预算会计报表是综合反映政府单位年度预算收支执行结果的文件，应当包括决算报表和其他应当在决算报告中反映的相关信息和资料。决算报表主要包括预算收入支出表、预算结转结余变动表和财政拨款预算收入支出表，均按照年度编制。政府单位预算会计报表的经济内容分类和编制时间分类参见表10-27。

表10-27　　　政府单位预算会计报表的经济内容分类和编制时间分类

编号	报表名称	编制期
会政预01表	预算收入支出表	年度
会政预02表	预算结转结余变动表	年度
会政预03表	财政拨款预算收入支出表	年度

二、预算会计报表的编制要求

政府单位编制预算会计报表应遵循以下要求。

（1）年终前，应根据财政部门或主管部门的预决算编审工作要求，对各项收入账目、往来款项、货币资金和财产物资进行全面清理结算，在此基础上办理年度结账，编制报表。

（2）清理、核算年度预算收支数额和各项缴拨款，保证上下级之间的年度预算数与领拨经费数一致。

（3）为了准确反映各项收支数额，凡属本年度的应拨款项，应当在12月31日前汇达对方。主管会计单位对所属各单位的预算拨款一般截至12月25日，逾期一般不再下拨。

（4）凡属本年的各项收入，都应及时入账。本年的各项应缴预算款和应缴财政专户的预算外资金，要在年终前全部上缴。属于本年的各项支出，要按规定的支出渠道如实列报。年度单位支出决算一律以基层用款单位截至12月31日的本年实际支出数为准，不得将年终前预拨下级单位的下年度预算拨款列入本年支出，也不得以上级会计单位的拨款数代替基层会计单位的实际支出数。

（5）单位的往来款项在年终前应尽量清理完毕。按照有关规定应当转作各项收入或各项支出的往来款项应及时转入各有关账户，编入本年决算。

（6）单位年终应及时与开户银行对账，银行存款账面余额应与银行对账单的余额核对相符。现金账面余额应与库存现金核对相符。有价证券账面数额一般应与实存的有价证券核对相符。

（7）年终前，应对各项财产物资进行清理盘点。发生盘盈、盘亏的，应及时查明原因，按规定做出处理、调整账务，做到账实相符、账账相符。

（8）单位的决算报告经过审核程序，经上级主管部门或财政部门审批后，需要调整决算数据的，应做相应调整。

（9）认真做好预决算分析工作。预决算分析工作是一项基础性工作，内容丰富、涉及面广，不少信息需要相关部门提供，共同分析完成。预决算分析应当坚持问题导向，努力使预决算信息找得到、看得懂、能监督。坚持业财融合，加强对部门预决算数据的利用，不仅能保证单位整体预决算数据的准确性，而且能真实反映单位的财务运行状况，为来年预算的编制与执行，以及加强财务方面的管理提供必要的数据支撑和前提保障。为此，编制人员要不断提高文字表述和分析能力，并在此基础上进行认真归纳和总结，不断探索，撰写出符合要求的高质量决算分析报告。

10.2.2　预算收入支出表

一、预算收入支出表概述

预算收入支出表是反映单位在某一会计年度内各项预算收入、预算支出和预算收支差额情况的预算会计报表。预算收入支出表的编制基础主要是各预算收入类、预算支出类科目的本期发生额及其增减变动情况。预算收入支出表只按照年度编制。

预算收入支出表属于动态报表，作用主要体现在：可以提供某一会计年度内预算收入总额及其构成情况的信息，某一会计年度内预算支出总额及其构成情况的信息，某一会计年度内预算收支差额的信息。

预算收入支出表应当按照本年预算收入、本年预算支出和本年预算收支差额分项列示。本年预算收入主要反映财政拨款预算收入、事业预算收入、上级补助预算收入、附属单位上缴预算收入、经营预算收入、债务预算收入、非同级财政拨款预算收入、投资预算收益、其他预算收入，本年预算支出主要反映行政支出、事业支出、经营支出、上缴上级支出、对附属单位补助支出、投资支出、债务还本支出和其他支出。本年预算收支差额是本年预算收入减去本年预算支出后的差额。

预算收入支出表各项目分为"本年数"和"上年数"两栏填列，其目的在于使报表使用者通过比较不同时期的预算收入、预算支出和预算收支差额情况，判断政府单位预算情况的未来发展趋势。预算收入支出表"本年数"栏反映各项目的本年实际发生数。本表"上年数"栏反映各项目上年度的实际发生数。

预算收入支出表的基本格式参见表10-28。

表 10-28   **预算收入支出表**

会政预 01 表

编制单位：A 事业单位   20×9 年   单位：元

项　目	本年数	上年数
一、本年预算收入		
（一）财政拨款预算收入		
其中：政府性基金收入		
（二）事业预算收入		
（三）上级补助预算收入		
（四）附属单位上缴预算收入		
（五）经营预算收入		
（六）债务预算收入		
（七）非同级财政拨款预算收入		
（八）投资预算收益		
（九）其他预算收入		
其中：利息预算收入		
捐赠预算收入		
租金预算收入		
二、本年预算支出		
（一）行政支出		
（二）事业支出		
（三）经营支出		
（四）上缴上级支出		
（五）对附属单位补助支出		
（六）投资支出		
（七）债务还本支出		
（八）其他支出		

续表

项　目	本年数	上年数
其中：利息支出		
捐赠支出		
三、本年预算收支差额		

二、预算收入支出表的填列方法

（一）"上年数"各项目的内容和填列方法

应当根据上年度预算收入支出表中"本年数"栏内所列数字填列。如果本年度预算收入支出表规定的项目的名称和内容同上年度不一致，应当对上年度预算收入支出表项目的名称和数字按照本年度的规定进行调整，将调整后金额填入本年度预算收入支出表的"上年数"栏。

（二）"本年数"各项目的内容和填列方法

1．"本年预算收入"各项目的内容和填列方法

（1）"本年预算收入"项目，反映单位本年预算收入总额。本项目应当根据本表中"财政拨款预算收入""事业预算收入""上级补助预算收入""附属单位上缴预算收入""经营预算收入""债务预算收入""非同级财政拨款预算收入""投资预算收益""其他预算收入"项目金额的合计数填列。

（2）"财政拨款预算收入"项目，反映单位本年从同级政府财政部门取得的各类财政拨款。本项目应当根据"财政拨款预算收入"科目的本年发生额填列。

"政府性基金收入"项目，反映单位本年取得的财政拨款收入中属于政府性基金预算拨款的金额。本项目应当根据"财政拨款预算收入"相关明细科目的本年发生额填列。

（3）"事业预算收入"项目，反映事业单位本年开展专业业务活动及其辅助活动取得的预算收入。本项目应当根据"事业预算收入"科目的本年发生额填列。

（4）"上级补助预算收入"项目，反映事业单位本年从主管部门和上级单位取得的非财政补助预算收入。本项目应当根据"上级补助预算收入"科目的本年发生额填列。

（5）"附属单位上缴预算收入"项目，反映事业单位本年收到的独立核算的附属单位按照有关规定上缴的预算收入。本项目应当根据"附属单位上缴预算收入"科目的本年发生额填列。

（6）"经营预算收入"项目，反映事业单位本年在专业业务活动及其辅助活动之外开展非独立核算经营活动取得的预算收入。本项目应当根据"经营预算收入"科目的本年发生额填列。

（7）"债务预算收入"项目，反映事业单位本年按照规定从金融机构等借入的、纳入部门预算管理的债务预算收入。本项目应当根据"债务预算收入"的本年发生额填列。

（8）"非同级财政拨款预算收入"项目，反映单位本年从非同级政府财政部门取得的财政拨款。本项目应当根据"非同级财政拨款预算收入"科目的本年发生额填列。

（9）"投资预算收益"项目，反映事业单位本年取得的按规定纳入单位预算管理的投资收益。本项目应当根据"投资预算收益"科目的本年发生额填列。

（10）"其他预算收入"项目，反映单位本年取得的除上述收入以外的纳入单位预算管理的各项预算收入。本项目应当根据"其他预算收入"科目的本年发生额填列。

"利息预算收入"项目，反映单位本年取得的利息预算收入。本项目应当根据"其他预算收入"科目的明细记录分析填列。单位单设"利息预算收入"科目的，应当根据"利息预算收入"科目的本年发生额填列。

"捐赠预算收入"项目，反映单位本年取得的捐赠预算收入。本项目应当根据"其他预算收入"科目明细账记录分析填列。单位单设"捐赠预算收入"科目的，应当根据"捐赠预算收入"科目的本年发生额填列。

"租金预算收入"项目，反映单位本年取得的租金预算收入。本项目应当根据"其他预算收入"科目明细账记录分析填列。单位单设"租金预算收入"科目的，应当根据"租金预算收入"科目的本年发生额填列。

2."本年预算支出"各项目的内容和填列方法

（1）"本年预算支出"项目，反映单位本年预算支出总额。本项目应当根据本表中"行政支出""事业支出""经营支出""上缴上级支出""对附属单位补助支出""投资支出""债务还本支出""其他支出"项目金额的合计数填列。

（2）"行政支出"项目，反映行政单位本年履行职责实际发生的支出。

本项目应当根据"行政支出"科目的本年发生额填列。

（3）"事业支出"项目，反映事业单位本年开展专业业务活动及其辅助活动发生的支出。本项目应当根据"事业支出"科目的本年发生额填列。

（4）"经营支出"项目，反映事业单位本年在专业业务活动及其辅助活动之外开展非独立核算经营活动发生的支出。本项目应当根据"经营支出"科目的本年发生额填列。

（5）"上缴上级支出"项目，反映事业单位本年按照财政部门和主管部门的规定上缴上级单位的支出。本项目应当根据"上缴上级支出"科目的本年发生额填列。

（6）"对附属单位补助支出"项目，反映事业单位本年用财政拨款收入之外的收入对附属单位补助发生的支出。本项目应当根据"对附属单位补助支出"科目的本年发生额填列。

（7）"投资支出"项目，反映事业单位本年以货币资金对外投资发生的支出。本项目应当根据"投资支出"科目的本年发生额填列。

（8）"债务还本支出"项目，反映事业单位本年偿还自身承担的纳入预算管理的从金融机构举借的债务本金的支出。本项目应当根据"债务还本支出"科目的本年发生额填列。

（9）"其他支出"项目，反映单位本年除以上支出以外的各项支出。本项目应当根据"其他支出"科目的本年发生额填列。

"利息支出"项目，反映单位本年发生的利息支出。本项目应当根据"其他支出"科目明细账记录分析填列。单位单设"利息支出"科目的，应当根据"利息支出"科目的本年发生额填列。

"捐赠支出"项目，反映单位本年发生的捐赠支出。本项目应当根据"其他支出"科目明细账记录分析填列。单位单设"捐赠支出"科目的，应当根据"捐赠支出"科目的本年发生额填列。

3．"本年预算收支差额"的内容和填列方法

"本年预算收支差额"项目，反映单位本年各项预算收支相抵后的差额。本项目应当根据本表中"本期预算收入"项目金额减去"本期预算支出"项目金额后的金额填列；如相减后金额为负数，以"－"号填列。

三、本年预算结余和盈余的差异情况说明

为了反映政府单位财务会计和预算会计因核算基础和核算范围不同所产生

的本年盈余数与本年预算结余数之间的差异，政府单位应当按照重要性原则，对本年度发生的各类影响收入（预算收入）和费用（预算支出）的业务进行适度归并和分析，披露将年度预算收入支出表中"本年预算收支差额"调节为年度收入费用表中"本期盈余"的信息。有关披露的内容与形式如表10-29所示。

表 10-29　　　　　　　　预算结余和盈余的差异情况披露内容与形式

项　目	金额
一、本年预算结余（本年预算收支差额）	
二、差异调节	-
（一）重要事项的差异	
加：1.当期确认为收入但没有确认为预算收入	
（1）应收款项、预收账款确认的收入	
（2）接受非货币性资产捐赠确认的收入	
2.当期确认为预算支出但没有确认为费用	
（1）支付应付款项、预付账款的支出	
（2）为取得存货、政府储备物资等计入物资成本的支出	
（3）为购建固定资产等的资本性支出	
（4）偿还借款本息支出	
减：1.当期确认为预算收入但没有确认为收入	
（1）收到应收款项、预收账款确认的预算收入	
（2）取得借款确认的预算收入	
2.当期确认为费用但没有确认为预算支出	
（1）发出存货、政府储备物资等确认的费用	
（2）计提的折旧费用和摊销费用	
（3）确认的资产处置费用（处置资产价值）	
（4）应付款项、预付账款确认的费用	
（二）其他事项差异	
三、本年盈余（本年收入与费用的差额）	

10.2.3　预算结转结余变动表

一、预算结转结余变动表概述

预算结转结余变动表是反映单位在某一会计年度内预算结转结余变动情况的预算会计报表。预算结转结余变动表的编制基础主要是各结转类、结余类科目的本期发生额及其增减变动情况。预算结转结余变动表只编制年度报表。

预算结转结余变动表属于动态报表，作用主要体现在：可以提供某一会计年度内预算结转结余变动情况的信息，年末预算结转结余构成情况的信息。

预算结转结余变动表按照年初预算结转结余、年初余额调整、本年变动金额、年末预算结转结余分项列示。本表中"年末预算结转结余"项目金额等于"年初预算结转结余""年初余额调整""本年变动金额"三个项目的合计数。

此外，为了使报表使用者通过比较不同年度预算结转结余变动表的数据，掌握政府单位预算结转结余各项目变动情况及发展趋势，政府单位需要提供比较预算结转结余变动表，预算结转结余变动表还就各项目再分为"本年数"和"上年数"两栏分别填列。"本年数"栏反映各项目的本年实际发生数，"上年数"栏反映各项目的上年实际发生数。

预算结转结余变动表的基本格式如表 10-30 所示。

表 10-30　　　　　　　　　　预算结转结余变动表

会政预 02 表

编制单位：A 事业单位　　　　　　20×9 年　　　　　　　　单位：元

项　目	本年数	上年数
一、年初预算结转结余		
（一）财政拨款结转结余		
（二）其他资金结转结余		
二、年初余额调整（减少以"-"号填列）		
（一）财政拨款结转结余		
（二）其他资金结转结余		
三、本年变动金额（减少以"-"号填列）		
（一）财政拨款结转结余		
1.本年收支差额		

项　目	本年数	上年数
2.归集调入		
3.归集上缴或调出		
（二）其他资金结转结余		
1.本年收支差额		
2.缴回资金		
3.使用专用结余		
4.支付所得税		
四、年末预算结转结余		
（一）财政拨款结转结余		
1.财政拨款结转		
2.财政拨款结余		
（二）其他资金结转结余		
1.非财政拨款结转		
2.非财政拨款结余		
3.专用结余		
4.经营结余（如有余额，以"–"号填列）		

二、预算结转结余变动表各项目的内容和填列方法

（一）"上年数"栏各项目的内容和填列方法

应当根据上年度预算结转结余变动表中"本年数"栏内所列数字填列。如果本年度预算结转结余变动表规定的项目的名称和内容同上年度不一致，应当对上年度预算结转结余变动表项目的名称和数字按照本年度的规定进行调整，将调整后的金额填入本年度预算结转结余变动表的"上年数"栏。

（二）"本年数"栏各项目的内容和填列方法

（1）"年初预算结转结余"项目，反映单位本年预算结转结余的年初余额。本项目应当根据本项目下"财政拨款结转结余""其他资金结转结余"项目金额的合计数填列。

①"财政拨款结转结余"项目，反映单位本年财政拨款结转结余资金的年

初余额。本项目应当根据"财政拨款结转""财政拨款结余"科目本年年初余额合计数填列。

②"其他资金结转结余"项目，反映单位本年其他资金结转结余的年初余额。本项目应当根据"非财政拨款结转""非财政拨款结余""专用结余""经营结余"科目本年年初余额的合计数填列。

（2）"年初余额调整"项目，反映单位本年预算结转结余年初余额调整的金额。本项目应当根据本项目下"财政拨款结转结余""其他资金结转结余"项目金额的合计数填列。

①"财政拨款结转结余"项目，反映单位本年财政拨款结转结余资金的年初余额调整金额。本项目应当根据"财政拨款结转""财政拨款结余"科目下"年初余额调整"明细科目的本年发生额的合计数填列；如调整减少年初财政拨款结转结余，以"－"号填列。

②"其他资金结转结余"项目，反映单位本年其他资金结转结余的年初余额调整金额。本项目应当根据"非财政拨款结转""非财政拨款结余"科目下"年初余额调整"明细科目的本年发生额的合计数填列；如调整减少年初其他资金结转结余，以"－"号填列。

（3）"本年变动金额"项目，反映单位本年预算结转结余变动的金额。本项目应当根据本项目下"财政拨款结转结余""其他资金结转结余"项目金额的合计数填列。

①"财政拨款结转结余"项目，反映单位本年财政拨款结转结余资金的变动。本项目应当根据本项目下"本年收支差额""归集调入""归集上缴或调出"项目金额的合计数填列。

"本年收支差额"项目，反映单位本年财政拨款资金收支相抵后的差额。本项目应当根据"财政拨款结转"科目下"本年收支结转"明细科目本年转入的预算收入与预算支出的差额填列；差额为负数的，以"－"号填列。

"归集调入"项目，反映单位本年按照规定从其他单位归集调入的财政拨款结转资金。本项目应当根据"财政拨款结转"科目下"归集调入"明细科目的本年发生额填列。

"归集上缴或调出"项目，反映单位本年按照规定上缴的财政拨款结转结余资金及按照规定向其他单位调出的财政拨款结转资金。本项目应当根据"财政拨款结转""财政拨款结余"科目下"归集上缴"明细科目，以及"财政拨款结转"科目下"归集调出"明细科目本年发生额的合计数填列，以"－"号填列。

②"其他资金结转结余"项目，反映单位本年其他资金结转结余的变动。本项目应当根据本项目下"本年收支差额""缴回资金""使用专用结余""支付所得税"项目金额的合计数填列。

"本年收支差额"项目，反映单位本年除财政拨款外的其他资金收支相抵后的差额。本项目应当根据"非财政拨款结转"科目下"本年收支结转"明细科目、"其他结余"科目、"经营结余"科目本年转入的预算收入与预算支出的差额的合计数填列；如为负数，以"－"号填列。

"缴回资金"项目，反映单位本年按照规定缴回的非财政拨款结转资金。本项目应当根据"非财政拨款结转"科目下"缴回资金"明细科目本年发生额的合计数填列，以"－"号填列。

"使用专用结余"项目，反映事业单位本年根据规定使用从非财政拨款结余或经营结余中提取的专用基金的金额。本项目应当根据"专用结余"科目明细账中本年使用专用结余业务的发生额填列，以"－"号填列。

"支付所得税"项目，反映有企业所得税缴纳义务的事业单位本年实际缴纳的企业所得税金额。本项目应当根据"非财政拨款结余"明细账中本年实际缴纳企业所得税业务的发生额填列，以"－"号填列。

（4）"年末预算结转结余"项目，反映单位本年预算结转结余的年末余额。本项目应当根据本项目下"财政拨款结转结余""其他资金结转结余"项目金额的合计数填列。

①"财政拨款结转结余"项目，反映单位本年财政拨款结转结余的年末余额。本项目应当根据本项目下"财政拨款结转""财政拨款结余"项目金额的合计数填列。

本项目下"财政拨款结转""财政拨款结余"项目，应当分别根据"财政拨款结转""财政拨款结余"科目的本年年末余额填列。

②"其他资金结转结余"项目，反映单位本年其他资金结转结余的年末余额。本项目应当根据本项目下"非财政拨款结转""非财政拨款结余""专用结余""经营结余"项目金额的合计数填列。

本项目下"非财政拨款结转""非财政拨款结余""专用结余""经营结余"项目，应当分别根据"非财政拨款结转""非财政拨款结余""专用结余""经营结余"科目的本年年末余额填列。

10.2.4　财政拨款预算收入支出表

一、财政拨款预算收入支出表概述

财政拨款预算收入支出表是指反映单位在某一会计期间财政拨款预算收入、支出、结转及结余情况的预算会计报表。财政拨款预算收入支出表的编制基础主要是各财政拨款预算收入和预算支出类科目的本期发生额及其增减变动情况。财政拨款预算收入支出表只编制年度报表。

财政拨款预算收入支出表属于动态报表。

财政拨款预算收入支出表"项目"栏内各项目，应当根据政府单位取得的财政拨款种类分项设置。其中"项目支出"项目下，根据每个项目设置；政府单位取得除一般公共财政预算拨款和政府性基金预算拨款以外的其他财政拨款的，应当按照财政拨款种类增加相应的资金项目及其明细项目。

财政拨款预算收入支出表"项目"栏内各项目分别填列"年初财政拨款结转结余""调整年初财政拨款结转结余""本年归集调入""本年归集上缴或调出""单位内部调剂""本年财政拨款收入""本年财政拨款支出""年末财政拨款结转结余"八栏数据。

财政拨款预算收入支出表的基本格式如表 10-31 所示。

表 10-31　　　　　　　　　　**财政拨款预算收入支出表**

会政预 03 表

编制单位：A 事业单位　　　　　　　　20×9 年　　　　　　　　单位：元

项　目	年初财政拨款结转结余		调整年初财政拨款结转结余	本年归集调入	本年归集上缴或调出	单位内部调剂		本年财政拨款收入	本年财政拨款支出	年末财政拨款结转结余	
	结转	结余				结转	结余			结转	结余
一、一般公共预算财政拨款											
（一）基本支出											
1.人员经费											
2.日常公用经费											
（二）项目支出											

续表

项　目	年初财政拨款结转结余		调整年初财政拨款结转结余	本年归集调入	本年归集上缴或调出	单位内部调剂		本年财政拨款收入	本年财政拨款支出	年末财政拨款结转结余	
	结转	结余				结转	结余			结转	结余
1.××项目											
2.××项目											
……											
二、政府性基金预算财政拨款											
（一）基本支出											
1.人员经费											
2.日常公用经费											
（二）项目支出											
1.××项目											
2.××项目											
……											
总　计											

二、财政拨款预算收入支出表的填列方法

（1）"年初财政拨款结转结余"栏中各项目，反映单位年初各项财政拨款结转结余的金额。各项目应当根据"财政拨款结转""财政拨款结余"及其明细科目的年初余额填列。本栏中各项目的数额应当与上年度财政拨款预算收入支出表中"年末财政拨款结转结余"栏中各项目的数额相等。

（2）"调整年初财政拨款结转结余"栏中各项目，反映单位对年初财政拨款结转结余的调整金额。各项目应当根据"财政拨款结转""财政拨款结余"科目下"年初余额调整"明细科目及其所属明细科目的本年发生额填列；如调整减少年初财政拨款结转结余，以"－"号填列。

（3）"本年归集调入"栏中各项目，反映单位本年按规定从其他单位调入的财政拨款结转资金金额。各项目应当根据"财政拨款结转"科目下"归集

调入"明细科目及其所属明细科目的本年发生额填列。

（4）"本年归集上缴或调出"栏中各项目，反映单位本年按规定实际上缴的财政拨款结转结余资金，及按照规定向其他单位调出的财政拨款结转资金金额。各项目应当根据"财政拨款结转""财政拨款结余"科目下"归集上缴"科目和"财政拨款结转"科目下"归集调出"明细科目，及其所属明细科目的本年发生额填列，以"–"号填列。

（5）"单位内部调剂"栏中各项目，反映单位本年财政拨款结转结余资金在单位内部不同项目之间的调剂金额。各项目应当根据"财政拨款结转""财政拨款结余"科目下的"单位内部调剂"明细科目及其所属明细科目的本年发生额填列；对单位内部调剂减少的财政拨款结余金额，以"–"号填列。

（6）"本年财政拨款收入"栏中各项目，反映单位本年从同级财政部门取得的各类财政预算拨款金额。各项目应当根据"财政拨款预算收入"科目及其所属明细科目的本年发生额填列。

（7）"本年财政拨款支出"栏中各项目，反映单位本年发生的财政拨款支出金额。各项目应当根据"行政支出""事业支出"等科目及其所属明细科目本年发生额中的财政拨款支出数的合计数填列。

（8）"年末财政拨款结转结余"栏中各项目，反映单位年末财政拨款结转结余的金额。各项目应当根据"财政拨款结转""财政拨款结余"科目及其所属明细科目的年末余额填列。

第 11 章
政府会计调整

财政部制定的《政府会计准则第 7 号——会计调整》（以下简称会计调整准则）适应了权责发生制政府综合财务报告制度改革需要，能够有效规范政府会计调整的确认、计量和相关信息的披露，提高了会计信息质量。

11.1　总则的要求

会计调整准则总则部分首先规定了政府会计调整准则的制定依据；其次，对会计调整、会计政策、会计估计、会计差错、报告日后事项等基本概念作出了解释，这些基本概念会在其后部分章节分别进行详细阐述及案例分析；最后，总则对政府会计主体的具体会计政策和会计估计的确定程序等提出了相应的要求。

11.1.1　会计调整准则制定依据及相关概念

为了明确政府会计准则的制定依据,总则部分第一条首先对其进行了规定;其次，会计调整准则解释了与政府会计调整相关的几个概念，例如会计调整、会计政策、会计估计等相关概念。

会计调整准则规定，为了规范政府会计调整的确认、计量和相关信息的披露，根据《政府会计准则——基本准则》，制定会计调整准则。

会计调整准则规定，会计调整准则所称会计调整，是指政府会计主体因按照法律、行政法规和政府会计准则制度的要求，或者在特定情况下对其原采用的会计政策、会计估计，以及发现的会计差错、发生的报告日后事项等所作的调整。

会计政策，是指政府会计主体在会计核算时所遵循的特定原则、基础以及所采用的具体会计处理方法。特定原则，是指政府会计主体按照政府会计准则制度所制定的、适合于本政府会计主体的会计处理原则。

具体会计处理方法，是指政府会计主体从政府会计准则制度规定的诸多可选择的会计处理方法中所选择的、适合于本政府会计主体的会计处理方法。

会计估计，是指政府会计主体对结果不确定的经济业务或者事项以最近可利用的信息为基础所作的判断，如固定资产、无形资产的预计使用年限等。

会计差错，是指政府会计主体在会计核算时，在确认、计量、记录、报告等方面出现的错误，通常包括计算或记录错误、应用会计政策错误、疏忽或曲解事实产生的错误、财务舞弊等。

报告日后事项，是指自报告日（年度报告日通常为 12 月 31 日）至报告批准报出日之间发生的需要调整或说明的事项，包括调整事项和非调整事项两类。

11.1.2　对政府会计主体会计调整的要求

总则第三条对政府会计主体所确定的会计估计和会计政策作出了相关规定。具体内容如下。

会计调整准则规定，政府会计主体应当根据会计调整准则及相关政府会计准则制度的规定，结合自身实际情况，确定本政府会计主体具体的会计政策和会计估计，并履行本政府会计主体内部报批程序；法律、行政法规等规定应当报送有关方面批准或备案的，从其规定。

政府会计主体的会计政策和会计估计一经确定，不得随意变更。如需变更，应重新履行本条第一款的程序，并按会计调整准则的规定处理。

11.2　会计政策及其变更

会计政策及其变更主要规定了政府会计主体的会计政策及其变更的确认，以及追溯调整法和未来适用法在会计政策变更中的应用等。本部分首先对会计政策的定义和特点进行了解释，其次阐述了会计政策变更的概念，最后对追溯调整法和未来适用法分别进行了详细说明，并在文末附有多个具体案例对政府会计主体的会计政策变更及其所采用的方法进行详细解读。

11.2.1　会计政策变更的条件

对于相同或类似的经济业务，理应采用相同的会计政策，且会计期间内和前后各期也应当采取相同的会计政策。但是，也有特殊情况使得政府会计主体可以进行会计政策变更。此外，有些情况不属于会计政策变更。因此，会计调整准则第四条至第六条对此情况作出了相关规定。

会计调整准则规定，政府会计主体应当对相同或者相似的经济业务或者事项采用相同的会计政策进行会计处理。但是，其他政府会计准则制度另有规定的除外。

会计调整准则规定，政府会计主体采用的会计政策，在每一会计期间和前后各期应当保持一致。但是，满足下列条件之一的，可以变更会计政策：

（一）法律、行政法规或者政府会计准则制度等要求变更；

（二）会计政策变更能够提供有关政府会计主体财务状况、运行情况等更可靠、更相关的会计信息。

会计调整准则规定，下列各项不属于会计政策变更：

（一）本期发生的经济业务或者事项与以前相比具有本质差别而采用新的会计政策；

（二）对初次发生的或者不重要的经济业务或者事项采用新的会计政策。

11.2.2　会计政策变更的处理方法

政府会计主体对于会计政策变更的处理方法也有不同情况，政府会计准则制度对会计政策变更未作出规定的应当如何处理，而对于会计政策变更的影响或者累积影响不能合理确定的又应当如何应对，会计调整准则对此作出了相关规定。

会计调整准则规定，政府会计主体应当按照政府会计准则制度规定对会计政策变更进行处理。政府会计准则制度对会计政策变更未作出规定的，通常情况下，政府会计主体应当采用追溯调整法进行处理。

追溯调整法，是指对某项经济业务或者事项变更会计政策时，视同该项经济业务或者事项初次发生时即采用变更后的会计政策，并以此对财务报表相关项目进行调整的方法。

会计调整准则规定，采用追溯调整法时，政府会计主体应当按会计政策变更的累积影响调整最早前期有关净资产项目的期初余额，其他相关项目的期初数也应一并调整；涉及收入、费用等项目的，应当按会计政策变更的影响调整受影响期间的各个相关项目。

会计政策变更的累积影响，是指按照变更后的会计政策对以前各期追溯计算的最早前期各个受影响的净资产项目以及其他相关项目的期初应有金额与现有金额之间的差额；会计政策变更的影响，是指按照变更后的会计政策对以前各期追溯计算的各个受影响的项目变更后的金额与现有金额之间的差额。

会计调整准则规定，政府会计主体按规定编制比较财务报表的，对于比较财务报表可比期间的会计政策变更影响，应当调整各期间的收入或者费用以及其他相关项目，视同该政策在比较财务报表期间一直采用。对于比较财务报表可比期间以前的会计政策变更的累积影响，政府会计主体应当调整比较财务报表最早期间所涉及的期初净资产各项目，财务报表其他相关项目的期初数也应一并调整。

会计调整准则规定，会计政策变更的影响或者累积影响不能合理确定的，政府会计主体应当采用未来适用法对会计政策变更进行处理。

未来适用法，是指将变更后的会计政策应用于变更当期及以后各期发生的经济业务或者事项，或者在会计估计变更当期和未来期间确认会计估计变更的影响的方法。

采用未来适用法时，政府会计主体不需要计算会计政策变更产生的影响或者累积影响，也无需调整财务报表相关项目的期初数和比较财务报表相关项目的金额。

11.2.3　会计政策的定义

会计政策是指政府会计主体在编制财务报表过程中所运用的特定原则、基础、惯例和实务中所采用的具体处理方法的统称。由于经济业务具有不确定性，不同的资产、负债、收入和费用在确认时，可能有几种备选的会计政策，究竟哪一种更适合，需要政府会计主体做出职业判断。

首先，财务报告的编制是基于一般原则的，即在正常情况下，综合财务报告的编制是在持续运营的基础上，以权责发生制为基础，以历史成本为计量基础（个别项目也会采用重置成本、公允价值和名义金额）来编制的。

其次，会计政策提供了备选处理方法，但相同的交易需要采用同一种会计处理方法。例如，存货的发出可以在先进先出法、加权平均法和移动加权平法中选择。

最后，特殊事项需要选择特定的会计准则来规范。例如，对于新建的政府PPP项目资产，政府会计主体初始确认的PPP项目净资产金额等于PPP项目资产初始入账金额，相反，政府会计主体使用其现有资产形成PPP项目资产的，在初始确认PPP项目资产时，除了终止确认现有资产外，也不确认PPP项目净资产。

11.2.4　会计政策的特点

会计政策，是指企业进行会计核算和编制会计报表时所采用的具体原则、方法和程序。而对于政府会计而言，会计政策只有在对同一经济业务所允许采用的会计处理方法存在多种选择时，会计政策才具有实际意义，因此会计政策就政府会计主体而言有如下特点。

1.会计政策的可选择性。政府会计主体应当在准则允许的会计原则、计量基础和会计处理方法中，结合自身实际情况，做出具体选择。但由于经济业务具有不确定性，在准则允许的范围内，某些业务往往有多种备选会计处理方法。例如，应收款项计提坏账准备可选择余额百分比法、账龄分析法和个别认定法等。

2.会计政策的强制性。政府会计主体必须在法律法规允许的会计政策范围内，做到"因地制宜"，即结合自身实际情况，选择适合的会计原则、计量基础以及会计处理方法，而不能选择准则允许之外的会计政策。如对于政府会计主体来说，固定资产折旧就不能采用年数总和法和双倍余额递减法来计算。

3.会计政策的层次性。会计政策包括会计确认、计量基础和列报三个层次。例如，在确认层面，《政府会计准则第1号——存货》中所规定的与该存货相关的服务潜力很可能实现或经济利益很可能流入及相关成本或价值能够可靠计量，就是政府会计主体在确认存货时要遵循的会计原则；在计量层面，存货准则中所规定的政府会计主体未经资产评估的盘盈存货的成本按重置成本确定，重置成本即为计量基础；在列报层面，存货准则中所规定的政府会计主体应在附注中披露的各类存货期初、期末账面余额，发出存货成本采用的方法，以名义金额计量的存货名称、数量、理由及其他相关重要信息，即为所要求列报的内容。会计确认、计量基础和会计列报三者是具有内在逻辑、不可分割的整体，为保证会计政策的应用和落实，三者缺一不可。

11.2.5　会计政策变更的定义及条件

无论是会计政策变更的定义，还是会计政策变更的条件，准则都对其作出了明确的规定，对于政府会计主体而言，这些规定可以帮助其更好地开展经济业务和相关工作。

1.会计政策变更的定义。将同一经济业务或事项由原会计政策变更为另一会计政策的行为，被称为会计政策变更。政府会计主体执行的会计政策并非一成不变，为确保会计信息的可比性，使报表使用者在比较政府会计主体不同期间的报表时，可以对其财务状况、运营情况以及现金流量的现状和趋势进行正确的判断，对于相同业务或者相似事项的会计处理，政府会计主体需要采用同一会计政策。

2.会计政策变更的条件。在以下两种情况下，政府会计主体可以变更会计政策。

（1）法律法规或者政府会计准则制度等要求变更。在这种情况下，政府会计主体应当按照法律法规以及政府会计准则制度的规定，将原会计政策改为新的会计政策。例如，新准则下应收账款应计提坏账准备，这就要求政府会计主体按照新准则的规定，将原来不计提坏账准备的应收账款改为计提坏账准备。

（2）客观情况发生变化，会计政策变更能够提供更加可靠相关的会计信息。由于客观环境发生了变化，政府会计主体原采用的会计政策无法再提供具有可靠性和相关性的会计信息，其所反映的财务状况、运营情况及现金流量可能与实际存在差异。因此，为了向会计信息使用者提供更加可靠相关的会计信息，政府会计主体在进行相应会计处理时，应采用新的会计政策。例如，某医学研究院为加强主要研究阶段研发费用的归集与核算，建立健全各阶段研发项目的风险评估机制，谨慎确定研发费用的资本化时点，决定将相关研发费用资本化时点由开始注册临床试验阶段改为产品注册检验阶段，同时对相关费用进行追溯调整。

3.不属于会计政策变更的情形。在对会计政策变更进行认定时，需要注意以下两种情况不属于会计政策变更。

（1）与前期的经济业务或事项相比，本期已发生根本变化，故采用新的会计政策。对于这类情况，政府会计主体需要针对经济业务或事项制定特定的会计政策。如果该经济业务或事项已发生根本变化，那么政府会计主体实际上是为了新业务或事项选择了恰当的会计政策，而不是会计政策变更。例如，某高校新校区建成后,将原校区部分自用教学楼改为出租给某教育培训机构,这就是采用了新的会计政策,不属于会计政策变更。

(2)变更首次发生事项的会计政策,或者对不重要的经济业务或事项采用新的会计政策。对于这类情况,之所以不属于会计政策变更,是因为该行为属于为首次发生的业务或事项选择合适的会计政策,没有改变原会计政策。例如,政府会计主体在运营过程中,由于使用的低值易耗品量少且价值较低,于是对领用的低值易耗品的核算采用一次转销法。但是近期该主体的相关活动增加,耗用的低值易耗品数量增大,价值增加,于是该主体采用了五五摊销法。由于低值易耗品在该主体的运营中占费用的比例较小,改变摊销方法后对盈余的影响较小,属于不重要事项,因此也不属于会计政策变更。

11.2.6 追溯调整法

在对会计政策变更进行处理时有两种方法,即追溯调整法和未来适用法。需要注意的是,二者有不同的适用情形,政府会计主体应当按照政府会计准则制度的规定对会计政策变更进行相应处理,通常情况下应采用追溯调整法。

追溯调整法,即在对相关经济业务或事项进行调整时,视同该业务或事项从一开始就采用变更后的会计政策,同时以此为基础对报表相关项目进行调整的会计处理方法。需要说明的是,在追溯调整法下,如果存在比较财务报表期间的会计政策变更,需要看作从一开始便采用了新的会计政策对累计盈余及其他项目进行相关调整。此外,对于财务报表可比期间之前的比较,如果涉及会计政策变更而引起的累积影响,需要对财务报表的期初累计盈余和其他相关项目的数字进行调整。

追溯调整法的计算步骤如下。

1.计算确定会计政策变更的累积影响数。按照新的会计政策对之前各期追溯计算的报告期初累计盈余应计金额与现有金额之间的差额,即为会计政策变更的累积影响数。即,差额＝按新政策计算的变更当年年初应计累计盈余－按原政策反映的变更当年年初现有累计盈余。计算方法如下:

(1)根据变更后的新会计政策重新计算相关的前期交易或事项;

(2)计算会计政策变更前后之间的差异;

(3)计算由于会计政策变更引起的累积影响数。

2.调整会计政策变更相关累积影响数,并编制相关项目的调整分录。对于会计政策变更涉及的累积影响数，应当直接计入累计盈余，不通过"以前年度盈余调整"科目核算。另外，由于税法政策并未发生变化，会计政策变更追溯调整不影响以前年度应交所得税，因此不需要调整"应交所得税"科目。更为重要的是，纳税影响在政府会计调整准则中不作考虑，因为所得税与许多政府会计主体并不相关，例如，大多数行政单位几乎不涉及所得税问题。

3. 调整列报前期最早期初财务报表相关项目及金额。具体内容包括：根据编制的调整分录涉及的项目，调整当年资产负债表相关项目的期初数；调整当年收入费用表的上年数，只需调整上年的影响数，不需要按合计数调整；调整和变更当年净资产变动表，需要调整"会计政策变更"行"累计盈余"栏（即，期初的期初），且需要在净资产变动表中增加"会计政策变更"行，才能完整反映该类调整事项。需要说明的是，上述事项均不需要调整现金流量表。

简要总结，关于追溯调整法的要点如下。

1. 核心：确认累积影响数。

2. 采用追溯调整法，既要追溯调账，也要追溯调表。

（1）调账时：

①资产负债表项目，正常写；

②利润表项目，用利润分配 – 未分配利润表示。

（2）调表时：

①资产负债表调整变化年度的年初数；

②利润表调整变化年度的上年数。

【例 11-1】假设会计政策变更日为 20×2 年 1 月 1 日，需要调整的报表为 20×2 年年报资产负债表项目、20×2 年年报收入费用表项目以及 20×2 年年报净资产变动表项目。

具体内容如下。

（1）20×2 年年报需要调整资产负债表项目：调整 20×2 年资产负债表项目的期初数；调整项目为 4 个：有关资产、负债、净资产项目和累计盈余。（2）20×2 年年报需要调整收入费用表项目：调整 20×2 年收入费用表项目的上期数（即 20×1 年的金额）；调整项目为 3 个：收入、费用和本期盈余。（3）20×2 年年报需要调整净资产变动表项目：调整 20×2 年净资产变动表"会计政策变更"项目中的上年金额（即 20×0 年年末余额）；调整项目为累计盈余；调整 20×2 年净资产变动表"会计政策变更"项目中的本年金额（即 20×1 年年末余额）；调整项目为累计盈余。

【**例11-2**】20×6年1月1日A高校新校区二期开始建设，建设期为5年，向银行借入非专门借款12亿元，年利率4.95%，从20×6年1月1日起至20×8年12月31日止，A高校按原制度在此期间将上述利息费用进行了资本化，利息已按季度支付。按照新政府会计制度的要求，非专门借款的利息费用不能资本化，从20×9年1月1日起需要将利息费用从资本化改为费用化，并进行追溯调整。

年利息费用＝120 000×4.95%＝5 940（万元）

（1）计算确定会计政策变更的累积影响数。如表11-1所示。

表11-1 　　　　　　　　　会计政策变更累积影响数表 　　　　　单位：万元

年度	新政策影响 当期盈余（1）	原政策影响 当期盈余（2）	差异 （3）＝（1）－（2）
20×6	5 940	0	5 940
20×7	5 940	0	5 940
小计	11 880	0	11 880
20×8	5 940	0	5 940
合计	17 820	0	17 820

（2）调整会计政策变更累积影响数，编制有关项目的调整分录。

财务会计：

借：累计盈余（其他费用）　　　　　　　　　　　　　　　　17 820

　　贷：在建工程　　　　　　　　　　　　　　　　　　　　　　17 820

预算会计：不需要调整。

（3）调整列报前期最早期初财务报表相关项目及金额，如表11-2、表11-3、表11-4所示。

表11-2 　　　　　　　　　　资产负债表（简表）

编制单位：A高校　　　　　　20×9年12月31日　　　　　　　单位：万元

资产	年初余额		负债和 净资产	年初余额	
	调整前	调整后		调整前	调整后
……			……		
在建工程	42 157	24 337			
			……		

续表

资产	年初余额		负债和净资产	年初余额	
	调整前	调整后		调整前	调整后
			累计盈余	98 195	80 375
……			……		

表 11-3 　　　　　　　　　**收入费用表（简表）**

编制单位：A 高校　　　　20×9 年 12 月 31 日　　　　　　单位：万元

项目	上期金额	
	调整前	调整后
一、本期收入	322 256	322 256
（一）财政拨款收入	211 889	211 889
……		
二、本期费用	302 145	308 085
……		
（八）其他费用	16 801	22 741
三、本期盈余	20 111	14 171

表 11-4 　　　　　　　　　**净资产变动表（简表）**

编制单位：A 高校　　　　20×9 年 12 月 31 日　　　　　　单位：万元

项目	本年金额	上年金额
……	累计盈余	累计盈余
一、上年年末余额	98 195	
加：会计政策变更	−17 820	−11 880
前期差错更正		
二、本年年初余额	80 375	
……		

【**例 11-3**】A 事业单位于 20×6 年 1 月 1 日对 B 公司进行长期股权投资，占 B 公司有表决权股份的 20％，采用成本法核算该投资，初始投资成本为 450 000 元，且

与应享有的 B 公司所有者权益份额相等。20×9 年 1 月 1 日起按新政府会计准则规定改按权益法核算，A 事业单位按本年度非财政拨款结余的 15% 提取专用基金。按税法规定，A 事业单位与 B 公司适用的所得税率均为 25%，对其他单位投资分得的利润或股利以被投资单位宣告分派利润或股利时计入应纳税所得额。

B 公司 20×6 年、20×7 年、20×8 年的净利润以及 A 事业单位于 20×6 年、20×7 年、20×8 年从 B 公司分得的现金股利如表 11-5 所示。

表 11-5　　　　　B 公司的净利润与 A 事业单位确认的投资收益　　　　单位：元

年度	B 公司净利润	A 事业单位确认的投资收益（按成本法核算）
20×6	100 000	0
20×7	50 000	10 000
20×8	75 000	7 500
合计	225 000	17 500

根据上述资料，A 事业单位的会计处理如下。

首先，计算确定会计政策变更的累积影响，如表 11-6 所示。

表 11-6　　　　　　　会计政策变更的累积影响计算　　　　　　单位：元

年度	按原会计政策确认的投资收益	按变更后的会计政策计算的投资收益	应纳税暂时性差异	递延所得税费用影响	累积影响数
20×6	0	20 000	20 000	0	20 000
20×7	10 000	10 000	0	0	0
20×8	7 500	15 000	7 500	0	7 500
合计	17 500	45 000	27 500	0	27 500

由于 A 事业单位与 B 公司适用的所得税率均为 25%，因此，递延所得税费用影响为 0。

其次，进行相关项目的账务处理。调整会计政策变更累积影响数：

借：长期股权投资——B 公司（损益调整）　　　　27 500

　　贷：累计盈余　　　　　　　　　　　　　　　　27 500

调整累计盈余：

借：累计盈余（27 500×15%）　　　　　　　　　4 125

　　贷：专用基金　　　　　　　　　　　　　　　　4 125

最后，调整财务报表的相关项目。A事业单位在列报20×9年财务报表时，应调整20×9年资产负债表有关项目的年初余额、收入费用表有关项目的上年金额及净资产变动表有关项目的上年金额和本年金额。

一是资产负债表项目的调整。调增长期股权投资年初余额27 500元，调增专用基金年初余额4 125元，调增累计盈余年初余额23 375元。

二是收入费用表项目的调整。调增投资收益上年金额7 500元，调增本期盈余上年金额7 500元。

三是净资产变动表项目的调整。调增专用基金上年年初金额3 000元，累计盈余上年年初金额17 000元，净资产合计上年年初金额20 000元；调增专用基金上年金额1 125元，累计盈余上年金额6 375元，净资产合计上年金额7 500元；调增专用基金本年年初金额4 125元，累计盈余本年年初金额23 375元，净资产合计本年年初金额27 500元。

11.2.7　未来适用法

在会计政策变更的影响或累积影响无法合理确定的特殊情况下，政府会计主体应当采用未来适用法进行会计政策变更。

在进行会计政策变更时，只将新的会计政策应用于本期及之后期间发生的经济业务或事项，或确认会计估计变更对本期及以后期间的影响的方法，即未来适用法。由于该方法无需对以前期间进行会计处理，因此政府会计主体无需计算因会计政策变更造成的影响或累积影响，同时也不需要编制相关调整分录和调整报表项目，只需在附注中说明会计政策变更影响数即可。

【例11-4】A研究所自20×9年开始执行新政府会计制度，经研究所党委批准，对有关科学研究材料（存货）的会计政策作如下变更：发出存货成本的计量由加权平均法改为先进先出法。20×9年年末A研究所按先进先出法计算确定的材料（存货）发出成本为100万元，本年确认的收入为210万元，其他费用8万元，年末按加权平均法计算确定的销售成本为150万元。假设上述均为非财政拨款专项资金，提取职工福利基金比例为20%。

会计政策变更对当年累计盈余的影响＝先进先出法下的累计盈余81.6万元［（210-100-8）×80%］－加权平均法下的累计盈余41.6万元［（210-150-8）×80%］=40（万元）

【**例 11-5**】A 行政单位原对存货计价采用先进先出法，为更准确地核算存货成本，从 20×9 年 1 月 1 日起改为个别计价法。假定 A 行政单位 20×9 年 1 月 1 日存货账面价值为 125 000 元，20×9 年购入存货实际成本为 900 000 元，20×9 年 12 月 31 日按个别计价法计算确定的存货价值为 110 000 元，20×9 年 12 月 31 日按先进先出法计算的存货价值为 225 000 元。

A 行政单位为更准确地核算存货成本而改变会计政策，属于会计政策变更，对其采用未来适用法进行处理，即对存货采用个别计价法从 20×9 年 1 月 1 日及其后才适用，不需要计算 20×9 年 1 月 1 日以前按个别计价法计算存货应有的余额，以及对累计盈余的影响金额。

首先，采用个别计价法计算的计入业务活动费用的存货成本为：

期初存货＋本期购入存货实际成本－期末存货 =125 000+900 000-110 000=915 000（元）

其次，采用先进先出法计算的计入业务活动费用的存货成本为：

期初存货＋本期购入存货实际成本－期末存货 =125 000+900 000-225 000=800 000（元）

即由于会计政策变更使 A 行政单位当期业务活动费用增加了 115 000 元，当期盈余减少了 115 000 元。

对于上述所述情形，A 行政单位应在期末财务报表附注中说明：为更准确地核算存货成本，20×9 年 A 行政单位对存货计价由先进先出法改为个别计价法。由于存货品种较多，存货收发比较频繁，按个别计价法计算确定存货成本工作量太大，根据成本效益原则，对于该项会计政策变更，无法合理确定其累计影响数，因而 A 行政单位采用未来适用法核算。由于该项会计政策变更，当期盈余减少 115 000 元。

11.3 会计估计变更

会计估计变更部分主要规定了会计估计变更的确认、未来适用法在会计估计变更中的应用等。本部分通过具体案例对政府会计主体会计估计变更的会计处理作出详细分析，并在文末对会计估计变更与会计政策变更的区别作出了阐释。

会计调整准则规定，政府会计主体据以进行估计的基础发生了变化，或者由于取得新信息、积累更多经验以及后来的发展变化，可能需要对会计估计进行修订。会计估计变更应以掌握的新情况、新进展等真实、可靠的信息为依据。

会计调整准则规定，政府会计主体应当对会计估计变更采用未来适用法处理。

会计估计变更时，政府会计主体不需要追溯计算前期产生的影响或者累积影响，但应当对变更当期和未来期间发生的经济业务或者事项采用新的会计估计进行处理。

会计估计变更仅影响变更当期的，其影响应当在变更当期予以确认；会计估计变更既影响变更当期又影响未来期间的，其影响应当在变更当期和未来期间分别予以确认。

会计调整准则规定，政府会计主体对某项变更难以区分为会计政策变更或者会计估计变更的，应当按照会计估计变更的处理方法进行处理。

11.3.1　会计估计变更的定义

会计估计是指政府会计主体根据最新的有价值的信息，来判断那些结果暂未可知的交易或事项。会计估计变更则是指因为资产和负债的现状和预计未来的经济利益、义务发生了变化，所以导致了资产和负债的账面价值或资产的定期消耗金额的变化，进而重新进行估计和调整，也就是说，基于最新的有价值的信息对结果暂未可知的交易或者事项进行判断。

11.3.2　会计估计变更的特点

会计估计发生变更时，政府会计主体需要采用新的会计估计来处理在变更当期发生的相关事项和未来期间发生的经济业务，而没有必要对之前的累积影响进行调整计算。因此，会计估计变更有如下特点。

（1）受经济活动中不确定性因素的影响；

（2）通常基于最新的、有价值的信息或资料来进行估计；

（3）不会对会计确认和计量的可靠性造成影响。

此外，如果会计估计变更只对变更当期造成影响的话，需要在当期确认有关影响；如果会计估计变更对当期和未来期间都造成了影响的话，则需要分别进行确认。

11.3.3　会计估计变更的会计处理

对于会计估计变更，应当采用未来适用法进行处理。

【例11-6】A医院有一台医疗设备，原始价值30 000元，预计可以使用6年，无净残值。该设备从2×20年1月开始采用直线法计提折旧。2×22年1月因为技术革新，需要对原来所预计的使用寿命进行修正，修正后预计可以使用4年，无净残值。假设使用财政拨款购买。

1.A医院对上述会计估计变更的处理。基于之前的估计，该设备每年的折旧额为5 000元，A医院已提折旧2年，共提折旧10 000元，固定资产净值为20 000元，第3年相关科目的年初余额为20 000元。按照修正后预计使用寿命来看，2×22年1月起每年计提的折旧费用为10 000元[20 000÷（4-2）]。需要说明的是，2×22年A医院不需要再调整以前年度已提折旧，只需要以新的预计尚可使用寿命为计算基础来计提年折旧费用即可。

2.编制会计分录。

财务会计：

借：单位管理费用　　　　　　　　　　　　　　　　　10 000

　　贷：累计折旧　　　　　　　　　　　　　　　　　　10 000

预算会计：不需要进行账务处理。

该会计估计变更影响本年度累计盈余减少5 000元（10 000-5 000）。

11.3.4　会计政策变更与会计估计变更的区分

政府会计主体应根据一贯性、适用性和效益性原则，基于我国现行的政府会计准则、制度和相关法律法规的要求，正确选择和确定政府会计主体所采用的会计政策与会计估计，合理区分会计政策变更与会计估计变更。

政府会计主体会计政策变更主要包括以下内容：

（1）历史成本改按公允价值计量；

（2）计提准备由不计提改为计提；

（3）变更发出存货计价方法；

（4）将长期股权投资的账务处理方式由成本法转变为权益法；

（5）借款费用资本化还是费用化；

（6）预计负债的确认和计量。

政府会计主体会计估计变更主要包括以下内容：

（1）预计公允价值确定方法的变更；

（2）具体计提方法的变更（如由余额百分比法计提改为账龄分析法计提）；

（3）无形资产摊销方法的变更；

（4）预计使用年限的变更、净残值率的变更、坏账准备计提比例的变更。

需要说明的是，政府会计主体在判断和分析会计政策变更与会计估计变更时，应核实事项的会计确认、计量基础和列报项目，判断是否发生变更。如果会计确认、计量基础和列报项目中的一项或多项变更，就可以判断属于会计政策变更；如果会计确认、计量基础和列报项目中的任何一项都没有变更，就可以判断属于会计估计变更。

11.4　会计差错更正

会计差错更正部分主要规定了本期发现的会计差错以及报告日后期间发现的会计差错的会计处理。在实务中，由于政府会计主体的会计差错更正在时间顺序上存在多种情况，因此本部分首先对可能出现的各种情况进行分别解释，其次附有多个案例对实务中可能存在的情况进行分析说明，并对以前年度盈余调整这一重要科目进行了详细阐述。

会计调整准则规定，政府会计主体在本报告期（以下简称本期）发现的会计差错，应当按照以下原则处理。

（一）本期发现的与本期相关的会计差错，应当调整本期报表（包括财务报表和预算会计报表，下同）相关项目。

（二）本期发现的与前期相关的重大会计差错，如影响收入、费用或者预算收支的，应当将其对收入、费用或者预算收支的影响或者累积影响调整发现当期期初的相关净资产项目或者预算结转结余，并调整其他相关项目的期初数；如不影响收入、费用或者预算收支的，应当调整发现当期相关项目的期初数。经上述调整后，视同该差错在差错发生的期间已经得到更正。

与前期相关的重大会计差错的影响或者累积影响不能合理确定的，政府会计主体可比照本条（三）的规定进行处理。

重大会计差错，是指政府会计主体发现的使本期编制的报表不再具有可靠性的会计差错，一般是指差错的性质比较严重或者差错的金额比较大。该差错会影响报表使用者对政府会计主体过去、现在或者未来的情况作出评价或者预测，则认为性质比较严重，如因未遵循政府会计准则制度、财务舞弊等原因产生的差错。通常情况下，导致差错的经济业务或者事项对报表某一具体项目的影响或者累积影响金额占该类经济业务或者事项对报表同一项目的影响金额的10%及以上，则认为金额比较大。

政府会计主体滥用会计政策、会计估计及其变更，应当作为重大会计差错予以更正。

（三）本期发现的与前期相关的非重大会计差错，应当按其影响数调整相关项目的本期数。

会计调整准则规定，政府会计主体在报告日至报告批准报出日之间发现的报告期以前期间的重大会计差错，应当视同本期发现的与前期相关的重大会计差错，比照会计调整准则第十四条（二）的规定进行处理。

政府会计主体在报告日至报告批准报出日之间发现的报告期间的会计差错及报告期以前期间的非重大会计差错，应当按照会计调整准则第五章报告日后事项中的调整事项进行处理。

会计调整准则规定，政府会计主体按规定编制比较财务报表的，对于比较财务报表期间的重大会计差错，应当调整该期间的各项收入或者费用以及其他相关项目；对于比较财务报表期间以前的重大会计差错，应当调整比较财务报表最早期间所涉及的各项净资产项目的期初余额，财务报表其他相关项目的金额也应一并调整。

对于比较财务报表期间和以前的非重大会计差错，以及影响或者累积影响不能合理确定的重大会计差错，应当调整相关项目的本期数。

11.4.1 前期差错及更正的内容

前期差错是指因为未运用或错误运用了下列两种信息，对前期财务报表产生的影响：（1）在编制前期财务报表时，预计可以得到有价值的信息；（2）在前期财务报告批准报出时，可以获取的有用信息。需要说明的是，以下几种情况会导致前期差错：对账户进行了错误分类和因计算导致的错误；采用会计制度所禁止的会计政策，以及触及了法律法规不允许的会计政策；疏忽或者曲解了相关事实所导致的错误，以及会计舞弊。

11.4.2 前期差错及更正的分类

差错按重要性进行分类，可以将前期差错分为重要和非重要两种。能够对财务报表使用者判断政府财务状况是否合理、现金流量是否充足、运营情况是否良好造成影响的，就是重要的前期差错；反之，就是非重要的前期差错。前期差错是否具有重要性，应以漏报或错报相关会计信息所导致差错的性质的严重性和规模大小为基础进行判断。也就是说，判断前期差错是否具有重要性的关键因素，就是被该前期差错所影响财务报表项目的性质或金额。通常情况下，如果一项前期差错对于所涉及的财务报表项目造成的影响性质越严重、金额越大，那么也就意味着该前期差错的重要性水平越高。

需要说明的是，对于当期的会计差错，直接对相关项目进行调整即可，不需要对重要性进行区分。对于非重要的前期差错，直接对相关项目进行调整；而对于重要的前期差错，如果该差错与收入和费用有关，需要通过"以前年度盈余调整"科目核算。

11.4.3 以前年度盈余调整

核算本年度发生的调整以前年度盈余的事项，对于本年度发生的重要前期差错更正，如果涉及了调整以前年度盈余的事项，也包含在"以前年度盈余调整"科目内。本科目仅涉及本年度发生的调整以前年度的收支和非流动性资产盘盈时的事项，调整其他事项不通过本科目核算，年末将其结转至"累计盈余"科目，结转后无余额。

1.调整增加以前年度收入或减少以前年度费用。财务会计：借记有关科目（"预收账款"等），贷记"以前年度盈余调整"科目。预算会计：借记"资金结存"科目，贷记"财政拨款结转／财政拨款结余／非财政拨款结转／非财政拨款结余（年初余额调整）"科目。

2.调整减少以前年度收入或增加以前年度费用。财务会计：借记"以前年度盈余调整"科目，贷记有关科目（"应付账款"等）。预算会计：借记"财政拨款结转／非财政拨款结转／财政拨款结余／非财政拨款结余（年初余额调整）"科目，贷记"资金结存"科目。

3.盘盈的各种非流动资产报经批准后的处理。财务会计：借记"待处理财产损溢"科目，贷记"以前年度盈余调整"科目。预算会计：不需要进行账务处理。

4.调整后转入累计盈余。财务会计：借或贷记"累计盈余"科目，贷或借记"以前年度盈余调整"科目。预算会计：不需要进行账务处理。

【例11-7】A医院在2×20年12月31日发现一台价值12 000元的大型医疗设备应计入固定资产。该设备于2×19年3月1日开始计提折旧，在2×19年计入了当期业务活动费用。A医院对于固定资产折旧采用直线法，该设备预计使用年限为4年，假设不考虑净残值因素。则在2×20年12月31日更正此差错的会计分录如下。

财务会计：

年折旧额＝12 000÷4＝3 000（元）

2019年应提折旧＝3 000÷12×10＝2 500（元）

借：固定资产　　　　　　　　　　　　　　　　　　　12 000

　　贷：业务活动费用（如是前期重要差错：以前年度盈余调整）　6 500

　　　　固定资产累计折旧　　　　　　　　　　　　　　　5 500

预算会计：不需要进行账务处理。

需要说明的是，该项差错如果直到2023年2月后才发现，该业务已被抵销，则不需要做任何会计处理。

【例11-8】本期发现与本期相关的会计差错。

某事业单位2×19年10月发现有8月份一笔预收账款1万元，付款方已经收到商品，并达到收入确认条件，但8月份未确认收入。不考虑相关税费。

分析：该项差错属于本期发现的本期差错，应当采用补充登记法，调整相关项目的本期数。

财务会计分录：

借：事业收入　　　　　　　　　　　　　　　　　　　10 000

　　贷：预收账款　　　　　　　　　　　　　　　　　　10 000

预算会计分录：该差错调整不影响本期预算结余，故无需进行预算会计的账务处理。

【例11-9】本期发现与本期相关的会计差错。

2×19年9月，A医院财务人员发现，支付给研究生7月份的劳务费用为4 500元，而财务人员在登记入账时实际计入劳务费4 000元，少提500元。

分析：由于该项差错属于在当期发现当期的会计差错，应当采用补充登记法直接对医院的财务报表以及预算报表进行调整。

财务凭证的更正方法为：

借：业务活动费用——科教项目费用——商品与服务费用　　　　500

　　　贷：银行存款　　　　　　　　　　　　　　　　　　　　　500

预算凭证的更正方法为：

借：事业支出——科教项目支出——劳务费　　　　　　　　　500

　　　贷：资金结存　　　　　　　　　　　　　　　　　　　　　500

【例 11-10】 本期发现与收支相关的本期差错。

2×19年4月份，A电子科技大学发现上月购入一批科研专用材料款为15 000元，入账 10 000 元、漏记 5 000 元。

分析：上述会计差错为当期发现的月当期收支相关的会计差错，仅影响当期收支，故采用补充登记法调整当期相关收支项目即可（单位：元）。

财务凭证：

借：业务活动费用——科研材料费　　　　　　　　　　　　　5 000

　　　贷：银行款（或库存现金）　　　　　　　　　　　　　　　5 000

预算凭证：

借：事业支出——科研支出　　　　　　　　　　　　　　　　5 000

　　　贷：资金结存　　　　　　　　　　　　　　　　　　　　5 000

【例 11-11】 本期发现与前期相关的非重大会计差错。

某事业单位 2×19 年 12 月在单位账务自查中发现，由于计算错误，多收了某企业的业务手续费 3 000 元，款项已退还。该项差错未达到重要性标准，属于前期非重大会计差错。

分析：该项差错属于本期发现前期非重大差错，不需调整相关项目的期初数，只调整相关项目的本期数。

财务会计分录：

借：经营收入　　　　　　　　　　　　　　　　　　　　　　3 000

　　　贷：银行存款　　　　　　　　　　　　　　　　　　　　3 000

预算会计分录：

借：经营预算收入　　　　　　　　　　　　　　　　　　　　3 000

　　　贷：资金结存——货币资金　　　　　　　　　　　　　　3 000

【例 11-12】 本期发现与前期相关的非重大会计差错。

2×19年 A 医院在进行财务清查时发现，2×18 年 3 月支付测试化验加工费的

2 000元，由于财务人员的疏忽，将出账项目勾选错误。

分析：因为此项差错属于非重大会计调整同时也满足不对收支造成影响的条件，所以只需调整发现当期的期初余额。

财务凭证的更正方法如下。

借：业务活动费用——科教项目费用——商品与服务费用　　2 000
　　贷：业务活动费用——科教项目费用——材料费　　　　　2 000

预算凭证的更正方法为：

借：业务活动费用——科教项目费用　　　　　　　　　　　2 000
　　贷：业务活动费用——科教项目费用　　　　　　　　　　2 000

【例11-13】本期发现以前期间非重大会计差错。

2×19年1月份，A建筑大学在按照最新相关政府会计准则进行账务调整与账务清查时发现2×16年4月份某科研项目一项开支费用处理科目出现会计差错，金额2 000元。

分析：此项会计差错属于当期发现以前期间非重大会计差错且对当期收支没有影响，仅仅是会计科目出现错误，故调整当期相关项目及金额即可（单位：元）。

财务凭证：

借：业务活动费用——科研费用——（应支项目）　　　　2 000
　　贷：业务活动费用——科研费用——（错支项目）　　　2 000

预算凭证，因金额没有错误，仅仅是支出项目错误，故预算凭证可以不编制。

【例11-14】本期发现与前期相关的重大会计差错。

2×18年3月A医院组织一批医生去外省医院学习，共花费2万元。归国后财务人员错将15万元的差旅费用计入业务接待费。2×19年A医院进行会计清算时发现这一错误，同时可以发现2×18年花费的差旅费用共计15万元。

分析：由于2×18年3月花费的差旅费用占总年度的10%以上，所以将此项差错确认为重大差错。

财务凭证的更正方法为：

借：以前年度盈余调整——差旅费　　　　　　　　　　20 000
　　贷：以前年度盈余调整——业务接待费　　　　　　　20 000

预算凭证的更正方法为：

借：非财政拨款结转——年初余额调整　　　　　　　　20 000

　　贷：非财政拨款结转——年初余额调整　　　　　　　　　　　　20 000

　　【例 11-15】本期发现与前期相关的重大会计差错。

　　某事业单位 2×19 年 12 月在单位账务自查中发现，上年度发生的物业管理费 2 万元，至今尚未支付，现通过授权支付给物业公司。该项差错达到重要性标准，属于前期重大会计差错。

　　分析：该项差错属于本期发现的前期重大差错，且涉及收入、费用及预算收支，需通过"以前年度盈余调整"科目及相关预算结转结余科目，调整相关项目的期初数。

　　财务会计分录：

　　借：以前年度盈余调整　　　　　　　　　　　　　　　　　　　20 000
　　　　贷：零余额账户用款额度　　　　　　　　　　　　　　　　　20 000

　　调整后"以前年度盈余调整"余额需结转至"累计盈余"科目。

　　借：累计盈余　　　　　　　　　　　　　　　　　　　　　　　20 000
　　　　贷：以前年度盈余调整　　　　　　　　　　　　　　　　　　20 000

　　预算会计分录：

　　借：财政拨款结转——年初余额调整　　　　　　　　　　　　　20 000
　　　　贷：资金结存——零余额账户用款额度　　　　　　　　　　　20 000

　　年末，"财政拨款结转——年初余额调整"余额需结转至"财政拨款结转——累计结转"科目。

　　借：财政拨款结转——累计结转　　　　　　　　　　　　　　　20 000
　　　　贷：财政拨款结转——年初余额调整　　　　　　　　　　　　20 000

　　【例 11-16】本期发现以前年度重大差错。

　　A 林业大学 2×19 年账务清查发现 2×17 年 5 月份出国外出活动费错误入账"业务接待费"金额为 20 万元，本应计入"业务出国经费"。假设当年 A 林业大学业务招待费合计 150 万元。

　　分析：根据政府会计调整准则规定，会计错报达到某一项目金额 10% 以上则为重大错报。由于错报金额 20 万元占业务招待费项目 150 万元的比例在 13.33%，超过了 10%，故属于以前期间重大会计差错，需通过 A 林业大学的"以前年度盈余调整"（单位：万元）。

　　财务凭证：

　　借：以前年度盈余调整——业务出国经费　　　　　　　　　　　20

   贷：以前年度盈余调整——业务接待费   20

  预算凭证，因金额没有错误，仅仅是支出项目错误，故预算凭证可以不编制。

  【例 11-17】报告日至报告批准报出日之间发现的报告期以前期间的重大会计差错。

  某事业单位 2×19 年度财务报表于 2×20 年 3 月 20 日编制完成，注册会计师于 2×20 年 4 月 10 日完成审计工作并签署审计报告，单位负责人于 2×20 年 4 月 17 日批准财务报告对外报出，财务报告于 2×20 年 4 月 21 日实际对外公布。单位财务人员于 2×20 年 2 月发现，2×18 年度收到的上级补助收入 1 万元仍挂在往来中，现进行调整。该项差错达到重要性标准。

  分析：该项差错属于报告日至报告批准报出日之间发现的报告期以前期间的重大会计差错，按会计调整准则要求应当视同本期发现的与前期相关的重大会计差错，因此该项差错不调整 2×19 年相关项目的数额，而应调整 2×20 年有关项目的期初数。

  财务会计分录：

  借：预收账款   10 000

    贷：以前年度盈余调整   10 000

调整后"以前年度盈余调整"余额需结转至"累计盈余"科目。

  借：以前年度盈余调整   10 000

    贷：累计盈余   10 000

  预算会计分录：

  借：资金结存——货币资金   10 000

    贷：非财政拨款结转——年初余额调整   10 000

  年末，"非财政拨款结转——年初余额调整"余额需结转至"非财政拨款结转——累计结转"科目。

  借：非财政拨款结转——年初余额调整   10 000

    贷：非财政拨款结转——累计结转   10 000

  说明：该项业务虽未涉及预算资金的变动，但按衔接要求，预算收入中已经收到但尚未计入预算收入的金额应登记"非财政拨款结转"科目贷方，同时登记相应的"资金结存——货币资金"科目借方。

  【例 11-18】报告日至报告批准报出日之间发现的报告期的会计差错及报告期以前期间的非重大会计差错。

沿用【例 11-17】，假定 2×20 年 2 月发现，2×19 年度收到的上级补助收入 1 万元仍挂在往来中反映，现进行调整。

【例 11-19】沿用【例 11-18】，假定 2×20 年 2 月发现，2×18 年度收到的上级补助收入 1 万元仍挂在往来中，现进行调整。该项差错未达到重要性标准。

分析：上述两项差错属于报告日至报告批准报出日之间发现的报告期会计差错以及报告期以前期间的非重大会计差错，按会计调整准则规定应作为调整事项进行处理，调整报告期报表，因此本例中财务会计分录与预算会计分录同【例 11-17】，只是该调整分录调整的是 2×19 年财务报表相关项目的本期数。

【例 11-20】盘盈非流动资产。

本项业务会计调整准则虽未其纳入会计差错的范畴，但本质上出现盘盈基本也是因为以前的记录错误造成的，所以其调整也需通过"以前年度盈余调整"科目。

某事业单位 2×19 年 1 月资产清查时，盘盈投影仪一台，经资产评估机构评估价格为 8 000 元。

分析：根据《政府会计准则第 3 号——固定资产》的规定，固定资产盘盈时按规定经过资产评估的，其成本按照评估价值确定；未经资产评估的，其成本按照重置成本确定。

财务会计分录：

借：固定资产　　　　　　　　　　　　　　　　　　　　　8 000
　　贷：待处理财产损溢　　　　　　　　　　　　　　　　　8 000
经批准后处理，
借：待处理财产损溢　　　　　　　　　　　　　　　　　　8 000
　　贷：以前年度盈余调整　　　　　　　　　　　　　　　　8 000
调整后，
借：以前年度盈余调整　　　　　　　　　　　　　　　　　8 000
　　贷：累计盈余　　　　　　　　　　　　　　　　　　　　8 000

此项业务无需进行预算会计的账务处理。

【例 11-21】会计差错更正的其他几种举例。

1.会计差错更正、购货退回的会计更正

事业单位因发生的以前年度的会计差错更正退回或者购货退回国库直接支付、授权支付款项，或者收回货币资金的，需要进行相应的会计处理，具体如表 11-7 所示。

表 11-7   会计差错更正、购货退回的会计更正账务处理

会计事项	财务会计处理	预算会计分录处理
属于本年度的会计差错更正、购货退回的会计更正	借：财政拨款收入 / 银行存款 / 零余额账户用款额度 贷：业务活动费用 / 库存物品等	借：财政预算收入（退回国库直接支付资金）/ 资金结存——货币资金（收回货币资金）、零余额账户用款额度（收回授权支付款项） 贷：行政支付 / 事业支出等
属于以前年度的会计差错更正、购货退回的会计更正	借：财政拨款收入 / 银行存款 / 零余额账户用款额度 贷：以前年度盈余调整（涉及以前年度收入费用调整）/ 库存物品等	借：财政预算收入 / 资金结存——货币资金、零余额账户用款额度 贷：财政拨款结转 / 财政拨款结余 / 非财政拨款结转 / 非财政拨款结余——年初余额调整

因购货退回、发生差错更正等退回国库直接支付、授权支付款项、或者收回货币资金的，属于本年度支付的，借记"财政拨款预算收入"科目或本科目（零余额账户用款额度、货币资金），贷记相关支出科目。

属于以前年度支付的，借记本科目（财政应返还额度、零余额账户用款额度、货币资金），贷记"财政拨款结转""财政拨款结余""非财政拨款结转""非财政拨款结余"科目。

2.差错更正、购货退回的会计更正

行政事业单位因发生的以前年度的会计差错更正退回或者购货退回以前年度国库直接支付、授权支付款项或财政性货币资金，或者因发生会计差错更正增加以前年度国库直接支付、授权支付支出或财政性货币资金支出需要进行账务的追溯调整中属于财政拨款结转资金的，因此需要进行相应的财政拨款结转资金的会计处理，具体如表 11-8 所示。

表 11-8   差错更正、购货退回的会计更正账务处理

会计事项	财务会计处理	预算会计处理
涉及以前年度收入费用调整	借：有关资产或负债科目 贷：以前年度盈余调整	当且仅当业务涉及国库直接支付、授权支付款项，或财政性货币资金退回时： 借：资金结存——财政应返还额度、零余额账户用款额度、货币资金 贷：财政拨款结转——年初余额调整
仅涉及以前年度资产负债科目之间的调整	借：有关资产或负债科目 贷：有关资产或负债科目	

因发生会计差错更正退回以前年度国库直接支付、授权支付款项或财政性货币

资金，或者因发生会计差错更正增加以前年度国库直接支付、授权支付支出或财政性货币资金支出，属于以前年度财政拨款结转资金的，借记或贷记"资金结存——财政应返还额度、零余额账户用款额度、货币资金"科目，贷记或借记本科目（年初余额调整）。

因购货退回、预付款项收回等发生以前年度支出又收回国库直接支付、授权支付款项或收回财政性货币资金，属于以前年度财政拨款结转资金的，借记"资金结存——财政应返还额度、零余额账户用款额度、货币资金"科目，贷记本科目（年初余额调整）。

3. 会计差错更正、购货退回的会计更正

单位或部门因发生以前年度或本年度的会计差错更正退回或者相应的购货退回事项涉及以前年度国库直接支付、授权支付款项或财政性货币资金，或者因发生会计差错更正增加以前年度国库直接支付、授权支付支出或财政性货币资金支出中属于财政拨款结余资金的，因此需要进行相应的财政拨款结余资金的会计处理，具体如表 11-9 所示：

表 11-9　　　　　会计差错更正、购货退回的会计更正账务处理

会计事项	财务会计处理	预算会计处理
涉及以前年度收入费用调整	借：有关资产或负债科目 　　贷：以前年度盈余调整	当且仅当业务涉及国库直接支付、授权支付款项，或财政性货币资金退回时： 借：资金结存——财政应返还额度、零余额账户用款额度、货币资金 　　贷：财政拨款结余——年初余额调整
仅涉及以前年度资产负债科目之间的调整	借：有关资产或负债科目 　　贷：有关资产或负债科目	

因发生会计差错更正退回以前年度国库直接支付、授权支付款项或财政性货币资金，或者因发生会计差错更正增加以前年度国库直接支付、授权支付支出或财政性货币资金支出，属于以前年度财政拨款结余资金的，借记或贷记"资金结存——财政应返还额度、零余额账户用款额度、货币资金"科目，贷记或借记本科目（年初余额调整）。

因购货退回、预付款项收回等发生以前年度支出又收回国库直接支付、授权支付款项或收回财政性货币资金，属于以前年度财政拨款结余资金的，借记"资金结存——财政应返还额度、零余额账户用款额度、货币资金"科目，贷记本科目（年初余额调整）。

11.5　报告日后事项

报告日后事项部分主要规定了报告日后调整事项的会计处理和非调整事项的披露。本部分首先以针对性的具体案例对政府会计主体报告日后事项的会计处理作出分析，其次对准则中的重要概念进行了详细说明，最后对报告日后调整事项与会计政策变更在会计处理上的区别作出了阐释。

会计调整准则规定，报告日以后获得新的或者进一步的证据，有助于对报告日存在状况的有关金额作出重新估计，应当作为调整事项，据此对报告日的报表进行调整。调整事项包括已证实资产发生了减损、已确定获得或者支付的赔偿、财务舞弊或者差错等。

会计调整准则规定，报告日以后发生的调整事项，应当如同报告所属期间发生的事项一样进行会计处理，对报告日已编制的报表相关项目的期末数或者本期数作相应的调整，并对当期编制的报表相关项目的期初数或者上期数进行调整。

会计调整准则规定，报告日以后才发生或者存在的事项，不影响报告日的存在状况，但如不加以说明，将会影响报告使用者作出正确估计和决策，这类事项应当作为非调整事项，在财务报表附注中予以披露，如自然灾害导致的资产损失、外汇汇率发生重大变化等。

11.5.1　报告日后事项的定义和期间

报告日后事项是指从报告日（通常为12月31日）开始，到批准报出日这段时间内发生的需要调整或说明的事项。报告日后事项所涵盖的期间，是指报告年度次年的1月1日至政府主管部门对财务报告的批准报出日这一段时间。如在实际报出之前、被批准报出之后发生了与报告日后事项相关的事项，应该按照再次批准财务报告对外公布的当日为截止日期。

【例11-22】A事业单位2×19年综合财务报告于2×20年2月23日编制完成，注册会计师对审计报告进行签署的日期定在2×20年5月7日，相关部门对此进行批准的对外公布日期是5月18日，实际上对外进行公布的日期是5月22日。报告日后事项所涵盖的期间为2×20年1月1日至2×20年5月18日。

11.5.2　调整事项

报告日后调整事项，是指对在报告日时已存在的事项找到新的证据，从而进行进一步调整的事项。

通常情况下，对于政府会计主体来说，发生以下事项时，为调整事项。

（1）在报告日后才结案的诉讼案件，如果法院明确了政府会计主体在报告日已经存在现时义务，就必须进行相关调整；

（2）在报告日后得到确切证据，能够表明某项资产在报告日发生了减值，或者某项资产需要对原先确认的减值金额进行调整；

（3）报告日后进一步确定报告日前购入资产的成本或售出资产的收入；

（4）报告日后发现了财务报表舞弊或差错。

11.5.3　非调整事项

非调整事项是指在报告日后发生的不需要调整的事项。非调整事项不会对报告日政府财务报表造成影响，对于财务报表使用者而言，如果对此不进行说明的话，会对其作出正确判断造成影响，不利于其进行相关决策。政府会计主体发生的非调整事项，通常包括报告日后发生重大诉讼、仲裁、承诺、自然灾害导致的资产损失、外汇汇率发生重大变化等，具体包括：（1）报告日并未发生或存在，完全是日后才发生的事项；（2）对理解和分析财务报表会造成一定影响的事项。

11.5.4　调整事项的处理原则

就政府会计主体而言，其在作出调整事项的决定时也需要具体情况具体分析，进一步区分相关事项是否与盈余或者盈余分配有关，然后按照一定的方法进一步对这些事项进行调整。总体而言，调整事项的处理原则主要遵循以下四点。

1. 如果是与盈余有关的事项，应通过"以前年度盈余调整"科目核算。对于减少以前年度盈余或增加以前年度赤字的事项进行调整时，应通过"以前年度盈余调整"科目的借方来核算；对于增加以前年度盈余或减少以前年度赤字的事项进行调整时，应通过"以前年度盈余调整"科目的贷方来核算。完成全部调整后，把"以前年度盈余调整"科目的余额（可能在贷方，也可能在借方）转入"累计盈余"科目。

2.如果是和盈余分配调整有关的事项，直接在"累计盈余"科目核算。需要注意的是，政策变更应直接调整"累计盈余"科目；前期差错更正、报告日后事项应先通过"以前年度损益调整"科目核算，再转入"累计盈余"科目。

3.如果不涉及盈余分配的有关事项，则只需调整相关科目即可。

4.上述调整完成之后，还应对财务报表相关项目的金额进行调整，包括在报告日编制的财务报表有关科目的期末余额或当年发生的金额；当期编制的财务报表有关科目的期初金额；有关财务报表附注内容也需要进行调整。

【例11-23】资产负债表日后调整事项的处理。

日后调整事项的处理既需要调整报告年度报表相关项目，又需要调整相关账务处理。总的处理思路分为四步。

（一）税前调整

1.涉及损益的事项，通过"以前年度损益调整"科目核算。

2.涉及利润分配调整的事项，直接在"利润分配——未分配利润"科目核算。

3.不涉及损益及利润分配的事项，直接调整相关科目。

（二）所得税调整

所得税既可能有对"应交税费"的影响，也可能有对"递延所得税"的影响。所得税的调整原则是：若日后调整事项引起纳税义务发生变动，且在所得税汇算清缴前，则可以调整报告年度的应交所得税；若在所得税汇算清缴后，则不调整报告年度的应交所得税，此时不涉及所得税的调整。若日后调整事项引起暂时性差异变动，应确认或转回递延所得税。

（三）税后调整

通过上述账务处理后，将"以前年度损益调整"科目的余额转入"利润分配——未分配利润"科目，同时相应调整"盈余公积"科目。

（四）报表项目的调整

1.资产负债表日编制的财务报表相关项目的期末数或本年发生数；

2.当期编制的财务报表相关项目的期初数或上午数；

3.上述调整涉及报表附注内容的，还应当调整财务报表附注相关项目的数字。

【例11-24】A高校于2×19年1月做出决议，为扩大招生规模和提高教学质量，决定建造一幢教学楼，为此，经批准于2×19年2月与甲建筑公司达成协议，商定甲公司最晚应于2×19年10月向A高校交付教学楼。但由于施工计划延误，甲公司没有按照协议建造完成教学楼，导致 A 高校原定教学计划和招生计划落空，遭受重大损失。2×19 年 11 月，A 高校向当地法院起诉甲公司，要求甲公司赔偿 90 万元。直到 2×19 年 12 月 31 日，当地人民法院尚未判决，对于该诉讼事项 A 高校没有对应收赔偿款进行确认。2×20 年 2 月人民法院宣布判决结果，甲公司应当赔偿 A 高校 80 万元，A 高校和甲公司都服从判决。判决当天，甲公司向 A 高校支付赔偿款 80 万元。

　　本例中，法院的判决证实了在报告日（即 2×19 年 12 月 31 日），A 高校享有获赔权利，甲公司存在赔偿义务，所以双方都应将"法院判决"这一事项作为调整事项进行处理。

　　（1）A 高校的账务处理。

　　财务会计：

　　借：其他应收款——甲公司　　　　　　　　　　　　　　　800 000
　　　　贷：以前年度盈余调整——其他收入　　　　　　　　　　　　800 000
　　借：银行存款　　　　　　　　　　　　　　　　　　　　800 000
　　　　贷：其他应收款——甲公司　　　　　　　　　　　　　　　800 000
　　借：以前年度盈余调整——本年盈余　　　　　　　　　　　800 000
　　　　贷：累计盈余　　　　　　　　　　　　　　　　　　　　800 000

　　预算会计：

　　借：资金结存　　　　　　　　　　　　　　　　　　　　800 000
　　　　贷：非财政拨款结余——年初余额调整　　　　　　　　　　800 000

　　（2）A 高校调整报告年度财务报表相关项目。对资产负债表相关项目进行调整：调增"其他应收款"80 万元，调增"累计盈余"80 万元。对收入费用表相关项目进行调整：调增"其他收入"80 万元，调增"本期盈余"80 万元。对净资产变动表相关项目进行调整：调增"本年盈余"80 万元。

11.5.5　报告日后调整事项与会计政策变更在会计处理上的区别

　　在实务中，报告日后调整事项与会计政策变更在会计处理上有明显区别：在调整分录方面，前者通过"以前年度盈余调整"科目核算，后者不使用该科目；在报表项目调整方面，报告日后调整事项主要是调整上期（报告期间）报表的期末数或本年数，会计政策变更主要调整本期报表的期初数或上年数。

11.6　披露

披露部分主要规定了财务报表附注中应当披露的与会计调整相关的内容。以及对于多个会计期间内的会计政策变更、会计估计的披露所作出的相关规定。政府会计主体应当严格按照此规定对会计调整相关事宜进行披露。

会计调整准则规定，政府会计主体应当在财务报表附注中披露如下信息。

（一）会计政策变更的内容和理由、会计政策变更的影响，以及影响或者累积影响不能合理确定的理由。

（二）会计估计变更的内容和理由、会计估计变更对当期和未来期间的影响数。

（三）重大会计差错的内容和重大会计差错的更正方法、金额，以及与前期相关的重大会计差错影响或者累积影响不能合理确定的理由。

（四）与报告日后事项有关的下列信息。

1.财务报告的批准报出者和批准报出日。

2.每项重要的报告日后非调整事项的内容，及其估计对政府会计主体财务状况、运行情况的影响；无法作出估计的，应当说明其原因。

会计调整准则规定，政府会计主体在以后的会计期间，不需要重复披露在以前期间的财务报表附注中已披露的会计政策变更、会计估计变更和会计差错更正的信息。

11.7　附则

附则部分主要规定了会计调整准则的例外事项和生效日期。

会计调整准则规定，财政总预算会计中涉及的会计调整事项，按照《财政总预算会计制度》和财政部其他相关规定处理。

行政事业单位预算会计涉及的会计调整事项，按照部门决算报告制度有关要求进行披露。